国际投资仲裁指引

第一卷

中国国际贸易促进委员会法律事务部
武汉大学国际法研究所
主编

法律出版社
LAW PRESS·CHINA
北京

图书在版编目(CIP)数据

国际投资仲裁指引. 第一卷 / 中国国际贸易促进委员会法律事务部，武汉大学国际法研究所主编. -- 北京 : 法律出版社，2022
ISBN 978-7-5197-7399-1

Ⅰ. ①国… Ⅱ. ①中… ②武… Ⅲ. ①国际投资法学－国际仲裁－文集 Ⅳ. ①D996.4-53

中国版本图书馆 CIP 数据核字(2022)第 238073 号

国际投资仲裁指引(第一卷)
GUOJI TOUZI ZHONGCAI ZHIYIN
(DI-YI JUAN)

中国国际贸易促进委员会法律事务部
武汉大学国际法研究所 主编

策划编辑 朱 峰
责任编辑 马秋婧 金 姗
装帧设计 贾丹丹

出版发行 法律出版社
编辑统筹 辞书·融出版编辑部
责任校对 王 丰
责任印制 吕亚莉
经 销 新华书店

开本 787 毫米×1092 毫米 1/16
印张 36.25 字数 661 千
版本 2022 年 12 月第 1 版
印次 2022 年 12 月第 1 次印刷
印刷 三河市龙大印装有限公司

地址:北京市丰台区莲花池西里 7 号(100073)
网址:www.lawpress.com.cn
投稿邮箱:info@lawpress.com.cn
举报盗版邮箱:jbwq@lawpress.com.cn

销售电话:010-83938349
客服电话:010-83938350
咨询电话:010-63939796

书号:ISBN 978-7-5197-7399-1
定价:146.00 元

凡购买本社图书,如有印装错误,我社负责退换。电话:010-83938349

《国际投资仲裁指引》
丛书编委会名单

《国际投资仲裁指引》
丛书编辑部名单

总　序

当前,世界之变、时代之变、历史之变正以前所未有的方式展开。百年未有之大变局加速演进,世界进入新的变革期。国际环境严峻复杂,前所未有的全球性风险挑战层出不穷,安全赤字、治理赤字高企,全球多边经贸规则框架遭遇治理困境。2022 年 10 月 16 日,习近平总书记在党的二十大报告中,科学擘画了以中国式现代化推进中华民族伟大复兴的宏伟蓝图,对坚持全面依法治国、推进高水平对外开放、参与全球治理体系改革和建设作出了全面部署。2022 年 5 月 18 日,习近平主席在庆祝中国国际贸易促进委员会(以下简称中国贸促会)建会 70 周年大会暨全球贸易投资促进峰会上发表重要视频致辞,充分肯定了中国贸促会在国际经贸仲裁、知识产权服务、商事调解等领域做出的重要贡献,希望中国贸促会不断织密服务企业网,扩大国际朋友圈,并特别重申要坚持真正的多边主义,践行共商共建共享的全球治理观,以公平正义为理念引领全球治理体系变革。这充分体现了以习近平同志为核心的党中央对贸促工作的高度重视和关心关怀,令人深受鼓舞、倍感振奋,在中国贸促会历史上具有里程碑意义,为做好新时代贸促工作指明了前进方向,是指导中国贸促事业高质量发展的纲领性文献。

根据联合国贸易和发展会议发布的《2021 世界投资报告》,2020 年我国成为全球第一大对外投资国,吸引外资金额位居全球第二,是名副其实的双向投资大国。随着"一带一路"倡议深入推进,企业"走出去"步伐日渐加快,中国企业在海外的数量快速增长,活动范围和影响也逐步扩大。但是受地缘政治风险、贸易保护主义、传统性安全风险等因素影响,企业海外投资面临新冠疫情冲击、外商投资安全审查、环境保护限制、知识产权侵权等多重风险。同时,2021 年我国实际使用外资达 1.15 万亿元人民币,位居世界第二。我国国际投资保护水平也成为国际社会评价我国营商环境和对外资吸引力的重要标准。我国将继续增强国内大循环的内生动力和可靠性,提升国际循环质量和水平,国内国际双循环相互促进、融合发展。

“十四五”规划纲要明确提出健全开放安全保障体系,构建海外利益保护和风险预警防范体系。为了有效应对外部环境变化给海外投资安全保护带来的新矛盾、新挑战,在法律层面,海外投资利益保护需要引导企业充分利用双边、多边投资协定,妥善应对经济制裁和安全审查,加强领事保护和风险预警体系建设等。投资者—国家争端解决机制(ISDS)作为多数双边、多边投资协定的重要组成部分,允许投资者直接对东道国提起仲裁,是解决国际投资争端的主要方式。在我国海外投资者与东道国政府之间发生投资争端可能性有所上升的背景下,如何引导企业合理预防投资风险、充分利用投资仲裁保护合法利益,成为我国海外利益保护的重要一环。

为深入贯彻落实习近平新时代中国特色社会主义思想,特别是习近平法治思想,坚持统筹推进国内法治和涉外法治,加强涉外法治体系建设,更好运用法治方式应对单边主义、保护主义,维护国家主权、安全、发展利益,有效推进构建海外投资利益保护体系,中国贸促会汇聚国内外知名国际法专家,从国际规则制定、仲裁实务、案例研究等多方面、多角度开展国际投资仲裁相关工作。

一是积极参与联合国国际贸易法委员会(以下简称联合国贸法会)国际投资仲裁改革工作。投资者—国家争端解决机制(ISDS)经过多年发展,存在耗时长、费用高、透明度不足、仲裁裁决不一致等弊端,联合国贸法会、世界银行、欧盟等均提出相关改革建议。近年来,国际社会对国际投资仲裁改革呼声渐高,联合国贸法会已成立国际投资仲裁改革工作组。中国贸促会作为联合国贸法会观察员,系统跟踪工作组会议,研判评议会议成果文件的影响,向我国工商界传达国际投资仲裁改革最新进展。二是主动拓展国际投资仲裁实务工作。中国贸促会所属中国国际经济贸易仲裁委员会(以下简称贸仲委)作为我国仲裁行业领头羊,2017 年发布全国首部国际投资仲裁规则,聘任的外籍仲裁员在仲裁员名册中占三分之二。贸仲委与多所高校、法律实务机构联合成立中国国际投资仲裁常设论坛,连续多年举办“贸仲杯”国际商事仲裁模拟仲裁庭辩论赛,开设国际投资仲裁课程,与国际投资争端解决中心(ICSID)等国际组织联合举办论坛、研讨会,开展国际交流合作。2020 年 10 月 15 日,在中国贸促会倡议支持推动下,中国国际商会联合有关国家商协会、法律服务机构、高校智库等共同发起设立国际商事争端预防与解决组织(以下简称争端解决组织)。目前,争端解决组织投资仲裁规则正在进行第四轮全球意见征求和修订。三是精选汇编国际投资仲裁案例直接服务企业。国际投资仲裁经过几十年的发展,已经产生上千个案例。案例相关裁判思路和利益保护倾向能够充分反映国际投资保护的利益导向和发展趋势。为向"走出去"企业提供看得见、摸得着、用得上的公共法律服务,中国贸促会从1100多个投资仲裁案例中精选300个重点案例,加以汇编、整理和评析。相关案例成果持续在企业跨境贸易投资法律综合支援平台(贸法通)上发布,供企业查阅参考。

中国贸促会作为全国最大的贸易投资促进机构,是中国政府联系经贸界的重要纽带,境内外工商界开展经贸合作的重要桥梁,成为服务开放型经济发展和对外工作大局的重要力量,在服务加快构建新发展格局中担负着重要使命、发挥着重要作用。中国贸促会在70年发展过程中形成了贸易投资促进、商事法律服务、参与全球经济治理、应用型智库建设四条业务主线。中国贸促会作为新中国涉外商事法律服务的开创者,70年来,在党中央、国务院坚强领导下,其商事法律服务在推进中国外经贸事业发展、推动对外开放不断扩大、联通中国与世界等方面发挥了重要作用。迈入新时代,中国贸促会继续发挥联通政企、融通内外,畅通供需的独特优势,以服务政府、服务企业为出发点,大力推进应用型智库建设,不断输出针对性、实践性和可操作性强的政策建议,更好地发挥理论研究和决策咨询作用。中国贸促会立足国家对外经贸发展大局,持续跟踪研究对外贸易投资促进中的重要节点和关键问题,将全面的行业视角、丰富的研究基础、扎实的自主研究能力和持续的创新能力,不断转化为服务政府、服务行业、服务企业的高水平智力产品。

目前,我国法学法律界尚无国际投资仲裁案例汇编类图书和出版物。中国贸促会积极发挥应用型智库作用,会同武汉大学、法律出版社等单位,充分挖掘汇编案例成果对政府部门、工商界及法学法律界的参考作用,弥补我国国际投资仲裁案例出版物空白,分辑出版案例成果,精心推出全国首套投资仲裁工具书。本套国际投资仲裁指引丛书将前期汇编的投资仲裁案例成果进一步修订完善,以行业进行分类,以期全面系统展现国际投资仲裁多年发展历程,为政府部门进行双边、多边投资协定谈判,行业企业进行对外投资规划和决策,法学法律界深入研究投资保护发展提供翔实、系统、权威的智识资料。

站在新的历史起点上,中国贸促会将以习近平新时代中国特色社会主义思想,特别是习近平法治思想为指导,立足贸促工作“五个重要”定位,把贸促会商事法律服务金字招牌越擦越亮,加快建设具有中国特色、更加充满活力的世界一流贸促机构,为实现中华民族伟大复兴中国梦,推动构建人类命运共同体作出新的更大贡献!

任鸿斌

中国国际贸易促进委员会党组书记、会长

2022 年 12 月 1 日于北京

前　言

随着“一带一路”持续推进和中国企业“走出去”步伐日渐加快,中国对外投资得到跨越式发展,实现了由利用外资大国向对外投资大国的转变。根据联合国贸易和发展会议发布的《2021 世界投资报告》,2020 年中国已成为全球第一大对外投资国,吸引外资金额也位居全球第二。随着跨国投资加速发展,投资争端问题逐渐凸显。企业普遍反映需要专业化、国际化的投资争端仲裁解读。鉴于此,中国贸促会法律事务部委托武汉大学国际法研究所牵头相关团队开展投资仲裁案例研究,为“走出去”企业提供看得见、摸得着、用得到的公共法律服务。

本套国际投资仲裁指引丛书由中国贸促会法律事务部部长刘超担任项目负责人,国家高端智库武汉大学国际法研究所漆彤教授担任项目总主持人,并与中国政法大学国际法学院院长孔庆江教授、上海对外经贸大学法学院院长张庆麟教授、浙江大学光华法学院副院长赵骏教授、西安交通大学法学院张生教授共同牵头,组织五所院校的硕、博士研究生团队分工完成所有案例的编写工作。

投资仲裁案例汇编是一项任务繁重但又极有意义的工作。得益于所有为该项工作付出辛勤劳动的作者团队、评审专家、编辑团队、发布团队和出版人员的执着奉献,亦得益于中国贸促会法律事务部、武汉大学国际法研究所等机构对该项工作的鼎力支持,使本项目得以在法律出版社以系列丛书形式出版。谨对参与及关注本项工作的所有同学、专家、合作机构以及广大读者致以诚挚感谢!从任务分工、初稿撰写、评审修改、逐案发布到付梓成书,工作时间紧凑且事务繁杂,加之相关参与人员精力、水平有限,本书疏漏之处在所难免,希望广大读者雅量海涵并不吝提出宝贵意见。

主要缩略语

缩写	英文	中文
AF	Additional Facility	附加便利规则
APEC	Asia-Pacific Economic Cooperation	亚太经济合作组织
ASEAN	Association of Southeast Asian Nations	东南亚国家联盟
BIT	Bilateral Investment Treaty	双边投资协定
BOT	Build-Operate-Transfer	建设—经营—转让
BTO	Build-Transfer-Operate	建设—移交—运营
CETA	Comprehensive Economic Trade Agreement	欧盟与加拿大综合经济贸易协定
CSR	Corporate Social Responsibility	企业社会责任
DCF	Discounted Cash Flow	贴现现金流
ECT	Energy Charter Treaty	《能源宪章条约》
EU	European Union	欧盟
FCN	Friendship, Commerce and Navigation	《友好通商航海条约》
FDI	Foreign Direct Investment	外商直接投资
FINSA	Foreign Investment and National Security Act	《外国投资与国家安全法》
FTA	Free Trade Agreement	《自由贸易协定》
FTC	Free Trade Commission	自由贸易委员会
GATS	General Agreement on Trade in Services	《服务贸易总协定》
GATT	General Agreement on Tariffs and Trade	《关税及贸易总协定》
GDP	Gross Domestic Product	国内生产总值
GVCs	Global Value Chains	全球价值链
IBA	International Bar Association	国际律师协会
ICC	International Chamber of Commerce	国际商会
ICSID	International Center for Settlement of Investment Disputes	国际投资争端解决中心

续表

缩写	英文	中文
ILC	International Law Commission of the United Nations	联合国国际法委员会
IIAs	International Investment Agreements	国际投资条约
ISDS	Investor-State Dispute Settlement	投资者—国家争端解决
IMF	International Monetary Fund	国际货币基金组织
LCIA	London Court of International Arbitration	伦敦国际仲裁院
MAI	Multilateral Agreement on Investment	多边投资协定
MFN	Most Favored Nations	最惠国待遇
MIGA	Multilateral Investment Guarantee Agency	多边投资担保机构
NAFTA	North American Free Trade Agreements	《北美自由贸易协定》
NGO	Nongovernmental Organization	非政府组织
OECD	Organization for Economic Co-operation and Development	经济合作与发展组织
OPIC	Overseas Private Investment Corporation	美国私人投资保险公司
PCA	Permanent Court of Arbitration	国际常设仲裁院
PPP	Public-Private Partnership	公共私营合作制
SCC	The Arbitration Institute of the Stockholm Chamber of Commerce	斯德哥尔摩商会仲裁院
SPV	Special Purpose Vehicle	特殊目的公司
TRIMS	Agreement on Trade-Related Investment Measures	《与贸易有关的投资措施协议》
TRIPS	Agreement on Trade-Related Aspects of Intellectual Property Rights	《与贸易有关的知识产权协定》
TTIP	Transatlantic Trade and Investment Partnership	《跨大西洋贸易与投资伙伴协议》
UN	United Nations	联合国
UNCTAD	United Nations Conference on Trade and Development	联合国贸易和发展会议
UNCITRAL	United Nations Commission on International Trade Law	联合国国际贸易法委员会
VAT	Value Added Tax	增值税
VCLT	Vienna Convention on the Law of Treaties	《维也纳条约法公约》
WHO	World Health Organization	世界卫生组织
WTO	World Trade Organization	世界贸易组织

目　　录

1. 亚洲农产品有限公司诉斯里兰卡民主社会主义共和国仲裁案 …………………… 001

2. 美国制造与贸易公司诉扎伊尔共和国仲裁案 …………………………………… 015

3. 萨尔·帕皮尔·韦特里布斯有限责任公司诉波兰共和国仲裁案(Ⅰ) ………… 025

4. 弗郎茨·塞德尔迈尔诉俄罗斯联邦仲裁案 ……………………………………… 037

5. 费戴克斯公司诉委内瑞拉玻利瓦尔共和国仲裁案 ……………………………… 051

6. 阿孔基亚公司与维旺迪公司诉阿根廷共和国仲裁案 …………………………… 063

7. 梅特克莱德公司诉墨西哥合众国仲裁案 ………………………………………… 077

8. 埃米利奥·阿古斯丁·马菲兹尼诉西班牙王国仲裁案 ………………………… 091

9. 美国乙基公司诉加拿大仲裁案 …………………………………………………… 105

10. 捷克斯洛伐克贸易银行诉斯洛伐克共和国仲裁案……………………………… 119

11. 罗伯特·阿兹尼安、肯尼斯·戴维田、艾伦·巴卡诉墨西哥合众国仲裁案…… 133

12. 文纳酒店有限责任公司诉阿拉伯埃及共和国仲裁案…………………………… 145

13. 废物管理公司诉墨西哥合众国仲裁案(Ⅰ) …………………………………… 157

14. 佩·卡萨多与阿连德总统基金会诉智利共和国仲裁案………………………… 171

15. 尤多罗·阿曼多·奥尔金诉巴拉圭共和国仲裁案……………………………… 185

16. 迈尔斯公司诉加拿大仲裁案……………………………………………………… 197

17. 洛文集团股份有限公司与雷蒙德·洛文诉美利坚合众国仲裁案……………… 217

18. 约瑟夫·查尔斯·雷米尔诉乌克兰仲裁案(Ⅰ) ……………………………… 231

19. 商业集团公司与圣塞巴斯蒂安金矿公司诉萨尔瓦多共和国仲裁案…………… 241

20. 斯文巴特股份有限公司诉拉脱维亚共和国仲裁案…………………………… 253
21. 波普与塔尔博特公司诉加拿大仲裁案………………………………………… 267
22. 蒙德夫国际有限公司诉美利坚合众国仲裁案………………………………… 283
23. 帕特里克·米切尔诉刚果民主共和国仲裁案………………………………… 297
24. 中东水泥运输和装卸有限公司诉阿拉伯埃及共和国仲裁案………………… 309
25. 梅赛尼斯公司诉美利坚合众国仲裁案………………………………………… 319
26. 联贸股份公司诉摩尔多瓦共和国海关监管部仲裁案………………………… 331
27. 劳德诉捷克共和国仲裁案……………………………………………………… 345
28. 菲利普·格鲁斯林诉马来西亚仲裁案………………………………………… 361
29. 东方信贷公司等诉爱沙尼亚共和国仲裁案…………………………………… 373
30. 马文·罗伊·费尔德曼·卡尔帕诉墨西哥合众国仲裁案…………………… 389
31. 杨志欧私人贸易有限公司诉缅甸联邦共和国仲裁案………………………… 407
32. 废物管理公司诉墨西哥合众国仲裁案(Ⅱ) ………………………………… 421
33. 美国联合包裹服务公司诉加拿大仲裁案……………………………………… 433
34. 泰克麦德环保技术公司诉墨西哥合众国仲裁案……………………………… 447
35. 萨利尼·科斯特鲁托里股份有限公司与艾拓斯托雷得股份有限公司
诉摩洛哥王国仲裁案…………………………………………………………… 461
36. R. F. C. C. 财团诉摩洛哥王国仲裁案 ……………………………………… 473
37. 米哈利国际公司诉斯里兰卡民主社会主义共和国仲裁案…………………… 485
38. 乌克兰世代公司诉乌克兰仲裁案……………………………………………… 499
39. CME 捷克有限公司诉捷克共和国仲裁案 ………………………………… 515
40. ADF 集团公司诉美利坚合众国仲裁案 …………………………………… 529
41. 瑞士通用公证行诉巴基斯坦伊斯兰共和国仲裁案…………………………… 543
42. 萨路卡投资公司诉捷克共和国仲裁案………………………………………… 555
附录　行业分类案例索引 ………………………………………………………… 567

亚洲农产品有限公司
诉
斯里兰卡民主社会主义共和国

仲裁案

案情概要

案名	亚洲农产品有限公司诉斯里兰卡民主社会主义共和国仲裁案	
案件裁判来源	https://www.italaw.com/cases/96	
案号	ICSID Case No. ARB/87/3	
当事人	申请人:亚洲农产品有限公司	
	被申请人:斯里兰卡民主社会主义共和国	
行业	渔业	
仲裁机构和仲裁地	国际投资争端解决中心,美国华盛顿特区	
仲裁依据	《大不列颠与北爱尔兰联合王国—斯里兰卡促进与保护投资协定》(1980年),1981年1月14日经换文适用于中国香港地区	
适用的仲裁规则	《国际投资争端解决中心仲裁规则》	
仲裁庭组成	首席仲裁员:Ahmed Sadek EL-Kosheri	
	仲裁员(申请人指定):Berthold Goldman	
	仲裁员(被申请人指定):Samuel K. B. Asante	
日期	仲裁程序开始日期:1987年7月8日	
	最终裁决发布日期:1990年6月27日	
仲裁请求	申请人请求被申请人赔偿投资损失	
核心争议点	《大不列颠与北爱尔兰联合王国—斯里兰卡促进与保护投资协定》第2条第2款项下“充分保护与安全”、第4条第1款和第4条第2款的解释及适用问题	
仲裁庭主要结论	《大不列颠与北爱尔兰联合王国—斯里兰卡促进与保护投资协定》第2条第2款项下“充分保护与安全”并未设定严格责任或绝对责任,只为东道国的投资保护设定审慎注意义务,东道国在导致投资者损失的军事行动中未履行审慎义务,应承担责任;申请人无法援引该协定第4条第2款请求该款项下充分赔偿的救济;该协定第4条第1款的“转致”机制可作为申请人索赔依据	
裁决结果	支持投资者(多数裁定)	
后续进展	无	

Case Summary

Name of Case	Asian Agricultural Products Ltd. v. The Democratic Socialist Republic of Sri Lanka
Web Page	https://www.italaw.com/cases/96
Case Number	ICSID Case No. ARB/87/3
Parties	Claimant:Asian Agricultural Products Ltd.
	Respondent:The Democratic Socialist Republic of Sri Lanka
Industry	Fishery
Administering Institution & Seat of Arbitration	ICSID;Washington,D. C. ,USA
Basis for Arbitration	Agreement between the Government of the United Kingdom of Great Britain and Northern-Ireland and the Government of Sri Lanka for the Promotion and Protection of Investment(1980), extended to Hong Kong region(China) by virtue of an Exchange of Notes with effect as of 14 January 1981
Rules Used in Arbitral Proceedings	ICSID Arbitration Rules
Arbitrator(s)	Presiding Arbitrator:Ahmed Sadek EL-Kosheri
	Arbitrator(Claimant's appointee):Berthold Goldman
	Arbitrator(Respondent's appointee):Samuel K. B. Asante
Date	Date of Commencement of Proceeding:8 July 1987
	Date of Issue of Final Award:27 June 1990
Relief Request	The Claimant claims compensation for loss of investment
Key Issues	The interpretation and application of Article 2(2), Article 4(1) and Article 4(2), which are directly relevant to the establishment of the Respondent's responsibility on loss of investment
Tribunal's Conclusions on Key Issues	The "full protection and security" under Article 2(2) of the BIT does not impose strict or absolute liability, but only requires due diligence for the investment protection by the host State. The Respondent's responsibility shall be established for its failure to carry out due diligence in military action which lead to the loss of the investor;The Claimant shall be unable to invoke Article 4(2) to request the relief of adequate compensation under this section;Article 4(1) can be invoked by the Claimant based on a "*renvoi*" technique for its claim of loss of investment
Award	In favour of Investor(Majority Verdict)
Follow-up Progress	None

一、案件事实

(一)投资事实

1983年,位于中国香港地区的亚洲农产品有限公司(以下简称申请人)经批准以参股方式投资SERENDIB公司(Serendib Seafoods Ltd.),该公司是一家在斯里兰卡设立的从事虾类养殖的公众公司。

(二)被诉行为

根据申请人陈述,1987年1月28日,作为该公司主要生产中心的SERENDIB公司养殖场,在斯里兰卡特种部队发起的代号为“黎明”的军事行动中被摧毁。申请人声称其投资因此次军事行动遭受全部损失,要求斯里兰卡民主社会主义共和国(以下简称被申请人)予以赔偿。申请人自1987年3月9日提出索赔后未得到被申请人答复,超过了《英国—斯里兰卡BIT》第8条第3款规定的3个月友好协商解决期限,由此申请人有权启动ICSID仲裁程序。

(三)程序时间轴

·1987年7月8日,ICSID收到申请人的仲裁申请,请求根据《解决国家和他国国民之间投资争端公约》(以下简称《ICSID公约》)和《英国—斯里兰卡BIT》,启动针对被申请人的仲裁程序。

·1987年7月9日,ICSID秘书长确认收到仲裁申请,并将仲裁申请副本送达被申请人。1987年7月20日,ICSID秘书长在仲裁登记处登记了仲裁申请。

·1988年1月5日,仲裁庭正式组成。

·1988年4月13日,申请人提交申请书。

·1988年6月18日,被申请人提交答辩意见。

·1988年8月18日,申请人提交反答辩意见。

·1988年10月20日,被申请人提交反驳意见。

·1989年4月17—20日,仲裁庭进行口头辩论程序,并于休庭前要求各方提交进一步的资料及其意见;为此双方于1989年5月22日进行了第一次资料交换,并于1989年5月29日进行了第二次资料交换。

·1989年6月27日,仲裁庭发出程序令,要求双方进一步澄清此前庭审中没有充分论述的重要问题,包括:(1)《英国—斯里兰卡 BIT》第 4 条第 1 款有关投资促进和保护,是否有任何先例或惯例根据该款判决给斯里兰卡国民或公司或任何第三国的国民或公司以恢复原状、赔偿或其他处理?如有,是如何计算的?(2)若没有该等先例或惯例,斯里兰卡国内法律体系对于私人因第 4 条第 1 款所述情形遭受投资损失所适用的规则和标准是什么?(3)第三国国民或公司因第 4 条第 1 款所述情形遭受投资损失时,斯里兰卡在国际法项下的法律义务为何?该第三国是否与斯里兰卡签署了双边投资协定?双方根据仲裁庭程序令的要求于 1989 年 9 月 15 日前提交了各自的回复意见,其中申请人对于被申请人的回复于 1989 年 10 月 27 日又提交了反馈意见。

· 1989 年 12 月 26 日,仲裁庭请双方对 1989 年 7 月国际法院关于美国与意大利案件的判决涉及保护范围延伸到 BIT 项下外国投资者的法律推理以及该法律推理在多大程度上与本仲裁案的裁决相关发表意见。被申请人的法律顾问于 1990 年 1 月 26 日提交了回复意见,申请人法律顾问于 1990 年 1 月 29 日提交了回复意见。

· 1990 年 3 月 26—27 日,仲裁庭举行最后一次会议。

· 1990 年 6 月 21 日,仲裁庭在注意到仲裁员 ASANTE 提交的不同意见后,作出多数裁决。

(四)仲裁请求

1. 申请人的仲裁请求

申请人仲裁申请书陈述的索赔依据为:《英国—斯里兰卡 BIT》第 2 条项下无条件的"充分保护与安全"义务和该协定第 4 条第 2 款项下更为具体和清晰界定的要求在非战斗行为或非情势所必需的情况下对申请人财产造成损害的充分赔偿义务。同时,东道国政府的责任范围应涵盖习惯国际法规则项下有关国家责任的损害。由此,申请人要求得到的救济应基于现金流量贴现法进行评估,以确定 1987 年 1 月 28 日其财产损毁日 SERENDIB 公司的持续经营价值。1988 年 8 月 18 日,申请人在其提交的反答辩意见中将其仲裁请求进一步明确为:

(1)认定被申请人因其对申请人投资的非法征用和损毁而应承担的赔偿责任;

(2)责令被申请人将申请人的投资恢复原状或给予不低于 8,067,368 美元的充分赔偿,并附加额外成本费用,包括但不限于因仲裁程序所产生的直接和间接成本,以及按照商业利率计算的利息;

(3)责令被申请人承担申请人就欧亚银行/德意志银行针对 SERENDIB 公司的一

项贷款所提供担保项下的责任,或以托管方式额外支付 888,000 美元,该金额为当该德国银行行使 1984 年 9 月 15 日设定的担保权时申请人有义务支付的应付未付贷款本金金额;

(4)请求驳回被申请人针对成本和律师费提出的反请求。

2. 被申请人的反对意见

在其答辩意见和进一步的反驳意见中,被申请人认为:

SERENDIB 公司的经营活动从一开始就是失败的,其断断续续的重建努力也被 1987 年 1 月斯里兰卡政府和泰米尔叛乱组织内战压制。申请人预期的利润损失站不住脚,其大部分索赔应不被认可。SERENDIB 公司财产的损毁是由于政府特种部队和泰米尔叛乱组织之间爆发的激烈战斗造成的,政府军意图将叛军赶出该地区并遇到了叛军的强烈反抗。

《英国—斯里兰卡 BIT》第 2 条项下"充分保护与安全"条款应被解释为东道国的审慎注意义务而非严格责任。除非申请人能证明镇压反叛行动是不必要的,或政府特种部队在与泰米尔叛乱组织战斗中造成了过分损毁,否则就不会产生该协定第 4 条第 2 款项下的东道国政府责任。

申请人关于《英国—斯里兰卡 BIT》第 2 条第 2 款和第 4 条第 2 款的相互关系的解释是不正确的,第 4 条第 2 款并非第 2 条第 2 款的例外。被申请人不认可申请人索赔的损失。1987 年 1 月 28 日特种部队的行动是合法主权行为;SERENDIB 养殖场的损毁要么是情势所需,要么并非政府造成;申请人因资产损毁造成的财务损失并未得到证实;申请人并未遭受任何可合理预见的未来利润损失。

(五)仲裁庭结论

仲裁庭裁定:

(1)被申请人应向申请人支付 46 万美元,以及利息(自 1987 年 7 月 9 日至实际支付日,按年利率 10%计息);

(2)在收到前述付款的前提下,双方应达成协议,由申请人将其持有的 SERENDIB 公司所有股份无偿转让给斯里兰卡政府或其指定的实体,新的股份持有人应承担申请人公司作为 SERENDIB 公司股东此前对欧亚银行提供的担保项下可能承担的任何责任;

(3)双方所有其他诉求均被仲裁庭驳回;

(4)被申请人应承担申请人为准备和处理本案所产生费用和开支的 1/3,共计 54,972.40 美元;

(5)被申请人应承担其为准备和处理本案所产生的所有费用和开支;

(6)被申请人应承担仲裁员的费用和开支以及 ICSID 设施使用费的 60%,剩余的 40%由申请人承担。

二、主要法律争议

(一)本案应适用的法律

本案是第一个完全基于双边投资协定而非当事人双方达成的仲裁协议向 ICSID 提起仲裁的案例,因此产生争议的双方当事人没有机会事先约定选择争议所适用的法律。

本案中双方当事人的行为表明他们均同意考虑将《英国—斯里兰卡 BIT》作为主要适用法律,被申请人更进一步援引《斯里兰卡宪法》第 157 条强调《英国—斯里兰卡 BIT》已作为斯里兰卡法律的一部分得以适用。与此同时,双方提交的文件表明,双方均同意就案件涉及的某些问题适用习惯国际法原则或将斯里兰卡国内法作为适用法律的补充。

申请人对习惯国际法规则在本案的普遍适用性有所抵触,也不愿承认斯里兰卡国内法作为《ICSID 公约》第 42 条项下当事人没有选择法律时的基本管辖法律,但在整个仲裁过程中,申请人从实用主义出发采取了与被申请人相似的态度。

仲裁庭认为,双方均已通过各自提交的意见书表明同意援引《英国—斯里兰卡 BIT》作为特别法,在涉及《英国—斯里兰卡 BIT》第 3 条和第 4 条时,将国际法和国内法相关规则在必要限度内作为补充法律规则予以适用。

(二)被申请人是否应对申请人的投资损失承担责任

双方主要分歧在于对《英国—斯里兰卡 BIT》第 2 条第 2 款、第 3 条、第 4 条第 1 款和第 4 条第 2 款的理解上存在根本差异,这直接影响被申请人作为东道国是否对投资损失承担责任的认定问题。

1. 申请人主张

(1)被申请人对申请人的投资承担严格责任。《英国—斯里兰卡 BIT》第 2 条规定对申请人投资给予“充分保护与安全”,斯里兰卡作为东道国就此承担的是严格责任或绝对责任。该条规定为东道国设定了无条件义务,超出习惯国际法的最低保护标准,东道国由此接受了“严格或绝对责任”。通过分析该协定“目标和目的”条款,斯里兰卡与其他第三国签署的双边投资协定所适用的同一或类似措辞,以及通过其他比较分析,“充分保护与安全”应被认为在性质上是自治的、独立于习惯国际法的。通过摒除美国友好通商航海条约模式下间接保护的外交保护理论,外国投资者在双边投资协定项下享受的是一种不同的直接保护模式,即对投资者的保护随着双边投资协定生效立即生效,该种保护有别于传统的国际法。鉴于《斯里兰卡与瑞士双边投资协定》(以下简称《斯里兰卡—瑞士 BIT》)没有规定战争或内乱作为保护与安全标准的一种例外,明显比《英国—斯里兰卡 BIT》项下的待遇更为优惠,基于《英国—斯里兰卡 BIT》第 3 条最惠国待遇条款,《斯里兰卡—瑞士 BIT》项下的待遇标准应适用于英国投资者,由此可认为斯里兰卡为来自英国的投资设定了严格责任。

(2)以《英国—斯里兰卡 BIT》第 4 条第 2 款项下的法律救济作为可替代的、补充的救济途径,认定被申请人行为不符合情势紧急的情况,并主张被申请人承担举证责任。《英国—斯里兰卡 BIT》第 4 条第 2 款规定作为第 2 条第 2 款严格责任的例外,规定了在战争或内乱并非情势所必需的情况下发生财产损毁时应给予恢复原状或充分赔偿的救济。之所以可适用第 4 条第 2 款,理由在于对申请人财产的肆意损毁和对养殖场经理和雇员的冷血屠杀,并非根据计划进行的作战行动,也与养殖场的实际情况所应采取的必要措施严重不符;特种部队对财产的征用和损毁并非由于情势紧急而急需使用武力所致;作为一项国际司法和仲裁实践的基本原则,在申请人提交了特种部队相关行动并非情势所必需的初步证据后,举证责任转移到被申请人,即由被申请人证明申请人财产的损毁是当时情势所必需。

(3)申请人同意适用《英国—斯里兰卡 BIT》第 4 条第 1 款。申请人虽然一直未主动明确在无法根据第 4 条第 2 款获得法律救济的情况下,是否寻求第 4 条第 1 款项下的救济,但经仲裁庭主动询问,申请人在其回复意见中并未反对按照上述第 4 条第 1 款裁决,并明确该第 4 条第 1 款毫无疑问对本案是适用的,且作为特别法,应取代可能决定相关问题的国际法一般规则。

2. 被申请人主张

(1)主张对于申请人的投资损失不负“绝对责任”。“充分保护与安全”在双边投资协定中属于常用概念,该概念吸收而非否定了关于国家责任的习惯国际法标准,即要求东道国履行审慎注意义务并具有造成财产损毁的正当理由,并非施加严格责任。并无任何权威论证说明“充分保护与安全”属于现代双边投资协定的一种创新性条款,从历史溯源上看也并不存在对申请人所谓绝对责任理论的支持。

(2)《英国—斯里兰卡 BIT》第 2 条第 2 款和第 4 条第 2 款的责任标准本质上是一致的,即都对政府行为施加了合理性要求。根据第 2 条第 2 款项下的国际法标准,如果政府未能基于审慎注意义务采取行动,则会由此产生责任。根据第 4 条第 2 款项下的国际法标准,如果政府行为不具备合理的必要性,则会由此产生责任。

(3)主张不应援引《英国—斯里兰卡 BIT》第 4 条第 2 款项下规定的法律救济方式。《英国—斯里兰卡 BIT》第 4 条第 2 款规定了政府违反其在第 2 条第 2 款项下义务时的赔偿标准。如果政府未尽到审慎注意义务而导致不必要的损害,则政府违反第 2 条第 2 款义务的同时也将承担第 4 条第 2 款项下恢复原状和赔偿的义务。此后被申请人又进一步澄清:申请人声称的第 2 条第 2 款项下“绝对责任理论”涉及的损害产生情形和损害主体不同于第 4 条第 2 款,即第 2 条第 2 款规定的是外国投资者面对第三方造成损害时享有的一般保护标准,而第 4 条第 2 款则适用于政府本身造成的损害,第 4 条第 2 款并非第 2 条第 2 款的例外性规定,第 4 条第 2 款系创设而非限定责任。

(4)主张举证责任在申请人。若申请人不能证明安全行动是可避免的,则须证明在 1987 年 1 月 28 日行动中政府造成了过分损害。若政府行为确实造成了过分损害,则被申请人斯里兰卡政府准备按照申请人应享有的份额给予补偿。但问题在于仲裁庭能否确定是否存在过分损害。事实上被申请人一直主张损害是由叛乱组织而非政府特种部队造成,且没有证据证明财产损害超出情势所必需,同时被申请人坚称确实存在政府特种部队和泰米尔叛乱组织之间的“战斗”。

(5)主张申请人应自行承担投资风险。在明知存在分离主义暴力情况下仍在该地投资,申请人应自行承担斯里兰卡内战所带来的投资风险。

(6)因被申请人认为申请人并未明确主张《英国—斯里兰卡 BIT》第 4 条第 1 款项下的救济,因此被申请人并未针对该款含义、适用范围和责任范围等作更多抗辩。被申请人仅根据仲裁庭要求对该款项下的救济相关的三个问题发表了意见。

(7)针对斯里兰卡国内法项下的适用规则和标准,被申请人认为该等索赔须基于侵权。若斯里兰卡国民或公司因战争等造成的损失向政府索赔,可向斯里兰卡区法院起诉。

(8)针对国际法项下斯里兰卡作为东道国的法律义务,被申请人认为,在习惯国际法项下斯里兰卡政府对保护外国投资人免于投资损失所承担的是一种审慎注意义务。

3. 仲裁庭观点

鉴于申请人和被申请人双方对《英国—斯里兰卡 BIT》相关条款理解上的分歧,仲裁庭和双方同意就以下四个问题给予分析,以确定东道国政府对申请人财产损毁造成的投资损失是否承担责任。

(1)根据《英国—斯里兰卡 BIT》第 2 条第 2 款,被申请人是否承担严格责任?就《英国—斯里兰卡 BIT》第 2 条第 2 款项下有关“充分保护与安全”的一般义务,仲裁庭经采用各种条约解释方法分析后认为:申请人根据《英国—斯里兰卡 BIT》第 2 条第 2 款主张被申请人负有严格责任的诉求没有依据。

(2)对《英国—斯里兰卡 BIT》第 3 条的最惠国待遇条款的分析。《英国—斯里兰卡 BIT》第 3 条规定,若给予第三国投资者更高标准的国际保护,本款可被援用并增加东道国责任。申请人认为《斯里兰卡—瑞士 BIT》没有规定战争或内乱作为充分保护与安全标准的一种例外,《斯里兰卡—瑞士 BIT》就财产毁损损失提供的是等同于“严格责任”的保护标准,基于《英国—斯里兰卡 BIT》第 3 条最惠国待遇条款,上述保护标准应当适用于申请人。但仲裁庭认为:没有理由相信《斯里兰卡—瑞士 BIT》采取的是一种“严格责任”标准,因此仲裁庭拒绝了申请人基于第 3 条最惠国待遇条款所提出的论点。

(3)案件可以适用《英国—斯里兰卡 BIT》第 4 条第 2 款作为申请人的索赔依据吗?为确定应适用《英国—斯里兰卡 BIT》第 4 条第 2 款规定的特定情形,投资者须证实政府而非叛乱者造成了该等损害,该等损害并非由于作战行动,且损害并非情势所造成。经评估双方提交的证据,仲裁庭认为:养殖场的损毁发生在 1987 年 1 月 28 日的敌对行动中,且养殖虾的损失发生在政府军占领养殖场期间,但并无信服证据证明该等损害是政府军的开火所造成,也缺乏可靠证据证明养殖虾的损失是特种部队的行为所造成,或是由叛乱组织的开火所造成的。由此不能证明损失是政府行为造成的。对战斗行为应结合现代内战中游击战争含义来理解,仲裁庭认为 1987 年 1 月 28 日针对猛虎组织发动的旨在重新夺回相关地区控制权的“黎明”行动符合“战斗行为”的定义。对于损害是否为情势所必需,双方均未提供可靠证据证明,既不能判定该等损害和损失为情势所必需,也不能证实政府军若以审慎方式行事可避免该等损害和损失。因此第 4 条第 2 款适用的三个必要条件均不成立。由此,第 4 条第 1 款成为第 4 条项下申请人索赔得以援用的唯一条款。

(4)对被申请人不可免责的分析。对于第 4 条第 1 款适用的唯一条件是遭受了损失,而不论是谁造成了损害,也不论该等损害的产生是否为必需,第 4 条第 1 款对于第 4 条第 2 款未涵盖的特定情形以外的任何情况具有普遍适用性。但该第 4 条第 1 款并未直接规定具体的救济措施,只是规定外国投资者的待遇不低于东道国的国民待遇或给予任何第三国国民的待遇,救济包括恢复原状、补偿、赔偿和其他处理。该等待遇应当涵盖由于一国内乱等造成投资损失的所有情形。仲裁庭认为:通过第 4 条第 1 款项下的“转致”机制,东道国对于其在反叛行动中造成的投资者损失不能完全免责,且被申请人也认可如果其未以审慎注意方式行事可产生国际责任。

根据国际仲裁判例和权威论著明确阐明且普遍接受的国际法一般原则,发生叛乱的东道国对于外国投资者的损失不承担责任,除非东道国政府未能提供条约或习惯国际法规定的保护标准,东道国提供充分的保护构成一项主要义务,国家实践支持该等充分保护系基于审慎注意义务。未能提供要求的保护标准将导致东道国对由此造成的损失承担国际责任,无论该等损失是由于叛乱行为还是政府的反叛行为所致。仲裁庭认为东道国政府在发起军事行动前至少应当采取必要的预防措施将其认为的可疑人士从养殖场员工中排除,尤其是在行动 10 天前该公司高管已通知可以配合政府指令行事的情况下。政府的不作为违反了其审慎注意义务,未能避免人员杀戮和财产损害。因此,虽然未能获得决定性证据确定在政府唯一控制该地区期间造成养殖场毁损的原因,但仲裁庭确立东道国的责任符合国际法证据规则。综上,仲裁庭确认东道国在国际法下的责任。

三、简要评析

本案涉及对《英国—斯里兰卡 BIT》第 2 条第 2 款项下“充分保护与安全”、第 3 条最惠国待遇、第 4 条第 1 款和第 4 条第 2 款的解释及适用问题。面对申请人和被申请人对条约同一条款完全相左的理解,本案充分展示了仲裁庭如何进行条约解释。

本案仲裁庭根据《维也纳条约法公约》第 31 条及以往国际仲裁判例和权威论著

确立了 13 项条约解释规则。规则 1:无须解释的事项则不得解释。规则 2:除非有充分理由,条约解释不得偏离其惯常用法。规则 3:若对特定条文的语言解释不充分或措辞模糊,应联系上下文作整体解释。规则 4:除根据上下文、宗旨和意图、立法精神、目的和综合解释外,条约解释必要时应援引国际法原则和规则作为指导。规则 5:对一个条款的解释必须使其有意义而非剥夺其意义。规则 6:适当考虑此前或此后的条约对类似问题的规定。规则 7:原告承担举证责任是一般法律原则。规则 8:就某项事实谁主张谁举证。规则 9:负有举证责任的一方不仅需要举证证明其主张,还须令仲裁庭信服其主张的真实性。规则 10:国家所承担的国际责任不可推定,主张因违反国际法而承担国际责任的一方负有举证责任。规则 11:国际仲裁庭无须严守司法证据规则。规则 12:国际仲裁庭基于双方提供的证据效力断案,当一方提供的证据初步看可支持其主张时,举证责任则转向另一方。规则 13:当特别难以证明某项事实时,仲裁庭可接受初步证据。

基于上述条约解释规则,仲裁庭认为《英国—斯里兰卡 BIT》第 2 条第 2 款项下"充分保护与安全"并非为东道国政府设定了绝对责任,基于一般国际法规则,东道国在该条项下的责任标准为是否尽到了审慎注意义务。仲裁庭认为没有理由相信《斯里兰卡—瑞士 BIT》采取的是一种"绝对责任"标准,因此仲裁庭拒绝了申请人基于《英国—斯里兰卡 BIT》第 3 条最惠国待遇条款所提出的主张。

《英国—斯里兰卡 BIT》第 4 条规定的是东道国在发生战争或其他武装冲突、革命、国家紧急状态、叛乱、暴动或暴乱的情况下给投资者造成损失如何救济。其中,第 4 条第 2 款针对的是特定情形下造成投资者损失给予充分赔偿的救济,即针对的是投资者财产被东道国当局征用或损毁,但因作战行动或情势所必需造成的损毁除外。投资者未能证明财产损毁系特种部队所造成,也未能证明该等损毁并非情势所需,而夺取养殖场作为特种部队针对叛乱组织发动的"黎明"行动的一部分属于第 4 条第 2 款意义上的"作战行动",由此申请人无法援引第 4 条第 2 款请求该款项下充分赔偿的救济。

仲裁庭认定在斯里兰卡特种部队发动行动前本可采取必要的预防性措施以尽可能避免人员杀戮和财产毁损,政府的不作为违反了其审慎注意义务,由此应当承担责任。而第 4 条第 1 款并未直接规定具体的救济措施,只是规定外国投资者的待遇不低于东道国的国民待遇或给予任何第三国国民的待遇。仲裁庭认为:通过第 4

条第 1 款项下的“转致”机制,可间接确立被申请人在该第 4 条第 1 款项下的赔偿责任。但被申请人指定的仲裁员并不认为第 4 条第 1 款存在该种“转致”机制,不认可根据第 4 条第 1 款确立东道国的赔偿责任,也未签署本案裁决书。因此本案裁决书是多数裁决。

(编写者:武汉大学国际法研究所 2019 级博士研究生　臧洪亮)

美国制造与贸易公司
诉
扎伊尔共和国

仲裁案

案情概要

案名	美国制造与贸易公司诉扎伊尔共和国仲裁案[1]
案件裁判来源	https://www.italaw.com/cases/76#
案号	ICSID Case No. ARB/93/1
当事人	申请人:美国制造与贸易公司
	被申请人:扎伊尔共和国
行业	通用设备制造业;零售业
仲裁机构和仲裁地	国际投资争端解决中心,美国华盛顿特区
仲裁依据	《美利坚合众国—扎伊尔共和国促进与保护投资协定》(1984年)(以下简称《美国—扎伊尔共和国BIT》)
适用的仲裁规则	《国际投资争端解决中心仲裁规则》
仲裁庭组成	首席仲裁员:Sompong Sucharitkul(因扎伊尔共和国未在规定时间内指定,由ICSID行政管理委员会指派)
	仲裁员(申请人指定):Heribert Golsong
	仲裁员(被申请人指定):Kéba Mbaye(因扎伊尔共和国未在规定时间内指定,由ICSID行政管理委员会指派)
日期	仲裁程序开始日期:1993年1月26日
	最终裁决发布日期:1997年2月21日
仲裁请求	申请人请求被申请人赔偿所有损失、预期利润以及利息
核心争议点	案件是否属于仲裁庭的管辖范围;被申请人是否应当对申请人的损失承担责任
仲裁庭主要结论	被申请人未采取明显措施来确保申请人的投资安全,因此其应对后果负责;两国的双边投资条约中载有战争损失赔偿部分,被申请人应对申请人的损失负责
裁决结果	支持投资者(一致裁定)
后续进展	无

[1] 1997年5月17日,扎伊尔共和国改名为刚果民主共和国。

Case Summary

Name of Case	American Manufacturing & Trading, Inc. v. Republic of Zaire	
Web Page	https://www.italaw.com/cases/76#	
Case Number	ICSID Case No. ARB/93/1	
Industry	General Equipment and Machinery Manufacturing, Retailing	
Parties	Claimant: American Manufacturing & Trading, Inc.	
	Respondent: Republic of Zaire	
Administering Institution & Seat of Arbitration	ICSID; Washington, D. C., USA	
Basis for Arbitration	The Treaty between the United States of America and the Republic of Zaire concerning the Reciprocal Encouragement and Protection of Investment(1984)	
Rules Used in Arbitral Proceedings	ICSID Arbitration Rules	
Arbitrator(s)	Presiding Arbitrator(Administrative Council's appointee): Sompong Sucharitkul	
	Arbitrator(Claimant's appointee): Heribert Golsong	
	Arbitrator(Administrative Council's appointee): Kéba Mbaye	
Date	Date of Commencement of Proceeding: 26 Janaury 1993	
	Date of Issue of Final Award: 21 February 1997	
Relief Request	The Claimant seeks restitution of the fair market value of all losses and the loss of profits and the interests	
Key Issues	Whether it is within the scope of the Arbitral Tribunal's jurisdiciton; Whether the Respondent should be liable for the Claimant's loss	
Tribunal's Conclusions on Key Issues	The Respondent had not taken obvious steps to ensure the security of the Claimant's investments, so it was responsible for the consequences The bilateral investment treaty between the two countries contained a war damage compensation part, and the Respondent was responsible for the loss of AMT	
Award	In favour of Investor(Unanimous Verdict)	
Follow-up Progress	None	

一、案件事实

(一)投资事实

美国制造与贸易公司(以下简称申请人)是一家位于美国特拉华州的公司,其通过 SINZA 公司在扎伊尔共和国内从事两项业务,一为机械与干电池的生产和销售,二为货物与食品贸易业务。

(二)被诉行为

在 1991 年 9 月 23 日至 24 日,扎伊尔共和国的几名军人抢劫了 SINZA 公司的商业设施与商店,摧毁并抢走了大批有价值的货物。该商业设施于 1992 年重新开业,但在 1993 年 1 月 28 日至 29 日再次遭遇抢劫,此后永久停业。随后申请人于 1993 年 1 月 25 日根据《ICSID 公约》第 36 条,基于《美国—扎伊尔共和国 BIT》,向 ICSID 提出针对扎伊尔共和国(以下简称被申请人)的仲裁请求。

(三)程序时间轴

· 1993 年 1 月 26 日,ICSID 秘书处确认收到仲裁请求,随后通知被申请人,并将诉状以挂号信的形式寄给了被申请人驻华盛顿大使。

· 1993 年 2 月 2 日,ICSID 秘书长确认正式登记仲裁请求。

· 1993 年 7 月 2 日,申请人发信说明自此之后其公司名变为“American - Manufacturing & Trading, Inc.”,ICSID 于 1993 年 7 月 7 日收信。

· 1993 年 10 月 1 日,仲裁庭在华盛顿特区召集申请人与被申请人召开了第一次会议,但扎伊尔共和国代表缺席致使口头阶段未能进行。

· 1993 年 12 月 9 日,申请人提交备忘录。

· 1994 年 5 月 30 日,被申请人提交备忘录,其中包括对仲裁庭管辖权的异议。

· 1994 年 6 月 17 日,申请人对被申请人包括管辖权问题在内的一系列观点作出回应。

· 1994 年 7 月 19 日,被申请人再次回应申请人的观点。

· 1994 年 12 月 5—6 日,口头程序在巴黎进行。被申请人未派人参加口头程序,仅有一名未授权的政府顾问出席。申请人提供了两名证人和专家,仲裁员依据仲裁规则对他们进行了询问。仲裁庭认为被申请人的一系列行为符合《ICSID 公约》第 45 条第2项以及《ICSID仲裁规则》第42条,决定如果符合如下条件,则在1995年2月13—14日进行补充听证:(1)被申请人愿意支付仲裁庭相关费用;(2)不迟于2月25日支付。但被申请人未予以回应,补充听证程序未能如期进行。

·1997年2月21日,仲裁庭作出最终裁决。

(四)仲裁请求

1. 申请人的仲裁请求

申请人请求:

(1)被申请人侵犯了申请人基于《美国—扎伊尔共和国BIT》享有的受保护的权利。

(2)被申请人应当对其未能履行《美国—扎伊尔共和国BIT》中所规定的财产保护之义务而负责。在1991年9月23—24日和1993年1月28—29日,SINZA公司和SPRL公司(申请人持股94%)遭遇了被申请人军队的抢劫而致使公司财物有所损失,SINZA公司归属于申请人。

(3)基于其不法行为,被申请人应当向申请人赔偿。赔偿范围包括实际损失和利息,赔偿数额包括:其一,申请人向被申请人投资之财物的公平市场价值;其二,预期收益的损失;其三,基于前两项产生的利息,其利率按适当的国际利率计算,并换算成美元,利息计算范围从1991年9月23日起至最终赔付为止。

(4)被申请人应当承担所有的诉讼费用,包括仲裁员和ICSID设施的费用,律师和相关人员之费用,以及基于此费用产生的利息。

申请人在仲裁请求中总计要求被申请人政府赔偿21,574,405美元及8%的利息。

2. 被申请人的反对意见

首先,被申请人认为仲裁庭没有管辖权,因为申请人不能以SINZA公司的名义提起仲裁请求,争端实际发生于SINZA与被申请人之间,而不是申请人与被申请人之间。所以申请人作为一个美国公司,并没有在被申请人境内进行直接投资,SINZA公司是扎伊尔籍的商业主体,只能基于《扎伊尔投资法》的仲裁程序予以救济。

其次,被申请人认为申请人没有遵守《美国—扎伊尔共和国BIT》中的第8条——争端解决应当首先通过磋商程序和外交途径,其中强调首先应当诉诸其他解决途径,只有在未能达成一致时才能通过双方合意将案件的管辖权交由ICSID。

再次,被申请人认为《美国—扎伊尔共和国BIT》不能违背国内法律法规,行政规章以及相关政策调整措施。申请人所请求之事项基于的《美国—扎伊尔共和国 BIT》违背了扎伊尔法律中的公共政策条款。根据被申请人在 1966 年 10 月 1 日通过的国内第 69-044 号法令,如果民事诉讼的目的在于就政局混乱或军事暴动造成的损害请求国家赔偿的话,法庭将不予受理。

最后,被申请人认为其并没有为其他同样遭遇到抢劫的公司提供优于 SINZA 公司的待遇,因为其没有给予任何公司补偿,即 1991 年和 1993 年的抢劫事件的受害者没有一人得到补偿,申请人也没有提出相应证据。

(五)仲裁庭结论

仲裁庭裁定:

(1)关于管辖权,仲裁庭认为根据《ICSID 公约》第 25 条和第 41 条,其享有管辖权;

(2)1993 年 1 月 25 日申请人以书面请求提出的仲裁请求是可受理的;

(3)被申请人应当对 1991 年 9 月 23—24 日,1993 年 1 月 28—29 日的事件造成的一切损害承担责任;

(4)赔偿数额为 900 万美元,如果在裁决之后的 60 日内未支付,每年支付 7.5% 的逾期利息;

(5)仲裁庭的费用和开支,以及各自律师的费用开支各自承担。基于其他先前程序事项,扎伊尔应当付给申请人 104,828.96 美元。

二、主要法律争议

(一)ICSID 仲裁庭对本案是否具有管辖权

1. 被申请人的主张

被申请人在答辩备忘录中主张仲裁庭没有管辖权,其理由如下:其一,申请人无权以 SINZA 公司的名义起诉被申请人,案件事实所涉争端实际发生于 SINZA 公司与被申请人之间,而不是申请人与被申请人之间,且 SINZA 公司作为在被申请人注册成立的适格主体可以依据《扎伊尔投资法》第 45 条提请仲裁,即申请人是一家从未在被申请人境内实施投资行为的美国公司,申请人并非适格主体;其二,申请人违反了《美国—扎伊尔共和国 BIT》中的第 8 条,《美国—扎伊尔共和国 BIT》中的第 8 条约定出现争端时应当通过磋商程序和谈判途径来解决,《美国—扎伊尔共和国 BIT》中强调只有用尽其他救济手段才能诉诸 ICSID 仲裁;其三,被申请人主张根据《美国—扎伊尔共和国 BIT》第 9 条规定,《美国—扎伊尔共和国 BIT》不得取代或以其他形式减损国内法的效力。根据被申请人在 1996 年 10 月 1 日制定的第 69-044 号法令,不得就因动乱(disturbances)而产生的民事上的损失请求国家承担赔偿责任,因此仲裁庭不能获得管辖权。综上所述,被申请人认为 AMT 公司作为一个美国公司并没有在被申请人境内进行直接投资,SINZA 公司是扎伊尔籍的商业主体,只能基于《扎伊尔投资法》所载的国内仲裁程序请求救济,所以本案仲裁庭没有管辖权。

2. 仲裁庭的裁定

仲裁庭认为,第一,《美国—扎伊尔共和国 BIT》第 1 条 a 款规定了"投资"的定义与范围,根据文义,"投资"的范围当然包括一系列的商业持股与经营控制。申请人持有 95%的 SINZA 公司的股权,申请人当然是《美国—扎伊尔共和国 BIT》中所规定的投资者,虽然其经营设施建造在扎伊尔境内,但其可以认定为是一家美国籍投资主体,所以可以交付 ICSID 仲裁。第二,关于被申请人所主张的"争端解决应当通过磋商程序和谈判途径",仲裁庭认为《美国—扎伊尔共和国 BIT》第 7 条第 3 款中所规定的"磋商程序和谈判途径"是在双方失去共识以致最终无法通过其他双方之前所约定之争议解决手段解决争议时才适用。第三,关于被申请人主张的申请人只能基于《扎伊尔投资法》获得救济的主张,仲裁庭认为《美国—扎伊尔共和国 BIT》应当优先于其国内法适用。如果从文义解释和目的解释的角度来判断,《扎伊尔投资法》的相关规定旨在给付行政便利与提供优惠待遇,没有排除申请人向仲裁庭提起救济的请求权。

(二)被申请人是否应当对申请人的损失承担责任

双方就被申请人对美国投资者的投资是否尽到尽力保护之义务存在分歧。仲裁庭认为《美国—扎伊尔共和国 BIT》中的"投资保护和安全措施"必须与缔约国的国内法一致且不得低于国际法的标准,即国际法的标准是底线。此外双方的争议点也涉及了被申请人是否违反了警惕义务(obligation of vigilance)。仲裁庭认为,确定被申请人是否违反该义务应当以该国所采取之措施不低于国际法最低标准为判断标准。而"不低于国际法最低标准的判断标准"又是什么呢?被申请人采取这些措施了吗?仲裁庭认为被申请人对这些问题缺乏进一步的陈述与回应。仲裁庭认为被申请人对投资应当负有安全保护义务,被申请人未审慎履行该等义务的行为导致了申请人的灾难性后果,虽然没有额外的证据,但已发生的事实是不言而喻的。被申请人抗辩称其从未违反警惕义务，被申请人承认 SINZA 公司在 1991 年与其他公司一样成为被抢劫的目标。但被申请人认为申请人没有提供其他任何证据来说明，在同样的情况下，SINZA 公司所受到的待遇低于其本国国民或任何第三国所享受的待遇。

仲裁庭认为被申请人的辩驳看似言之有理，实际其显而易见违反了国际法要求的最低标准，被申请人同样有义务给予第三国类似的待遇和义务。仲裁庭认为虽然被申请人辩称其没有给予国民和任何其他第三国公司这种待遇或义务，但基于其一而再再而三地违反和未能履行对第三国之义务的事实，因此不能免除被申请人违反义务的客观责任，所以仲裁庭认为被申请人提出的理由是不能被接受的。

综上所述，仲裁庭基于一系列事实，认定被申请人没有采取必要的措施来保护申请人在其领土内投资的安全，此外《美国—扎伊尔共和国 BIT》第 5 条第 1 款 b 项“对战争和类似事件所造成之损失的损害赔偿”更加具体地说明了被申请人应当对申请人的损失负责，以及基于《美国—扎伊尔共和国 BIT》第 4 条第 1 款 b 项，SINZA 公司在 1991 年至 1993 年遭遇的抢劫都属于此范围，被申请人有义务阻止在其领土上的暴力行为。所以，仲裁庭认为被申请人确实应当为在其领土内的暴力行为承担责任，不论那些强盗或窃贼的身份如何，不论是军队成员还是任何其他窃贼，扎伊尔都不能援引国内法来规避其在《美国—扎伊尔共和国 BIT》中约定的其应当承担的国际义务。

(三)赔偿金额的计算

关于赔偿金额的计算标准，仲裁庭注意到申请人主张应当以《美国—扎伊尔共和国 BIT》中约定的“征收补偿”标准来计算赔偿金额，本案的事实显然不能被认定为“征收”。虽然劫掠者们穿着军装并持有军队武器，但显然他们是单独行动，即并没有任何证据证明他们的行动是依赖于被申请人当局或被申请人军队的指令，很显然劫掠者们的行为应当被认定为“破坏财产”而非一般意义上的征收。

关于赔偿金额，被申请人辩称虽然 SINZA 公司遭到抢劫，但 SINZA 所享受的待遇从未低于其他受害者所享受的待遇，因为没有任何其他人提出证据证明因此事件获得过赔偿，被申请人也没有给予其他人任何赔偿，所以从这个意义上来说，被申请人没有违反平等和不歧视待遇原则。仲裁庭认为仅在扎伊尔共和国给予本国国民或第三方优惠待遇时，才能认为扎伊尔共和国基于此的辩解言之有理。如果这种优惠待遇从未有过，则不可能通过比较来确定待遇的水平和类型。

此外，仲裁庭注意到了申请人主张应当参照具有理想稳定投资环境的国家来计算赔偿数额,比如瑞士或者德国。仲裁庭认为这是不可取的,扎伊尔共和国的投资环境和投资风险显然不同于上述国家,在计算补偿方法的时候应当充分考虑扎伊尔共和国动荡的局势现状。

三、简要评析

本案的争议主要集中在仲裁庭的管辖权和东道国对投资者应当给予何种标准的保护义务上。

关于仲裁庭的管辖权,本案仲裁庭确定管辖权的依据主要是《ICSID 公约》第 21 条和第 41 条。仲裁庭为了确认管辖权,适用《ICSID 公约》第 25 条对该案进行了检验与论证,仲裁庭认为根据《ICSID 公约》第 25 条,只有当(1)因投资而引起的法律争议,(2)该争议必须发生在缔约国和另一缔约国之间,且(3)双方都同意将该争议交予 ICSID,该三个条件都满足的情况下,ICSID 有该案的当然管辖权。仲裁庭认为条件(1)当然满足,自不待言,且双方亦没有提出相关异议。关于条件(2),仲裁庭认为既然 AMT 公司拥有 SINZA 公司 94%的股权,那么申请人自然有能力以及自己的名义起诉。关于条件(3),仲裁庭认为不能仅仅因为《美国—扎伊尔共和国 BIT》中载有 ICSID 的管辖权所以仲裁庭就当然享有管辖权,还要看双方有没有将本案交予 ICSID 的“共同意愿”,这种“共同意愿”则要从《美国—扎伊尔共和国 BIT》中寻找依据,仲裁庭检验与讨论了《美国—扎伊尔共和国 BIT》的第 7 条和第 4 条,认为《美国—扎伊尔共和国 BIT》的相关条文能够体现这种“共同意愿”,所以仲裁庭享有本案的管辖权。

关于东道国对投资者应当给予何种程度的保护义务,仲裁庭认为安全和保护义务的标准是“不得低于国际法的待遇”,即国际法标准是一种底线标准。在本案的审理中,扎伊尔共和国并没有主张自己对投资者给予了何种程度的安全保护义务和警惕义务,而仅仅是主张了“其没有给予国民和任何其他第三国的公司这种待遇或义务,所以 SINZA 所受到的待遇并没有低于其本国国民或任何第三国所享受的待遇”。仲裁庭认为这种主张乍一看似乎有道理但禁不住仔细推敲,扎伊尔共和国并不能因为其一贯的未给予投资者相应待遇和义务而免除这种义务。

(编写者:武汉大学国际法研究所 2019 级硕士研究生　王海洋)

萨尔·帕皮尔·韦特里布斯有限责任公司
诉
波兰共和国

仲裁案（Ⅰ）

案情概要

案名	萨尔・帕皮尔・韦特里布斯有限责任公司诉波兰共和国仲裁案(Ⅰ)[1]	
案件裁判来源	https://www.italaw.com/cases/946	
案号	STOS 2754	
当事人	申请人:萨尔・帕皮尔・韦特里布斯有限责任公司	
	被申请人:波兰共和国	
行业	造纸和纸制品业	
仲裁机构和仲裁地	斯德哥尔摩商会仲裁院,瑞士苏黎世	
投资依据	《德国与波兰关于鼓励和互惠保护投资协定》(1989)	
适用的仲裁规则	《联合国国际贸易法委员会仲裁规则》(1976)	
仲裁庭组成	首席仲裁员:Pierre A. Karrer	
	仲裁员(申请人指定):Georg Ahrens	
	仲裁员(被申请人指定):Tadeusz Sz. urski	
日期	仲裁程序开始日期:1992年3月5日	
	最终裁决发布日期:1995年10月16日	
仲裁请求	申请人要求赔偿禁止进口二手原料废纸造成的损失	
核心争议点	波兰共和国禁止进口二手原材料废纸是否构成相当于征收的措施	
仲裁庭主要结论	仲裁庭认为发现波兰共和国的禁令在两个方面构成了相当于征收的措施:第一,禁令的经济影响与征收相当;第二,禁令违反了善意信赖保护原则	
裁决结果	支持投资者(多数裁决)	
后续进展	无	

[1] 1996年,萨尔・帕皮尔・韦特里布斯有限责任公司诉波兰共和国向波兰发起第二次仲裁,要求赔偿因同一废物进口禁令而产生的随后一段时间的损失,被称为 *Saar Papier v. Poland*(Ⅱ)。

Case Summary

Name of Case	Saar Papier Vertriebs GmbH v. Republic of Poland(Ⅰ)	
Web Page	https://www. italaw. com/cases/946	
Case Number	STOS 2754	
Parties	Claimant:Saar Papier Vertriebs GmbH	
	Respondent:Republic of Poland	
Industry	Pulp and Paper	
Administering Institution & Seat of Arbitration	SCC;Zurich,Switzerland	
Basis for Arbitration	Federal Republic of Germany and Poland Treaty concerning the encouragement and reciprocal protection of investments(with protocol)(1989)	
Rules Used in Arbitral Proceedings	UNCITRAL Arbitration Rules(1976)	
Arbitrator(s)	Presiding Arbitrator:Pierre A. Karrer	
	Arbitrator(Claimant's appointee):Georg Ahrens	
	Arbitrator(Respondent's appointee):Tadeusz Sz. urski	
Date	Date of Commencement of Proceeding:5 March 1992	
	Date of Issue of Final Award:16 October 1995	
Relief Request	The Claimant seeks compensation for the damages resulting from the prohibition on importation of the secondary raw material waste paper	
Key Issue	Whether Poland's prohibition on importation of the secondary raw material waste paper constitutes a measure equivalent to expropriation	
Tribunal's Conclusions on Key Issue	The Tribunal found that Poland's prohibition constituted a measure equivalent to expropriation from 2 aspects: first, the prohibition had an economic impact comparable to that of an expropriation; second, the prohibition violated the principle of good faith reliance protection	
Award	In favour of Investor(Majority Verdict)	
Follow-up Progress	None	

一、案件事实

(一)投资事实

萨尔·帕皮尔·韦特里布斯有限责任公司(以下简称申请人)是一家德国纸业公司,于1987年与两家波兰公司签订合同,计划在波兰共和国(以下简称被申请人)进行投资活动。1989年1月1日,波兰《外国经济个体参与经济活动条例》(Statute on Economic Activities with Participation of Foreign Economic Individuals)生效,申请人依该条例申请并获批成立了全资子公司Saar Papier International Spolka Z. o. o.(以下简称SPI),以进口原材料makulatura(纸的原材料)并生产销售纸产品,该子公司于1990年开始运营。1989年7月1日,波兰于1989年4月27日通过的《环境保护条例修正案》生效。1991年7月31日,申请人与丹麦公司Assort Scandinavia NS(以下简称Assort)签订了专属供货协议。

(二)被诉行为

1991年7月7日,波兰海关禁止原材料makulatura的进口,声称makulatura是“废物”。申请人尝试了包括诉诸当地法院[1]在内的诸多方式,意图排除该禁令,但未能成功。由于原材料进口被禁止,申请人无法履行与Assort的合同义务,被Assort起诉。1992年1月29日,申请人再次试图进口一吨的原材料,又被波兰海关以《环境保护条例修正案》不允许为由禁止。1993年3月12日,SPI申请破产。

(三)程序时间轴

- 1992年3月,申请人向SCC提出仲裁申请。
- 1993年12月9日,仲裁庭正式组成。
- 1994年5月13日,被申请人提出管辖权异议。
- 1994年5月20日,申请人将索赔金额减少至230万德国马克。
- 1994年8月17日,仲裁庭作出一项临时裁决,确定其对本案享有管辖权。
- 1995年1月27日,双方同意在6月30日之前进行和解磋商,但未达成一致。
- 1995年7月17日,听证会开始,双方就事实和法律问题展开辩论。

---

[1] 本案中,申请人一共提起了两次行政诉讼,第一次的被告为波兰环保部,第二次为波兰海关办公室。

·1995年9月20日与29日,双方递交最终简述(final brief),对部分问题发表意见。

·1995年10月16日,仲裁庭作出最终裁决。

(四)仲裁请求

申请人请求:

(1)请求宣告被申请人对自1991年7月7日以来因禁止原材料进口给原告带来的所有损失承担赔偿责任;

(2)请求裁决被申请人赔偿1992年3月5日以来给原告造成的合理损失,包括自1992年3月5日以来所造成的230万德国马克的利润损失与12%的利息;

(3)请求由被申请人承担仲裁费用。

(五)仲裁庭结论

仲裁庭裁定:

(1)裁决被申请人赔偿自1992年3月5日起给原告造成的合理损失,包括230万德国马克的利润损失与8%的利息;

(2)仲裁费用由被申请人承担;

(3)申请人的案件代理费由被申请人承担。

二、主要法律争议

(一)波兰禁止进口二手原材料废纸是否构成相当于征收的措施

从波兰法律的观点出发,仲裁庭无须对波兰当局在申请人开始投资时采取的立场与波兰海关实施禁令时采取的立场的正确性作出判断。摆在仲裁庭面前的问题是,如果一个国家的法律起初鼓励投资者投资而后又改变态度使得投资者投资在经济上无效,这种情况是否能构成协定下相当于征收的措施。

对德国与波兰行政法律实践的解释或许对仲裁庭在这一问题上的裁决有一定帮助。但实际上,尽管当事方反复要求参考两国国内法律实践,仲裁庭却几乎未能在其中获得帮助。仲裁庭因此只能通过自身对一般行政法的理解与善意原则解释协定条款作出判断。一般行政法实践为解决这一问题提供了两种理论分析路径。

1. 何者构成相当于征收的措施

第一种分析路径的根源是宪法对财产权的保护。国家只有在特定前提条件满足的情况下才能征收私有财产,并且要给被征收者以充足的补偿,这一类征收也被称为“正式征收”(formelle enteignung)。然而,国家或许会给财产权利造成限制却并不给予补偿,但如果对财产权利的限制的经济效果与征收相等,国家仍必须给以补偿,此类征收也被称为“实质征收”(materielle enleignung)、“逐步征收”[1](schleichende enteignung)等。当政府并非对财产权直接限制而是采取间接限制财产权行使的方式时,也可能构成征收。例如,在瑞士如果所有去购物中心的路全被政府切断,即一项措施(封路)具有普遍影响,但对某一特定所有权(购物中心)造成的负担远远超过所有其他措施,则存在“实质征收”。这一理论也就是所谓的“特别牺牲理论”(sonderopfer theorie)。

为了确定何者构成等同于征收的措施,仲裁庭认为,对协定条款的合理解释应考虑被诉措施的经济影响。征收的后果是剥夺投资者进行的全部投资,必须将相当于征收的措施视为具有与征收经济影响相当的措施。

仲裁庭要被申请人解释何者可能落入类似于征收措施的范畴。被申请人认同对公司主要财产的征收与对公司份额的征收相当,也同意对阻止公司获得主要财产与对主要财产的征收相当从而也与对公司份额的征收相当。但被申请人认为本案中 SPI 停止运作是因为原材料禁止进口,与前述其主张的相当于征收的措施不同。仲裁庭认为被申请人的主张不具有说服力,因为 SPI 只能够处理进口原材料 makulatura,对 makulatura 的禁止造成了与征收 SPI 相当的经济后果。

被申请人声称,SPI 仍可以自由地在波兰购买 makulatura,但 SPI 购买 makulatura 的经验表明,在波兰购买的 makulatura 无法满足质量要求。此外,被申请人还主张,制造纸巾不仅可以 makulatura 为原料,还可以新鲜纸浆为原料;仲裁庭在考虑经济影响时,不应当着眼于该公司的法律目的,而应当注重其经济实际。仲裁庭认为虽然 SPI 使用新鲜纸浆或者在当地购买原材料在技术上是可能的,但在经济上不具可能性。所以从经济实际角度看,投资者工厂的生命力已经被被申请人所剥夺,该措施构成相当于征收的措施。被申请人还声称,对原材料的禁止就如同禁止停车的标识一般。仲裁庭认为被申请人的比喻是不恰当的。仲裁中的许多参与者有时可能不得不将车停在更远的地方或支付停车罚款,但是,这并没有使他们破产。相比之下,本次禁止进口却

[1] “逐步征收”是间接征收的一种表现形式,指的是政府每一次对权利人财产权利的限制行为单独看来不构成征收,但是一连串这样的行为最终导致了征收的后果。

使得 SPI 停业并破产。

被申请人还提出其采取的措施是针对所有投资公司的一般措施。仲裁庭认为被申请人该论点是空洞无意义的。毫无疑问该措施是带有歧视色彩的,现在其被完全废除了,这实际上导致了“特别牺牲”。

2. 善意信赖保护

第二种分析路径主要是在第二次世界大战之后发展起来的,它始于一个普遍的主张,即公法中的善意义务适用于所有政府部门。在特定情况下,法律不适用于某些私人,如果适用,则即使该法律适用是合法的,也必须对私人进行全额赔偿。如果国家提供了误导性的法律信息或法律、行政或法院惯例发生了变化,则适用此原则。国家机关提供初始错误信息导致权利人有权获赔的要求如下:

(1)国家当局在特定情况下对特定人员进行干预;

(2)国家机关在其权限范围内已采取行动或被视为已采取行动;

(3)私人必须有充分的理由相信其行为所依据的行为的有效性;

(4)私人必须依靠有关政府行为采取措施,在不遭受损害的情况下无法改变其行为;

(5)法律自作出保证之时起不得正式改变。

通过比较上述 5 个要求,仲裁庭得出以下结论:

1990 年 5 月 4 日,外商投资部门主席授权 SPI 的成立构成与特定人员有关的具体情形。对此结论,被申请人主张外商投资部门并没有授权进口 makulatura 的权力,此项权力只属于波兰议会。仲裁庭表示,从 1989 年 7 月 1 日起,就已经发生了禁止进口 makulatura 的相关案件,但与 SPI 对接的有关部门直到 1991 年 7 月 7 日都不知情;当一项许可落入众多部门的管辖权之下时,在授予该许可时,众部门之间有义务相互咨询,而不能指望申请人了解波兰自己的高层政府当局显然忽略的事项。正如瑞士联邦最高法院所判决的一般,当单个主体无法知悉或是在适当注意之后发现主管当局越权行事时,单个主体可主张其是善意的。被申请人不能要求申请人达到一个其无法察觉的标准。

当事方有充分的理由相信许可的有效性,或不存在被授予许可的要求。仲裁庭认为,禁止 makulatura 进口的要求及其原因绝不是显而易见的。被申请人无法提供任何禁止 makulatura 进口的政策原因,而只是简单地说其是“废物”。与此同时,波兰法律也发生了改变,不再笼统地规定"废物"就应当被禁止。显然,申请人是根据所接收的信息与所获得的许可来设立 SPI 并从事有关活动的。波兰环保条例在 1989 年 4 月 27 日至 1991 年 8 月 9 日并没有发生任何变化。出于上述理由,仲裁庭裁定,被申请人必须赔偿申请人遭受的损失,虽然法律后来发生了改变,对于某些进口需要特殊许可,但与本案所涉及的期间无关。

(二)投资协定的溯及力

被申请人认为,申请人提起的条约之诉不能成立,因为《德国与波兰关于鼓励和互惠保护投资协定》(1989)(以下简称《德—波 BIT》)在 1990 年 4 月才生效。仲裁庭认为,尽管被申请人的主张在事实上是正确的,但根据《德—波 BIT》第 9 条之规定,协定适用于 1972 年 9 月 14 日之后的所有投资。而申请人在波兰的投资显然晚于该日期。其次,申请人也仅要求对 1991 年 7 月后的损失进行赔偿。因此,《德—波 BIT》适用于本案,被申请人的主张不成立。

(三)穷尽东道国救济(exhaustion of host country remedies)

被申请人主张申请人只有在穷尽东道国法律救济之后才能提交投资仲裁。仲裁庭认为,法律上,《德—波 BIT》并没有此要求。《德—波 BIT》只是规定东道国要给外国投资者以当地法律救济机制来对抗东道国可能采取的侵犯投资者权益的措施。[1]另外,《德—波 BIT》规定了提交国际仲裁前 6 个月的冷静期,[2]但显而易见,冷静期早已届满。

被申请人还强调 SPI 起初起诉的是波兰环保部而非海关,SPI 的起诉因波兰环保部非适合原告而被波兰最高行政法院驳回。但毫无争议的是地方海关是依波兰环保部的指令行事。申请人以此为由主张波兰环保部是适格被告。仲裁庭认为其无须就这一与波兰行政法有关的问题作出裁决,因为后来申请人在 1991 年 12 月又一批货物被波兰海关扣留之后,再次对波兰海关办公室提出了起诉,但本次起诉又被驳回。

仲裁庭认为,《德—波 BIT》并没有规定穷尽东道国法律救济是提起国际仲裁的前置程序。相反,协定仅规定 6 个月的冷静期是考虑到东道国行政程序或将十分缓慢。仲裁庭最后总结道:"迟来的正义非正义"(Justice delayed is justice denied),本案就是一个典型的例子,长达 3 年过去,仲裁庭依旧不知道 makulatura 在波兰是否是真的被

---

[1] 参见《德—波 BIT》第 4 条。

[2] 参见《德—波 BIT》第 11 条第 2 款。

禁止进口,因为波兰法院最终也没有在这一问题上作出裁决。然而与此同时,申请人在波兰投资所设立的公司却遭遇破产。这正是6个月冷静期制度设计所要处理的典型案件。

(四)减少损失(mitigation of damages)

被申请人还主张申请人没有积极采取措施减少损失。此主张有两方面理由:一与所采取的法律救济措施有关。被申请人声称,申请人应以正确的方式对1991年8月9日的首次进口禁令提出疑问。被申请人认为4个月后申请人针对海关拒绝第二次进口的决定采取的第二次行动才是唯一且正确的。被申请人没有指控投资者在SPI破产前未积极地采取第二次行动。相反,仲裁庭发现许多迹象表明,申请人已经竭尽所能去推翻环境部的决定。没有迹象表明可以在要求损害赔偿的日期,即1992年3月5日之前以任何方式推翻对makulatura的进口禁令。

被申请人此主张的第二方面理由基于案件事实。申请人解释说,在makulatura被禁止进口之时,投资者尝试过两个替代方案。第一个便是从波兰市场获得makulatura。仲裁庭认为申请人的解释令人信服,从波兰获得的makulatura制造出的产品的质量无法与进口的相提并论。用这种劣质原材料制成的纸质量低劣,无法在西方市场上出售。

当被仲裁庭反复问及申请人应该采取哪些实际措施来减轻损失时,被申请人无法给出回答,而这一主张的证明负担在被申请人。

三、简要评析

本案裁定的实体依据有二,第一种分析以认定构成"实质征收"的理由确认符合赔偿的标准。第二种分析则基于善意保护原则,它甚至比私有财产保护原则要更加基础。因为国家对私有财产予以宪法保护意味着国家不能不以任何补偿为代价就使当事方合理预期受损,当事方获得财产时正是基于对此种承诺的信赖。故当协定规定当事方不得采取相当于征收的措施时,东道国应当对起初给予投资者承诺而后又改变想法使得投资丧失经济利益的行为予以补偿。

作为最早的基于条约提起的案件之一,本案最突出的意义在于对"相当于征收的措施"的认定,本案从两个维度认定了"相当于征收的措施":经济影响与对善意信赖的损害。[1] 虽然本案还没有明确提出"间接征收"的概念。但其用于判断"相当于征收的措施"的两个维度为后案对"间接征收"的概念的提出与发展提供了铺垫。可以注意到,在本案裁判时,因为没有前案可以参考,仲裁庭在裁判时大量引用了学说与观点如"实质征收"、"逐步征收"等,将关于征收的学说观点引用至现实的案例中,为认定何为"征收"的法律实践的完善及丰富作出了重要贡献。

(编写者:武汉大学国际法研究所2019级硕士研究生　方镇邦)

[1] 有关"间接征收"的构成要素分析可参见孙理理:《试论国际投资中判定间接征收的关键要素及应对策略》,载《理论学刊》2020年第1期。

弗郎茨·塞德尔迈尔
诉
俄罗斯联邦

仲裁案

案情概要

案名	弗郎茨·塞德尔迈尔诉俄罗斯联邦仲裁案
案件裁判来源	https://www.italaw.com/cases/982
案号	无
当事人	申请人:弗郎茨·塞德尔迈尔(德国国籍)
	被申请人:俄罗斯联邦(通过俄罗斯联邦采购部代表的形式)
行业	商务服务业
仲裁机构和仲裁地	斯德哥尔摩商会仲裁院,瑞典斯德哥尔摩
仲裁依据	《德国—苏联双边投资条约》(1989年)
适用的仲裁规则	《斯德哥尔摩商会仲裁院仲裁规则》
仲裁庭组成	首席仲裁员:Staffan Magnusson
	仲裁员(申请人指定):Jan Peter Wachler
	仲裁员(被申请人指定):Ivan S. Zykin
日期	仲裁程序开始日期:1995年10月10日
	最终裁决发布日期:1998年7月7日
仲裁请求	申请人请求如下: (1)要求俄罗斯联邦赔偿765万美元,相当于在圣彼得堡某些被征收的投资和财产的价值,如执法设备、办公室设备、车辆、对房舍的投资和丧失房舍使用权等加上利息 (2)赔偿约50万德国马克,相当于在圣彼得堡某些被征收财产主要是车辆的价值,外加利息 (3)对方承担50%的费用和成本
核心争议点	仲裁庭管辖权问题
仲裁庭主要结论	根据《德国—苏联双边投资条约》(1989年)第9条第3款和第10条第2款,仲裁庭对本案具有管辖权
裁决结果	支持投资者(2∶1多数票作出决定,Ivan S. Zykin持反对意见)
后续进展	2002年12月18日,斯德哥尔摩市法院驳回被申请人拒绝赔偿并撤销仲裁裁决的请求; 2005年6月15日,斯维亚上诉法院驳回了被申请人的上诉请求; 2011年7月1日,瑞典最高法院裁定执行仲裁裁决

Case Summary

Name of Case	Mr. Franz Sedelmayer v. The Russian Federation
Web Page	http://www. italaw. com/cases/982
Case Number	None
Parties	Claimant: Mr. Franz J. Sedelmayer, Germany
	Respondent: The Russian Federation through the Procurement Department of the President of the Russian Federation
Industry	Commercial Services and Supplies
Administering Institution & Seat of Arbitration	SCC; Stockholm, Sweden
Basis for Arbitration	Germany-Russian Federation BIT(1989)
Rules Used in Arbitral Proceedings	Arbitration Rules of The Arbitration Institute of The Stockholm Chamber of Commerce
Arbitrator(s)	Presiding Arbitrator: Staffan Magnusson
	Arbitrator(Claimant' appointee): Jan Peter Wachler
	Arbitrator(Respondent's appointee): Ivan S. Zykin
Date	Date of Commencement of Proceeding: 10 October 1995
	Date of Issue of Final Award: 7 July 1998
Relief Request	The Claimant claims the following: (1) USD 7. 65 million, an amount equivalent to the value of certain expropriated investments and property in St. Petersburg (law enforcement equipment, office equipment, vehicles, investments in the Premises and loss of the right to use the Premises, etc.), plus interest (2) DEM 500,000, an amount equivalent to the value of certain expropriated property in St. Petersburg (mostly vehicles), plus interest (3) 50% of the fees and costs
Key Issue	the Tribunal's jurisdiction
Tribunal's Conclusions on Key Issue	The Treaty was applicable and that the Tribunal had jurisdiction to try this dispute under Articles 9(3) and 10(2) of the Treaty
Award	In favour of Investor(2-1 majority, Ivan S. Zykin: dissenting opinion)
Follow-up Progress	On 18 December 2002, the Stockholm City Court rejected the Respondent's request for refusal of compensation and setting aside the arbitral award On 15 June 2005, the Svea Court of Appeal rejected the Respondent's appeal request On 1 July 2011, the Swedish Supreme Court ruled to enforce the arbitration award

一、案件事实

(一)投资事实

弗郎茨·塞德尔迈尔(以下简称申请人)先生是德国公民,并且是在美国注册成立的企业塞德尔迈尔集团国际公司(Sedelmayer Group of Companies International Inc.,以下简称SGC公司)的唯一所有人。1990年,SGC公司与圣彼得堡警察局代表讨论一项关于提供执法设备和使用该设备培训的合作事项,并于同年7月签署关于未来合作的意向协议。根据该协议,"相互商业计划"除其他外还包括执法设备贸易、在圣彼得堡建立培训机构以及组织私人和武装安保机构。

1991年8月,圣彼得堡警察局与SGC公司签署了建立科威特石油股份公司(Kammenij Ostrov Company,以下简称KOC公司)的合同(股东协议)。根据KOC公司的公司章程,该公司的运营期限为25年,双方各持50%的股份,价值70万卢布。圣彼得堡警察局特许资本的贡献是为该公司提供一套房舍,该房舍由KOC公司以及申请人及其家人用于个人生活。SGC公司通过支付办公设备、汽车、房舍重建费用和外币等方式缴纳了其出资额。申请人当选为KOC公司总裁。

(二)被诉行为

1994年12月,俄罗斯联邦总统发布了一项指示,命令将该房舍移交给国家机构,以招待总统邀请访问俄罗斯联邦(本案被申请人,简称俄联邦)的外国代表团。1996年1月,被申请人有关部门根据指示扣押了该房舍以及家具、办公设备等动产。

随后申请人根据德意志联邦共和国与苏联于1989年缔结的《德国—苏联双边投资条约》(以下简称《德国—苏联BIT》)第10条,向斯德哥尔摩商会仲裁院主席提交了仲裁申请。申请人在其仲裁请求中要求赔偿,包括对KOC公司的投资、扣押材料的价值、房屋改造的价值以及根据KOC公司章程提供的设施的使用损失。

(三)程序时间轴

·1995年9月27日,申请人向俄联邦最高法院提出上诉,涉及圣彼得堡市法院民事案件合议庭关于查封和征收该处建筑物和财产的决定。1995年12月初,俄联邦最高法院驳回申请人的上诉请求。

·1995年10月10日,申请人致信俄联邦总统府采购部,要求政府任命其仲裁员,并“就第633-RP号总统征收案的争议提起仲裁程序”。

· 1995年10月,申请人任命Stanley Olchovik先生为仲裁员,但随后总统府拒绝了其指定仲裁员的请求,申请人请求斯德哥摩商会仲裁院主席任命仲裁小组。

· 1996年3月15日、5月3日和4日,仲裁申请人多次致函仲裁院。

· 1996年3月20日,俄联邦采购部致函致仲裁院,宣称其未与申请人或其公司中的任何人订立单一协议或合同,同时不构成《德国—苏联BIT》规定的任何合同方。采购部宣称申请人的请求无效。

· 1996年4月15日,采购部致函仲裁院,宣称KOC公司已于1996年2月8日进入清算程序,该部与赔偿申请人的经济损失无关。

· 1996年5月15日,采购部通知仲裁机构,已任命Ivan S. Zykin教授为其仲裁员。

· 1996年5月27日,采购部致函仲裁院,宣称自己不是《德国—苏联BIT》项下的合同方,同时,根据《德国—苏联BIT》,仲裁院无权任命仲裁员。

· 1996年6月28日,申请人致函仲裁院,宣布任命Jan Peter Wachler博士为其仲裁员。

· 1996年9月3日,仲裁院主席任命瑞典最高法院Staffan Magnusson法官为首席仲裁员,至此,仲裁庭成立。

· 1996年9月30日,仲裁庭发布了第一份程序令,要求申请人提出赔偿声明。申请人提交了日期为1996年11月11日的声明,包括以下赔偿请求:被征收的投资和财产、利润损失、仲裁费用以及利息。

· 1996年11月15日,仲裁庭请被申请人提交答辩书。被申请人辩称《德国—苏联BIT》不适用,同时就申请人对房舍损坏的赔偿提出反请求。

· 1997年2月18日,申请人拒绝被申请人的反请求。

· 1997年4月25日,在斯德哥尔摩举行了与当事方的筹备会议,主要讨论了可能对仲裁庭的管辖权作出单独裁决的问题。

· 1997年11月24—28日在斯德哥尔摩举行了最后听证会。仲裁庭驳回申请人的部分仲裁请求。

· 1998年2月11日,申请人修改赔偿请求,同时撤回利润损失赔偿要求。

· 1998年7月7日,仲裁庭最终在瑞典斯德哥尔摩作出仲裁裁决。

·2002 年 12 月 18 日,斯德哥尔摩市法院驳回被申请人拒绝赔偿并提起撤销仲裁裁决的诉讼请求。

·2005 年 6 月 15 日,斯维亚上诉法院驳回了被申请人的上诉请求。

·2011 年 7 月 1 日,瑞典最高法院裁定执行仲裁裁决。

(四)仲裁请求

1. 仲裁申请人的仲裁请求

申请人请求:

(1)责令被申请人立即支付 7,649,637.61 美元,相当于在圣彼得堡被征收的某些投资和财产的价值,特别是执法设备、办公设备、车辆、物业投资的损失;

(2)责令被申请人立即支付 494,430 德国马克,相当于在圣彼得堡被征收车辆的价值;

(3)责令被申请人立即支付一半仲裁费,以及 Zykin 教授的全部费用,或者向申请人赔偿仲裁费 1,570,275 瑞典克朗外加利息。

2. 被申请人的反对意见

被申请人拒绝了全部赔偿请求,并宣称不能接受关于任何金额或利率的请求。被申请人未对赔偿仲裁费用提出要求。

(五)仲裁庭结论

《德国—苏联 BIT》是适用的,仲裁庭对争议案件具有管辖权。仲裁庭支持投资者的仲裁请求(2∶1 多数票决定,Ivan S. Zykin 先生发表异议意见)。

二、主要法律争议

(一)申请人是否为适格投资者

1. 申请人的主张

根据《德国—苏联 BIT》第 1 条第 1 款 c 项,“投资者”是指在《德国—苏联 BIT》规定的地理区域内居住的自然人或法人。申请人塞德尔迈尔先生是居住在德国的自然人,虽然在 1991 年至 1995 年他居住在俄联邦,但是他的常住地依旧是德国,申请人在此期间从未在《德国—苏联 BIT》规定以外的第三方居住,因此受到《德国—苏联 BIT》的保护。

同时,申请人在本争议中提及的所有投资均来自申请人本人,包括与圣彼得堡警察局之间的协议以及 KOC 公司等,以上投资都是通过申请人将全资拥有或控制的某些公司转入俄联邦进行的,并且这些投资都符合《德国—苏联 BIT》第 1 条第 1 款 a 项,且没有违反苏联或俄联邦的任何法律规定。

所以,根据《德国—苏联 BIT》第 1 条第 1 款 a 项和 c 项,结合"控制论",申请人确实是《德国—苏联 BIT》第 1 条第 1 款 c 项含义的投资者,申请人提出的任何赔偿请求都是受到《德国—苏联 BIT》承认和保护的。

2. 被申请人的主张

被申请人辩称,首先,SGC 是一家在美国注册的公司,申请人任总裁,该公司董事会设在美国而不是德国,所以《德国—苏联 BIT》规定不适用于该法人。其次,即使假设申请人是以自然人身份进行的投资,他同样也不能构成《德国—苏联 BIT》规定的投资者。因为根据《德国—苏联 BIT》第 1 条第 1 款 c 项规定,投资者应是永久居住在德国的自然人。然而申请人自 1991 年以来一直居住在俄联邦,所以他不是真正的投资者。最后,关于"控制论"的说法,被申请人宣称,这一原则只适用于司法实践或某些国际条约,在《德国—苏联 BIT》中并未体现:《德国—苏联 BIT》中对于"投资"一词的定义十分明确和具体,并未包含控制论标准。综上,被申请人认为申请人不是《德国—苏联 BIT》规定的投资者。

3. 仲裁庭的裁定

仲裁庭认为,申请人提出的证据,特别是 Grosse 先生 1997 年 11 月 10 日发表的书面声明表明,申请人在所称投资期间在德国有永久居留权,所以至少在他作为自然人直接进行投资的情况下,他应被视为《德国—苏联 BIT》规定的投资者。而对于 SGC 公司,有证据表明其由申请人完全单独控制,该公司实际上是他将自己的个人资本转移到俄联邦的一种手段,这就引发了"控制论"的讨论。仲裁庭专家认为,在国际条约中,"控制论"呼声高涨,得到了更多的支持,ELSI 案的判决就说明了这一点。[1] 虽然在《德国—苏联 BIT》中,对是否适用这一理论未作具体规定,但仲裁庭一致认为,《德国—苏联 BIT》对这一问题保持沉默这一事实,不应被解释为不能将申请人视为事实上的投资者。基于上述讨论,仲裁庭认定申请人是合格的投资者。

(二)申请人的投资是否构成 BIT 下的适格投资

1. 申请人的主张

申请人主张,根据《德国—苏联 BIT》第 1 条第 1 款 a 项,"投资"一词包括一缔约

---

[1] 国际法院在 ELSI 案[Case concerning Elettronica Sicula S. p A(ELSI)(United States of America v. Itlay)]中接受了控制理论,参见 *Mr. Franz Sedelmayer v. The Russian Federation*, Arbitration Award, p. 52.

方投资者投资的所有类型财产，该条有意对“投资”这一术语作出广义解释，在商业活动中使用任何有价值的东西都是投资。同时《俄罗斯联邦外国投资法》第2条第4款对“投资”一词同样采取广义的解释。所以，申请人对俄联邦的所有投资都属于这一定义，因此受到《德国—苏联BIT》的保护。

2. 被申请人的主张

被申请人宣称，SGC公司和申请人都没有在俄联邦进行任何实际投资，因为他们只向俄联邦警察提供某些特殊的装备，而这项活动不在《德国—苏联BIT》范围之内。因此，申请人所作的任何投资都不能被视为《德国—苏联BIT》第1条第1款a项规定和保护的投资。

3. 仲裁庭的裁定

仲裁庭认为，首先，应对“投资”一词作广泛定义，《德国—苏联BIT》第1条第1款a项明确规定，上述用语涵盖投资者投资的各种资产，包括贵重物品。因此仲裁庭认为申请人进行了属于《德国—苏联BIT》范围内的投资。其次，对该投资合法性进行审查，即KOC公司的成立和运作是否遵守了苏联和俄联邦的法律。仲裁庭根据提交的证据认定，KOC公司在成立和运作期间符合当时的法律。综上，仲裁庭认为，申请人的投资受到《德国—苏联BIT》的保护。

（三）被申请人的行为是否构成征收

1. 申请人的主张

申请人提出对被征收财产赔偿请求所依据的法律是《德国—苏联BIT》第4条第1款和第4条第2款，主要涉及投资者对被征收财产的赔偿权。1995年10月9日和1996年1月24日的指令直接导致申请人在俄联邦的财产被征收。申请人表示，由于上述指令，导致申请人财产实际被接管原因与其获得征收财产价值的赔偿权毫无关系。

此外，即使申请人财产被征收是俄联邦法律在本案中适用的结果，在申请人拒绝接受征收后，仍有权根据《德国—苏联BIT》第4条第2款就征收行为进行求偿。《德国—苏联BIT》第4条第1款规定，只有在追求公共利益前提下，遵循缔约国法律规定和支付适当赔偿金才可实施征收行为。因此，由于适用俄联邦法律而导致的征收行为并不能免除俄联邦根据《德国—苏联BIT》对征收行为进行赔偿的责任。

2. 被申请人的主张

被申请人认为其不存在征收行为，因为基于上述事实，申请人和SGC公司在

KOC 公司框架内的活动被两个不同的法院判定为非法活动,根据俄联邦法律,这些财产属于国家财产,理应归还给国家。因此,征收行为不存在。

3. 仲裁庭的裁定

首先,仲裁庭对俄联邦的总统指令予以确认,根据该指令,KOC 的房屋确被查封征用,并因此导致其他方面的损失,如设备、车辆等贵重物品的损失。所以仲裁庭认为,俄联邦当局在 1995 年 10 月 9 日和 1996 年 1 月 24 日采取的行动,应视为《德国—苏联 BIT》第 4 条第 1 款所规定的“征收措施或其他具有类似作用的措施”。其次,仲裁庭认为,根据《德国—苏联 BIT》所附议定书,如果投资者的投资受到干扰而导致经济活动的减少,也有权提出赔偿。仲裁庭进一步表示,根据《德国—苏联 BIT》第 4 条第 1 款,即使依照相关法律为公共目的采取了征收措施,投资者也有权获得赔偿。综上,仲裁庭认为俄联邦当局的种种行动确实构成征收,申请人有权求偿。

(四)俄联邦法院审理中的案件是否构成未决案件

1. 申请人主张

申请人宣称,虽然此前 SGC 公司已对圣彼得堡当地海关委员会提起诉讼,且该案件正在审理中,但是根据《德国—苏联 BIT》第 4 条第 3 款之规定,俄联邦法院或其他政府机构正在审理的案件不构成未决案件,即对申请人在本仲裁中提出的赔偿请求没有任何影响。

2. 被申请人的主张

被申请人指出,申请人早前针对圣彼得堡的诉讼尚未结案,申请人提请仲裁庭解决的案件正由俄联邦法院审理,这就意味着仲裁庭在解决这一争议上存在程序上的障碍,所以仲裁庭不具备管辖权。

3. 仲裁庭的裁定

仲裁庭表示,根据《德国—苏联 BIT》第 4 条第 3 款第 1 项,投资被征收的投资者,有权提出由实施征收的国家的法院审查与投资被征收有关的所有问题。但根据第 4 条第 3 款第 2 项之规定,不论采取何种行动,投资者均有权向国际仲裁法院提出有关程序和赔偿金额的争议。所以,仲裁庭得出以下结论:鉴于仲裁庭的上述程序,不能阻止其处理全部或部分争议,先前未决案件不会对本次仲裁造成影响。

(五)俄联邦采购部能否作为俄联邦的代表

1. 申请人的主张

申请人宣称,在 1994—1995 年,与其来往的一直是俄联邦采购部,此外,采购部从未将申请人移交给其他任何政府机构对征收问题进行讨论。而采购部隶属于俄总统办公室,并对总统办直接负责。毫无疑问,采购部就是俄联邦的合法代表。

2. 被申请人的主张

针对申请人主张由采购部代表俄联邦进行仲裁的说法,被申请人予以否认。被申请人认为,根据《采购部章程》,采购部是一个法律实体,有其单独的资产负债表和财产分配,从法律地位来看,其并非《德国—苏联 BIT》下的缔约国。同时它亦无权代表俄联邦。虽然 1996 年 2 月 8 日,在圣彼得堡市法院诉讼中,采购部作为原告行事,但这并不意味着依《德国—苏联 BIT》进行的仲裁中,采购部可以是适格的被告。所以采购部不能代表俄联邦,也不能被视为适格的被申请人。

3. 仲裁庭的裁定

仲裁庭认为,根据《德国—苏联 BIT》第 4 条第 3 款和第 10 条的规定,如果在缔约国的领土发生了征收并导致赔偿问题,缔约国有义务进行赔偿,毫无疑问,俄联邦是适格的被申请人。同时,因总统的指令而导致征收行为的发生,更加佐证了俄联邦是适格的被申请人。

在后来的仲裁中,申请人将其赔偿请求发送给俄联邦采购部,亦得到了后者的答复,同时任命了仲裁员。同时,另一份证据表明,根据 1994 年 12 月的总统指令,应将申请人的房屋等财产转移至采购部,而后来执行这一指令的正是采购部。根据申请人提出的证据,其在争议出现时多次与采购部对话,采购部亦未将该争议转至其他任何部门。而根据俄联邦法律规定,政府机关必须将其无权管理或裁决的争议移交给适当的国家机关。仲裁庭还进一步指出,在一个仲裁中,作为被诉方的国家,不能依靠谁是否有权代表国家的国内规则来对抗其国际法上的责任。综上,仲裁庭认为,采购部是俄联邦的代理人。

(六)申请人是否遵守 BIT 中有关仲裁前程序和仲裁庭组成的规定

1. 申请人的主张

针对被申请人辩称申请人没有遵守《德国—苏联 BIT》第 9 条第 3 款和第 10 条第 2 款规定,从而导致该《德国—苏联 BIT》不适用的情况,申请人作出以下抗辩:首先,根据《德国—苏联 BIT》第 10 条第 2 款规定,当事双方在提出争议请求 6 个月之内仍未解决争议的,任何一方均有权根据《德国—苏联 BIT》申请国际仲裁,以解决争议。事实上自 1995 年以来,申请人积极主动与俄方代表进行对话以期解决争端,如与圣彼得堡市市长、采购部 Shepal 将军沟通,但均未有效解决争议。这表明:申请人已经充分利用当地救济原则,在用尽当地救济无果的情况才提出仲裁,实属无奈之举。此外,被申请人本身已在本仲裁中提出反诉,而未将此案提交俄联邦民事法院。其次,根据《德国—苏联 BIT》第 9 条第 3 款规定,各方在指定仲裁员时受时间限制。事实上,仲裁双方在指定仲裁员时确实没有遵守相应时间,在超出时限后,双方达成后续协议以指定各自仲裁员,所以《德国—苏联 BIT》第 9 条第 3 款规定时限失效。最后,仲裁庭于 1996 年 9 月 3 日成立,被申请人已对争端提出意见,但从未提出任命程序组成方面有不妥之处。因此,被申请人对仲裁庭组成提出的任何异议毫无依据。综上,申请人宣称已遵守《德国—苏联 BIT》中有关仲裁前程序和仲裁庭组成的规定。

2. 被申请人的主张

根据《德国—苏联 BIT》第 9 条第 3 款规定,双方仲裁员应在一方通知另一方希望向仲裁庭提出争议之日起 2 个月内指定,首席仲裁员应在 3 个月内指定。而事实上,申请人于 1996 年 1 月 15 日申请仲裁,但在 1996 年 6 月 28 日才指定了仲裁员,所以这一做法违反了仲裁庭组成的规定程序。此外,《德国—苏联 BIT》第 10 条第 2 款规定了解决争端的仲裁前程序:如果争端未能在 6 个月内通过谈判解决,则当事各方可向国际仲裁法院提出申请,但此案中申请人未采取任何仲裁前行动而直接要求仲裁。所以,被申请人表示仲裁庭无权处理该争议。

3. 仲裁庭的裁定

《德国—苏联 BIT》第 10 条第 2 款规定,对于争端,如果自一方当事方提出之日起 6 个月内未解决有关“根据第 4 条赔偿的范围和程序”的争端,每一当事方均有权将争端提交国际仲裁庭。经仲裁庭查明,仲裁请求于 1995 年 1 月 15 日提交,距离发布总统指令已过去一年多时间,该指令是导致申请人财产被征收的最终法律依据。仲裁庭另查明,申请人在财产被征收后确曾多次联系采购部以解决问题。综上来看,仲裁庭认为,有理由质疑当事方是否遵守了《德国—苏联 BIT》中有关仲裁前程序的规定,但是,仲裁庭无须对此问题作出任何最终决定;即使申请人未适当遵守上述规定,如果仅仅因为这个事由就否定仲裁庭的管辖权,势必会对以后类似案件造成深远影响。由此仲裁庭肯定了申请人遵守了仲裁前程序。

根据《德国—苏联 BIT》第 9 条第 3 款的规定:仲裁庭成员应在当事一方通知另一方希望提交争端之日起 2 个月内(主席在 3 个月内)任命。如果未遵守这些时限,则当事各方均可根据第 10 条第 4 款邀请 SCC 主席提起任命。据仲裁庭查明,申请人已于 1995 年 10 月 10 日致信采购部,邀请其任命仲裁员,且已任命己方仲裁员;但在 3 个月后提交的仲裁请求中,采购部无视其提请仲裁员的申请,所以他只得请求仲裁机构任命仲裁员。并且,当仲裁庭于 1996 年 9 月 3 日组成时,被申请人没有提出关于任命程序中的不规范问题,即被申请人对仲裁庭的成立不存在反对意见。因此仲裁庭得出结论:仲裁庭的组成没有违反《德国—苏联 BIT》第 9 条第 3 款之规定。因此,仲裁庭驳回被申请人提出的因申请人违反《德国—苏联 BIT》第 9 条第 3 款和第 10 条第 2 款而导致仲裁庭对案件没有管辖权的主张。

三、简要评析

本案是在投资合同里明确规定专属管辖权条款的情况下,当事人对仲裁庭管辖权存在争议的案例,最终以 2∶1 多数票的裁决结果支持申请人。同时,该案也是国际投资仲裁实践中体现仲裁效率的典范,虽然仲裁庭之间的分歧意见很大,但该案仅用了 2 年时间就结束了仲裁程序,这对动辄需要几年甚至十几年才能完成仲裁裁决的国际投资仲裁来讲,效率之高令人惊叹。

该案的主要争议点为管辖权之争,具体表现在几个问题上,即申请人及其投资是否适格、是否发生征收行为、平行程序中是否适用“未决诉讼原则”、俄机构是否能代表俄方以及仲裁庭的组成是否符合程序等问题。其中分歧较大、较为棘手的 2 个问题是关于适格投资者以及俄方适格代表的问题。对于适格投资者问题,被申请人认为,根据个人投资者的定义,申请人在相关时间没有在德国定居,这不符合《德国—苏联 BIT》的规定;再者,申请人在俄联邦的所有投资都是通过在美国注册的 SGC 公司进行的,即使申请人全资拥有该公司。然而仲裁庭在运用了“控制论”(control theory)后认为,申请人确实是所有投资背后的主要代理人,SGC 公司也只是其进行纯粹投资的一个工具而已。而在俄方适格代表的问题上,被申请人认为,采购部是一个有特殊职责的法律实体,并不能代表国家,虽然其一直与申请人保持联系,但是其始终没有声明代表国家,只是申请人的答复方。对此仲裁庭认为,该部门隶属于俄联邦并直接向俄联邦总统负责,鉴于其能力和职责,采购部在本次仲裁中能够代表俄联邦。

由上述两个分歧意见较大的问题可以看出,在投资仲裁实践中,对适格投资者的考察是复杂且全面的,仲裁庭往往会综合运用各种手段如“控制论”来最终确定投资者的身份。同时,由于国际法不允许各国试图依靠其国内规则进而来逃避国际责任,因此俄方采购部提出所谓缺乏权威的主张并不能作为其抗辩的理由。虽然仲裁庭支持了申请人的仲裁请求,但是申请人也踏上了长达十年的求偿之路,这说明在仲裁裁决的承认与执行问题上,仍需一个强大的约束机制以保证各方义务的履行,这也是国际投资仲裁改革的一个重要方向。

(编写者:武汉大学国际法研究所2016级博士研究生　马亚伟)

费戴克斯公司
诉
委内瑞拉玻利瓦尔共和国

仲裁案

案情概要

案名	费戴克斯公司诉委内瑞拉玻利瓦尔共和国仲裁案
案件裁判来源	https://www.italaw.com/cases/432
案号	ICSID Case No. ARB/96/3
当事人	申请人:费戴克斯公司(荷兰公司)
	被申请人:委内瑞拉玻利瓦尔共和国
行业	货币金融服务
仲裁机构和仲裁地	国际投资争端解决中心,美国华盛顿特区
仲裁依据	《荷兰王国与委内瑞拉共和国关于促进和保护投资的协定》(1991年)(以下简称《荷兰—委内瑞拉BIT》)
适用的仲裁规则	《国际投资争端解决中心仲裁规则》
仲裁庭组成	首席仲裁员:Francisco Orrego Vicuña
	仲裁员(申请人指定):Meir Heth
	仲裁员(被申请人指定):Roberts B. Owen
日期	仲裁程序开始日期:1996年6月17日
	最终裁决发布日期:1998年3月9日
仲裁请求	申请人请求被申请人支付期票的本金、定期利息、罚金利息
核心争议点	仲裁庭管辖权范围争议:对《ICSID公约》第25条和《荷兰—委内瑞拉BIT》第1条规定的"投资"一词的解释
仲裁庭主要结论	仲裁庭对《ICSID公约》第25条和《荷兰—委内瑞拉BIT》第1条所涉"投资"一词作广义解释,申请人通过背书转让持有的期票构成对委内瑞拉共和国的投资。仲裁庭提出关于"投资"的五项基本标准:一定的持续期、利润与回报规律、风险承担、实质性的贡献、对东道国发展的意义
裁决结果	支持投资者(一致裁定)
后续进展	无

Case Summary

Name of Case	Fedax N. V. v. Bolivarian Republic of Venezuela
Web Page	https://www. italaw. com/cases/432
Case Number	ICSID Case No. ARB/96/3
Parties	Claimant:Fedax N. V. (a Dutch company)
	Respondent:Bolivarian Republic of Venezuela
Industry	Monetary Financial Services
Administering Institution & Seat of Arbitration	ICSID;Washington,D. C. ,USA
Basis for Arbitration	Agreement on Encouragement and Reciprocal Protection of Investments between the Kingdom of the Netherlands and the Republic of Venezuela (1991)
Rules Used in Arbitral Proceedings	ICSID Arbitration Rules
Arbitrator(s)	Presiding Arbitrator:Francisco Orrego Vicuña
	Arbitrator(Claimant's appointee):Meir Heth
	Arbitrator(Respondent's appointee):Roberts B. Owen
Date	Date of Commencement of Proceeding:17 June 1996
	Date of Issue of Final Award:9 March 1998
Relief Request	The Claimant requests the Republic of Venezuela to pay the principal,regular and penal interest on the promissory notes
Key Issues	Scope of jurisdiction of the Center: Interpretation of the term "investment" under Article 25 of the ICSID Convention and Article 1 of the Netherlands-Venezuela BIT(1991)
Tribunal's Conclusions on Key Issues	The Tribunal adopted broad interpretation of the term "investment". The promissory notes held by the Claimant by way of endorsement constitute an investment in the Republic of Venezuela. Besides,the Tribunal described five basic features of an "investment": a certain duration, a certain regularity of profit and return, assumption of risk, a substantial commitment and a significance for the host State's development
Award	In favor of Investor(Unanimous Verdict)
Follow-up Progress	None

一、案件事实

(一)投资事实

1988年,委内瑞拉玻利瓦尔共和国(以下简称被申请人)政府因与委内瑞拉境内一家Van Dam C. A.冶金工业公司(以下简称委内瑞拉工业公司)签订服务合同,签发了一些可转让债务票据给委内瑞拉工业公司。随后,委内瑞拉工业公司将其中六张期票背书转让给一家荷兰公司,即本案仲裁申请人费戴克斯公司(以下简称申请人)。

(二)被诉行为

六张期票的面额均为99,825美元,并载有固定利息和罚息,其中一张期票于1993年11月7日到期,两张期票于1994年11月7日到期,三张期票于1995年5月7日到期。而委内瑞拉政府支付定期利息仅仅至1994年5月7日,期票到期后,被申请人拒绝支付本金及相应的利息。对此,申请人认为被申请人拒绝承兑付款的行为违反了1991年《荷兰—委内瑞拉BIT》。

(三)程序时间轴

· 1996年6月17日,申请人针对被申请人向ICSID提出仲裁申请。

· 1996年11月27日,ICSID通知各方当事人,三名仲裁员均已接受任命,本案仲裁庭正式组成。

· 1997年1月17—18日,仲裁庭第一次会议在美国华盛顿举行,会议上,双方对仲裁庭的组成表示没有异议,被申请人对ICSID管辖权提出了口头和书面异议。

· 1997年1月18日,仲裁庭发布1号程序令,对仲裁程序中使用的语种及当事各方书状的递交时限作出规定。

· 1997年1月18日,仲裁庭发布2号程序令,根据《ICSID仲裁规则》第41条第3款,中止对争议事实的审理程序。

· 1997年1月23日,被申请人向仲裁庭确认提交管辖权异议诉状。

· 1997年2月26日,申请人向仲裁庭提交关于管辖权异议事项的答辩状。

· 1997年3月4日,双方就管辖权事项进一步提交书面意见。

· 1997年5月16—17日,仲裁庭正式开庭审理。

· 1997年7月11日,仲裁庭作出驳回被申请人关于管辖权异议的决定,发布3号程序令,恢复对争议事实的审理。

· 1997 年 9 月 4 日,被申请人向 ICSID 提交关于争议事实的答辩状,并在答辩状中提议和解。

· 1997 年 10 月 7 日,申请人对答辩状进行了答复;1997 年 11 月 6 日,被申请人再次作出答复;1997 年 12 月 10 日,申请人再次作出声明。双方就期票的付款金额、付款时间等事项进行交涉。

· 1998 年 1 月 13 日,仲裁程序结束。

· 1998 年 3 月 9 日,仲裁庭发布仲裁裁决。

(四)仲裁请求

1. 申请人的仲裁请求

仲裁申请人请求被申请人支付 6 张到期的期票,每张期票的本金为 99,825 美元,加上根据期票面额计算的固定利息、罚息。仲裁申请人指出,截至 1996 年 5 月 7 日,6 张期票的未付本金为 598,950 美元,未付利息为 80,071.63 美元。

2. 被申请人的反对意见

仲裁被申请人被申请人对 ICSID 管辖权提出异议,认为申请人持有被申请人签发的期票,不构成《ICSID 公约》和《荷兰—委内瑞拉 BIT》项下的投资。

(五)仲裁庭结论

在管辖权审理阶段,仲裁庭一致决定:

申请人公司购买期票,完全符合《ICSDI 公约》和《荷兰—委内瑞拉 BIT》的投资要求,仲裁庭对本案享有管辖权。

在事实审理阶段,仲裁庭一致决定:

(1)被申请人应向申请人支付到期期票的本金 598,950 美元;

(2)被申请人应向申请人支付到期期票的固定利息和罚息共计 161,245.14 美元;

(3)被申请人应向申请人支付其预付本仲裁程序费用的一半,即 150 美元;

(4)当事人各自承担己方全部律师费用和其他费用;

(5)上述款项最迟应于 1998 年 5 月 7 日支付,如果在此日期之前支付,被申请人可根据过期天数调整利息计算。

二、主要法律争议

(一)仲裁庭对本案是否具有管辖权

1. 被申请人的主张

被申请人对 ICSID 仲裁庭管辖权提出异议,基于以下理由:

申请人通过背书方式取得被申请人与委内瑞拉工业公司订立合同所签发的期票,申请人持有这些期票不能被视为为《ICSID 公约》的目的进行了"投资"。一方面,申请人通过背书受让期票的这项交易并不构成一项直接对外投资,通常而言,直接对外投资是"从一个国家向另一个国家(投资接受国)长期转移资金,通过资本流动以获得公司收益,通常会给潜在投资者带来某些风险"。另一方面,申请人通过背书受让期票的这项交易也不构成一项证券投资,因为在委内瑞拉,证券投资通常发生在"当投资者通过证券交易所(加拉加斯或马拉开博)取得公司股份时,基本上就是以 GDS 和 ADR 为代表的全球存托凭证",这种证券投资只有通过主流途径取得所有权时才被视为直接投资。

此外,根据 1969 年《维也纳条约法公约》第 31. 1 条规定的解释规则,"投资"一词应"依其用语按其上下文并参照条约之目的及宗旨所具有之通常意义,善意解释之"。据此,被申请人认为,经济意义上的投资意味着"在商业风险中安排资金或财产,从而能够产生收入或所得"。被申请人认为,这种从经济学角度的特殊解释是必要的,以便将 1991 年《荷兰—委内瑞拉 BIT》第 1 条 a 款所载的"各种资产"都认定为构成一项投资。

2. 申请人的主张

申请人针对被申请人的管辖权异议作出回复,申请人认为 ICSID 仲裁庭对本案享有管辖权,其持有的期票构成投资,被申请人拒绝支付,违反了《荷兰—委内瑞拉 BIT》第 3 条、第 9 条第 3 款。

3. 仲裁庭的裁定

仲裁庭认为其对本案争端享有管辖权,仲裁庭适用《维也纳条约法公约》的解释规则,对《ICSID 公约》第 25 条第 1 款、1991 年《荷兰—委内瑞拉 BIT》第 1 条 a 款及其他相关条款进行解释。

(1)《ICSID公约》第25条第1款

根据《ICSID公约》第25条第1款,ICSID管辖权的先决条件是:“争端具有法律性质;争端发生在一缔约国与另一缔约国国民之间;当事各方已书面同意将争端提交ICSID仲裁;争端直接由一项投资引起”。

第一,关于争端是否具有法律性质。仲裁庭认为,虽然《ICSID公约》没有界定“法律争端”一词,但从其起草过程来看,该词指的是权利冲突,而不仅仅是利益冲突:“争端必须涉及一项法律权利或义务的存在或范围,或因违反一项法律义务而作出赔偿的性质或范围。”这表明,法律争端不包括道德、政治、经济或纯粹的商业诉求。因此,本案属于法律性质的争端,因为它涉及各方对与存在投资有关的法律权利和义务问题的不同看法,并且这可能对被申请人签发的若干债务票据(包括六张期票)的偿付义务问题产生影响。

第二,关于属人管辖权。仲裁庭注意到,仲裁当事方之间对仲裁庭的属人管辖权无异议。其中,被申请人是《ICSID公约》的缔约国,申请人是根据荷兰法律设立的公司,因此在当事各方同意仲裁之日以及在ICSID秘书长登记仲裁请求之日,双方身份符合争端发生在缔约国委内瑞拉与另一缔约国荷兰国民之间的要求。

第三,关于当事双方同意提交ICSID仲裁。根据该《荷兰—委内瑞拉BIT》第9条第1款,“缔约一方与缔约另一方国民之间关于缔约一方在本协定项下的义务与缔约另一方国民投资有关的争端”应提交ICSID以仲裁或调解方式解决。根据第9条第4款,缔约各方“无条件同意”将此类争端提交ICSID。可见,本案当事双方同意将争端提交ICSID,ICSID仲裁庭管辖权的主观要件成立。

第四,关于是否构成《ICSID公约》项下的“投资”。这一点是被申请人提出管辖权异议的主要理由,也是本案的主要争议点。为此,须审查《ICSID公约》第25条第1款所指“投资”一词的含义。仲裁庭回顾了《ICSID公约》谈判过程,《ICSID公约》谈判期间曾多次试图界定“投资”一词,但始终没有一个能够被普遍接受的定义被采纳,因此最终决定将“投资”的具体界定留给案件当事人各方确定。可见,《ICSID公约》为“投资”一词规定了宽泛的解释框架。在此背景下,仲裁庭进一步对《ICSID公约》第25条第1款进行文本解释,该条规定“ICSID管辖权应扩展到直接由投资引起的任何法律争端”。显然,该条款中的“直接”一词修饰“争端”,而不是修饰“投资”。因此,ICSID仲裁庭对于非直接投资也可以享有管辖权,只要争端直接产生于这种投资交易。仲裁庭援引了其他案件的裁决，并且分析了《ICSID 公约》、《多边投资担保机构公约》、《国际投资争端解决中心附加便利规则》（以下简称《ICSID 附加便利规则》）三个文件中关于“投资”一词规定的相似和差异，仲裁庭认为原则上 ICSID 仲裁庭对间接投资可以享有管辖权，但仍须进一步区分“投资”与“普通商业交易”。

一方面，仲裁庭认为，本案涉及的交易不是普通商业交易，确实涉及基本的公共利益。期票是被申请人根据《公共信贷法》的规定签发的，该法专门管理公共信贷业务，该法颁布的目的是筹集资金和资源，从事生产性工程，满足国家利益的需要，并满足国库的暂时需要，使财政预算能够有序地执行公共财政安排。《公共信贷法》明确规定，与获得国内或国外信贷和工程和服务合同有关的期票受其管辖。该法还为签发这些票据规定了详细的授权和程序，被申请人在签发这些期票时遵守了该法的具体规定。

另一方面，仲裁庭认为，通常而言，投资的基本特征是：持续一定的时间、一定的利润和回报规律、承担交易风险、实质性的贡献以及对东道国发展的意义。在本案中，仲裁庭认为交易符合这五项标准：①投资期限符合《公共信贷法》的要求，即合同必须延长到超过所订立的财政年度，这表明所涉投资类型不仅仅是短期的、偶然的金融安排，例如可能为了快速获取收益而投入的投资，随即资本流出，即“可变（短期）资本”。②利润和回报的规律性也符合要求，即将利息安排在几年内支付。③交易承担了风险，本案关于本息支付的争议的存在，本身就证明了票据持有人承担了相应的风险。④承诺的资金数额也相对可观，投资者作出了实质性的投入贡献。⑤最重要的是，交易与东道国的发展之间显然存在着重要的关系，满足该法规定的发行相关金融工具的具体要求。因此，鉴于上述事实，该交易符合投资的基本特征。

因此，仲裁庭认为贷款可以构成一项投资，购买债券也可以构成一项投资，结合本案，期票作为一种典型的金融信贷工具、一种贷款的凭证，期票理应也可以构成一项投资。但这一结论仍须接受检验，即对当事双方在《荷兰—委内瑞拉 BIT》条款中作出的具体同意进行审查。

（2）《荷兰—委内瑞拉 BIT》第 1 条 a 款

第一，对《荷兰—委内瑞拉 BIT》文本进行解释。根据《荷兰—委内瑞拉 BIT》第 1 条 a 款，“‘投资’一语应包括各种资产，特别是但不限于……（ⅱ）来自公司和合资企业的股份、债券和其他类型权益的权利；（ⅲ）对货币、其他资产或具有经济价值的任何行为的所有权。”仲裁庭认为，这一定义表明，缔约方打算对“投资”这一术语赋予非常广泛的含义。此外,被申请人没有行使《ICSID 公约》第 25 条第 4 款规定的权利,在《ICSID 公约》项下“投资”的宽泛定义范围内,将被申请人本身不考虑提交给 ICSID 管辖的某些争端类型通知给 ICSID 中心。因此,从文本解释来看,该 BIT 中“投资”的定义非常宽泛,本案中,基于借贷交易的货币所有权,不应受直接外国投资或证券投资形式的限制,期票构成“投资”的结论得到进一步确认。

第二,结合其他投资条约中关于“投资”一词的定义及相关实践进行分析。一方面,目前大多数 BIT 都对“投资”作广泛定义,都存在“各种资产”或“所有资产”等表述。例如,在投资保护的规定中,欧洲共同体(以下简称欧共体)列入投资的交易包括:“公司、其他实体、政府或其他公共当局或国际组织的股票、公共债券、公司债券、担保或其他金融工具;对货币、商品、服务或具有经济价值的其他行为的所有权。”荷兰作为欧共体的重要成员,其签订的 BIT 表述与之相似,便不足为奇了。此外,多边条约中对“投资”也作宽泛定义,例如《世界银行关于外国直接投资待遇指南》、《能源宪章条约》和《南方共同市场议定书》。另一方面,仲裁庭还审查了被申请人与其他国家缔结的投资条约中所载的“投资”定义,其中大多数都与《荷兰—委内瑞拉 BIT》的表述相似,只有少数明确排除了某些种类,例如 1994 年《墨西哥—哥伦比亚—委内瑞拉自由贸易协定》,其排除了销售货物或服务的商业合同和商业信贷所产生的货币债权。

基于上述论证,仲裁庭认定,《ICSID 公约》和《荷兰—委内瑞拉 BIT》对“投资”作宽泛定义,贷款构成投资,ICSID 享有管辖权。

(二)期票背书转让是否仍然构成“投资”

1. 申请人的主张

申请人认为,这种期票本身具有独立于基本交易的法律地位。被申请人可以预见到将期票转让和背书给后继持有人的可能性。这些期票是以美元计价的这一事实进一步证明,被申请人签发期票时,已经考虑到期票可能向外国投资者提供,进入国际流通。

2. 被申请人的主张

被申请人认为,申请人通过背书收到该期票,但申请人的资金没有实际转移到委内瑞拉领土上,因而它没有在委内瑞拉境内进行任何投资。

3. 仲裁庭的裁定

本案中,涉及的交易流程包括两步:首先,委内瑞拉工业公司与被申请人签订合同,以服务换取期票债权;其次,委内瑞拉工业公司将期票背书转让给申请人。如上文所述,基础交易不存在任何问题,期票作为贷款的凭证,构成《ICSID 公约》和《荷兰—委内瑞拉 BIT》中的“投资”。仲裁庭认为,虽然投资者的身份将随着每一次背书而改变,但投资本身将保持不变,而发行人将享有持续的信用利益,直到票据到期为止。如果外国人持有该票据,则该外国持有人向被申请人提供这种信贷,那么这就构成外国投资。此外,仲裁庭认为,申请人的资金是否直接实际转移到委内瑞拉领土内并不重要,许多国际金融交易常常使用期票,所涉资金也并没有实际转移到受益人的领土内;相反,重要的是,被申请人确实通过这些期票获得了一笔信贷资金,在一段时间内用于满足其财政需要。

三、简要评析

本案是以基本交易不构成《ICSID 公约》的投资为由,对 ICSID 管辖权提出异议的第一个案件。此前,在 ICSID 仲裁实践以及学术讨论中,通常都对“投资”一词作较宽泛的理解,“投资”一词从未成为 ICSID 仲裁庭管辖权的主要争议点。本案仲裁庭对《ICSID 公约》及《荷兰—委内瑞拉 BIT》中“投资”一词进行了解释,一方面,对其立法背景及条文文义进行解释;另一方面,结合其他投资条约中关于“投资”一词的定义及相关实践进行分析。仲裁庭认为,“投资”不应受到直接投资或证券投资等形式限制。此外,仲裁庭对“投资”和“普通商业交易”进行了区分,“普通商业交易”不涉及公共利益,仲裁庭还基于“投资”的五项基本标准对本案进行了分析,即一定的持续期、利润与回报规律、风险承担、实质性的贡献、对东道国发展的意义。关于是否构成在东道国领土上进行投资,仲裁庭认为,资金是否直接实际转移到东道国领土上无关紧要,重要的是东道国是否确实获得该笔资金并用于公共事项。因此,仲裁庭得出结论,申请人通过背书转让持有的期票构成对被申请人的投资。结合本案仲裁庭对“投资”一词的解释可见,仲裁庭对于适格投资的认定,在形式上作宽泛认定,在实质上以基本标准为限作严格认定,以避免随意扩张其自由裁量权。

(编写者:武汉大学国际法研究所 2019 级硕士研究生　高以晴)

阿孔基亚公司与维旺迪公司
诉
阿根廷共和国

仲裁案

案情概要

案名	阿孔基亚公司与维旺迪公司诉阿根廷共和国仲裁案
案件裁判来源	https://icsid. worldbank. org/en/Pages/cases/casedetail. aspx? CaseNo = ARB/97/3
案号	ICSID CASE NO. ARB/97/3
当事人	申请人: (1)阿孔基亚公司 (2)维旺迪公司
	被申请人:阿根廷共和国
行业	水的生产和供应业
仲裁机构和仲裁地	国际投资争端解决中心,美国华盛顿特区
仲裁依据	《阿根廷共和国—法兰西共和国促进和保护投资协定》(1991年)
适用的仲裁规则	《国际投资争端解决中心仲裁规则》
仲裁庭组成	首席仲裁员:Francisco Rezek
	仲裁员(申请人指定):Peter D. Trooboff
	仲裁员(被申请人指定):Thomas Buergenthal
日期	仲裁程序开始日期:1996年12月26日
	最终裁决发布日期:2007年8月20日
仲裁请求	申请人请求被申请人赔偿非法征收损失及利息
核心争议点	(1)仲裁庭是否具有管辖权 (2)东道国是否违反公平公正待遇 (3)东道国是否构成征收
仲裁庭主要结论	仲裁庭认为被申请人的行为违反了公平公正待遇义务,构成了征收,应当给予赔偿并支付利息
裁决结果	支持投资者
后续进展	2007年12月13日,被申请人向ICSID提出申请,要求撤销第二仲裁庭裁决。 2010年8月10日,专门委员会驳回了被申请人提出的第二次撤销裁决申请

Case Summary

Name of Case	Compañiá de Aguas del Aconquija S. A. and Vivendi Universal S. A. v. Argentina Republic
Web Page	https://icsid. worldbank. org/en/Pages/cases/casedetail. aspx? CaseNo = ARB/97/3
Case Number	ICSID CASE NO. ARB/97/3
Parties	Claimants: (1)Compañiá de Aguas del Aconquija S. A. (2)Vivendi Universal S. A.
	Respondent:Republic of Argentina
Industry	Water Production and Supply
Administering Institution & Seat of Arbitration	ICSID;Washington,D. C. ,USA
Basis for Arbitration	The Treaty between the Republic of Argentina and the Republic of France concerning the Encouragement and Protection of Investment(1991)
Rules Used in Arbitral Proceedings	ICSID Arbitration Rules
Arbitrator(s)	Presiding Arbitrator:Francisco Rezek
	Arbitrator(Claimants' appointee):Peter D. Trooboff
	Arbitrator(Respondent's appointee):Thomas Buergenthal
Date	Date of Commencement of Proceeding:26 December 1996
	Date of Issue of Final Award:10 August 2007
Relief Request	The Claimants request the Argentine government to compensate for the expropriation and interest
Key Issues	(1)Whether the Arbitral Tribunal has jurisdiction (2)Whether the state is in breach of fair and equitable treatment (3)Whether the state constitutes direct or indirect expropriation
Tribunal's Conclusions on Key Issues	The Tribunal held that Argentina's actions violated fair and equitable treatment and expropriation,and the applicants should be compensated and paid interest
Award	In favour of Investor
Follow-up Progress	On 13 October 2007, Argentina filed an application with ICSID for the Annulment of the Second Award. On 10 August 2010, the Special Committee rejected the application made by Argentina to for the Annulment of the Second Award

一、案件事实

(一)投资事实

1995年5月18日,法国通用水务公司(Compagnie Générale des Eaux,1998年更名“维旺迪”,以下简称维旺迪公司)及其附属企业阿孔基亚水务公司(Compañía de Aguas del Aconquija,S. A.,以下简称阿孔基亚公司,与维旺迪公司同为本案申请人)与阿根廷共和国(以下简称被申请人)图库曼省签订一项为期30年的特许协议,由维旺迪和阿孔基亚公司负责图库曼省的供水和污水处理系统建设。特许协议源于图库曼当局在1993年作出的将其供水和水污染处理设施私有化的决定。根据特许协议,1995年7月22日,维旺迪公司正式开始图库曼省水资源的运营。由于图库曼省供水和排污系统存在严重技术和商业缺陷,维旺迪公司进行大量投资,以改善水污染处理系统和老旧设备,提高服务质量。

(二)被诉行为

1995年7月,维旺迪公司接手图库曼省水资源运营项目不久,即受到来自图库曼省多项法令、决议和法规阻挠,维旺迪公司认为图库曼省旨在破坏该特许经营,迫使其退出该省或重新就该协议进行谈判。图库曼当局对阿孔基亚公司进行了持续和公开的攻击,煽动和鼓励客户不支付水费,维旺迪公司还遭到图库曼省政府官员的谩骂和侮辱。维旺迪公司认为图库曼省的行为总体上是在干扰特许协议的履行,于1996年3月5日通知被申请人与图库曼省就特许协议进行谈判,被申请人参与维旺迪公司与图库曼的谈判,但未能重新缔结双方都可以接受的特许协议。投资者认为图库曼省的行为可以被视为被申请人的行为,且被申请人没有及时阻止图库曼省采取的行动以及促使图库曼当局遵守特许协议,被申请人的行为属于不作为,违反了《阿根廷—法国BIT》第3条规定的公平公正待遇和第5条的征收规定,遂于1996年10月26日向ICSID申请仲裁。

(三)程序时间轴

· 1996年12月26日,本案仲裁申请人援引《阿根廷共和国—法兰西共和国促进和保护投资协定》(以下简称《阿根廷—法国BIT》)第3条和第5条向ICSID提出仲裁申请,要求被申请人予以赔偿。

·1997年2月19日,ICSID代理秘书长正式注册了仲裁申请,并通知维旺迪公司和被申请人双方尽快组成仲裁庭。

·1997年12月1日,ICSID秘书长告知申请人和被申请人双方,仲裁庭已经组成。

·2000年11月21日,仲裁庭经审理,裁决驳回申请人提出的请求。

·2001年3月20日,申请人阿孔基亚公司和维旺迪公司向ICSID秘书长提出申请,要求部分撤销仲裁裁决,2001年3月23日,ICSID正式注册了该撤销申请。

·2002年7月3日,专门委员会部分撤销了仲裁裁决。

·2003年8月29日,申请人向ICSID提出申请,请求就被撤销部分裁决进行重新仲裁,ICSID随后受理了该仲裁请求,并于2004年4月14日正式组成第二仲裁庭。

·2007年8月20日,第二仲裁庭审理后,最终裁决被申请人违背《阿根廷—法国BIT》,应该给予申请人赔偿。

·2007年12月13日,被申请人向ICSID提出申请,要求撤销第二仲裁庭裁决,同时暂停裁决执行直到撤销裁决作出之日。2007年12月19日,ICSID注册了该撤销申请,2008年5月22日,专门委员会成立。

·2010年8月10日,专门委员会驳回了阿根廷提出的撤销第二仲裁庭裁决的申请。

(四)仲裁请求

1. 申请人的仲裁请求

被申请人违背了《阿根廷—法国BIT》第3条公平公正待遇条款和第5条征收规定,请求仲裁庭判令被申请人赔偿申请人的损失及利息。

2. 被申请人的抗辩意见

此案不属于条约纠纷而是特许协议争议,被申请人已经尽到了《阿根廷—法国BIT》项下对投资者的保护义务,无须承担责任。

(五)仲裁庭结论

仲裁庭裁定:

(1)阿孔基亚公司和维旺迪公司申请人主体地位适格;

(2)被申请人违反《阿根廷—法国BIT》第3条公平公正待遇条款;

(3)被申请人违反《阿根廷—法国BIT》第5条,没有按照该条约第3条的规定给予投资者即申请人充分安全和保护；

(4)被申请人违反《阿根廷—法国 BIT》第 5 条第 2 款，对申请人进行了非法征收；

(5)被申请人应该赔偿申请人 10,500 万美元；

(6)被申请人以 6%的年利率支付征收利息；

(7)被申请人向申请人支付 701,961.08 美元作为其合理的法律费用和其他费用；

(8)申请人和被申请人同等承担仲裁费用和中心费用。

二、主要法律争议

(一)仲裁庭是否具有管辖权

1. 申请人的主张

申请人认为 ICSID 对本案具有管辖权。一方面，图库曼省实施的一系列行为，包括颁布法令破坏特许经营、煽动和鼓励市民不支付账单等，意图在于摧毁特许经营。这一系列行为属于行使国家主权行为，而非普通商业行为，应该归因于被申请人，由被申请人承担条约责任。另一方面，被申请人并未对图库曼省政府活动作出积极干预，促使其履行特许协议，被申请人的不作为违背了《阿根廷—法国 BIT》第 3 条和第 5 条。

2. 被申请人的主张

被申请人认为此案不属于条约纠纷而是特许协议纠纷，应该由阿根廷国内法院管辖，ICSID 对本案没有管辖权。首先，CGE 公司未能充分履行特许协议，影响了图库曼省的供水和污水处理，图库曼当局所采取的行为针对的是 CGE 公司履行不佳，此纠纷是特许协议纠纷。根据特许协议第 16 条第 4 款规定，有关合同的解释和争议由图库曼省行政法院专属管辖。其次，根据阿根廷《宪法》，阿根廷属于联邦国家，不能将图库曼省官员的行为归于阿根廷政府。被申请人不是特许协议当事方，其承担的义务限于保持开放的投资环境，避免歧视和确保投资安全，而被申请人已经切实履行了这些义务。

3. 仲裁庭的裁决

第一仲裁庭认为需要区分违反特许协议的行为和违背《阿根廷—法国 BIT》的行

为。本案中违反《阿根廷—法国 BIT》的行为和违反合同的行为存在重大关联,仲裁庭无法在未详细解读特许协议的前提下将二者区分开。根据特许协议第 16 条第 4 款,有关合同的解释和争议由图库曼省行政法院专属管辖,除非申请人已将与合同履行有关的争议提交图库曼省行政法院,且该法院存在司法不公或拒绝司法,否则申请人不得对被申请人提出条约指控。因此,第一仲裁庭于 2000 年 11 月 21 日驳回申请人的仲裁请求。

本案裁决撤销专门委员会认为仲裁庭的管辖权不受任何国内法以及投资合同的影响,不能因东道国政府与投资者签订的投资合同中规定了排他性管辖条款而规避所应当承担的国际责任。专门委员会认为仲裁庭忽略了申请人的请求是基于条约而非特许协议,仲裁庭未裁定阿根廷是否违反《阿根廷—法国 BIT》,没有对申请人所主张的《阿根廷—法国 BIT》第 3 条和第 5 条进行详细解释,而这种解释是十分必要的,因此,专门委员会裁定撤销部分仲裁裁决。第二仲裁庭认为《阿根廷—法国 BIT》与国内法上的特许协议无关,二者相对独立,认定一方违背投资条约没有必要先行确定其是否违背特许协议。

(二)被申请人是否违反公平公正待遇义务

1. 申请人的主张

申请人主张被申请人的行为违反公平公正待遇。《阿根廷—法国 BIT》第 3 条规定了公平公正待遇,且该条约的目的和宗旨是保护和促进投资。根据 *MTD Equity Sdn. Bhd. and MTD Chile S. A. v. Republic of Chile* (ICSID Case No. ARB/01/7)仲裁庭的裁决,应该将东道国根据 BIT 承担的义务理解为主动作为,而非被动不作为。被申请人没有积极采取措施阻止图库曼省的行为,促使其履行特许协议,属于不作为,已然违反了公平公正待遇以及《阿根廷—法国 BIT》的宗旨。申请人不同意被申请人将公平公正待遇与国际最低标准待遇混为一谈,被申请人对于公平公正待遇的解释过分依赖 NAFTA 有关规定,缺乏更有力的支持。申请人认为公平公正待遇是从国际法长期以来要求的最低标准待遇发展而来,二者有联系但也存在显著差异。公平公正待遇应该包括以下内容:(1)禁止任意性和歧视;(2)提供透明度和正当程序;(3)善意原则;(4)为投资者提供合理期待。

2. 被申请人的主张

被申请人认为其没有违反公平公正待遇。被申请人指出《阿根廷—法国 BIT》第

3 条规定的义务的内容和范围小于申请人所主张的范围,应该合理认定公平公正待遇的标准,不能够采取任何“广义”或“狭义”的解释。公平公正待遇是衡量东道国对投资者提供最低标准的国际法准则。*Neer v. Government of Mexico* 案(以下简称尼尔案)确立了国际最低标准待遇的经典表述:“政府行为的适当性应受到国际标准的检验……对外国人构成的国际违法行为,应该是一种暴行、恶意、政府玩忽职守或不当行为。”根据以往案件,被申请人认为申请人的观点并没有可靠的理论和实践支撑,申请人关于被申请人违反公平公正待遇的主张无法成立。根据原则和实践,国际组织和仲裁庭已经承认并运用了针对具体条件下公正和公平待遇的行为标准,该标准与最低国际法标准相一致。图库曼当局针对的是申请人持续违反合同的行为,图库曼省政府的行为是对申请人未能充分履行合同的回应。即使根据申请人提供的公平公正待遇 4 个认定标准,也无法认定被申请人违反了公平公正待遇,因为没有证据表明图库曼当局采取了任何“歧视性”和“非透明”行为。图库曼政府行动透明,始终要求 CAA 公司进行水质测试,改善基础设施,其给予的许多警告也与正当程序相称。

3. 仲裁庭的裁定

仲裁庭认为,争议双方对《阿根廷—法国 BIT》第 3 条规定的公平公正待遇条款内容和范围的理解不同,应根据 1969 年《维也纳条约法公约》第 31. 1 条规定的条约解释规则进行解释,即“条约应依其用语按其上下文并参照条约之目的及宗旨所具有之通常意义,善意解释之。”根据《阿根廷—法国 BIT》的目的和宗旨,双方希望为外国投资者创造良好的投资环境,鼓励两国之间的技术和资本转让,并促进两国的经济发展。因此,在解释《阿根廷—法国 BIT》时,需要牢记这些目标。仲裁庭指出,被申请人提出的公平公正待遇仅限于国际法所谓的最低标准待遇并加以权衡的论点,是没有依据的。第 3 条规定的是符合国际法原则的公平和公正待遇,而不是最低待遇标准,仲裁庭认为将国际法原则与最低待遇标准相提并论没有依据。首先,它要求考虑的国际法原则要比单独的最低标准广泛。其次,第 3 条的措辞要求公平和公正待遇必须符合国际法的原则。最后,该条款的措辞表明,还应该着眼于当代国际法原则,而不仅仅是近一个世纪以前的原则。20 世纪国际公法权威 F. A. Mann(以下简称 Mann)博士认为公平公正待遇适用范围远远超过最低标准待遇,在引用公平公正标准时,需要考虑所涉行为在所有情况下是公平的。Mann 博士的观点得到了其他机构的赞同,例如 UNCTAD 在一份报告中也认为,公平公正待遇的适用范围远远超出了最低标准。综上,仲裁庭认为被申请人违反了公平公正待遇。

(三)图库曼省的行为是否构成非法征收

1. 申请人的主张

申请人认为图库曼省的行为构成了征收:

(1)该条约对禁止无偿征收的保证非常广泛。《阿根廷—法国 BIT》第 5 条第 2 款特别注意征收的包容性,它不仅包括间接征收措施,还包括与剥夺有类似影响的等效措施。不仅如此,国际投资仲裁实践对征收的定义通常也十分广泛。

(2)《阿根廷—法国 BIT》第 5 条禁止影响特许经营权和合同权利的征收行为。图库曼省行使主权权力破坏合同,颁布法律来管理投资者的特许经营,单方面改变了管理申请人的法律框架,其对申请人持续不断的攻击影响了投资价值,使特许协议无法继续履行,从而达到了征收的目的。

(3)图库曼省剥夺申请人合理预期经济利益的行为构成了征收。申请人合理期望他们会因提供供水服务获得相应的利润,但图库曼当局不断攻击申请人,鼓励和怂恿民众不支付服务费。申请人的回收率徘徊在 20%左右,这与特许协议所期望的 89%—90%的回收率形成鲜明对比。

(4)图库曼省的作为和不作为无论单独还是累积来看均构成征收。申请人指出,根据国际法,即使政府的一项行为不构成对国际法义务的违反,但若干行为叠加在一起就可以证明该义务已经被违反。该省未能履行其义务的累积导致了申请人投资被剥夺。

(5)图库曼省所谓合同延期期间的行动构成了征收。在特许协议终止后,图库曼省当局采取行动,迫使申请人继续提供供水和水污染处理服务。申请人继续承担与经营特许权有关的所有费用。在超过 10 个月的合同延期期间中,该省没有支付申请人总额超过 1050 万美元的任何费用。

(6)图库曼当局行为的影响是具有决定性的。在确定一项行为是否构成一项征收时,特别重要的是要考察行为可能对投资者权利产生的影响。图库曼省实际上剥夺了投资者继续投资的可能性,对投资的影响具有决定性意义。

2. 被申请人的主张

(1)终止特许经营是合法的,不等于征收。

(2)被申请人认为申请人所谓的终止特许协议无论是在协议本身还是法律条款

上均无效,申请人拒绝履行其供水义务,在全省范围内造成严重危机,因此该省必须采取行动。

(3)被申请人称根据特许协议第15条第11款,如果无法找到替代者,则无论出于何种原因,可以在特许协议终止后长达18个月内运营。在此基础上,第2270/1号命令的要求是合法的,申请人继续提供18个月的供水和污水处理服务,或直到该省找到可替代者为止,以避免公共卫生灾难。此外,图库曼政府通过招标等方式,认真寻找潜在的替代者,以将申请人的负担降到最小。

3. 仲裁庭的裁定

仲裁庭指出一行为可能违反合同或条约,也可能同时构成对二者的违反,并非如被申请人认为的那样违反合同就不会引起征收,不需要诉诸条约解决争议。仲裁庭援引Phillips Petroleum、*SPP v. Egypt*等案件,认为合同权利可能被间接征收,有权得到国际法保护。

图库曼省以官方身份对申请人采取的非法主权行为,得到了法律和公共权力的支持,与简单的商业行为不相符。在被申请人提交的文书中,被申请人似乎都在敦促恢复一种制度,在这种制度下,征收责任仅限于实物或正式征收。换句话说,只要申请人对特许经营权的污水处理设施保持物理控制,就不构成征收。自1903年Ruldoff案件以来,基本形成剥夺合同权力就像剥夺有形财产一样的规定。CAA公司的主要合同权利是通过提供供水和水污染处理服务获得市民付款,由于图库曼省的行为,CAA公司的合同权利被剥夺。

图库曼当局对投资者采取的行为具有破坏性影响。在特许经营期内,申请人的可回收率急剧下降,在申请人通知当局已撤销特许协议时徘徊在20%左右,与特许协议所载的89%—90%形成鲜明对比。图库曼省通过累计性行动,使得特许权毫无价值,迫使申请人遭受了不可持续的损失,申请人的投资贬值。

借用Tecmed案、[1] CME案、[2] Santa Elena案和Starrett案仲裁庭的解释,申请人从根本上被剥夺了投资权益,在这种情况下,撤销特许协议是申请人唯一的合理选择。仲裁庭得出结论,图库曼省剥夺了申请人根据特许协议获得的合法权利,构成了征收。

[1] 参见本书案例34。
[2] 参见本书案例39。

三、简要评析

本案的核心争议在于仲裁庭管辖权的确定,以及征收和公平公正待遇的认定,主要涉及对《阿根廷—法国 BIT》第 3 条和第 5 条的理解和解释。

关于管辖权问题,本案裁决显示,投资合同规定的国内法院排他性管辖条款不能成为东道国规避仲裁庭管辖和逃避国际责任的理由。本案第一仲裁庭并没有过多讨论《阿根廷—法国 BIT》第 3 条和第 5 条,而是聚焦于本案性质的认定和管辖权的确定,即双方的争议究竟是国内法项下的合同纠纷还是条约纠纷?第一仲裁庭认为本案中违反 BIT 的行为和违反合同的行为存在重大关联,需要对特许协议进行解释,而根据该合同第 16 条第 4 款,此案应由图库曼省行政法院排他性管辖。实际上,第一仲裁庭并未对双方争议的实体问题作出解释,而是基于投资合同所规定的国内法院排他性管辖条款驳回了申请人诉求。撤销裁决委员会与第一仲裁庭的观点截然相反,撤销裁决委员会认为仲裁庭的管辖权不受投资合同中排他性管辖权的影响,在具体认定本案性质时,需要结合《阿根廷—法国 BIT》第 3 条和第 5 条进行详细解释,投资者根据 BIT 享有的权利应该独立于特许协议项下的权利。而在本案中,特许协议所规定的国内法院排他性管辖条款已然成为被申请人规避 ICSID 管辖和逃避国际责任的借口。仲裁庭的管辖权不受任何国内法以及投资合同的影响,不能因东道国政府与投资者签订的投资合同中规定了排他性管辖条款而规避应当承担的国际责任。违反合同的义务与违反 BIT 的义务并非是互斥的,两者可能同时存在,认定被申请人违反了合同义务并就此排除被申请人对于条约义务的违反是站不住脚的,分析一国基于条约的责任不需要对合同责任进行分析。

关于征收与公平公正待遇认定问题,本案裁决显示,东道国侵犯投资者的合同权利可能构成间接征收,要注意区分不予补偿的管制措施与可予补偿的间接征收。本案被申请人始终坚称其对申请人所采取的包括终止特许经营在内的一系列措施是出于社会公益,避免发生公共卫生灾难,属于合法的国家管制行为。第二仲裁庭则认为图库曼当局所实施的行为极具破坏性,通过累积性行为,实际剥夺了申请人的特许经营权,违反了 BIT。在确定一项行为是否构成征收时,特别重要的是要考察行为可能对投资者权利产生的影响。图库曼省实际上剥夺了投资者继续投资的可能性,对投资的影响是具有决定性意义的。双方争议的关键在于区分正常的国家管制行为与东道国违反 BIT 实施的非法行为，特别是随着间接征收日益频繁化，仲裁实践中争议较多的问题是区分不予补偿的管制措施与可予补偿的间接征收。

（编写者：武汉大学国际法研究所 2018 级博士研究生　曹夏天）

梅特克莱德公司
诉
墨西哥合众国

仲裁案

案情概要

案名	梅特克莱德公司诉墨西哥合众国仲裁案
案件裁判来源	http://www.italaw.com/cases/671
案号	ICSID Case No. ARB(AF)/97/1
当事人	申请人:梅特克莱德公司
	被申请人:墨西哥合众国
行业	生态保护和环境治理业
仲裁机构和仲裁地	国际投资争端解决中心,加拿大不列颠哥伦比亚省温哥华市
仲裁依据	《北美自由贸易协定》
适用的仲裁规则	《国际投资争端解决中心附加便利规则》
仲裁庭组成	首席仲裁员:Elihu Lauterpacht
	仲裁员(申请人指定):Benjamin R. Civiletti
	仲裁员(被申请人指定):José Luis Siqueiros
日期	仲裁程序开始日期:1996 年 10 月 2 日
	最终裁决发布日期:2000 年 8 月 30 日
仲裁请求	被申请人违反公平与公正待遇条款和征收条款,应向申请人支付金钱赔偿及利息
核心争议点	(1)被申请人的行为是否违反公平与公正待遇标准 (2)被申请人的行为是否构成直接或间接征收 (3)赔偿数额的计算标准
仲裁庭主要结论	(1)墨西哥政府未向投资者的投资提供透明,可预测的法律框架。G 市政府拒绝填埋场建设许可和 SLP 州发布生态法令的行为违反了公平与公正待遇标准 (2)G 市政府拒绝填埋场建设许可和 SLP 州发布生态法令的行为构成对梅特克莱德公司投资的间接征收 (3)仲裁庭参照梅特克莱德公司对项目的实际投资额认定被征收财产的公平市场价值
裁决结果	支持投资者(一致裁定)
后续进展	墨西哥向加拿大不列颠哥伦比亚省最高法院请求撤销仲裁裁决。法院认为仲裁庭关于公平与公正待遇条款和 G 市政府拒绝许可构成间接征收的认定超出了仲裁审理的范围,但并未发现仲裁庭关于 SLP 州生态法令构成间接征收的认定明显不合理,因此部分撤销了仲裁裁决

Case Summary

Name of Case	Metalclad Corporation v. The United Mexican States	
Web Page	http://www. italaw. com/cases/671	
Case Number	ICSID Case No. ARB(AF)/97/1	
Parties	Claimant:Metalclad Corporation	
	Respondent:The United Mexican States	
Industry	Ecological Protection and Environmental Governance	
Administering Institution & Seat of Arbitration	ICSID;Vancouver,British Columbia,Canada	
Basis for Arbitration	NAFTA	
Rules Used in Artributral Proceedings	ICSID Additional Facility Arbitration Rules	
Arbitrator(s)	Presiding Arbitrator:Elihu Lauterpacht	
	Arbitrator(Claimant's appointee):Benjamin R. Civiletti	
	Arbitrator(Respondent's appointee):José Luis Siqueiros	
Date	Date of Commencement of Proceeding:2 October 1996	
	Date of Issue of Final Award:30 August 2000	
Relief Request	The Claimant claims monetary compensation and interest forRespondent's expropriation and breach of fair and equitable treatment	
Key Issues	(1) Whether the conducts of Mexico are in breach of fair and equitable treatment (2) Whether the conducts of Mexico constitute direct or indirect expropriation (3) Quantification of damages or compensation	
Tribunal's Conclusions on Key Issues	(1) Mexico's failure to ensure a transparent and predictable framework for Metalclad's investment,Guadalcazar's denial of the right to operate the landfill and SLP's implementation of the Ecological Decree are in breach of fair and equitable treatment (2) Guadalcazar's denial of the right to operate the landfill and SLP's implementation of the Ecological Decree constitute acts tantamount to expropriation (3) The Tribunal assessed the fair market value of the expropriated property by reference to Metalclad's actual investment in the project	
Award	In favor of Investor(Unanimous Verdict)	

续表

Follow-up Progress	Mexico requested the Supreme Court of British Columbia to set aside the Award. The Court found that the Tribunal's findings on breach of fair and equitable treatment and constitution of indirect expropriation by Guadalcazar's denial of operation permit went beyond the scope of the submission to arbitration, but considered SLP's implementation of the Ecological Decree as "not patently unreasonable". Thus the Award was partially set aside

一、案件事实

(一)投资事实

1993 年,墨西哥合众国(以下简称被申请人)的工业固废技术股份有限公司(Confinamiento Tecnico de Residuos Industriales, S. A. de C. V. ,以下简称 COTERIN)先后从墨西哥国家环境资源局、圣路易斯波托西州(San Luis Potosi,以下简称 SLP 州)州政府获得了建设危险废物填埋场(以下简称填埋场)的联邦许可证、州土地使用许可证及运营填埋场所需的联邦许可证。[1]

墨西哥国家生态环境股份有限公司(Ecosistemas Nacionales, S. A. de C. V.)是美国梅特克莱德公司(以下简称申请人)的间接全资控股子公司。1993 年 9 月,在获得墨西哥联邦官员和地方官员支持填埋场建设的表态后,申请人通过墨西哥国家生态环境股份有限公司,根据期权协议收购 COTERIN,从而获得 COTERIN 持有的财产和许可证,计划在 SLP 州瓜达尔卡萨尔市(Guadalcazar,以下简称 G 市)开展填埋场的建设与运营工作。

(二)被诉行为

地质研究表明,填埋场建设地系地震多发地,且设施选址位于蓄水层,建设填埋场可能危及 G 市公共卫生安全。受此影响,自 COTERIN 被收购以来,当地民众针对填埋场建设的抗议活动经久不息。申请人称,墨西哥联邦官员曾向其保证,申请人已拥有所有建设和运营填埋场所需的授权,市级建设许可并非必要,且地方官员不可能拒绝批准市级建设许可。然而,1994 年 10 月,G 市政府以申请人缺少 G 市建设许可证为由命其中止建设。同年 11 月,申请人向 G 市政府提交了建设许可申请,继续开展填埋场建设工作。

1995 年 3 月,申请人完成填埋场建设并举行开幕式。然而,开幕式遭到示威者阻挠,SLP 州政府和 G 市政府亦参与了示威活动的组织。为保障填埋场顺利运营,经过数月协商后,申请人与被申请人在 1995 年 11 月达成填埋场运营协议(以下简称协议)。协议制定了填埋场环境审计方案,并规定了申请人开展投资应履行的系列义

---

[1] *Metalclad Corporation v. The United Mexican States*, ICSID Case No. ARB(AF)/97/1, Award, paras. 28–36.

务,包括设立用于保护当地物种的缓冲地带、建立环境监管委员会和公众监督委员会、为当地群众提供就业机会、为地方政府提供危险废物处理价格优惠等。可惜该协议未能获得墨西哥地方政府的认可。SLP 州政府拒绝参与协议谈判并对协议达成表示反对。G 市政府在 1996 年 1 月就墨西哥联邦官员与申请人达成的协议向墨西哥法院提起宪法保护诉讼,法院随后出台禁令禁止申请人继续运营填埋场,该禁令直到 1999 年 5 月方被解除。

1995 年 12 月,G 市政府在市议会会议上否决了申请人此前递交的市级建设许可申请,认为申请人未经许可开展建设构成不当行为,驳回了申请人针对建设许可的复议请求。就此,申请人主张墨西哥相关法律或行政程序并未规定填埋场建设须获得 G 市政府建设许可证,G 市政府则称申请人应履行投资者负有的尽职调查义务,通过对先例的考察申请人理应知晓市级建设许可系开展填埋场项目的必要条件。

祸不单行,在 G 市政府否决申请人的建设许可申请后,1997 年 9 月,SLP 州颁布了一项关于保护珍稀仙人掌的生态法令,将填埋场所在地纳入自然保护区,从而永久地排除了申请人在保护区内运营填埋场的可能。

经数月磋商无果,1997 年 1 月,申请人向 ICSID 提交仲裁申请,并在 SLP 州生态法令出台后作出补充申请,主张墨西哥 SLP 州政府和 G 市政府干扰填埋场建设的行为违反了 NAFTA 第 1105 条公平与公正待遇和第 1110 条征收补偿之规定。

(三)程序时间轴

· 1996 年 10 月 2 日,申请人向墨西哥发出仲裁意向通知。同年 12 月 30 日,申请人根据 NAFTA 第 1121 条第 2 款[1]向墨西哥递交了书面仲裁同意和放弃其他救济的弃权声明。

· 1997 年 1 月 2 日,申请人向 ICSID 提交仲裁申请。同年 1 月 13 日,ICSID 秘书长根据《ICSID 附加便利规则》对仲裁请求进行登记。

· 1997 年 5 月 19 日,仲裁庭组成。

· 1997 年 9 月 10 日,被申请人向仲裁庭申请不公开进行仲裁程序。同年 10 月

---

[1] NAFTA 第 1121 条第 2 款规定:"争端所涉投资者可根据第 1117 条,提交仲裁索赔请求,如果该投资者与该企业均:(a)同意根据本协定规定的程序进行仲裁;并且(b)放弃根据任何缔约方的法律向任何行政法庭或法院,或者根据其他争端解决程序,就声称的争端所涉缔约方第 1117 条所指违反义务的措施,提起或继续任何诉讼的权利,但是根据该争端所涉方的法律,为获得不涉及支付赔偿金的禁令、确认赔偿请求或其他特殊救济,向行政法庭或法院提起的诉讼除外。"

27日,仲裁庭对此作出决定:NAFTA 或《ICSID 附加便利规则》均未规定任一仲裁当事方反对则仲裁程序不得公开进行。因此,除非双方约定保密,任一方有权公开。此外,申请人作为一家美国上市公司,对其股东负有一定的主动披露义务,尤其是在仲裁结果可能显著影响公司股价的情境下。同时,为便于案件管理、保障仲裁程序有序开展,双方当事人宜将关于本案的公共讨论控制在最低程度,即在双方的法定披露义务范围内公开案件相关内容。

· 1997年10月14日,申请人提交起诉状。1998年2月17日,被申请人提交答辩状。在1998年8月21日和1999年5月3日,申请人和被申请人分别提交了第二次书面意见。

· 1999年7月28日,作为 NAFTA 缔约方之一,加拿大根据 NAFTA 第1128条[1]向仲裁庭递交书面意见,就 NAFTA 第1110条征收和补偿的解释发表意见。同年11月9日,同为 NAFTA 缔约方的美国也向仲裁庭提交了书面意见,美国认为地方政府的行为受 NAFTA 规则约束,并指出 NAFTA 第1110条同时适用于直接征收和间接征收,"等同于征收"的表述并非旨在创造一个未被习惯国际法所认同的征收行为种类。

· 1999年8月30日至9月9日,庭审在华盛顿举行,双方及各自证人出席庭审。

· 2000年8月30日,仲裁庭发布裁决。

· 裁决作出后,被申请人向加拿大不列颠哥伦比亚省最高法院请求撤销本案仲裁裁决。2001年5月2日,加拿大法院作出判决,认为仲裁庭关于公平与公正待遇条款和 G 市政府拒绝许可构成间接征收的认定超出了仲裁审理的范围,但法院并未发现仲裁庭关于 SLP 州生态法令构成间接征收的认定明显不合理,因此部分撤销了仲裁裁决。[2]

(四)仲裁请求

1. 申请人的仲裁请求

申请人请求:

(1)认定被申请人的行为构成直接或间接征收,征收行为违反正当程序,并非出

[1] NAFTA 第1128条规定,经书面通知争端各方,其他缔约方也可就协定相关条文的解释向仲裁庭递交书面意见。

[2] *The United Mexican States v. Metalclad Corporation*, BCSC Case No. 2001BCSC0664, Judgement.

于公共目的,且未按公平市场价值作出补偿;

(2)认定被申请人的行为违反公平与公正待遇条款和充分保护与保障原则;

(3)认定被申请人的行为违反了国民待遇条款和最惠国待遇条款;

(4)责令被申请人向申请人支付9000万美元的金钱赔偿及利息。[1]

2. 被申请人的反对意见

被申请人提出如下抗辩:

(1)驳回申请人所有仲裁请求;

(2)责令申请人支付被申请人的所有仲裁费用,包括代理费用和专家费用等。[2]

(五)仲裁庭结论

仲裁庭裁定:

(1)被申请人的行为违反了NAFTA第1105条关于公平与公正待遇和第1110条关于征收补偿的规定;

(2)被申请人应在裁决作出之日起45日内向申请人支付1668.5万美元。

二、主要法律争议

(一)被申请人的行为是否违反公平与公正待遇标准

仲裁庭指出,依据习惯国际法和NAFTA规定,被申请人应对其地方政府(包括SLP州州政府和G市市政府)的行为负责。仲裁庭从透明度要求、投资者合理预期、正当程序等三方面展开分析,认为被申请人的行为违反了NAFTA第1105条第1款规定的公平与公正待遇标准。[3]

1. 被申请人未向投资者的投资提供透明、可预测的法律框架,违反了透明度要求

首先,仲裁庭从条约目的出发,指出NAFTA旨在促进和增加跨境投资机会、保证投资计划顺利实施。其中,透明度是NAFTA最突出的原则与规则之一。为满足透明度要求,东道国应使投资者易于知悉与投资项目启动、落地、成功运营等各个环节有关

---

[1] *Metalclad Corporation v. The United Mexican States*, ICSID Case No. ARB(AF)/97/1, Claimant's Memorial, p. 167-169.

[2] *Metalclad Corporation v. The United Mexican States*, ICSID Case No. ARB(AF)/97/1, Respondent's Counter-Memorial, paras. 938-940.

[3] NAFTA第1105条第1款规定,各缔约方应根据国际法,给予另一缔约方投资者投资相应的待遇,包括公平和公正的待遇以及全面保护和保障。

的所有法律规定,相关规定不得具有不确定性。当联邦政府机构知悉投资者对相关事项存在任何误解或疑惑时,政府有义务就相关事项向投资者作出明确说明,以使投资者确信其投资活动符合东道国相关法律,进而继续开展投资活动。

其次,仲裁庭结合本案案情展开分析,关于填埋场的建设是否需要获得 G 市政府的建设许可证,被申请人认为市政府有权干预填埋场建设,申请人对此则持反对意见。仲裁庭基于下述三个方面认为,被申请人未能给申请人在墨西哥的投资提供具备透明度和可预测性的法律框架:其一,根据联邦官员的说辞,申请人有理由相信填埋场建设与运营许可的授予权限归墨西哥联邦政府所有;其二,根据墨西哥法律,市政府权力边界仅及于填埋场建筑缺陷的管理;其三,关于填埋场建设是否需要获得市政府建设许可证这一问题,既无明确的法律规则进行明确,也缺乏相关的实践可以支撑。综上,仲裁庭认为,墨西哥法律对于市政府许可权限的规定未予明确,且墨西哥联邦政府与地方政府的行为和态度存在一定矛盾,投资者未能在墨西哥获得透明、可预测的投资环境。

2. 被申请人的行为损害了投资者的合理预期

早在申请人收购 COTERIN 前,墨西哥联邦政府便授予了 COTERIN 填埋场建设和运营许可,SLP 州也就填埋场运营向 COTERIN 颁发了运营许可证。申请人收购 COTERIN 后,墨西哥联邦政府还将许可期限延长了 18 个月。此外,墨西哥联邦官员曾告知申请人,若其向 G 市递交建设许可申请,G 市没有任何法律依据可以否决该申请。基于墨西哥国内法相关规定和墨西哥联邦官员的允诺,作为投资者,申请人得以确信,其在获得墨西哥联邦政府和州政府的许可后可以顺利开展填埋场建设和运营,从而一直审慎地从事投资活动。

然而,在市政府权力范围仅限于建筑缺陷审查的情况下,G 市以环境因素为由否决了填埋场建设许可申请,并针对申请人与被申请人达成的协议提起宪法保护诉讼。更有甚者,SLP 州在 1997 年 9 月所颁布的生态法令将填埋场所在地划入自然保护区范围内,永久地排除了填埋场的运营可能。仲裁庭指出,墨西哥地方政府前述行为导致了投资者的合理期待落空。

3. G 市否决填埋场建设许可申请的行为违反了正当程序

填埋场竣工不久后,G 市政府在市议会会议上否决了填埋场的建设许可申请,而申请人未收到任何关于该会议的通知,也没有机会陈述其关于建设许可申请的立场。

而后,申请人就G市政府否决建设许可申请的决定提出复议申请,该申请被G市政府驳回。仲裁庭指出,市政府否决填埋场建设许可申请的行为不仅超出市政府的权限范围,且有违正当程序。

仲裁庭强调,东道国不得以国内法中的相关规定对抗国际法上的条约义务。综合以上三方面分析,仲裁庭认为被申请人的行为构成对NAFTA第1105条公平与公正待遇条款的违反。此外,仲裁庭指出,认定被申请人违反公平与公正待遇条款与NAFTA第1114条关于环境保护之规定[1]并不矛盾,后者允许东道国在其境内采取、维持或执行使投资者的投资活动符合环境保护要求的措施。关于环境保护问题,仲裁庭认为,墨西哥联邦政府授予申请人的许可及申请人与墨西哥国家环境资源局所达成的协议均能证明,案涉投资项目已然满足墨西哥法律规定的环境保护标准。

(二)被申请人的行为是否构成直接或间接征收

根据NAFTA第1110条,[2]仲裁庭指出,征收不仅包括剥夺财产所有权的直接征收,也包括间接征收,即隐蔽地或附带地干涉财产的使用,且此种干涉将使财产所有者丧失对全部或关键财产的使用权或丧失对财产的合理预期利益。仲裁庭从两个方面展开,认为被申请人的行为对申请人的投资构成间接征收,且未向申请人支付相应补偿,违反了NAFTA第1110条关于征收补偿之规定。

其一,G市政府否决填埋场的建设许可。仲裁庭指出,授予填埋场建设和运营许可证为墨西哥联邦政府专属职权,而G市政府在申请人未被通知出席的市议会会议上以环保因素为由否决了填埋场建设许可,又针对申请人与墨西哥国家环境资源局达成的协议提起宪法保护诉讼,致使申请人无法运营填埋场。

其二,SLP州政府颁布生态法令,禁止任何可能对环境造成污染的活动,从而永久地排除填埋场运营的可能。对此,仲裁庭认为其无须决定或考虑SLP州颁布该生态法令的目的或动因,因为生态法令的实施本身便构成间接征收。

(三)赔偿数额的计算标准

仲裁庭指出,本案中因被申请人违反NAFTA第1105条公平与公正待遇条款所

[1] NAFTA第1114条规定:"1.本章的任何规定不得被解释为阻止成员方在为环境保护时所采取的、维持或执行的与本章不一致的措施;2.缔约方认识到为鼓励投资而放松对国内健康、安全或环保的要求是不适当的……"

[2] NAFTA第1110条第1款规定:"任何缔约方不得对其境内另一缔约方投资者的投资直接或间接国有化或征用,或对此类投资采取等于国有化或征用的措施(下称征用),但是下列情形除外:(a)出于公共目的;(b)在非歧视的基础上;(c)根据法律与第1105条第1款规定的正当程序;并且(d)根据第2款至第6款规定的补偿支付。"

产生的损害赔偿和因被申请人违反 NAFTA 第 1110 条征收条款所产生的损失补偿并无区别,二者都涉及填埋场项目的投入成本和预期利益。然而,双方当事人在赔偿数额的计算标准上各执一词,对于申请人所遭受损失的数额意见不一。

1. 申请人的主张

申请人提出了两种赔偿数额计算标准:一是通过贴现现金流(DCF)方法分析填埋场的未来利润,从而确定投资的公平市场价值,此方法下赔偿数额约为 9000 万美元;二是评估申请人在填埋场项目中的实际投资价值,此方法下赔偿数额约为 2000 万—2500 万美元。除前述赔偿请求外,申请人还以公司其他业务因被申请人的不当行为遭受负面影响为由,主张获得 2000 万—2500 万美元的额外赔偿。

2. 被申请人的主张

被申请人认为,贴现现金流方法在本案中并不可取,因为被征收的企业 COTERIN 并非持续经营企业。对于赔偿数额的计算,墨西哥也提出了两种计算标准:一是基于 COTERIN 的资本市值确定投资的公平市场价值,此方法下赔偿数额约为 1300 万—1500 万美元;二是通过直接投资价值认定赔偿数额,此方法下赔偿数额约为 300 万—400 万美元。

3. 仲裁庭的裁定

首先,仲裁庭驳回了申请人以其他业务遭受负面影响为由提出的额外索赔请求。仲裁庭认为,申请人其他业务受损存在多重原因,不必然是被申请人行为所致,被申请人的行为与申请人其他业务价值受损之间的因果关系过于遥远,因为申请人的额外赔偿请求未能成立。

其次,仲裁庭就本案赔偿数额的计算标准展开分析。根据 NAFTA 第 1135 条第 1 款 a 项,仲裁庭有权裁定违反条约的当事方支付金钱赔偿及利息。NAFTA 第 1110 条第 2 款进一步明确,征收补偿应等同于征收行为实施前一刻被征收投资的公平市场价值,且不得反映因征收意图被先行知晓而导致的投资财产的变化,估值标准应包括持续经营价值、资产价值(包含有形财产的申报税收价值)及其他适合于确定公平市场价值的标准。

通常情况下,国际投资仲裁庭可通过对未来利润的贴现现金流分析,确定某一具有盈利记录的持续经营企业的公平市场价值。然而,当企业运营时间较短、尚不足以建立业绩记录,或企业未能盈利时,未来利润不得被用于确定投资的公平市场价值。

如 *Sola Tiles, Inc. v. Iran* 一案中，美伊求偿庭指出，企业的商誉、企业与供应商和顾客的关系对于企业价值的认定至关重要。又如，亚洲农产品有限公司诉斯里兰卡民主社会主义共和国案[1]仲裁庭认为，商誉价值认定的前提是企业在市场上的存在时间最少达到2—3年(at least two or three years)，这是建立持续商业联系所需的最短时间。

本案中，仲裁庭认为，由于填埋场从未投入运营，任何通过未来利润分析作出的裁断将完全基于猜测，因而申请人所主张的贴现现金流方法不具有可适用性。鉴于此，仲裁庭决定通过评估申请人对填埋场的实际投资，以确定被征收财产的公平市场价值。仲裁庭援引了Biloune诉加纳投资中心一案对实际投资方法进行说明。该案与本案情形相似，即投资者被征收的投资项目尚未投入运营。该案仲裁庭认为被征收财产的价值即为申请人对该财产的实际投资价值，尽管仲裁庭承认被征收财产的价值评估应考量利润损失，由于申请人未能就其利润损失提供任何具有现实意义的估值依据，仲裁庭最终未支持申请人关于利润损失的赔偿请求。回到本案，仲裁庭认为通过实际投资价值方法对申请人的投资损失进行评估，与Chorzow案所确定的损失填平原则相符，即当东道国违背其义务时，裁决应尽可能地消除该违法行为产生的后果，并使情势恢复到如果没有发生该项行为则很可能存在的状态(*the status quo ante*)。

三、简要评析

本案是国际投资争端解决中影响深远的一个案件，也是备受争议的一个案件。本案裁决引发了公众对于国际投资仲裁机制为保护外国投资牺牲东道国规制空间的质疑，也激起了各界对于既有国际投资协定合理性及国际投资仲裁机制正当性的广泛讨论。[2]

首先，作为首起涉及NAFTA下公平与公正待遇标准之争的案件，本案关于公平与公正待遇标准的认定受到广泛关注。本案仲裁庭将透明度要求、投资者合理预期及正当程序纳入公平与公正待遇的衡量过程。其中，争议最大的当属透明度要求。一方面，透明度要求并非NAFTA第1105条公平与公正待遇条款明确设定的义务。NAFTA在第18章所规定的透明度仅仅是一般性义务，若以此衡量公平与公正待遇标

[1] 参见本书案例1。

[2] See e. g., Arturo Borja Tamayo, *The New Federalism in Mexico and Foreign Economic Policy: An Alternative Two-Level Game Analysis of the Metalclad Case*, Latin American Politics and Society, Vol. 43, p. 67-90 (2001).

准,使之宽泛、模糊化,可能引发“寒蝉效应”,不利于东道国制定、实施公共政策。另一方面,透明度要求未被囊括在国际最低待遇标准中,不属于习惯国际法的要求,美国在格拉米斯采金公司诉美国[1]等案件中也提出了这一观点。正是基于前述两方面原因,在本案仲裁裁决撤销审查程序中,加拿大不列颠哥伦比亚省最高法院否定了本案仲裁庭关于公平与公正待遇标准的认定,部分撤销了仲裁裁决。本案直观地呈现了早期国际投资协定下公平与公正待遇条款的规制不足及适用困境。一方面,条文本身存在一定的抽象性、概括性,对于何为违反公平与公正待遇的情形未予明确,为国际投资仲裁庭留下较大的解释空间;另一方面,在国际投资仲裁机制不存在遵循先例原则的情况下,各仲裁庭在公平与公正待遇的认定上意见不一,进一步影响了投资仲裁的可预见性及裁决结果的公正性。

其次,本案仲裁庭在征收认定上采取了相当宽泛的定义。仲裁庭认为,征收不仅包括公开、故意地剥夺财产所有权的直接征收,也包括隐蔽地或偶然地、产生部分或全部剥夺财产使用权效果的间接征收。只要国家采取的行为从整体上或在很大程度上,剥夺了财产所有人对其财产的使用权或合理期待利益,即便该行为并未使国家从中获得明显利益,也将构成征收行为。这一观点对后续仲裁实践与条约实践产生了深远影响。

东道国规制权与外国投资者权益的平衡始终是国际投资法中不容忽视的重要议题。随着全球投资流量的持续增长和各国投资治理能力的稳步提升,国际投资协定体系的条文设计和国际投资争端解决的机制建设也在不断革新与发展。本案中忽视东道国公共利益保护现象的不再重演,需要条约订立、投资运营、案件审理等各个阶段的协同努力。

(编写者:武汉大学国际法研究所2019级硕士研究生　黄可而)

---

[1] *Glamis Gold, Ltd. v. The United States of America*, UNCITRAL, Award, para. 580.

埃米利奥·阿古斯丁·马菲兹尼
诉
西班牙王国

仲裁案

案情概要

案名	埃米利奥·阿古斯丁·马菲兹尼诉西班牙王国仲裁案
案件裁判来源	http://www.italaw.com/cases/641
案号	ICSID Case No. ARB/97/7
当事人	申请人:埃米利奥·阿古斯丁·马菲兹尼
	被申请人:西班牙王国
行业	化学原料和化学制品制造业
仲裁机构和仲裁地	国际投资争端解决中心,美国华盛顿特区
仲裁依据	《西班牙王国—阿根廷共和国促进与保护投资协定》(1991年)(以下简称《西班牙—阿根廷BIT》)
适用的仲裁规则	《国际投资争端解决中心仲裁规则》
仲裁庭组成	首席仲裁员:Francisco Orrego Vicuña
	仲裁员(申请人指定):Thomas Buergenthal
	仲裁员(被申请人指定):Maurice Wolf
日期	仲裁程序开始日期:1997年7月18日
	最终裁决发布日期:2000年11月13日
仲裁请求	申请人请求西班牙王国给予赔偿并否认其转账行为的合法性
核心争议点	(1)最惠国待遇条款援引 (2)国有主体的地位与性质认定 (3)额外支出成本与损失的赔偿问题
仲裁庭的主要结论	仲裁庭认为,申请人可以通过《西班牙—阿根廷BIT》的最惠国待遇条款援引智利与西班牙之间的BIT中的争议解决条款,支持了申请人因转账行为造成的损失赔偿申请,认定转账行为应当归因于西班牙政府;但因商业风险导致的其他损失赔偿要求未获支持
裁决结果	支持投资者(一致裁定)
后续进展	无

Case Summary

Name of Case	Emilio Agustín Maffezini v. The Kingdom of Spain	
Web Page	http://www.italaw.com/cases/641	
Case Number	ICSID Case No. ARB/97/7	
Parties	Claimant: Emilio Agustín Maffezini	
	Respondent: The Kingdom of Spain	
Industry	Chemical Raw Materialsand Chemical Products Manufacturing	
Administering Institution & Seat of Arbitration	ICSID; Washington, D. C., USA	
Basis for Arbitration	The Treaty between the Kingdom of Spain and the Republic of Argentina concerning the Promotion and Protection of Investment(1991)	
Rules Used in Arbitral Proceedings	ICSID Arbitration Rules	
Arbitrator(s)	Presiding Arbitrator: Francisco Orrego Vicuña	
	Arbitrator(Claimant's appointee): Thomas Buergenthal	
	Arbitrator(Respondent's appointee): Maurice Wolf	
Date	Date of Commencement of Proceeding: 18 July 1997	
	Date of Issue of Final Award: 13 November 2000	
Relief Request	The Claimant seeks compensation from the Respondent and disagrees to the loan	
Key Issues	(1) Invocation of MFN clause (2) The status of a state entity (3) Compensation of extra cost and damage	
Tribunal's Conclusions on Key Issues	The Tribunal held that the Claimant can invoke MFN clause in Spain - Argentina BIT to make a connection with Chile - Spain BIT to submit the dispute to International Arbitration, and the Claimant was entitled to compensation for loan transaction which is attributed to Spain government. Other commercial damage brought by the Claimant were dismissed	
Award	In favour of Investor(Unanimous Verdict)	
Follow-up Progress	None	

一、案件事实

(一)投资事实

1989年11月15日,本案仲裁申请人埃米利奥·阿古斯丁·马菲兹尼(以下简称申请人)在西班牙王国加利西亚依照西班牙法律投资建立了EAMSA公司,生产各种化学产品。申请人出资认购了EAMSA公司70%的股份,位于加利西亚的德萨罗罗工业股份公司(以下简称SODIGA)认购了EAMSA公司30%的股份。依照西班牙法律规定,EAMSA公司的协议中还存在第三方名义股东,但此后申请人立即回购了该第三方名义股东的股份。申请人还与SODIGA另外签订了一份12%利率的股份回购合同,该回购合同的利率低于当时16.6%的市场利率。SODIGA还以优惠利率向EAMSA公司提供了4000万西班牙比索的贷款,该贷款至少在第1年有效。EAMSA公司向西班牙财政部在加利西亚当地申请了多项补贴并获得批准。EAMSA公司根据自身的经济评估情况购买了土地,并与多家公司和供应商签订了合同;SODIGA也对该项目进行了经济评估,以确定是否参与该项目。1991年6月24日,EAMSA公司向加利西亚政府提交了一份环境影响评估研究报告,该报告在1992年1月15日获得通过。

(二)被诉行为

EAMSA公司在环境评估报告通过之前即开始准备土地与工厂建设,在准备工作进行的过程中遇到了财务问题。EAMSA公司同意进行增资、申请新的贷款与补贴,但并未全部实现。申请人从其个人账户向EAMSA公司转账3000万西班牙比索。1992年3月上旬,申请人要求EAMSA公司停止建造并解雇员工。1994年6月,申请人的代理律师向SODIGA提出,以EAMSA公司的资产抵销EAMSA公司与申请人的未清偿债务,SODIGA表示若申请人再增加200万西班牙比索就接受该项提议。申请人回绝了这个条件,并请求阿根廷大使馆介入。在经过多次交涉后,1996年6月13日,SODIGA接受了申请人一方的初始提议,但申请人并未接受SODIGA一方的最新提议,此后即向ICSID提起仲裁。

(三)程序时间轴

· 1997年7月18日,申请人依据1991年《西班牙—阿根廷BIT》与《智利—西班牙 BIT》的最惠国待遇条款向 ICSID 提起仲裁申请。

·1997 年 12 月 22 日,申请人提议由一名仲裁员组成独任仲裁庭,该仲裁员由双方协议指定,若在 1998 年 1 月 31 日前不能协议指定,则由 ICSID 中心秘书长指定。

·1998 年 3 月 5 日,西班牙王国(以下简称被申请人)未能在 60 日期限内对申请人组建仲裁庭的提议作出回应,依照《ICSID 公约》第 37 条第 2 款 b 项,本案仲裁庭将由三名仲裁员组成。

·1998 年 6 月 24 日,仲裁庭正式组成。

·1998 年 8 月 20 日,被申请人提交管辖权异议的文件。

·1998 年 11 月 19 日,申请人提交了有关实体问题与管辖权问题的备忘录。

·2000 年 1 月 25 日,仲裁庭驳回了被申请人的管辖权异议,认定仲裁庭有权继续审理实体问题。

·2000 年 7 月 11 日,因仲裁员沃尔夫先生突发健康问题,听证会暂停。当事人协议同意在多数成员出席的情况下于次日继续听证。

·2000 年 11 月 9 日,仲裁庭在华盛顿特区作出最终裁决。

·2000 年 12 月 13 日,被申请人根据《ICSID 公约》第 49 条第 2 款提出了更正裁决的请求。

·2001 年 1 月 31 日,仲裁庭批准了被申请人更正裁决的请求。

(四)仲裁请求

1. 申请人的仲裁请求

申请人请求:

(1)SODIGA 属于国家主体,其作为与不作为都应归于被申请人。

(2)EAMSA 公司项目失败应当归因于 SODIGA 的错误提案,项目的实际成本远高于原估计的成本。

(3)SODIGA 应承担 EAMSA 公司为环境评估报告支出的额外费用。

(4)申请人并未同意向 EAMSA 公司转账 3000 万西班牙比索,该项涉及个人账户的转账不合规定。

2. 被申请人的仲裁请求

被申请人对申请人的请求提出如下异议:

(1)被申请人认为 SODIGA 是一家私人公司,其行为不应归于国家。即便将

SODIGA 视为国家主体，根据西班牙国内法，此类针对国家主体的诉讼请求也受到 1 年禁止行为时效的限制。

(2) 申请人负责 EAMSA 公司项目的可行性研究，包括产品与成本的市场有效性；而 SODIGA 的调研与估算仅为其自身决定是否参与投资而考量。

(3) 申请人对环境评估报告的要求完全知晓，并且申请人自行决定在报告获批前即收购土地进行建设，这一行为与申请人的雇员与顾问建议不一致。

(4) 申请人向 EAMSA 公司转账的行为完全由申请人本人授权，并由 SODIGA 的一名管理人员按照申请人的指示进行。

(5) 依照法律，申请人在 1994 年的和解提案是订立合同的一项要约，其并未被撤销，因此 SODIGA 在 1996 年对它的承诺构成合同。

(五) 仲裁庭结论

仲裁庭裁定：

(1) 被申请人应向申请人支付 57,641,265.28 西班牙比索；

(2) 双方均须承担自身的全部费用和诉讼代理费用；

(3) 所有其他请求被驳回。

二、主要法律争议

(一) 仲裁庭对本案是否具有管辖权

1. 申请人的主张

申请人认为仲裁庭对本案具有管辖权。申请人以 EAMSA 公司的外国投资者身份提起仲裁，并认为本案争端产生于申请人向仲裁庭正式提交仲裁申请之时，可以援引《西班牙—阿根廷 BIT》与《智利—西班牙 BIT》解决。针对《西班牙—阿根廷 BIT》[1]第 10 条第 3 款中规定的 18 个月的期限，申请人认为只要争端继续存在且 18 个月期限已满，则不必将争端先提交国内法院再提交国际仲裁。《西班牙—阿根廷 BIT》第 10 条第 3 款 a 项允许将案件提交国际仲裁，而不论国内法院是否已作出决定。申请人主张，《智利—西班牙 BIT》中并未规定 18 个月的争议解决期限，而仅规定了 6

[1] 《西班牙—阿根廷 BIT》第 10 条第 2 款规定："如果争端不能在提起争议之日起六个月内解决，应将争议提交至投资所在地的主管法庭。第 3 款规定，在下列任何一种情况下，争端均可提交至国际仲裁：(a) 应争端当事方之一的请求，如果自本条第 2 款所指的诉讼之日起十八个月后，尚未就该案实体问题形成最终决定，或即使已作出决定，双方之间的争议仍在继续；(b) 争议双方达成同意。"

个月的沟通期。根据《西班牙—阿根廷 BIT》中的最惠国待遇条款[1]规定,申请人享有的待遇应当与第三国投资者相同,仲裁庭对本案具有管辖权。

2. 被申请人的主张

被申请人对仲裁庭的管辖权提出异议。

被申请人认为申请人不具有仲裁主体资格,不属于《ICSID 公约》第 25 条第 1 款[2]定义的"投资者"范畴。EAMSA 公司是一家西班牙公司,只要 EAMSA 公司仍继续存在就无权揭开公司的面纱,不能以个人身份提起诉讼。

被申请人认为本案争议不能适用《西班牙—阿根廷 BIT》与《智利—西班牙 BIT》,理由是本案争议发生于《智利—西班牙 BIT》生效(1994 年)以前,根据《西班牙—阿根廷 BIT》第 2 条第 2 款[3]的规定,本案争议不能援引《智利—西班牙 BIT》。

被申请人基于《西班牙—阿根廷 BIT》第 10 条提出了两个观点:首先是第 10 条第 3 款 a 项要求当事人用尽西班牙国内特定的救济手段,而申请人的情况不符合这一要求;第二个观点是,在将本案提交给《西班牙—阿根廷 BIT》第 10 条第 2 款要求的国际仲裁之前,申请人未将案件提交给西班牙法院。被申请人认为,根据《西班牙—阿根廷 BIT》第 10 条第 3 款,如果缔约方国内法院在规定的 18 个月内完成争议事项裁判,该案件将不再移交国际仲裁,不论法庭是否维持裁判结果。申请人并未在提起国际仲裁前将案件提交至西班牙国内法院,因此被申请人认为仲裁庭不具有管辖权。

关于申请人的最惠国待遇主张,被申请人认为投资条约是相对于国家之间的行为,申请人不能引用其他条约;另外,最惠国待遇仅能在特定的相同问题上适用,不能扩展到其余事项普遍适用,即最惠国待遇仅是在给予投资者的实质性问题或待遇的实质性方面适用,而不能在程序性问题或管辖权问题上适用。

---

[1] 《西班牙—阿根廷 BIT》第 4 条第 2 款规定,在受协定约束的所有事项中,这种待遇不得逊于每一缔约方对第三国投资者在其领土上进行的投资所给予的待遇。

[2] 《ICSID 公约》第 25 条第 1 款规定,中心的管辖适用于缔约国(或缔约国向中心指定的该国的任何组成部分或机构)和另一缔约国国民之间直接因投资而产生并经双方书面同意提交给中心的任何法律争端。当双方表示同意后,任何一方不得单方面撤销其同意。

[3] 《西班牙—阿根廷 BIT》第 2 条第 2 款规定,协定应适用于根据缔约方法律进行的在其领土内的资本投资,但不适用于在协定生效之前产生的争议或索赔。

3. 仲裁庭的裁定

其一，仲裁庭对用尽国内救济方式的分析。《ICSID 公约》第 26 条[1]的规定表明，除非缔约国以事先用尽国内补救措施作为接受 ICSID 仲裁的前提条件，否则该要求将不适用。在双边投资条约中缔约国有权约定是否必须用尽国内救济，因此必须确定《西班牙—阿根廷 BIT》的第 10 条是否存在相关规定。尽管《西班牙—阿根廷 BIT》第 10 条没有以事先用尽国内救济作为提交 ICSID 仲裁的前提条件，但它提及了国内法院诉讼。仲裁庭认为，根据《维也纳条约法公约》第 31.1 条[2]，即便西班牙国内法院在 18 个月内就争议的案情作出裁判，如果争端仍在继续，该案件仍然可以提交仲裁。仲裁庭进一步指明，基于国际法的理解，《西班牙—阿根廷 BIT》第 10 条第 3 款 a 项没有要求用尽国内补救办法，它仅是关于案件实体问题的规定，而被申请人也认同不必根据西班牙法律作出最终决定或不可上诉的决定，因此仲裁庭认为申请人不需要用尽所有可用的国内救济方式。而即使《西班牙—阿根廷 BIT》第 10 条第 3 款 a 项被定性为要求用尽国内补救措施的规定，也不会影响投资者诉诸国际仲裁。被申请人的观点为只有在国内法院拒绝司法的情况下，当事人才可以根据《西班牙—阿根廷 BIT》将案件提交国际仲裁；如果这一主张被接受，将在否认争端当事方质疑国内法院解释《西班牙—阿根廷 BIT》的权力上产生影响。总体而言，被申请人的解释与《西班牙—阿根廷 BIT》争端解决规定的用语、目的和宗旨均不相符。

其二，仲裁庭对申请人未将争议提交国内法院是否应视为放弃国际仲裁救济的分析。尽管当事人在 18 个月的期限届满后有权提起国际仲裁，而不论国内法院的诉讼结果如何，只有在对国内法院裁判有异议的情况下，当事人才有可能再通过国际仲裁解决争议。仲裁庭认为，申请人对《西班牙—阿根廷 BIT》第 10 条第 2 款的解释也存在问题，但可通过条约中的最惠国待遇条款分析。在盎格鲁—伊朗石油公司案中，国际法院对该问题进行了广泛讨论并确定申请人可以援引的基本条约是“载有最惠国条款”，因此仲裁庭认为如果一国在第三方条约中对某些事项给予了更有利的待遇，则根据当事国双方的基础条约适用条款规定，将待遇适用扩大到利益相关者；若第三方条约的待遇与当事国之间的条约事项无关，则待遇适用仅涉及条约方。许多双边投

[1] 《ICSID 公约》第 26 条规定，除非另有规定，双方同意根据本公约交付仲裁，应视为同意排除任何其他救济方法而交付上述仲裁。缔约国可以要求以用尽该国行政或司法救济作为其同意根据本公约交付仲裁的条件。

[2] 《维也纳条约法公约》第 31.1 条规定，条约应依其用语按其上下文并参照条约的目的及宗旨所具有之通常意义，善意解释之。

资条约明确规定最惠国待遇条款适用于解决争端的规定,但本案中的《西班牙—阿根廷 BIT》并未明确规定该条款的适用涵盖了争端解决。仲裁庭表示,有充分的理由认定争端解决安排与保护外国投资者密不可分。申请人提出在《西班牙—阿根廷 BIT》的谈判过程中,阿根廷方倾向于要求"用尽国内救济",而西班牙方支持直接将争议提交仲裁。仲裁庭经过对西班牙签订的其他双边投资条约的审查后发现,西班牙的双边投资条约中大多数争议解决的期限在 6—9 个月,并且也大多附有最惠国待遇的示范条款。因此仲裁庭认定,申请人援引《智利—西班牙 BIT》待遇的主张成立,有权将争议直接提交国际仲裁而不须先行经过西班牙国内法院裁判。

其三,仲裁庭对申请人的身份适格问题的分析。仲裁庭认为,必须要将《ICSID 公约》第 25 条与《西班牙—阿根廷 BIT》结合分析。根据《西班牙—阿根廷 BIT》第 1 条第 2 款[1]与第 2 条第 2 款的规定,资本投资属于《西班牙—阿根廷 BIT》的规定投资范围,并且申请人承担了举证责任。申请人是西班牙公司的阿根廷投资者,其行为目的是保护他对 EAMSA 公司的投资与归因于被申请人的损害行为造成损失。如果实体问题得到证明,这些事实将使申请人有权以个人身份援引双边投资条约的保护。因此仲裁庭认为,申请人已经提出了表面证据,作为本次仲裁申请人的身份适格。

其四,仲裁庭关于争议时间问题的分析。仲裁庭认为,虽然早在 1989—1992 年案件当事人就诸如预算估计、环境影响评估要求、减资等问题产生了一定分歧,但这种分歧并不能认定为法律意义上的争议。争议必须涉及当事方之间明确确定的问题,不能仅仅是学术性的,必须超越一般的不满问题,并必须根据具体主张予以陈述。因此要确定争议的产生,必须要确定"关键时间"。仲裁庭认定 1994 年是争议形成的"关键时间",在减资问题的协商过程中,双方的法律观点和利益冲突变得明显,最终导致了双方向仲裁庭提交争议等一系列行为;而在 1994 年,《西班牙—阿根廷 BIT》与《智利—西班牙 BIT》都已生效,因此仲裁庭认定对本案具有管辖权。

(二)SODIGA 的地位认定

在管辖权异议过程中 SODIGA 的地位认定就存在争议,对这一问题的处理延续到了实体审理的过程。仲裁庭将 SODIGA 地位的问题分为两部分,一是其是否属于国家主体,二是与 SODIGA 相关的人员的行为是否应当归因于国家。仲裁庭在管辖

[1] 《西班牙—阿根廷 BIT》第 1 条第 2 款规定,"投资"一词是指根据在其领土内进行投资的缔约方的法律取得或产生的各种资产,包括但不仅限于货物、权益、公司股份或任何其他形式的参与权。

权审理阶段分析了第一个问题,在实体审理阶段分析了第二个问题。

1. SODIGA 是否属于国家主体

在管辖权审理过程中,申请人认为 SODIGA 不仅由几个国家主体所有,而且还受国家控制,推动西班牙加利西亚地区的经济发展,因此其不法行为或不作为可归因于国家。

被申请人主张 SODIGA 是根据西班牙商法成立的私有商业公司,因此其活动属于私人实体的活动。被申请人认为国家主体对 SODIGA 部分股份的所有权不会改变公司的私有性质,不属于国家机构,因此它的行为不能归因于国家。

在《ICSID 公约》中,“缔约国”与“缔约国国民”并无一个明确定义,《西班牙—阿根廷 BIT》中也没有更明确的描述,因此仲裁庭参考了国际法中的相关规则来确定国有企业的地位问题。《国家对国际不法行为责任的条款草案》第 7 条[1]规定了经国家授权的机构行为应视为国家的行为,而在捷克斯洛伐克贸易银行诉斯洛伐克共和国一案[2]中,仲裁庭在管辖权审理的过程中认定,仅凭国家持有公司股份的事实不能认定该案申请人捷克斯洛伐克贸易银行为国家主体,因其行为“在实质上属于商业行为而非政府行为”。仲裁庭发现本案中 SODIGA 由西班牙工业部发布法令设立,并且工业部拥有的资本不少于 51%;截至 1990 年 12 月 31 日,SODIGA 中政府部门控股比例超过 88%,且持股方包括加利西亚地区政府。工业部发布的法令序言也表明,SODIGA 创立的目的之一是促进加利西亚的区域工业发展,其职能包括研究将新产业引入加利西亚,寻找、招揽与投资新企业,处理具有官方资金来源的贷款申请,为此类贷款提供担保以及提供技术援助等。此外,SODIGA 还通过西班牙工业部获得补贴与其他帮助。虽然在西班牙这些行为交由私有主体从事,但从国际法的角度来看不能认为具有商业性质,而是典型的政府行为,类似性质的行为可以参考世界银行设立的外国投资咨询服务机构(FIAS)。因此在管辖权审理阶段,仲裁庭认为申请人提供了有效的初步证据证明了 SODIGA 属于国家主体。

2. 相关人员的行为是否应归因于国家

(1)SODIGA 的建议行为

申请人主张 EAMSA 公司项目的失败是因为 SODIGA 提供的建议有误,而被申

[1] 《国家对国际不法行为责任的条款草案》第 7 条规定,国家机关或经授权行使政府权力要素的个人或实体,若以此种资格行事,即使逾越权限或违背指示。其行为仍应视为国际法所指的国家行为。

[2] 参见本书案例 10。

请人则认为成本估算结果由申请人主要决定,被申请人提供的是公共信息而非专业建议。

仲裁庭在实体审理阶段对 SODIGA 的发展过程进行了梳理。SODIGA 成立于 1972 年,其目的是为促进贫困地区的工业发展,在西班牙国内至少有 22 个类似于 SODIGA 的实体。但因政策问题与西班牙加入欧共体的影响,至 EAMSA 公司成立时,SODIGA 正在从国家导向转变为市场导向的主体,这个过渡正是区分相关行为是否能够归因于国家的"分界线"。

在项目开展期间,SODIGA 方的管理人员与 EAMSA 公司的员工之间进行了交流,就项目成本、收益以及拟议投资的可行性和前景等事项有多次讨论。仲裁庭认为, SODIGA 在与 EAMSA 公司交流的过程中提供的相关信息并没有履行国家职能, SODIGA 的可行性研究是应 EAMSA 公司要求而开展,EAMSA 公司申请的补贴是其自身的需求,而非加利西亚政府应 SODIGA 的要求而提供。SODIGA 的行为属于正常范围内的商业行为,因此仲裁庭认定被申请人对申请人因商业风险造成的损失不承担责任。

(2)环境影响评估的责任

申请人认为被申请人应当承担其因环境影响评估而支出的额外费用,原因在于受当地的政治原因影响,EAMSA 公司不得不在评估结果完成前开展投资活动。而被申请人主张申请人是在自主决策下开展的投资活动,仅要求其补足在申请中缺少的信息,政府并未对申请人一方施加压力。

仲裁庭经审查发现,因 EAMSA 公司业务的特殊性,环境影响评估是不可缺少的程序环节,其不仅在西班牙与欧共体国家内是惯例,而且在国际法上也是合理的。西班牙 1978 年宪法第 45 条规定了环境保护的原则,并且也有相应的具体立法,要求在环境评估获得批准之前有权根据法律暂停项目。双方提交的证据表明申请人一方非常清楚环境影响评估事项,然而申请人提交的证据没有表明其因环境评估遭受了不合理损失,被申请人的行为正确履行了环境保护的职责,因此仲裁庭驳回了申请人的这一主张。

(3)转账行为

申请人认为其转账 3000 万西班牙比索的行为未经过本人同意,且转账过程中存在违规行为。被申请人对此予以否认,主张转账经过了申请人的授权。

仲裁庭指出,1991 年 11 月 14 日申请人授权了转账,在 1992 年 2 月 4 日发出了转账指令。但这笔转账并没有签订交易合同,也没有通过书面文件正式化。负责转账事项的索托·巴尼奥斯先生是 SODIGA 方的管理人员,但其并未向申请人要求正式的转账授权,仅与 SODIGA 的主席进行了商讨并获得了 SODIGA 的授权,因此索托·巴尼奥斯先生的行为归因于 SODIGA。仲裁庭又对这一行为的性质作出了进一步分析,发现转账行为是受到 SODIGA 指示而进行的,而申请人的 3000 万西班牙比索被视为投资,此行为应当属于 SODIGA 履行公共职能。根据《西班牙民法》第 1214 条,要求义务履行的举证责任由提出主张的一方当事人承担,而现有证据不能证明申请人对贷款负有法律义务。因此仲裁庭认为,在申请人的这一主张中,被申请人违反了《西班牙—阿根廷 BIT》第 3 条第 1 款以及公平公正待遇的承诺,应当赔偿损失。

(三)减资协商是否构成合同

仲裁庭认为当事方进行减资事项的协商不能构成合同,而应当视为尝试达成和解的谈判。协商的主要内容是资金数额,即使将申请人一方首次提出债务抵销视为要约,但被申请人也并未对此做出承诺行为,而是提出了另外支付 200 万西班牙比索的条件;在被申请人一方的条件提出后,申请人一方也并未接受,因此仲裁庭认为当事方并未就减资事项达成任何合同。

三、简要评析

本案主要涉及了双边投资条约中最惠国待遇条款的适用,以及对国有主体的地位与其行为性质的认定。案件发生在 20 世纪 80、90 年代,当时西班牙正在经历一个经济转型时期。1986 年西班牙加入欧共体,经济得到了迅速发展,吸引外资规模巨大。政府采取了趋向“新自由主义”的经济政策,国有企业的私有化速度加快,金融业与资本流动更加自由。西班牙政府在 1990 年至 1993 年与其他国家签订了近 20 个双边投资条约,[1]本案涉及的《西班牙—阿根廷 BIT》与《智利—西班牙 BIT》都在 1991 年完成签订,但生效时间不同。仲裁庭在分析申请人能否通过《西班牙—阿根廷 BIT》最惠国待遇条款援引《智利—西班牙 BIT》待遇的过程中,引用了盎格鲁—伊朗石油公司案等案件,认为争议解决条款与保护投资者权益密切相关。仲裁庭对西班牙政府签订的

[1] 数据来自 https://investmentpolicy. unctad. org/international - investment - agreements/countries/197/spain,2022 年 6 月 7 日访问。

一系列投资条约进行了分析,认为《西班牙—阿根廷 BIT》并未明确将国内诉讼作为寻求国际仲裁救济的前提条件,且本案争议产生的“关键时间”在《西班牙—阿根廷 BIT》与《智利—西班牙 BIT》生效以后,因此申请人有权在争议解决方式上援引最惠国待遇,直接将争议提交仲裁。在西班牙的自由化经济政策下,本案的 EAMSA 公司在项目前期获得了来自政府的补贴与支持。SODIGA 是一个国有主体向私有化转型的典型示例,在政策的影响下,SODIGA 逐渐减少公共职能的行使,向市场化职能转变。本案仲裁庭对 SODIGA 的地位与具体行为作出了较为详细的区分,从国际法规则以及相关仲裁案例的实践出发,认定 SODIGA 属于国家主体,而对 SODIGA 具体行为的归类则不尽相同。仲裁庭认为,SODIGA 建议行为因并未行使公共职能属于普通的商业行为,环境影响评估与申请人的损失不存在必然关联,而转账行为则归因于国家。可见,确定争议发生的时间点与不同条约之间的相互关联对投资者的保护是非常重要的,而对于国有主体的地位与行为性质则要区分看待,不能一概而论。

(编写者:武汉大学国际法研究所 2019 级硕士研究生　田滕杞)

美国乙基公司
诉
加拿大

仲裁案

案情概要

案名	美国乙基公司诉加拿大仲裁案
案件裁判来源	https://www.italaw.com/cases/409
案号	无
当事人	申请人:美国乙基公司(依据美国弗吉尼亚州法律成立)
	被申请人:加拿大
行业	批发业
仲裁机构和仲裁地	NAFTA 临时仲裁庭,加拿大多伦多
仲裁依据	《北美自由贸易协定》
适用的仲裁规则	《联合国国际贸易法委员会仲裁规则》(1976 年)
仲裁庭组成	首席仲裁员:Karl-Heinz Böckstiegel
	仲裁员(申请人指定):Charles N. Brower
	仲裁员(被申请人指定):Marc Lalonde
日期	仲裁程序开始日期:1996 年 9 月 10 日
	最终裁决发布日期:1998 年 7 月 24 日
仲裁请求	(1)裁定被申请人因违反 NAFTA 规定的义务而向申请人赔偿不少于 2.51 亿美元(USD 251,000,000.00)的损失 (2)裁定被申请人支付申请人因进行本仲裁支付的成本 (3)请求裁定被申请人支付仲裁裁决前后仲裁庭以固定利率计算的利息 (4)请求裁定支付仲裁庭认为合适的进一步的救济费用
核心争议点	仲裁庭是否具有管辖权——对于未生效的法案是否构成一项 NAFTA 第 1101 条的“措施”,涉及对 NAFTA 第 201 条规定的措施定义的理解;未满足 NAFTA 第 11 章规定的几项程序性要求是否导致仲裁庭没有管辖权,涉及对 NAFTA 第 1119 条、第 1120 条及第 1121 条的理解与适用
仲裁庭主要结论	尚未生效的法案仍然构成 NAFTA 第 1101 条的“措施”;提起仲裁时未满足的程序性条件只要延后满足,仲裁庭就仍然拥有管辖权,但延后满足会造成程序延后,因程序延后引起的为解决管辖权争议而支出的费用应由申请人承担
裁决结果	确认仲裁庭享有管辖权
后续进展	该案最终以和解结案,被申请人赔偿申请人 USD 13,000,000,废除了 MMT 法令

Case Summary

Name of Case	Ethyl Corporation v. The Government of Canada
Web Page	https://www. italaw. com/cases/409
Case Number	None
Parties	Claimant:Ethyl Corporation
	Respondent:Government of Canada
Industry	Wholesale
Administering Institution & Seat of Arbitration	NAFTA ad hoc arbitration;Toronto,Canada
Basis for Arbitration	NAFTA
Rules Used in Arbitral Proceedings	UNCITRAL Arbitration Rules(1976)
Arbitrator(s)	Presiding Arbitrator:Karl-Heinz Böckstiegel
	Arbitrator(Claimant's appointee):Charles N. Brower
	Arbitrator(Respondent's appointee):Marc Lalonde
Date	Date of Commencement of Proceeding:10 September 1996
	Date of Issue of Final Award:24 June 1998
Relief Request	(1)Damages in the amount of not less than USD 251,000,000 arising out of the Government of Canada's breach of NAFTA obligations (2)Costs associated with these proceedings,including all professional fees and disbursements (3)Pre-award and post-award interest at a rate to be fixed by the Tribunal (4)Such further relief that the Tribunal may deem appropriate
Key Issues	Whether the Tribunal has jurisdiction: Whether a proposed legislation constitutes a measure provided in Article 1101 of NAFTA which relates how to understand Article 201 of NAFTA; It remains to determine whether the Tribunal's jurisdiction fails due to lack of fulfillment any of several procedural requirements,which relates to how to interpret and apply Article 1119,Article 1120,Article 1121 of NAFTA
Tribunal's Conclusions on Key Issues	A proposed legislation still constitutes a measure provided in Article 1101 of NAFTA. The early failure to satisfy the procedural conditions of NAFTA Chapter 11,as long as these conditions were satisfied afterward,does not make the Tribunal have no jurisdiction,but the cost of the jurisdictional proceedings insofar as these procedural issues are involved shall be borne by the Claimant
Award	In favour of Investor
Follow-up Progress	Finally the case was settled, the Respondent paid USD 13, 000, 000 and repealed the MMT Act

一、案件事实

(一)投资事实

Ethyl Canada 公司是美国 Ethyl 公司(以下简称申请人)的全资子公司,位于加拿大安大略省,是加拿大境内 MMT(methylcyclopentadienyl manganese tricarbonyl)的唯一进口商与分销商,其所进口销售的 MMT 全部购自美国 Ethyl 公司或其在美国境内的全资子公司。MMT 是一种燃油添加剂,在石油提炼过程中使用,作用是提高无铅汽油中的辛烷含量。Ethyl Canada 公司于 1978 年开始进口并销售 MMT,MMT 的销售是该公司经营业务的重头部分。

(二)被诉行为

自 1993 年开始,加拿大多家汽车制造商认为 MMT 对汽车排放控制系统有害。1994 年 10 月,加拿大环境部部长发表声明,提出 1995 年 8 月以前必须禁止在加拿大的汽油提炼中使用 MMT。1995 年 2 月 17 日加拿大环境部表示加拿大政府(以下简称被申请人)将采取行动禁用 MMT。2 月 24 日,加拿大工业部警告环境部,若 Ethyl 公司失去加拿大的 MMT 生意,其将每年损失“数千万美元”。同年 4 月 5 日,被申请人通过一项议案,要求就禁止向加拿大进口 MMT 及在境内进行 MMT 跨省交易进行立法。被申请人尤其是环境部多次在公众媒体上发表言论,称使用 MMT 将对危害健康,污染空气和饮用水,禁止进口和取代 MMT 将使加拿大人受益,这些言论都导致了公众对 MMT 的抵制。

1995 年 5 月 19 日,加拿大 C-94 号法案(An Bill to Regulate Interprovincial Trade in and the Importation for Commercial Purposes of Certain Manganese-based Substances)出台,同日加拿大环境部举行新闻发布会,详细介绍了加拿大政府关于禁止 MMT 进口及跨省交易的政策。同年 10 月 2 日,C-94 号法案二读通过,并提交加拿大下议院委员会审议,后因 1996 年 1 月加拿大国会休会而终止审议。

1996 年 2 月 23 日,加拿大国际贸易部部长提醒环境部部长,禁止进口 MMT 将会违反被申请人在 WTO 和 NAFTA 项下的义务。同年 4 月 18 日,加拿大环境部重提 C-94 号法案立法事宜,4 月 22 日,C-94 号法案变更为 C-29 号法案进行审议。1997 年 4 月 9 日,C-29 号法案经上议院审议通过并于当月经加拿大总督御准,即将生效成为正式法令。

(三)程序时间轴

·1996 年 9 月 10 日,申请人发出仲裁索赔意向的通知(根据 NAFTA 第 1119 条)。

·1997 年 4 月 9 日,C-29 号法案在上议院审议通过(三读)。

·1997 年 4 月 14 日,申请人提交仲裁通知(根据 NAFTA 第 1120 条第 1 款 c 项和第 1137 条第 1 款 c 项)。

·1997 年 4 月 25 日,C-29 号法案经加拿大总督御准,即将生效成为正式法令。

·1997 年 6 月 24 日,MMT 法令生效。

·1997 年 9 月 2 日,仲裁庭正式组成。

·1997 年 10 月 2 日,在美国纽约仲裁庭组织的程序性会议上,申请人提交仲裁请求书[根据《联合国国际贸易法委员会仲裁规则》(1976)(以下简称《UNCITRAL 仲裁规则》)第 3 条和第 8 条]以及“同意和放弃”声明(根据 NAFTA 第 1121 条),请求被申请人进行赔偿。

·1997 年 11 月 27 日,被申请人向仲裁庭提交仲裁答辩书。

·1997 年 11 月 28 日,仲裁庭根据双方的意见,确立加拿大多伦多为本案仲裁地。

·1997 年 12 月 29 日,被申请人向仲裁庭提交关于管辖权问题的备忘录及相关文件。

·1998 年 1 月 30 日,申请人提交备忘录辩诉书及相关文件。

·1998 年 2 月 24—25 日,仲裁庭在多伦多组织了关于管辖权问题的听证会。

·1998 年 6 月 24 日,仲裁庭作出了关于管辖权问题的裁决,裁定仲裁庭享有管辖权,但由于申请人过早提起了仲裁程序,仲裁庭裁定申请人应承担仲裁庭及被申请人因此而发生的开支。

(四)仲裁请求

1. 仲裁申请人的仲裁请求

申请人因被申请人的行为已遭受或将要遭受巨大损失,提出了以下仲裁请求:

(1)请求裁定被申请人因违反了 NAFTA 规定的义务而向申请人赔偿不少于 2.51 亿美元(USD 251,000,000.00)的损失;

(2)请求裁定被申请人支付申请人因进行本仲裁程序支付的成本,包括所有专家费用与支出;

(3)请求裁定被申请人支付裁决前后仲裁庭以固定利率计算的利息;

(4)请求裁定支付仲裁庭认为合适的进一步的救济费用。

2. 被申请人的反对意见

(1)被申请人要求申请人赔偿被申请人因应对本次仲裁而产生的费用与支出,包括但不限于律师费、咨询费、证人费、差旅及行政处理费;

(2)被申请人在其答辩状及其备忘录文件中,反对仲裁庭对本案有管辖权,要求仲裁庭驳回申请人仲裁请求。

(五)仲裁庭结论

(1)驳回被申请人对管辖权的异议[基于 NAFTA 第 1101 条(第 1101 条 b 项除外)[1]、第 1116 条[2]、第 1119 条、第 1120 条和第 1121 条],裁定仲裁庭具有管辖权。

(2)裁定由于申请人在 MMT 法令生效前过早提出了仲裁请求,应根据 NAFTA 第 1119—1121 条规定承担仲裁庭与被申请人因解决管辖权争议而产生的相关费用。

二、主要法律争议

(一)仲裁庭对本案是否具有管辖权

1. 申请人的主张

申请人主张仲裁庭拥有管辖权。申请人认为,被申请人颁布 MMT 法令及多次在公开场合宣称 MMT 对健康和环境有害的行为违反了 NAFTA 第 11 章项下第 1110 条的征收与补偿规定、第 1106 条的履行要求以及第 1102 条的国民待遇条款,从而损害了申请人在加拿大经营 MMT 的权利,给申请人造成了巨大损失。申请人作为缔约一

---

[1] NAFTA 第 1101 条规定:“1. 本章适用的缔约一方采取或维持的有关措施:(a)缔约另一方的投资者;(b)在缔约一方境内的缔约另一方的投资者;和(c)该缔约一方地域内与第 1106 条和第 1114 条相关的所有投资。2. 缔约一方享有排他性从事附件 3 所列经济活动和拒绝允许投资进入这些经济活动的权利。3. 本章不适用于缔约一方采取或维持的、第十四章(金融服务)所涵盖的措施。4. 本章任何内容不得解释为阻碍缔约一方在不悖逆本章规定情况下,提供服务或履行诸如实施法律、改进服务、收入安全或保障、社会保障或保险、社会福利、公共教育、公共培训、健康和儿童保护之职能。”

[2] NAFTA 第 1116 条规定:“1. 一缔约方投资者可就另一缔约方违反以下义务,提请根据本节规定进行仲裁:(a)A 节或第 1503 条第 2 款(国有企业),或者(b)第 1502 条第 3 款 a 项(垄断和国有企业),如果垄断企业的行为方式与 A 节规定的该缔约方义务不符,并且该投资者由于或源于上述违反义务而导致损失或损害。2. 一投资者不得提出索赔请求,如果自投资者首次获悉或应当首次获悉据称的违反义务以及投资者遭受损失或损害之日起,时间已经超过三年。”

方投资者,有权根据 NAFTA 提起仲裁。

对于被申请人反对管辖权而援引 NAFTA 第 11 章程序性条款的要求,申请人在 1998 年 2 月 24—25 日仲裁庭举办管辖权听证会时已满足要求。具体来说:一是 MMT 法令已经于 1997 年 6 月 24 日生效实施,MMT 法令毫无疑问属于 NAFTA 第 201 条项下的一项"措施";二是尽管申请人当时未能适用 NAFTA 第 1120 条所规定的"引起索赔事实发生的事件超过 6 个月"期限就提起了仲裁,但现在 MMT 生效早已超过 6 个月;三是申请人在提交仲裁请求书时,按照 NAFTA 第 1121 条的规定同时提交了明确的"同意和放弃"声明,被申请人当时对此并无异议。综上,申请人认为,申请人即使在提交仲裁通知时存在未能满足相关条件的事实,现在对于仲裁管辖权已无影响。

从仲裁范围来说,被申请人的行为不仅与申请人在加拿大的投资有关,即涉及 NAFTA 第 11 章第 1101 条所规定的仲裁范围,也与 NAFTA 第 3 章所规定的商品贸易有关,仲裁庭无论怎样都可适用 NAFTA 第 11 章进行仲裁。

2. 被申请人的主张

被申请人认为,仲裁庭对本案仲裁索赔是否具有管辖权是必须确定的先决问题。被申请人认为 MMT 法令只是一个普遍适用的法律,代表着合法的管制行为,并未违反 NAFTA 第 11 章项下的义务。申请人的索赔超出了第 11 章涵盖的范围,也未满足 NAFTA 第 11 章 B 节所规定的提起仲裁的程序性条件,故被申请人主张仲裁庭对本案无管辖权。

针对第 NAFTA 第 11 章的适用范围,被申请人从以下三个方面进行了论证:一是申请人提交仲裁通知时,C-29 法案尚在审议过程中,MMT 法令尚未生效,一项正在审议中的法案并不构成 NAFTA 第 1101 条第 1 款所规定的"措施";二是即使该审议中的法案构成一项"措施",其也是归入 NAFTA 第 3 章规定的"商品贸易"范畴,而非 NAFTA 第 1101 条所规定的"投资"或"投资者"范畴,NAFTA 第 3 章与第 11 章是相对立的,不能同时适用;三是申请人对发生于加拿大境外的损失进行索赔也不属于第 11 章仲裁的范围。若仲裁庭认为对本案仲裁索赔具有管辖权,也必须限制管辖的范围,仲裁庭仅能就发生于加拿大境内的"征收"与损失进行管辖。

针对 NAFTA 第 11 章 B 节的要求,被申请人也从三个方面进行了论证:一是申请人未满足 NAFTA 第 1120 条规定的"引起索赔请求的事件发生已超过 6 个月"条件,过早地于 1997 年 4 月 14 日提出了仲裁索赔,而引起仲裁索赔的事实即 MMT 法令生效日期是 1997 年 6 月 24 日；二是申请人也未满足 NAFTA 第 1121 条关于提起仲裁时须作出“同意和放弃”声明的先决条件，即未在提交仲裁通知时作出“同意和放弃”声明；三是申请人在 1997 年 10 月 2 日仲裁申请书中提出了新索赔请求，改变了原来仲裁请求的基础，其应属于新的索赔。仲裁庭应只审理在仲裁通知中提到的请求，而不应审理新增加的请求。

3. 仲裁庭的裁定

(1)实体上，被申请人存在违反 NAFTA 第 11 章的行为

其一，仲裁庭对被申请人违反 NAFTA 第 11 章 A 节的分析。仲裁庭认为，申请人在仲裁通知与仲裁请求书中均提出被申请人违反了 NAFTA 第 1102 条、第 1106 条和第 1110 条的义务，申请人作为美国的投资者，毫无疑问属于 NAFTA 规定的“缔约一方的投资者”，其因被申请人违反 NAFTA 第 11 章的义务而遭致损失，且其按 NAFTA 第 1116 条第 2 款，在获知上述违反后“3 年内”提起了仲裁，该情形已满足 NAFTA 第 1116 条所设定的仲裁庭管辖权要求。条约的规定可以设定仲裁管辖权，仲裁庭通过援引 1922 年的 K. S. Carlston 案中的行政判决、1953 年的 Ambattelos 案（希腊诉美国案）、1958 年的美国 Albert Flegenhetmer 诉意大利案的裁决书对此进行了论证。

其二，仲裁庭对制定 MMT 法令的行为构成 NAFTA 项下的一项“措施”的分析。关于 NAFTA 第 1101 条“措施”的构成，双方各持异议。仲裁庭援引被申请人在《关于执行 NAFTA 报告书》中的意见，认为第 1101 条的“措施”术语并非穷尽性的定义，其包括任何法律、规章、过程、要求和实践，其中的“实践”并无须生效法律，甚至无须具有法律结构。仲裁庭认为，MMT 法令从审议到通过生效是持续性的过程，申请人按 NAFTA 第 1119 条提交仲裁意向通知后，作为 MMT 法令前身的 C-94 号法案因议会休会而终止，后又被重拾作为 C-29 号法案进行审议，这导致 1119 条规定超过最少 90 天等待期，等待期延续到 C-29 号法案于 1997 年 4 月 9 日获上议院审议通过，申请人 1997 年 4 月 14 日提起了本仲裁。仲裁庭认为，上议院已通过的法案必会毫无悬念地获颁实施，且 1997 年 6 月 24 日 MMT 法令确已生效实施。因此，仲裁庭认为 MMT 法令的制定行为构成 NAFTA 项下的一项“措施”。

其三，仲裁庭对索赔范围的分析。关于双方争议的发生于加拿大境外的知识产权、声誉、商誉损失是否属于仲裁范围，仲裁庭认为损失赔偿范围的确定属于实体问题，双方此前在听证会上已达成共识，关于责任与损失赔偿问题应单独另议。仲裁庭

在管辖权问题上不再考虑领土对索赔范围的限制问题。

(2)程序性条件

毫无疑问,NAFTA 第 11 章包含了提交仲裁的几项程序性要求,被申请人认为这几项程序性要求必须在提交仲裁通知之前或同时满足,仲裁庭才具有管辖权,而申请人持相反态度。仲裁庭认为因法案未生效而否决本次仲裁管辖,重新启动新的仲裁程序既无效率也不公平,且继续管辖也不会导致被申请人的权利受歧视或减损。另 MMT 法令生效后,这些程序条件随后都得以满足,故仲裁庭应继续管辖。具体分析如下:

其一,仲裁庭对申请人满足 NAFTA 第 1119 条规定期限要求的分析。仲裁庭认为,申请人提交仲裁意向通知书与提交仲裁通知的时间满足了 NAFTA 第 1119 条关于"至少 90 天"的期限要求。被申请人认为申请人仲裁通知的提交不符合引起索赔请求的事件发生起超过 6 个月的要求。仲裁庭认为,美加墨三国缔结 NAFTA 的目的是"促进投资机会,创建有效的争议解决方式",并非强制要求投资者必须等待"超过 6 个月";另因被申请人对于通过磋商与谈判解决争端程序的消极态度,仲裁庭认为终止现在的仲裁程序并不符合 NAFTA 的"目的和宗旨"。另外,鉴于 MMT 法令生效已远远超过 6 个月了,现在再强调第 1120 条的"6 个月"已无必要。被申请人目前并无打算废除或修改 MMT 法令,显然若重启仲裁,申请人也只会提出与先前完全相同的仲裁请求。故仲裁庭认为驳回本仲裁管辖权是不值得的。但仲裁庭认为申请人过早启动仲裁程序,其应承担因处理此管辖权问题而产生的费用。

其二,仲裁庭对 NAFTA 第 1121 条"同意和放弃"程序的分析。被申请人认为依据 NAFTA 第 1121 条的规定"同意与放弃"的书面声明应作为先决条件,在提交仲裁通知时提交,而申请人直到提交仲裁请求书时才提交,其有效性应受质疑。仲裁庭认为启动仲裁的行为即构成"同意",视为排除了提交法院或别的争议解决机制的管辖。NAFTA 第 1121 条的题名虽提到了"先决条件",但并未限定"先决"于什么内容,并非如被申请人所称要"先决"于"仲裁通知",关于该条第 3 款"应当记录在提交的仲裁索赔中",其中的"仲裁索赔"表述是非常宽泛的,并不限于仲裁通知。故仲裁庭认为申请人已提交了"同意和放弃"书面声明,满足了第 1121 条的要求,仲裁庭管辖权不受影响。

其三,关于仲裁请求书中的增加内容是否属于一项新索赔。被申请人认为在仲裁庭最终要处理的仲裁请求书首次特别提及了产品 Greenburn,这构成了新的索赔主张,仲裁庭不应受理。仲裁庭认为,纠结仲裁请求书中扩张了的表述并无多大意义,尤其是考虑到《UNCITRAL 仲裁规则》第 3 条第 3 款[1]规定的仲裁通知的形式,只要求简单具备"索赔的一般性质及指出涉及的金额(若有)"即可;该规则第 18 条第 2 款[2]规定了仲裁请求书的形式,可以看出,仲裁请求书中是允许扩充细节的。仲裁庭认为仲裁请求书中关于 MMT 法令与产品 Greenburn 的特定结论并非增加的"新索赔",而只是对先前仲裁通知中索赔的修订,这种修订是仲裁庭可以接受的,并不构成新索赔。

(二)仲裁地点的选择

申请人主张仲裁地点先选择美国纽约,本案是加拿大政府与外国投资者之间第一个 NAFTA 争议案件,选择纽约作为本案仲裁地,不仅对本案很重要,而且对于将来在 UNCITRAL 仲裁规则主持下的 NAFTA 投资者与东道国争议案件将会是一个极具说服力的先例。被申请人主张仲裁地应选在加拿大的渥太华或多伦多。

仲裁庭认为,根据 NAFTA 第 1130 条[3]的规定,NAFTA 的三个成员美国、加拿大、墨西哥均为《纽约公约》的缔约国,本案可从这三个国家内选择一个地方作为仲裁地点。

被申请人提出了两点理由:一是仲裁庭应根据《UNCITRAL 仲裁规则》第 16 条第 1 款[4]规定适用普遍性的原则即"方便法院原则"进行选择,即选择与案件及双方有最密切联系的地方进行仲裁,显然渥太华是与本案最有密切联系的地方;二是根据 NAFTA 第 20 章的规定,国与国之间争议的仲裁地是被申请国的首都,一家私营公司发起的针对一个国家的指控更有理由选择被申请国首都作仲裁地。

仲裁庭观点恰恰相反,以往实践表明,不选择被申请国首都作为仲裁地才是审慎

---

[1] 《UNCITRAL 仲裁规则》第 3 条第 3 款规定:"仲裁通知应包括下列各项:(a)将争议提交仲裁的要求;(b)各方当事人的名称和联系方式;(c)指明所援引的仲裁协议;(d)指明引起争议的或与争议有关的任何合同或其他法律文书,无此类合同或文书的,简单说明相关关系;(e)对仲裁请求作简单说明,涉及金额的,指明其数额;(f)寻求的救济或损害赔偿;(g)各方当事人事先未就仲裁员人数、仲裁语言和仲裁地达成协议的,提出这方面的建议。"

[2] 《UNCITRAL 仲裁规则》第 18 条第 2 款规定:"申请书应包括以下各项:(a)各方当事人名称和联系方式;(b)支持本仲裁请求的事实陈述;(c)争议点;(d)寻求的救济或损害赔偿;(e)支持本仲裁请求的法律依据或观点。"

[3] NAFTA 第 1130 条规定:"除非争端双方另有约定,仲裁庭应当在一个属于纽约公约成员国的缔约方境内进行仲裁,仲裁地点应依据:(a)ICSID 附加便利规则,如果仲裁是根据这些规则进行;或 ICSID 公约;或(b)UNCITRAL 仲裁规则,如果仲裁是根据这些规则进行。"

[4] 《UNCITRAL 仲裁规则》第 16 条第 1 款规定,各方当事人未事先约定仲裁地的,仲裁庭应根据案情确定仲裁地。裁决应视为在仲裁地作出。

的选择。

仲裁庭结合《UNCITRAL 关于组织仲裁程序说明》中的以下四项因素:(1)仲裁地仲裁程序的便利性;(2)双方或仲裁员的便利性,包括旅行距离;(3)仲裁可获得性及所需服务的成本;(4)争议标的位置及证据的接近性,对渥太华、多伦多和纽约的可选择性进行了综合分析后认为,三者在(1)(2)(3)中的仲裁可获得性以及(4)中证据的接近性因素方面无法作出优劣判断,但对于服务成本和争议位置因素,选择加拿大的多伦多或渥太华优越于纽约。另外,申请人代理律师的便利性也反映了成本因素,申请人代理律所在多伦多和纽约均设有办公室,仲裁庭因而选择加拿大的多伦多或渥太华。

由于渥太华为加拿大的首都,基于前述分析,多伦多比渥太华合适,且也更"中性"令双方容易接受,仲裁庭最终选定加拿大的多伦多为仲裁地。

三、简要评析

本案涉及 NAFTA 中管辖权条款与程序性条款的区分、解释与适用。从性质上来说,前者是仲裁庭行使管辖权的条件,后者则是申请人提起仲裁前应当满足的程序性条件。

对于管辖权条款,根据《UNCITRAL 仲裁规则》,双方的同意是仲裁庭拥有管辖权的唯一基础。申请人先后发出仲裁索赔文件启动了本案仲裁,以自己的行为表明追求"仲裁"的态度。对于被申请人来说,NAFTA 设定了仲裁庭的管辖权,被申请人在 NAFTA 中表明了对仲裁的"同意",只要申请人依 NAFTA 规定及时依法提起了仲裁,被申请人就须被动"同意"管辖。所以,仲裁庭享有了管辖权。且本案中仲裁庭对于 NAFTA 第 1101 条的"措施"术语采取了扩张性解释,认为"措施"并非穷尽性的定义,其包括任何法律、规章、过程、要求和实践,其中的"实践"并无须生效法律,甚至无须具有法律结构,这进一步拓宽了仲裁庭的管辖权。

对于提起仲裁前须满足的程序性条件,根据 NAFTA 第 1119~1121 条的规定,投资者仲裁需要满足以下三项程序性条件:(1)投资者须首先提前 90 天向东道国提交仲裁意向书;(2)须在导致索赔的事件发生后 6 个月后;(3)投资者提交书面的"同意与放弃"声明。本案中申请人显然未满足第 2 项条件,且第 3 项条件是否满足双方争议很大。

未满足一定的程序性条件会不会阻却仲裁庭管辖权？在国际投资仲裁实践中，根据目前的理论和判例，认为申请人未满足程序性条件一般不会阻却仲裁庭管辖权。本案仲裁庭持类似态度，通过对仲裁庭自身管辖权与申请人提起仲裁的前提条件进行区分与解释，认定本案的未满足相关条件不会阻却本案管辖权。

仲裁庭通过对 NAFTA 的解释，认为申请人作为美国的投资者，属于 NAFTA 规定的“缔约一方的投资者”，其因被申请人违反 NAFTA 的义务而遭致损失，且在东道国违反义务后“3 年内”提起了仲裁，该情形已满足 NAFTA 设定的仲裁庭管辖权要求。另仲裁庭也认为关于提前 90 天向争议国提交仲裁意向书的程序性条件已经满足。

对于 NAFTA 第 1120 条关于 6 个月期限的要求，尽管本案提起仲裁索赔时未满足“引起索赔请求的事件发生起超过 6 个月”的条件，但本案在处理管辖权争议时，引起索赔请求的事件已发生且已超过 6 个月。从条约解释的角度，适用 NAFTA 程序性条款时，仲裁庭认为在管辖权问题上不宜采取限缩性解释的方法，应采用《维也纳条约法公约》第 31 条和第 32 条的目的善意解释方法和补充解释方法。从 NAFTA 的目标与宗旨来看，NAFTA 的目的是“促进投资机会，创建有效的争议解决方式”，并无强制要求投资者必须等待“6 个月”后提起仲裁。所以“6 个月”的限期已无必要。从被申请人利益角度来看，继续管辖并不会使其利益受到减损或歧视。仲裁庭认为终止现在的管辖权并不符合 NAFTA 的目的和宗旨。

对于 NAFTA 第 1121 条的书面“同意与放弃”声明的条件，仲裁庭也通过对“同意与放弃”书面声明进行扩张性解释，认为在提交仲裁申请书时提交书面“同意与放弃”声明也是可以接受的。且认为申请人启动仲裁行为即构成“同意”，视为申请人已经提交了“同意与放弃”的书面声明。

本案仲裁庭对管辖权问题作出裁定后，双方后来最终以和解方式结案。已公布的案例材料中未查到关于和解的材料。笔者通过其他渠道获知，该案最终由被申请人赔偿申请人 USD 13,000,000 且废除了 MMT 法令。

（编写者：武汉大学国际法研究所 2019 级博士研究生　朱　仪）

捷克斯洛伐克贸易银行
诉
斯洛伐克共和国

仲裁案

案情概要

案名	捷克斯洛伐克贸易银行诉斯洛伐克共和国仲裁案	
案件裁判来源	http://www.italaw.com/cases/238	
案号	ICSID Case No. ARB/97/4	
当事人	申请人:捷克斯洛伐克贸易银行(依据捷克法律成立的商业银行)	
	被申请人:斯洛伐克共和国	
行业	货币金融服务	
仲裁机构和仲裁地	国际投资争端解决中心,美国华盛顿特区	
仲裁依据	《捷克—斯洛伐克双边投资协定》(1992年)	
适用的仲裁规则	《国际投资争端解决中心仲裁规则》	
仲裁庭组成	首席仲裁员:Hans van Houtte	
	仲裁员(申请人指定):Andreas Bucher	
	仲裁员(被申请人指定):Piero Bernardini	
日期	仲裁程序开始日期:1997年4月18日	
	最终裁决发布日期:2004年12月29日	
仲裁请求	申请人请求被申请人支付因被申请人违反合并协议而导致的损害赔偿	
核心争议点	仲裁庭管辖权争议: (1)申请人是否为《ICSID公约》第25条项下的“投资者”; (2)案涉“贷款”是否构成《ICSID公约》第25条和1992年《捷克—斯洛伐克双边投资协定》第1条下的“投资”	
仲裁庭主要结论	(1)仲裁庭引入Broches标准,认为仅在国有企业“充当政府代理人”或“行使基本政府职能”的情况下,其不具有《ICSID公约》第25条所规定的“国民”资格 (2)仲裁庭对“投资”定义采用广义解释,并指出应将单个行为置于整个交易活动中加以审视;如果整个活动构成投资,则其中本身不能构成投资的行为也可被认定为适格投资	
裁决结果	支持投资者(一致裁定)	
后续进展	无	

Case Summary

Name of Case	Československa Obchodní Banka, A. S. v. The Slovak Republic
Web Page	https://www.italaw.com/cases/238
Case Number	ICSID Case No. ARB/97/4
Parties	Claimant: Československa Obchodní Banka, A. S. (a commercial bank organized under Czech law)
	Respondent: The Slovak Republic
Industry	Monetary Financial Services
Administering Institution & Seat of Arbitration	ICSID; Washington, D. C., USA
Basis for Arbitration	Czech Republic-Slovakia BIT(1992)
Rules Used in Arbitral Proceedings	ICSID Arbitration Rules
Arbitrator(s)	Presiding Arbitrator: Hans van Houtte
	Arbitrator(Claimant's appointee): Andreas Bucher
	Arbitrator(Respondent's appointee): Piero Bernardini
Date	Date of Commencement of Proceeding: 18 April 1997
	Date of Issue of Final Award: 29 December 2004
Relief Request	The Claimant claims compensation for the damages resulted from Respondent's breach of the Consolidation Agreement
Key Issues	The Tribunal's Jurisdiction: (1) Is the Claimant a national of a Contracting State under Article 25 of the ICSID Convention (2) Does the "Loan" Qualify as an Investment under Article 25 of the ICSID Convention and Article 1 of Czech-Slovakia BIT
Tribunal's Conclusions on Key Issues	(1) According to the Broches test, a government-owned corporation should not be disqualified as a "national of another Contracting State", unless it is acting as an agent for the government or is discharging an essentially government function (2) The Tribunal adopted a broad interpretation of the concept of investment. Additionally, a dispute must be deemed to arise directly out of an investment even when it is based on a transaction which, standing alone, would not qualify as an investment, provided that the particular transaction formed an integral part of an overall operation that qualified as an investment
Award	In favour of Investor(Unanimous Verdict)
Follow-up Progress	None

一、案件事实

(一)投资事实

在本案中,申请人是捷克法律下成立的商业银行——捷克斯洛伐克贸易银行(以下简称申请人);被申请人为斯洛伐克共和国。双方的争端与申请人的私有化有关。捷克斯洛伐克联邦共和国于1992年12月31日解体后,申请人在随后的捷克共和国和斯洛伐克共和国仍然活跃。为了实现未来的私有化,捷克共和国和斯洛伐克共和国于1992年开始了对申请人的重组。实际上,申请人的重组是原捷克斯洛伐克国有银行进行的几次重组业务中的第一步。1992年年底捷克斯洛伐克联邦共和国解体后,随后的捷克共和国和斯洛伐克共和国开始参与申请人的重组。两国成为申请人的股东,申请人在两国领土上开展活动。

(二)被诉行为

申请人指控被申请人违反了捷克斯洛伐克贸易银行金融合并基本原则协定(以下简称合并协议),该协议由斯洛伐克财政部、捷克共和国财政部和申请人于1993年12月19日达成。申请人称,违约行为是被申请人未能按照合并协议的规定弥补斯洛伐克托收公司(Slovenskainkasnispol. s. r. o)造成的损失。它要求被申请人履行其在合并协议下的义务,并赔偿所遭受的损失和费用。合并协议旨在促进申请人的私有化及其在捷克共和国和斯洛伐克分离后的运作,该协议特别规定申请人将某些不良贷款组合应收款转让给两个所谓的“托收公司”,由捷克共和国成立和斯洛伐克共和国在各自国家建立。合并协议还规定,每个托收公司应向申请人支付已转让的应收款。为了使每个托收公司根据单独的贷款协议从申请人处获得必要的资金,这些贷款将按照规定的还款时间表偿还。

(三)程序时间轴

· 申请人于1997年4月18日向ICSID提交了仲裁请求,指控被申请人违反了1993年12月的合并协议。申请人称违反行为是斯洛伐克未能弥补斯洛伐克托收公司造成的损失,根据合并协议要求赔偿所遭受的损失以及费用。该请求已于1997年4月25日在ICSID注册。

· 1997年8月20日,仲裁庭成立。

· 1999 年 5 月 24 日,仲裁庭作出了关于管辖权的第一项决定。

· 1999 年 12 月 23 日,被申请人根据《ICSID 仲裁规则》对管辖权提出异议。

· 仲裁庭在听取了双方关于该请求的书面和口头陈述之后,于 2000 年 12 月 1 日作出了关于被申请人进一步或部分反对管辖权的决定。

· 在 2001 年 10 月 4 日的信中,托马斯 · 布根塔格法官辞去首席仲裁。

· 在 2001 年 12 月 3 日的联合信件中,双方要求 ICSID 任命汉斯 · 范 · 霍特教授(Hans van Houtte)代替仲裁庭中的布根塔格法官。ICSID 在 2001 年 12 月 11 日的信中通知各当事方,范 · 霍特教授已接受任命,因此,该仲裁庭被视为已重新组庭,并且自该日起恢复仲裁。

· 在 2001 年 2 月 16 日的第 6 号程序令中,仲裁庭批准并修改了被申请人要求申请人出示文件的要求。申请人于 2001 年 3 月 12 日提交了一系列文件。在其 2002 年 10 月 14 日的第 7 号程序令中,仲裁庭确认,第 6 号程序令继续管辖文件调取,包括拒绝受理该文件。被申请人要求提供与申请人财务和业绩有关的文件;因此,仲裁庭裁定,就后一类材料而言,仲裁庭认为被申请人曾要求从文件中删除不相关的文件和段落,但不考虑这些文件和段落,除非这些文件和段落实际上已从已提交的文件中删除。

· 2002 年 10 月 1 日,仲裁庭在华盛顿特区中心举行了一次会议,讨论了有关于 2002 年 11 月 8—12 日举行的关于案情的第一次口头审理的程序性问题。

· 关于案情的第一次口头听证会于 2002 年 11 月 8—12 日在双方同意的地点布拉格举行。听证人和专家的听证会,以及双方各自的诉状,均以笔录形式记录在案。

· 双方同意,关于案情的第二次口头听证会也同样在布拉格举行。该会议于 2003 年 4 月 14—18 日举行。听证人和专家以及当事方各自的诉状,均被录音并记录下来。

· 2004 年 10 月 29 日,当事方均提交了其在此程序中产生或承担的费用的声明,并且在 2004 年 11 月 15 日,每一当事方对另一当事方的声明进行了评论。

· 在 2004 年 11 月 19 日的信中,各当事方获悉仲裁已经结束。

(四)仲裁请求

1. 申请人的仲裁请求

在 2003 年 6 月 20 日的最终呈件中,申请人明确要求被申请人赔偿如下:

(1)截至2003年3月31日的总和为40,300,940,576瑞典克朗,包括:

①32,443,747,036瑞典克朗的“实际损害”,等于被申请人违反合并协议而导致相关贷款协议中申请人的权利价值减少;以及

②7,857,193,540瑞典克朗,反映了申请人在斯洛伐克于1991年4月履行其对申请人的债务,以及在申请人已将当时到期欠款投资于斯洛伐克政府债券的情况下会实现的额外收益。

(2)申请人的费用,包括该仲裁程序的所有费用和支出。

(3)对于自裁决之日起至付款之日为止所授予的所有款项,应参考经修正的捷克共和国商业法典第735条所确定的利率。

2. 被申请人的反对意见

被申请人以各种理由认为申请人的主张是没有根据的。被申请人在其递交的文件中请仲裁庭作出以下裁决:

(1)驳回申请人的所有诉求;

(2)命令申请人支付与该程序有关的被申请人的所有费用,包括律师费和开支;以及

(3)给予仲裁庭认为适当的任何进一步的救济。

(五)仲裁庭结论

仲裁庭裁定:

(1)被申请人应支付给申请人24,796,381,842斯洛伐克克朗,包括本金和直到2004年11月30日为止的利息,以赔偿申请人的损失。

(2)被申请人应向申请人支付,在2004年12月1日至本裁决日期之间,按斯洛伐克官方2.419%的利率收取24,796,381,842斯洛伐克克朗的利息。

(3)自裁决之日起30天内,根据第1款和第2款判给的款项应由被申请人支付给申请人。如未及时支付,根据第1款和第2款规定的金额将以5%的年利率累积利息,直到支付为止。

(4)被申请人应负担自己的费用、开支和律师费,包括其在仲裁庭和国际投资争端解决中心所承担的费用中所占的份额。

(5)被申请人应向申请人付款。自裁决授予之日起30天内支付10,000,000美元,并以随后的5%的年利率运行,作为对申请人的成本、费用和律师费的贡献,包括

其应支付的费用,具体数额由仲裁庭和国际投资争端解决中心提供。申请人应承担其费用,开支和律师费,包括其在仲裁庭和ICSID所承担的费用中所占的份额,其金额应高于10,000,000美元。

二、主要法律争议

(一)仲裁庭对本案是否具有管辖权

1. 申请人的主张

申请人的仲裁请求指出,捷克共和国和斯洛伐克是《ICSID公约》的缔约国。申请人基于三项理由认为中心对这一争议具有管辖权。申请人首先主张,1992年11月23日签署的《捷克—斯洛伐克BIT》于1993年1月1日生效,其第8条第2款赋予中心管辖权以审理这一争端。其次,申请人认为,即使《捷克—斯洛伐克BIT》在两个缔约国之间没有生效,但由于斯洛伐克外交部在1993年10月22日在斯洛伐克官方公报上发布的通知中宣布BIT已于1993年1月1日生效,因此对被申请人具有约束力。最后,申请人认为合并协议第7条以引用方式并入了《捷克—斯洛伐克BIT》,因为它规定"本协议应受捷克共和国法律和《促进与对等公关条约》的管辖"。无论双边投资条约本身是否生效,这种合并对被申请人具有约束力。

2. 被申请人的主张

仲裁被申请人主张仲裁庭不具有管辖权。

被申请人以本案不符合《ICSID公约》第25条第1款对中心管辖权和仲裁庭权限要求为由对仲裁庭的管辖权提出异议。首先,被申请人认为,本案未满足《ICSID公约》第25条第1款关于争端必须"在缔约国与另一缔约国的国民之间"的要求。关于此问题,被申请人认为:(1)申请人仅仅是捷克共和国的代理人,并且(2)申请人在应收账款中对捷克共和国的利益的随后转让(已构成争议的标的)已转换。

被申请人的第二个主张是,在当前情况下,缺少《ICSID公约》第25条第1款要求向中心提交争议的书面同意,因为:(1)申请人所依赖的BIT从未生效;(2)在斯洛伐克官方公报上发布的通知并未使BIT生效或使其成为斯洛伐克法律的一部分,因此不能构成有效的仲裁手段;(3)除非且直到BIT生效,否则BIT中涉及合并协议的条款(以被申请人为准据法条款)为特征,不得视为构成有效同意;(4)即使假定双边投资条约已生效,当事方也没有"共同"援引第8条(其仲裁条款),而且,该争端与"投资”无关,因为该概念在《ICSID 公约》和双边投资条约中已定义。关于双边投资条约所设想的送交仲裁的争议需要联合提交的论点,被申请人主张正确阅读《捷克—斯洛伐克 BIT》第 8 条的文本会迫使这一结论成立。

被申请人根据《ICSID 公约》第 25 条第 1 款提交的最终意见书将焦点集中于争端不是“直接从投资中引发”这一争议。在这里,被申请人首先认为,向斯洛伐克托收公司的贷款不是“投资”。相反,这是申请人政府间重组和分裂的一个要素,这是捷克和斯洛伐克联邦共和国解散所必需的,而不是争端任何一方都希望从中受益的一项行动。此外,根据被申请人的说法,申请人的债权不是“直接”来自贷款的,因此,不能视为《ICSID 公约》第 25 条第 1 款所指的“直接”来自投资的债权。

3. 仲裁庭的裁定

各方是否已经有效同意 ICSID 管辖权的问题,不能通过参考国内法律来回答。它受 ICSID 公约第 25 条第 1 款规定的国际法管辖。

在本案中,申请人通过指出以三个独立的同意作为基础援引 ICSID 管辖权,即(1)双边投资条约(BIT)作为两国之间有效的国际条约;(2)斯洛伐克外交部于 1993 年 10 月 22 日在官方公报上发布的通知(以下简称《通知》),宣布 BIT 于 1993 年 1 月 1 日生效;(3)合并协议中对《捷克—斯洛伐克 BIT》的提及。

由于《捷克—斯洛伐克 BIT》的第 8 条包含 ICSID 仲裁条款,因此在本案中《捷克—斯洛伐克 BIT》是否有效的问题很重要。如果《捷克—斯洛伐克 BIT》在 1993 年 1 月 1 日或其他日期生效,则斯洛伐克或将受到所给予的同意的约束,因为第 8 条规定,由提起仲裁程序的当事方选择解决投资争端的方式,根据《ICSID 公约》或《UNCITRAL 仲裁规则》进行。由于申请人于 1997 年 4 月 18 日通过其仲裁请求向 ICSID 提交了争议,因此该申请人将被视为在该日期已接受 ICSID 的管辖权,而被申请人已经明确表示同意。以这种形式进行的同意交换将满足《ICSID 公约》第 25 条第 1 款规定的“书面同意”的要求。根据双边投资条约,在投资者提起的第一起案件中,此类同意在中心的管辖范围内,并在随后的实践中被接受。

申请人和被申请人就双边投资条约是否生效的问题提出的举证内容绝非结论性的问题,不能给出确切的答案。《捷克—斯洛伐克 BIT》第 12 条规定:“每一缔约方应将本协定生效所需的宪法手续的完成通知另一缔约方”。仲裁庭认为,这种措辞表明,当事双方已经意识到并相互承认,两国政府首脑签署双边投资条约不足以使该条约生效,而且根据各自的宪法,还需要进一步的手续。考虑到《捷克—斯洛伐克 BIT》“生效”条款中包含的上述规定,是否需要就国内法来遵守这种宪法手续相对来说并不重要。必须认为该规定具有效力原则上的要求(效用)。因此,不应将其视为仅考虑程序形式而不影响《捷克—斯洛伐克 BIT》生效的方式。当根据《维也纳条约法公约》第 24 条第 1 款阅读该语言时尤其如此。在这方面,仲裁庭注意到,当事双方同意没有进行这种通知的交换。此外,在这种情况下,归档的文件表明这也是捷克共和国的立场。

《捷克—斯洛伐克 BIT》第 12 条第 2 句规定,该条约自两国分开之日起生效。申请人主张,该规定应优先于上述程序形式,要求交换通知,以表明已完成第 12 条第 1 句中的宪法要求,尤其是因为两国都知道两国分开将于 1993 年 1 月 1 日发生。另外,被申请人认为,该规定应解释为,一旦第一句设想的通知交换发生,该条约将自分开之日起生效,分开是另一条件。仲裁庭认为,与申请人的主张相比,被申请人的解释更符合有效性原则的要求。两国不同当局在各种情况下发表的大量声明以及双方就《捷克—斯洛伐克 BIT》的生效发表了相互矛盾的专家意见,由于它们没有定论,因此没有特别的帮助。因此,对其进行审查几乎无济于事。同样有用的是分析《捷克—斯洛伐克 BIT》是否可以被归类为“政府条约”(不需要得到议会或总统批准)或“总统条约”(需要得到这样的批准)的问题。之所以这样,是因为《捷克—斯洛伐克 BIT》第 12 条的措辞不适合这些条约中的一种或另一种。因此,仲裁庭认为,与双边投资协定生效有关的不确定性使该文书无法为确定当事各方对 ICSID 管辖权的同意提供可靠的依据。

被申请人认为,《捷克—斯洛伐克 BIT》在官方公报上的发布并未导致其生效,也未赋予该条约任何根据斯洛伐克法律的法律效力。即使基本法律文书(《捷克—斯洛伐克 BIT》)没有生效,申请人也认为该出版物构成了被申请人对 ICSID 管辖权的同意的充分依据。在这方面,应该指出的是,如果将通知书视为构成被申请人提出的进行国际仲裁的有效要约,则斯洛伐克外交部于 11 月 20 日在官方公报上发布了更正通知,声称无效的 1997 年 BIT 对被申请人不发生效力,因为申请人接受了在发布更正通知前提出的仲裁请求中的要约。现在必须确定在官方公报上发布的原始通知是否为被申请人受《捷克—斯洛伐克 BIT》第 8 条约束提供了充分的依据。即使将通知书定为被申请人的单方面声明,仍然需要确定该通知书是否是“国家打算根据其条款作出声明,使其受到其约束”的单方面声明的国际法原则。根据这些原则,国家“不应轻易推定对合同义务的承担……”,并且要求“采取非常一致的行为方式”。正如一位权威人士指出的那样,“国际法院采用的原则(即单方面声明可能具有一定的法律效力)并不是新颖的,因为该声明并非针对特定的法院。例如,在本案中,对具有法律约束力的意图及其意图构成的判断涉及对事实非常仔细的理解。”基于这一标准,仲裁庭认为被申请人意图通过该通知受条约约束的意图尚未确立,特别是该条约的生效应以交换通知为条件时,正如我们所看到的,交换通知没有发生。

仲裁庭还注意到,《捷克—斯洛伐克 BIT》第 8 条第 3 款规定,第 8 条第 2 款设想的两个争端解决措施,即 ICSID 或联合国贸易法委员会的规则,应首先解决争端。该规定的用语仅在假定争端的每一方均有权单独提起仲裁程序的前提下才有意义。出于上述所有原因,仲裁庭认为,当事方已在合并协议中同意了国际投资争端解决中心的管辖权,并且就所有相关目的而言,该协议的日期均为其同意的日期。由于各方可以分别提起仲裁程序,因此申请人有权选择 ICSID 管辖权。

(二)本案争议是否产生于合格投资

1. 申请人的主张

申请人的索赔基于以下指控,即被申请人拒绝赔偿斯洛伐克托收公司的损失,从而违反了合并协议规定的义务。孤立地看,这项工作不涉及申请人在斯洛伐克的任何支出或资源支出。因此,它本身并不构成一项投资。但是,申请人认为,向斯洛伐克托收公司提供的贷款符合投资定义,因此实际纠纷属于中心的管辖范围,并且属于该仲裁庭的权限。被申请人否认申请人的贷款是一项投资,认为该争端并非直接源于贷款协议。它认为,该争端仅与斯洛伐克据称有义务赔偿斯洛伐克托收公司的损失有关。

尽管此清单中未明确提及贷款,但“资产”和“应收款或索赔”一词涵盖的范围明确包括另一缔约方国民向斯洛伐克实体提供的贷款。因此,根据《捷克—斯洛伐克 BIT》第 1 条第 1 款,此类贷款不排除在投资概念之外。但是,这并不意味着任何贷款,特别是申请人向斯洛伐克托收公司提供的贷款均符合《ICSID 公约》第 25 条第 1 款或就此而言根据第 1 条的投资要求。《捷克—斯洛伐克 BIT》第 1 款中提到“一个缔约方的投资者在另一缔约方领土内投资或获得的资产”。

申请人认为,这笔贷款为斯洛伐克托收公司提供了结算转让应收款的购买价所需的资金,因此这些资金是申请人在斯洛伐克领土上收购的资产。对这笔交易的特殊情况的分析表明,尽管申请人对斯洛伐克托收公司的应收款具有一定的价值(如贷款协议和当事方商定的付款时间表所确定),但这些应收款没有与贷款相对应的价值。的确,斯洛伐克托收公司要支付给申请人的价格,即在贷款便利下从申请人收到的预付款的还款,其价值远高于从分配的不良应收款中收回的预期收益。在这种程度上,申请人的贷款不涉及斯洛伐克境内的任何支出或资源支出。

2. 被申请人的主张

被申请人强调了该争端的政治性质以及与前捷克和斯洛伐克联邦共和国解散的密切联系,但它对争端的法律性质没有质疑。申请人的索赔基于合并协议第 3 条。因此,仲裁庭必须分析其中规定的权利和义务,以及申请人是否因被申请人违反所声称的义务而有权要求赔偿。申请人并未寻求与两个共和国之间的资产和负债划分有关的决定,这是第 11 条明确将其排除在 BIT 范围之外的一个问题。一国是当事国的投资争端通常带有政治成分或涉及政府行为,只要它们涉及合法权利、义务或违约后果,就不会丧失其法律性质。考虑到这些因素,仲裁庭认为申请人的索赔具有合法性。被申请人反对 ICSID 的管辖权和该仲裁庭的权限的理由是本案中的争端与“投资”无关,而且,争端也不是“直接”产生于《ICSID 公约》第 25 条第 1 款所指的投资。但是,当事方达成的将其交易视为一项投资的协议,并不是《ICSID 公约》第 25 条第 1 款所述争端是否涉及一项投资的结论。该条款中阐明的投资概念在本质上是客观的,因为当事各方可以就接受中心管辖权的问题达成更精确或更严格的定义,但他们不能选择向中心提出不属于该中心管辖的争议。因此,必须使用双重检验来确定该仲裁庭是否有权考虑赔偿请求的优劣:争端是否源于《ICSID 公约》所指的投资,如果是,则该争端是否涉及各方同意 ICSID 仲裁的定义中涉及的投资,并提及《捷克—斯洛伐克 BIT》第 1 条中包含的相关定义。

被申请人认为,此类贷款不符合《ICSID 公约》第 25 条第 1 款和《捷克—斯洛伐克 BIT》第 1 条的规定。它进一步主张,本案中的贷款不是投资,因为它不涉及斯洛伐克境内资源的转移。关于第一点,仲裁庭认为,必须根据《ICSID 公约》第 25 条第 1 款给予投资概念的广泛含义,以反对一项交易不是投资的结论,其原因仅在于,在法律上,这是一笔贷款。只是在某些情况下,因为贷款可以为一国的经济发展做出重大贡献,事实就是如此。在这方面,申请人正确地指出,其他国际投资争端解决中心仲裁庭已确认其有能力处理基于贷款协议的债权案件。

被申请人认为申请人贷款不构成投资。它把投资定义为实质上是通过一方(投资者)在国外(东道国)领土上通过一方的资源支出来购置财产或资产,预计这将为双方带来利益,并根据所涉风险的不确定性在将来提供回报。被申请人辩称申请人贷款不符合上述定义的任何内容,但申请人认为其贷款符合其投资条件。在这方面,仲裁庭指出,申请人的贷款并未导致任何资金从申请人转移或转移到斯洛伐克境内的斯洛伐克托收公司。

3. 仲裁庭的裁定

仲裁庭同意费戴克斯案[1]中采用的解释。投资通常是一个相当复杂的操作,由各种相互关联的交易组成,其中每个要素单独存在,不一定在所有情况下都符合投资条件。因此,即使是基于一项投资的交易,即使该交易单独构成一项不符合《ICSID 公约》规定的投资资格,只要该特定交易构成了一项投资,则该中心提出的争议也应视为直接源于一项投资,有资格作为投资的整体运营的组成部分。

仲裁庭认为,合并协议的基本和最终目标是确保申请人在两个共和国的持续和扩大活动。申请人为斯洛伐克的经济发展做出了重大贡献;按照《ICSID 公约》的含义,它使申请人成为投资者,整个过程成为在斯洛伐克的投资。从申请人的业务包括响应斯洛伐克银行基础设施发展的需要,在斯洛伐克进行支出或安排资源的事实就可以清楚地看出这一点。

此外,仲裁庭得出结论,在本案中,BIT 也符合了《捷克—斯洛伐克 BIT》第 1 条第 1 款中阐明的要求。各方在接受合并协议第 7 条中对 BIT 的提及时,一定持相同观点。相反的结论将使对 BIT 的引用失去任何意义。此外,申请人在斯洛伐克境内的活动及其在该国确保健全的银行基础设施的承诺,得出以下结论:申请人符合在第 1 条所指的斯洛伐克境内"投资或取得的资产"的持有人的资格。《捷克—斯洛伐克 BIT》规定投资包括"动产和不动产以及任何其他产权负担,包括抵押,留置权,担保和类似权利"(第 1 条第 1 款 a 项)和"应收款项或与投资有关的任何表现"(第 1 条第 1 款 c 项)。因此,仲裁庭得出结论认为,申请人的索偿要求和提供给斯洛伐克托收公司的相关贷款便利与申请人在斯洛伐克的银行业务的发展密切相关,并且符合《ICSID 公约》和《捷克—斯洛伐克 BIT》所指的投资资格。

---

[1] 参见本书案例 5。

三、简要评析

在《ICSID 公约》建立的制度下,双方同意是行使《ICSID 公约》第 25 条第 1 款规定的管辖权必不可少的条件。《ICSID 公约》只要求了书面形式表示同意,否则各方可以自由选择表示同意的方式。尽管最常见的同意形式是记录在单个文书中的协议,但其他同意表示也同样有效,只要它们是书面形式即可。ICSID 的实践还表明,不仅可以通过相互接受双边投资条约来满足 ICSID 管辖权所需的书面同意交换,还可以通过其他形式的接受来满足。许多发展中国家的投资法都规定,对于特定投资引起的与投资者的争议,国家接受 ICSID 管辖权(或采用其他争议解决方案)。根据某些法律,只要外国投资者根据该法律提出投资申请,就认为该要约被接受,无论该申请是否包括对法律中包含的仲裁规定的提及。前述法律与本案的不同之处在于,斯洛伐克的同意不包含在国内立法(或对该国有效的国际条约)中,而是包含在外交部的通知中。

目前的普遍情况是,《ICSID 公约》没有定义"投资"一词,在起草谈判期间定义该投资的各种建议均告失败。世界银行执行董事会的报告反映了这一事实,该报告指出:鉴于各方同意的基本要求,以及缔约国可以在需要时提前告知缔约国的各种争议类别的机制,没有试图定义"投资"一词。该声明还指出,应广义地解释投资这一概念,因为《ICSID 公约》的起草者并未对其含义施加任何限制。在《ICSID 公约》序言的第一段中也支持对某一交易是否构成一项投资的问题进行自由解释,该段宣布"缔约国正在考虑为经济发展进行国际合作的必要性及其作用。"这种用语可以推断出,有助于开展旨在促进缔约国经济发展的合作的国际交易可以被视为一项投资,因为该术语在《ICSID 公约》中也可以这么理解。在这方面值得注意的是,希望限制 ICSID 管辖范围的缔约国可以通过发表《ICSID 公约》第 25 条第 4 款的声明来这样做。斯洛伐克尚未发表此类声明。因此,在任何情况下确定争端是否符合《ICSID 公约》规定的投资的重要因素是当事方给予的具体同意。当事方接受其协议所产生的权利和义务对所涉及的 ICSID 管辖权有很强的推定,即他们是否将其交易视为《ICSID 公约》所指的一项投资。

(编写者:武汉大学国际法研究所 2019 级硕士研究生　官国尉)

罗伯特·阿兹尼安、
肯尼斯·戴维田、艾伦·巴卡
诉
墨西哥合众国

仲裁案

案情概要

案名	罗伯特·阿兹尼安、肯尼斯·戴维田、艾伦·巴卡诉墨西哥合众国仲裁案	
案件裁判来源	http://www.italaw.com/cases/114	
案号	ICSID Case No. ARB(AF)/97/2	
当事人	申请人(均为美国公民): (1)罗伯特·阿兹尼安 (2)肯尼斯·戴维田 (3)艾伦·巴卡	
	被申请人:墨西哥合众国	
行业	生态保护和环境治理业	
仲裁机构和仲裁地	国际投资争端解决中心,加拿大多伦多	
仲裁依据	《北美自由贸易协定》	
适用的仲裁规则	《国际投资争端解决中心附加便利规则》	
仲裁庭组成	首席仲裁员:Jan Paulsson	
	仲裁员(申请人指定):Benjamin R. Civiletti	
	仲裁员(被申请人指定):Claus von Wobeser	
日期	仲裁程序开始日期:1997 年 3 月 17 日	
	最终裁决发布日期:1999 年 11 月 1 日	
仲裁请求	申请人请求墨西哥赔偿因终止特许合同而造成的损失	
核心争议点	墨西哥诺卡尔蓬市撤销特许合同的行为是否构成《北美自由贸易协定》第 1110 条第 1 款规定的征收行为;投资者的认定申请人是否享有提起仲裁的权利;被申请人是否违反最低待遇标准(包括拒绝司法)	
仲裁庭主要结论	仲裁庭认为取消特许权合同的行为并不违反《北美自由贸易协定》,该合同受墨西哥法律管辖,诺卡尔蓬市有权根据墨西哥本国法律认定该合同无效,该市的决定是妥当的,不构成征收	
裁决结果	支持东道国(一致裁定)	
后续进展	无	

Case Summary

Name of Case	Robert Azinian, Kenneth Davitian, Ellen Baca v. The United Mexican States	
Web Page	https://www.italaw.com/cases/114	
Case Number	ICSID Case No. ARB(AF)/97/2	
Parties	Claimants: (1) Robert Azinian (2) Kenneth Davitian (3) Ellen Baca	
	Respondent: The United Mexican States	
Industry	Ecological Protection and Environmental Governance	
Administering Institution & Seat of Arbitration	ICSID; Toronto, Canada	
Basis for Arbitration	NAFTA	
Rules Used in Arbitral Proceedings	ICSID Additional Facility Arbitration Rules	
Arbitrator(s)	Presiding Arbitrator: Jan Paulsson	
	Arbitrator (Claimants' appointee): Benjamin R. Civiletti	
	Arbitrator (Respondent's appointee): Claus von Wobeser	
Date	Date of Commencement of Proceeding: 17 March 1997	
	Date of Issue of Final Award: 1 November 1999	
Relief Request	The Claimants seek damages caused by Ayuntamiento's wrongful repudiation of the Concession Contract	
Key Issues	Whether the Ayuntamiento's decision that declare the invalidity of a Concession Contract constitutes an expropriation within the meaning of NAFTA Article 1110; Determination of the Claimants' standing as investor; Minimum Standard of Treatment (including denial of justice)	
Tribunal's Conclusions on Key Issues	The Tribunal found that the annulment of the Concession Contract did not amount to a violation of NAFTA. The Ayuntamiento of Naucalpan was entitled to declare the invalidity of a Concession Contract which by its terms was subject to Mexican law. The city's decision was appropriate and did not constitute an expropriation	
Award	In favour of State (Unanimous Verdict)	
Follow-up Progress	None	

一、案件事实

(一)投资事实

诺卡尔蓬市是墨西哥合众国(以下简称被申请人)重要的工业化城市。住宅和商业废物管理一直是市政当局的重要职能。为解决诺卡尔蓬市的废物处理问题,诺卡尔蓬市市长及市政府成员应罗伯特·阿兹尼安(以下简称阿兹尼安,本案被申请人之一)等人的邀请,于 1992 年到洛杉矶考察其开办的全球废物工业公司(Global Waste Industries Inc.)的业务,随后收到了阿兹尼安以全球废物工业公司董事长身份提出的解决城市固体废物问题的方案。诺卡尔蓬市政府欲与全球废物工业公司签订废物收集与处理特许合同,于是将该方案于 1993 年 7 月底提交给立法委员会审批。阿兹尼安、肯尼斯·戴维田(以下简称戴维田)、艾伦·巴卡(以下简称巴卡)(三人合称本案申请人)等人在诺卡尔蓬成立了德索纳(DESONA)公司,以执行该方案。1993 年 11 月 15 日,该方案获得了国家立法机关的批准,德索纳公司被授予 15 年的特许权。

(二)被诉行为

1993 年 12 月 13 日,德索纳公司开始为诺卡尔蓬市收集住宅废物,但没有按照特许经营合同规定的作业时间表提供五辆后载车辆,违反了合同约定。1994 年 1 月 1 日,新的行政当局接管了诺卡尔蓬市政府,之后与德索纳公司就特许合同的履行举行了若干次会议。2 月中旬,市政府就该特许合同寻求法律专家的意见,发现与特许合同的订立和履行有关的违规行为有 27 个。随后市政府向德索纳公司提交了一份清单,披露其发现的 27 个违规行为,并给予其回应的机会,但该清单忽略了特许合同中规定的应给予违约行为的 30 天补救期。3 月 21 日,市政府决定终止该特许合同的效力。德索纳公司不服,先后向行政法庭、行政法庭的上级法庭和联邦巡回法院提起诉讼。但三级法院都维持了市政府的决定,驳回了德索纳公司的诉讼请求。1997 年 3 月 17 日,阿兹尼安、戴维田、巴卡根据 NAFTA 第 11 章对被申请人提起了仲裁程序。申请人主张该市对特许合同的撤销违反了 NAFTA 第 1110 条(征收和补偿)和第 1105 条(最低待遇标准),请求裁决被申请人进行赔偿。

(三)程序时间轴

·1996 年 11 月 24 日,申请人根据 NAFTA 的规定向被申请人发送了《提交仲裁的意向通知》,之后又发送了两份经修正过的意向通知。

· 1997 年 3 月 17 日,申请人根据 NAFTA 第 11 章向 ICSID 提交仲裁申请,请求裁决被申请人赔偿撤销特许合同造成的损失。

· 1997 年 3 月 24 日,ICSID 代理秘书长通知各缔约方,申请人的仲裁申请得到受理,并发出了案件登记证明。经适当任命之后,仲裁庭正式组成。

· 1997 年 10 月 6 日,ICSID 收到了被申请人关于申请人的投资者地位、合格投资以及申请人所援引的仲裁条款的异议。被申请人请求在对案情进行实质审理之前,先解决有关仲裁请求的性质和申请人地位的问题。

· 1998 年 5 月 5 日,申请人提出,被申请人接触申请方的证人的行为违反了《ICSID 附加便利规则》的第 43 条,要求仲裁庭明确一方当事人不得独立接触另一方当事人的证人的规则。

· 1998 年 6 月 19 日,仲裁庭裁定,《ICSID 附加便利规则》不处理申请人提出的问题,仲裁庭没有限制任何一方与第三方证人接触的权利,只是对这种接触作出一些建议。

· 1998 年 10 月,ICSID 收到了被申请人的答辩状。

· 1998 年 11 月 24 日,仲裁庭指示双方准备进一步的书面辩护。

· 1999 年 6 月,听证会于华盛顿特区举行,听证会后双方提交了书面的质证意见。

· 1999 年 11 月 1 日,仲裁庭作出裁决。

(四)仲裁请求

1. 申请人的仲裁请求

申请人认为,诺卡尔蓬市对特许合同的错误撤销违反了 NAFTA 第 1110 条(征收和补偿)和第 1105 条(最低待遇标准),并因此寻求以下救济:

(1)确定德索纳公司作为一个持续经营企业的特许经营权在 1994 年 3 月 21 日,即被征收之日的价值。

(2)以裁决的特许权的价值为本金,自被征收之日起,按每年 10%的利率计算至裁决作出之日止的利息。

(3)诉讼费用,包括但不限于律师费、专家费、会计费、行政事业费等。

(4)以裁决的总赔偿额为本金,自裁决作出之日起,按每年 10%的利率计算至实际支付之日止的利息。

2. 被申请人的反对意见

在其答辩书中,被申请人请求仲裁庭驳回申请人的仲裁请求,并且费用由申请人承担。在其答辩书中,被申请人的反对意见为:

(1)申请人的仲裁请求是基于不实陈述,是对仲裁程序的滥用。

(2)根据 NAFTA 中的相关定义,不存在合格投资。申请人没有证明他们做出了任何投资,特许经营本身并不是一项投资。

(3)申请人不属于投资者,不享有出庭权。

(4)撤销一个通过欺诈获得的且当事人无履行能力的特许合同不构成征收。

(5)被申请人没有违反 NAFTA 第 1105 条关于最低待遇标准的规定。

(五)仲裁庭结论

驳回申请人的所有仲裁请求,双方各自承担因办理案件而支出的费用,支付给仲裁庭的仲裁费用由双方均摊。

二、主要法律争议

(一)申请人是否享有提起仲裁的权利

被申请人于 1997 年 10 月 6 日对申请人根据 NAFTA 所享有的提出仲裁请求的权利提出疑问。尽管据称戴维田是德索纳公司的股东,但有证据表明 1993 年 8 月德索纳公司的财务报告中没有将戴维田列为股东,即使他确实对德索纳公司享有利益,也在离婚合同中转让给了其前妻巴卡女士。被申请人对戴维田在关键时刻是否有股东身份表示怀疑。如果如财务报告所显示的那样,戴维田不是德索纳公司的股东,那他就没有可转让给巴卡女士的权利,因此巴卡女士也缺乏提出仲裁请求的资格。此外,阿兹尼安在德索纳公司的股份是由非 NAFTA 缔约方国民戈登斯坦所持有,NAFTA 各缔约方仅将根据第 11 章提出仲裁的权利授予各缔约方的国民,允许阿兹尼安通过受让戈登斯坦在德索纳公司的股份来代替戈登斯坦主张权利,有违 NAFTA 第 11 章的目的。

对此,仲裁庭于 1998 年 1 月 22 日作出初步裁决,将这一问题与实体案情合并审理,在本案中,虽然申请人中戴维田和巴卡作为投资者的地位是值得质疑的,但起码阿兹尼安作为 NAFTA 缔约方美国的国民、德索纳公司的股东从而享有提出仲裁的权利是毋庸置疑的,因此,不能阻碍对实体案情的审理。

(二)被申请人撤销特许合同的行为是否属于征收

1. 申请人的主张

申请人认为被申请人在没有正当理由的情况下拒绝履行特许合同,其撤销特许合同的行为不仅构成违约,还直接剥夺了德索纳公司的合同权利,从而间接“征收”了该公司本身,违反了 NAFTA 第 1110 条第 1 款。具体理由如下:

首先,被申请人缺乏否定该特许合同的有力依据。申请人对清单中列出的 27 个违规行为进行了一一反驳,即便存在违约行为,根据特许合同第 31 段的规定,该市如果发现德索纳公司的履行存在违约之处,应书面通知并给予 30 天的补救期。然而市政府并没有给予这一补救期。申请人坚称其有能力弥补缺陷并继续履行其义务。市政府对补救期的违反使得其不能以申请人的违约行为为由撤销特许合同。此外,市政府在立法委员会批准特许合同之前就了解了相关事实,不存在虚假陈述。申请人认为被申请人终止合同并非出于对合同履行情况的担忧,其动机有二:一是抹黑前政府,二是希望将特许权转让给一家在垃圾处理行业毫无经验的墨西哥公司特立巴萨(Tribasa)。

其次,申请人认为墨西哥法院的裁决没有说服力。理由有三:(1)服从墨西哥法院的裁决将阻碍未来投资者像 NAFTA 第 1121 条明确允许的那样,在东道国国内法院寻求宣告性或禁令性救济;(2)墨西哥法院的事实结论是基于不完全的证据;(3)墨西哥法院的结论只是基于一种法律理论,法庭不应给予重视。申请人还援引了 Amco 诉印度尼西亚案的裁决中的论述,即“国际法庭不必须遵循一国法院的裁决结果,设立国际仲裁程序的原因之一恰恰是,当事人往往会对与双方当事人不完全相关的法律机构更有信心”,以此表明仲裁庭不受东道国法院裁决的约束。

2. 被申请人的主张

被申请人认为,对特许合同的否定有两个独立的理由:合同无效和解除。首先,投资者在说明自己的经验和资质足够履行涉案合同时存在虚假陈述,诱导市政当局作出了错误的意思表示,合同因欺诈可撤销,经撤销后成为无效合同。这些投资者自称是全球垃圾处理领域的主导者,在这个行业有大约 40 年的经验。实际上,全球废物工业公司于 1991 年 3 月在洛杉矶成立,仅在 14 个月后就破产了。唯一可以说在该行业有经验的索赔人是戴维田先生,由于他在 1993 年刚好 40 岁,声称他有 40 年的经历也是荒谬的。阿兹尼安有很长一段失败的商业诉讼记录,并在 1991 年被宣布个人破产。

他的家人曾在洛杉矶地区从事废物处理业务。这些背景都没有向诺卡尔蓬市当局披露,该市错误地认为这些投资者经验丰富,拥有足够的资金和技术资源来胜任这一项目。其次,德索纳公司没有履行特许合同的主要义务,构成根本违约,可以解除合同。申请人设计了一个宏大的项目,包括废物回收、利用垃圾填埋场地产生的沼气建造大型发电厂等。但申请人本身并没有履行合同的资金和技术,希望在签订特许合同后利用优惠吸引具有强大的投资能力和专业知识的第三方的参与,从而利用其有限的资源和手段获利。然而其最大的合作伙伴 Sunlaw 能源公司在特许合同签署前不久退出了这个项目,除了诺卡尔蓬市的预期税收收入外,申请人没有其他资金来源,无法履行合同的主要义务。

在国际法中,一国以特许经营者存在重大虚假陈述且未能充分履行特许经营合同为由决定终止特许经营合同,这并不构成征收。

3. 仲裁庭的裁定

“征收”“损害合同权利”“否定合同”等作为不寻常的违反合同的行为确实可能成为征收的手段,但它们不能清楚表明征收与正常的违约之间的界限。主权国家对于合同条款的违反并不能等同于对 NAFTA 第 11 章或是国际法的违反。因此首先要审查的,便是该特许合同被认定无效的决定是否妥当,能否被认为违反了 NAFTA 的第 1110 条。

仲裁庭认为,德索纳公司是否构成实质违约,以及没有得到 30 天补救期这两个问题使得市政府是否有权就德索纳公司的瑕疵履行解除合同这一判断变得复杂。合理的出发点是考察合同是否因欺诈而自始无效,如果这一主张成立,也就无须考虑合同履行的问题。仲裁庭指出,该合同受墨西哥法律管辖,诺卡尔蓬市政府有权根据墨西哥本国法律认定该合同无效。而这一决定,也在德索纳公司提起的诉讼程序中,分别经墨西哥三级法院的审查并被确认是正确的。诺卡尔蓬市和墨西哥三级法院都是依据墨西哥法律作出的决定,申请人没有主张墨西哥关于取消特许权的法律标准违背了 NAFTA 第 11 章的义务,也不认为这种法律规定本身构成征收,在这样的情况下,不能认为墨西哥政府的行为违反了 NAFTA。

（三）墨西哥法院的裁决是否违反了最低待遇标准（包括不得拒绝司法义务）

1. 申请人的主张

申请人的另一仲裁请求根据是 NAFTA 第 1105 条第 1 款关于最低待遇标准的规

定。申请人援引《美国对外关系法重述(第三次)》第712条第1款,该款规定,“根据国际法,一国对由该国拒绝或违反与另一国国民的合同造成的损失负有责任:(1)该拒绝履行或违约为歧视性,或出于非商业性考虑,且未支付补偿性损害赔偿;(2)或外国公民未获得充分的机会来确定其拒绝履行或违约的主张,或未因确定已发生的拒绝履行或违约行为而得到补偿。”据此,申请人认为被申请人的违约行为违反了国际法,因为是“出于非商业考虑,且没有支付补偿性损害赔偿”。被申请人在没有正当程序和充分补偿的情况下征收特许投资,违反了NAFTA第11章规定的义务,进而未能按照国际法提供最低限度的待遇、公平公正的待遇以及充分的保护和安全。

2. 被申请人的主张

被申请人认为这一待遇标准可分为两个明确组成部分,即公平公正待遇和充分保护与安全,以及一个剩余组成部分,即国际法规定的其他待遇标准。申请人没有被剥夺公平与公正待遇,被申请人的所有行动都是善意和合理的,没有滥用、武断或歧视。被申请人通过引用亚洲农产品有限公司诉斯里兰卡民主社会主义共和国案[1]指出,根据国际法原则,提供“充分保护和安全”义务并不使国家对外国财产遭受的损害负绝对责任,在本案中没有任何事实证明答辩人没有给予德索纳公司充分的保护和安全。申请人也没有提出任何明确主张,表示德索纳没有得到国际法规定的其他待遇标准。因此,被申请人没有违反NAFTA规定的给予最低待遇标准的义务。

3. 仲裁庭的裁定

仲裁庭认为,申请人对《美国对外关系法重述(第三次)》第712条的援引只是对NAFTA第1110条关于征收的规定的另一种表述,并没有独立地提起违反第1105条之诉。因此,在本案的情况下,如果东道国没有违反第1101条的征收条款,就不违反第1105条。

即使申请人说服仲裁庭,市政府对特许合同无效的看法是错误的,这也无法得出被申请人违反NAFTA的结论。一国不能因其被法院确认有效的行事而被归咎,那么现在剩下能让被申请方赔偿的依据便是墨西哥法院本身的裁决不符合国际法,从而违背了NAFTA第11章的义务。仲裁庭接着论述了一国的司法机关的行为可以产生国家责任。之前的一些仲裁裁决中否认了可以将国家责任的一般原则适用于司法机关的作为或不作为,因为司法独立的原则使得司法机关的行为独立于政府行为,政府无

---

[1] 参见本书案例1。

权干涉司法的具体过程和结果。仲裁庭否定了这种观点，司法机关虽然在职能上与政府相独立，但在国际关系实践中不独立于国家。仲裁庭还归纳了三种可能产生国家责任的司法机关的决定：(1)明显不符合国际法规则的决定；(2)构成拒绝司法的决定；(3)在某些特殊和明确的情况下，违反国内法的司法决定。必须证明法院的裁决本身就构成了对条约义务的违反，即申请人需要证明法院的裁决构成了拒绝司法或以虚假的合法形式来获得不法结果。

本案中原告没有对墨西哥法院的行为提出控告，不主张这种行为构成拒绝司法，而只是对市政府的行为提出控告。为了不造成申请人的败诉是因为提出的指控不当的印象，仲裁庭对墨西哥法院的行为是否构成拒绝司法进行了分析。它指出，如果相关法院出现了拒绝受理案件、案件审理不合理的延迟、对审判权的行使极不充分、明显的不正当的法律适用这四种情形之一就构成拒绝司法。但在本案中，没有证据表明墨西哥的司法程序中存在前三种程序性的拒绝司法的情形。只需对墨西哥法院的裁决是否构成"明显不正当的法律适用"进行讨论。在本案中，不但没有关于这种行为的指控，仲裁庭也认定现有证据足以消除任何对墨西哥法院善意裁决的怀疑：不论是在庭审过程中调查出的关于申请人虚假陈述的事实，还是墨西哥法院根据 27 处被控违约行为中有 12 处得到了确认从而裁决撤销合同的事实，都能证明墨西哥法院善意行使了审判权。申请人坚决反对市政府和墨西哥法院作出的推论，但他们没有否认有证据证明，市政府确实在德索纳公司履行特许合同的能力方面被误导了。申请人希望形成一个财团，设想了一个依赖于第三方的参与的项目，一旦立法机构批准了该方案，他们不希望透露其合作伙伴已经退出的消息，以免危及他们已取得的特许权。墨西哥的司法裁决不可能被认为是专横的，更说不上是恶意的。仲裁庭最终认为，墨西哥法院废止合同的理由充分，法律适用无误，不构成实体性的拒绝司法。

三、简要评析

该案系依据 NAFTA 第 1105 条第 1 款进行裁决的第一案。该款对于最低待遇标准的规定内容笼统，含义模糊，在适用时有许多问题亟须解释，例如"符合国际法的待遇"中的国际法是否广泛包括《国际法院规约》第 38 条意义上的所有国际法渊源抑或仅包括习惯国际法，"公平与公正待遇"与"充分的保护和安全"具有独立的内容，抑或仅是对“国际法”的列举,1927 年尼尔案[1]首次提出并具体阐述的标准仍是判断公平与公正待遇的标准抑或是有所演变,这些问题都还不明确。申请人在依据该款提出仲裁请求时援引了《美国对外关系法重述(第三次)》的规定,指控诺卡尔蓬市政府的行为是“出于非商业考虑没有支付补偿性损害赔偿”,并没有将该款作为一个独立的根据,而是将违反征收条款作为违反该款的前提。尽管最低待遇标准条款具有模糊宽泛的性质,但可以确定的是,旨在对遭受东道国司法上不公正待遇的域外国民给予保护的禁止拒绝司法,是各国普遍认可的公平与公正待遇的部分内涵。因此,仲裁庭仅就是否存在拒绝司法进行认定。国际法学界对拒绝司法并无一个权威的、统一的定义,自 20 世纪初期以来,有关拒绝司法的外延之争就从未平息。仲裁庭归纳了四种构成拒绝司法的情形,并强调其并不是作为上诉法院来适用这一规则的,通过违反 NAFTA 的形式使得主权国家有可能因国内的司法裁决而承担国际责任,并不意味着投资者有权针对东道国国内的司法裁决恣意启动国际层面的审查。虽然存在刻意回避对 NAFTA 第 1105 条第 1 款的解释之嫌,但其对拒绝司法外延的概括是较为准确和精辟的,得到后续仲裁庭反复的确认和援引,如蒙德夫国际有限公司诉美利坚合众国案(以下简称蒙德夫案)[2]、洛文集团股份有限公司与雷蒙德洛文诉美利坚合众国案(以下简称洛文案)[3]及 *Iberdrola v. Guatemala*(Ⅰ)案(ICSID Case No. ARB/09/5)等,具有重大指导意义。

(编写者:武汉大学国际法研究所 2019 级硕士研究生　曾　阳)

---

[1] *Neer v. Government of Mexico* case.

[2] 参见本书案例 22。

[3] 参见本书案例 17。

文纳酒店有限责任公司
诉
阿拉伯埃及共和国

仲裁案

案情概要

案名	文纳酒店有限责任公司诉阿拉伯埃及共和国仲裁案
案件裁判来源	https://www.italaw.com/cases/1162
案号	ICSID Case No. ARB/98/4
当事人	申请人:文纳酒店有限责任公司(英国)
	被申请人:阿拉伯埃及共和国
行业	住宿业
仲裁机构和仲裁地	国际投资争端解决中心,美国华盛顿特区
仲裁依据	《阿拉伯埃及共和国—大不列颠及北爱尔兰联合王国双边投资条约》(1975年)(以下简称《埃及—英国BIT》)
适用的仲裁规则	国际投资争端解决中心仲裁规则
仲裁庭组成	首席仲裁员:Monroe Leigh
	仲裁员(申请人指定):Ibrahim Fadlallah
	仲裁员(被申请人指定):Hamzeh Ahmad Haddad
日期	仲裁程序开始日期:1998年7月10日
	最终裁决发布日期:2000年12月8日
仲裁请求	申请人请求被申请人提供“及时,充分和有效的赔偿”
核心争议点	(1)被申请人的实体责任:公平公正待遇、全面保护与安全条款,没有给予及时、适当和有效的赔偿 (2)仲裁法律适用问题 (3)索赔是否有时间限制
仲裁庭主要结论	仲裁庭拒绝认可被申请人对条款的解释,并同意申请人的意见,对《埃及—英国BIT》第8条第1款第2句进行扩大解释,认可在东道国注册成立的公司由非东道国国民控制的情况下的管辖权
裁决结果	支持投资者(一致裁定)
后续进展	2002年2月5日,临时委员会完全驳回了要求撤销仲裁裁决的申请

Case Summary

Name of Case	Wena Hotels Limited v. Arab Republic of Egypt
Web Page	https://www.italaw.com/cases/1162
Case Number	ICSID Case No. ARB/98/4
Parties	Claimant: Wena Hotels Limited(British)
	Respondent: Arab Republic of Egypt
Industry	Accommodation Services
Administering Institution & Seat of Arbitration	ICSID; Washington, D. C., USA
Basis for Arbitration	The Arab Republic of Egypt-United Kingdom of Great Britain and Northern Ireland BIT(1975)
Rules Used in Arbitral Proceedings	ICSID Arbitration Rules
Arbitrator(s)	Presiding Arbitrator: Monroe Leigh
	Arbitrator(Claimant's appointee): Ibrahim Fadlallah
	Arbitrator(Respondent's appointee): Hamzeh Ahmad Haddad
Date	Date of Commencement of Proceeding: 10 July 1998
	Date of Issue of Final Award: 9 December 2000
Relief Request	The Claimant seeks "prompt, adequate and effective compensation" from Egypt
Key Issues	(1) The Issue of Egypt's Substantive Liability: "Fair and Equitable Treatment", "Full Protection and Security" and expropriation without "Prompt, Adequate and Effective" compensation (2) Whether claims are time barred (3) Law applicable to this arbitration
Tribunal's Conclusions on Key Issues	The Tribunal declined to endorse Egypt's interpretation of Articles and agreed with Wena's interpretation (and that most of commentators) that the second sentence Article 8(1) of the Egypt-UK BIT applies to the Claimant, with the purpose of the sentences to expand jurisdiction in cases where a company incorporated in the host States is controlled by nationals of the non-host State
Award	In favour of Investor(Unanimous Verdict)
Follow-up Progress	On 5 February 2002, the ad hoc Committee rejected in its entirety the Application for annulment of the Arbitral Award

一、案件事实

(一)投资事实

1989年8月8日,文纳酒店有限责任公司(以下简称申请人)和隶属于阿拉伯埃及共和国(以下简称被申请人)公共旅游业总局和埃及公共部门的埃及酒店公司(以下简称EHC)签订了为期21年6个月的租赁与发展协议,协议约定由申请人租借并经营卢克索酒店。根据该协议,申请人将在租赁的原始或延长期限内专门为其账户运营和管理卢克索酒店,以提高酒店的运营效率和标准,并根据埃及旅游部的要求将四星级酒店升级为五星级酒店。申请人同意对酒店进行升级扩建,包括至少增加40间客房、咖啡店、快餐店、儿童游泳池、娱乐中心和其他改进措施。

1990年1月28日,申请人和EHC达成了一项类似的25年期合同,合同标的为埃及开罗的尼罗河酒店。在1989年10月1日,申请人还与EHC公司和埃及旅游部签订了一项培训合同,合同内容为:"在英国对埃及籍员工进行有关酒店管理方面的培训……"

在双方达成协议之后的不久,EHC和申请人双方就其应承担的责任发生了纠纷。申请人声称其发现两家酒店的条件远低于租约中规定的条件,并在租约允许的情况下扣留了部分租金。相反,埃及方声称:"由于文纳酒店未能向EHC支付租金:EHC进而清算了申请人提交的履约保证金。"

据埃及方称,申请人随后在埃及针对EHC提起仲裁程序。仲裁庭没有看到仲裁结果的副本,但是,到仲裁审理时为止,文纳酒店尚未对埃及的裁决摘要提出异议,该裁决要求文纳酒店支付租金,但否认"EHC要求撤销卢克索酒店的租赁"。

1991年4月1日,大批人群袭击了卢克索酒店和尼罗河酒店,工作人员和客人被强行逐出。双方一致同意EHC参加了这次袭击并在之后取得了对酒店的控制。正如被申请人指出的那样,"埃及当局已经承认,EHC收回卢克索酒店和尼罗河酒店,EHC于1991年4月1日将申请人从酒店中逐出是错误的"。

1992年1月,埃及首席检察官认为对尼罗河酒店的袭击是非法的,在1992年2月25日,申请人恢复了对该酒店的控制。类似地,在1992年4月28日,埃及首席检察官认为,对卢克索酒店的袭击为非法,此后不久,申请人也恢复了对该酒店的控制。

1993 年 11 月 24 日,EHC 要求给卢克索酒店任命接管人,因为据称申请人未能及时支付租金。而在此后不久,1993 年 12 月 2 日,申请人在埃及对 EHC 公司提起仲裁,要求赔偿袭击尼罗河酒店导致的损害。同时,申请人也就卢克索酒店发生的袭击提出相应的仲裁。

1994 年 4 月 10 日,申请人就尼罗河酒店受到袭击一事获赔 150 万埃及镑。然而裁决要求申请人将其对尼罗河酒店的控制权转让给 EHC 公司。1995 年 6 月 21 日,申请人被逐出尼罗河酒店管理层。

卢克索酒店案的仲裁庭也支持申请人,并在 1994 年 9 月 29 日的裁决中判给该公司因入侵造成的损失近 1800 万埃及镑。但是,此裁决随后于 1995 年 12 月 20 日被开罗上诉法院撤销。1997 年 8 月 14 日,申请人从卢克索酒店被逐出,据埃及方面称,该酒店被移交给 EHC 要求法院指定的接管人。

除了有关这两家酒店的纠纷外,申请人还声称存在"持续骚扰文纳酒店的活动",其中包括以下指控:1991 年,埃及旅游部部长发表了关于申请人的诽谤性言论,媒体进行了转载;1992 年,被申请人无故撤销了尼罗河酒店的营业执照;1995 年,被申请人对申请人施加了巨额但不实的税收要求;1996 年,被申请人撤销了卢克索酒店的警察簿册,实际上使其无法正常接待客人;最后,1997 年,被申请人以莫须有的罪名对申请人的常务董事判处 3 年徒刑和 20 万埃及镑保释金。

(二)被诉行为

在 1989 年和 1990 年,申请人与 EHC 签订了两项长期协议,协议涉及申请人租赁和开发两家酒店,分别是位于开罗的尼罗河酒店(为期 21.5 年),和位于卢克索的卢克索酒店(为期 25 年)。协议规定,EHC 不得干预两家酒店的管理和经营,也不得干扰申请人的租赁行为。1989 年,在签订协议之后不久,EHC 和申请人之间就各自的义务发生了争执。据称,申请人发现两家酒店条件低于协议规定的条件,并扣留了部分租金。EHC 则声称申请人没有如约支付租金。1991 年 4 月 1 日,协议在争端中陷入僵局,EHC 强行占领了这两家酒店。

在归还酒店之后,申请人要求埃及方赔偿。在其提起的两次仲裁中,申请人在 1994 年被没收尼罗河酒店所导致损失的赔偿金为 150 万埃及镑(埃及于 1997 年支付),而因卢克索酒店被没收而获得的赔偿金为 906 万埃及镑。后者的仲裁裁决随后被开罗上诉法院撤销,该裁决中要求申请人将其对酒店的控制权移交给 EHC。申请人于1995年被逐出尼罗河酒店,1997年被逐出卢克索酒店。

(三)程序时间轴

· 1998年7月10日,申请人向ICSID秘书长提出了仲裁请求。该请求是针对被申请人埃及提出的,并声称由于埃及当地的征收行为以及未能保护投资者的投资,申请人遭受到巨额的损失,其商业经营活动几乎崩溃。

· 1998年7月31日,ICSID的代理秘书登记了申请人的仲裁请求,并且邀请当事各方组成仲裁庭。

· 1998年12月18日,仲裁庭成立,并于1999年2月11日在海牙常设仲裁法院举行了第一次听证会。在该会议上,被申请人反驳了申请人提出的仲裁请求,并且就仲裁庭审理该争议的管辖权问题提出了异议。

· 1999年3月4日,被申请人提交关于管辖权异议的诉状。

· 1999年3月25日,申请人提交对被申请人对管辖权异议的回应。

· 1999年4月8日,被申请人提交对管辖权问题的答复。

· 1999年4月22日,申请人提交关于管辖权的再申请。

· 1999年5月25日,在世界银行巴黎办事处举行的第二次听证会上,仲裁庭听取了关于被申请人反对管辖权的口头辩论。

· 1999年7月26日,申请人提交实体问题的备忘录。

· 1999年8月27日,被申请人就实体问题作出回应。

· 1999年9月10日,申请人对实体问题作出答复。

· 1999年9月24日,被申请人对实体问题进行答辩。

(四)仲裁请求

1. 申请人的仲裁请求

(1)裁定被申请人违反了对申请人的义务,在未提供及时、充分和有效补偿的情况下没收了申请人的投资,且未能给予申请人在埃及的投资以公平公正待遇以及充分的保护和安全;

(2)裁令被申请人向申请人就其所遭受的损失支付赔偿金,赔偿金额将在诉讼期间准确量化,但无论如何不得低于62,820,000美元;和

(3)裁令被申请人支付申请人因本次仲裁而产生的费用,包括ICSID确定的仲裁员费用和行政费用、仲裁员费用、任何专家的费用和开支以及双方产生的法律费用

(包括律师费用)。

2. 被申请人的反对意见

被申请人对仲裁庭的管辖权提出异议:

(1)由于所有权的问题,被申请人没有同意与作为埃及公民的埃及公司进行仲裁。

(2)申请人并未在埃及进行任何投资。

(3)申请人和被申请人之间不存在实际的法律纠纷。

(4)申请人在仲裁请求书中对仲裁的同意不充分,其请求为时过早。

(五)仲裁庭结论

被申请人未给予申请人在埃及的投资"公平公正待遇"和"充分保护与安全待遇",从而违反了《埃及—英国 BIT》第 2 条第 2 款的义务。

二、主要法律争议

本案的主要法律争议是东道国是否未给予投资人公平公正待遇。仲裁庭在投资者的两项实质性主张中都发现了相应的法律依据,并且按照双边投资条约的要求,裁定给申请人"及时、充分和有效的赔偿",相当于"紧接被征收前投资的市场价值"。仲裁庭以申请人的实际投资为依据,驳回了申请人关于利润损失和机会丧失的索赔,并且认为该索赔对于申请人的实际投资而言过于投机,难以实际估值。仲裁庭没有因为以下事实而停止对投资损失的认定:大部分投资来自申请人的子公司而非直接来自申请人,同时,申请人并未提供明确的费用证明,原因是有一部分申请人的财务文件在酒店事故中已经丢失。

1. 申请人的主张

1998 年,申请人根据《埃及—英国 BIT》的规定对被申请人发起了 ICSID 仲裁程序,声称被申请人的行为构成了非法征收,没有进行"及时,充分和有效的赔偿",同时,被申请人没有给予申请人的投资"公平和公正的待遇",违反了《埃及—英国 BIT》第 2 条第 2 款的规定。申请人声称,由于埃及的征收行为以及未给投资者的投资提供充分保护,导致申请人的酒店商业经营活动几乎瘫痪,遭受巨额损失。根据双边投资条约的规定,文纳要求赔偿不少于 62,820,000 美元。申请人在其备忘录中声称:"埃及征收文纳酒店在埃及的投资行为没有进行相应的赔偿,违反了《埃及—英国 BIT》第

5条、埃及法律和国际法。”同时，被申请人认为申请人未能保护其投资的安全。根据《埃及—英国BIT》第2条第2款的规定，就公平公正待遇和充分保护与安全问题，申请人声称，有足够的证据表明被申请人意识到了EHC的意图，被申请人并没有采取任何行动来阻止袭击的发生或立即恢复申请人对酒店的控制。

申请人总共要求赔偿损失的利润2040万英镑，机会成本2280万英镑，恢复原状金额250万英镑，共计4570万英镑。此外，申请人要求该赔偿金额应附加利息，还要求赔偿1,215,541美元律师费以及专家和证人在进行索赔时所发生的费用。

本案中，申请人要求获得以下救济：

(1)被申请人在没有提供及时、充分和有效补偿的情况下没收了申请人的投资，并且没有给予申请人在被申请人的投资公平、公正的待遇，以及充分的保护和安全，从而违反了对申请人的义务；

(2)要求被申请人赔偿申请人由于被申请人以上行为造成的损失，赔偿金额在此诉讼过程中以定量的方式计算，无论如何不得少于62,820,000美元；

(3)命令被申请人支付申请人在本次仲裁中发生的费用，包括ICSID确定的仲裁员费用和行政费用，所有专家的费用和开支以及当事方的法律费用(包含律师费)。

2. 被申请人的主张

被申请人对仲裁庭的管辖权提出异议，被申请人在其备忘录中对仲裁庭提出四项有关管辖权的反对意见。第一，被申请人声称由于所有权的问题，并不同意申请人与作为埃及公民的埃及公司进行仲裁。第二，被申请人辩称申请人并未在埃及进行任何投资行为。第三，申请人和被申请人之间不存在实际的法律纠纷。第四，申请人在仲裁请求中对要求仲裁的同意不够充分，开始仲裁的时机不成熟。前三项异议反映出被申请人根据被申请人和英国双边投资条约(《埃及—英国BIT》)第8条第1款以及《ICSID公约》第25条提出的实体性问题。第四项反对意见则是在程序问题方面的质疑。

根据《埃及—英国BIT》第2条第2款的规定：“缔约任何一方的国民或者公司的投资在任何情况下都应该给予公平和公正的待遇，并应在缔约另一方的领土上享有充分的保护和安全。缔约一方应确保不因不合理或歧视性措施而以任何方式损害对缔约另一方国民或公司在其领土内的投资的管理，维护，使用，享有或处置。缔约一方应遵守其对缔约另一方国民或公司的投资可能承担的任何义务。”

被申请人反对申请人的主张,声称其既没有违反《埃及—英国 BIT》关于无偿征用的禁令,也没有违反国际法规定的保护和确保申请人的投资安全的任何义务。此外,埃及认为根据埃及《民法典》第 172 条第 1 款,申请人关于没收酒店和故意破坏的行为的主张受到了时间限制。被申请人在其备忘录中辩称,根据该条规定,因非法行为而要求损害赔偿的案件,应从受害人知悉损害发生的日期和加害者之日起 3 年内,该案件应在违法行为发生之日起 15 年内提出申请。埃及还指出,如果仲裁庭拒绝适用以上法律,仲裁庭依旧保留酌情权,可决定是否在申请人向 ICSID 提交申请之后存在不合理的拖延。最后,被申请人辩称,如果不适用埃及法律,则应考虑到《埃及—英国 BIT》缔约双方都共有的规定原则,即在这种情况下,根据英国诉讼时效条例的规定,违约或侵权行为的诉讼时效为 6 年。

另外,被申请人认为申请人就此次仲裁标的租约裁决试图不正当地影响 EHC 主席卡马尔先生。因此,由于涉嫌腐败,"申请人现在无法适当地出现在根据《埃及—英国 BIT》组成的国际仲裁庭上,并声称要求赔偿其所蒙受的损失。"

被申请人认为,《ICSID 公约》第 42 条第 1 款规定,仲裁庭必须适用第 172 条第 1 款的 3 年时效规约。正如申请人所指出的那样,*Amco Asia v. Indonesia* 一案中的裁决建议,仲裁庭应适用国际法规则的一种情况是"在适用的国内法规则与此类规范相抵触的情况下,确保国际法规范的优先权",在这里,严格适用第 172 条第 1 款规定的 3 年期限,即使适用,也会与自 Gentini 案以来公认的普遍的,行之有效的国际原则相抵触:"市政时效法令不约束权利要求"。

3. 仲裁庭的裁定

从条约文本出发,《ICSID 公约》第 25 条第 2 款 b 项明确了就管辖权而言:"另一缔约国的国民"是指:(b)在当事各方同意将该争端提交调解或仲裁之日,具有该争端缔约国以外的缔约国国籍的任何法人,以及具有该缔约国国籍的任何法人争端的当日,并且由于外国的控制,当事各方已同意,就本公约而言,应视为另一缔约国的国民。

在解释《埃及—英国 BIT》第 8 条第 1 款时,面对两种合理的解释方式,缺乏直接证明英国和埃及在订立的协定中起草该条款的意图。仲裁庭十分重视该条款目的的间接证据。因此,仲裁庭同意申请人的观点,即该条款仅仅涉及"由外国公民拥有的当地公司在埃及或英国进行投资",而不涉及其他情况。仲裁庭并不考虑(1)申请人的大部分股份由谁所持有;(2)持有该股份的外国公民是否具有埃及国籍。

综上所述，仲裁庭得出结论认为，首先，被申请人没有给予申请人在埃及的投资“公平公正待遇”和“充分保护与安全待遇”，从而违反了《埃及—英国 BIT》第 2 条第 2 款的义务。即使埃及政府未授权或参与袭击，但它未能阻止缉获罪犯和财物并随后未能保护申请人的投资也产生了责任。仲裁庭还认为，被申请人的行为构成了征收行为，即将酒店的控制权从申请人转移到 EHC，而没有“及时，充分和有效的赔偿”，违反了《埃及—英国 BIT》第 5 条规定的义务。其次，仲裁庭同意申请人的观点（以及双方当事人引用的广泛评论），即《埃及—英国 BIT》第 8 条第 1 款第 2 句的目的是考虑具体情况，本地公司（在东道国注册成立的公司）由非东道国国民控制，因此在 ICSID 仲裁中被视为外国公民。再次，申请人声称其与被申请人发生了争端（假设它可以根据事实提出诉讼），其有权获得赔偿。尽管被申请人对申请人的指控提出了合理的答辩，但是 EHC 实际上依然应当对申请人的指控承担相应的责任。该辩护是针对实体问题所提出的，只有在作充分通报和解释的情况下，仲裁庭才应考虑被申请人的答辩。最后，仲裁庭达成一致意见，驳回了被申请人的管辖权异议，驳回了申请人在其对被申请人对管辖权异议的回应中提出的要求，要求其承担被申请人的异议所产生的费用。

三、简要评析

在本案中，ICSID 仲裁庭面临的一个基本问题就是，投资条约的缔约国是否与另一缔约国的国民之间存在争议？需要注意的是，《ICSID 公约》并不旨在为国家和其本国国民之间的争议提供争议解决的途径。然而，根据《ICSID 公约》第 25 条第 2 款 b 项规定，当事方可能已经同意将在东道国注册成立的公司视作另一缔约国的国民。该条规定的目的是考虑到外国投资通常是通过本地的注册实体进行。实际上，许多国家都要求投资须通过本地注册的实体进行，该要求不应在每种情况下都排除 ICSID 的管辖权。

根据《埃及—英国 BIT》第 8 条第 1 款的规定，该条旨在满足《ICSID 公约》第 25 条第 2 款 b 项的要求，如果该公司是由英国国民所拥有的话，将在本地注册的该公司视为英国国民。此外，埃及还主张《埃及—英国 BIT》下，第 8 条规定的内容可以同样理解为，由埃及国民拥有的英国公司可以被视为埃及国民。仲裁庭认可了这种解释方式，虽然大多数对《ICSID 公约》第 25 条的学理评论并不认可这种解释的方式。仲裁庭认为，如果一家公司是由东道国国民所拥有的，且该公司提起了诉讼，没有理由认为应该限制 ICSID 对其的管辖权。

最后,仲裁庭采纳了申请人一方的观点,从实体问题上认定东道国违反了公平公正待遇以及充分的保护与安全两项原则,支持投资者的主张。仲裁庭最终的裁决还具体计算了案件中涉及的损害金额,本文仅简要提及本案件涉及的管辖权争议和投资公平待遇问题,不再展开损害计算的部分。另外值得一提的是,本案件的裁决于 2002 年被申请撤销,撤销案件仲裁庭围绕征收的永久性展开了讨论,并认定该征收行为自 1991 年 4 月 1 日起生效,申请人无须就被征收的事实承担额外责任。

(编写者:武汉大学国际法研究所 2019 级硕士研究生　曹馨文)

废物管理公司
诉
墨西哥合众国

仲裁案(Ⅰ)

案情概要

案名	废物管理公司诉墨西哥合众国仲裁案(Ⅰ)
案件裁判来源	https://www.italaw.com/cases/1155
案号	ICSID Case No. ARB(AF)/98/2
当事人	申请人:废物管理公司(美国)
	被申请人:墨西哥合众国
行业	生态保护和环境治理业
仲裁机构和仲裁地	国际投资争端解决中心,美国华盛顿特区
仲裁依据	《北美自由贸易协定》
适用的仲裁规则	《国际投资争端解决中心附加便利仲裁规则》
仲裁庭组成	首席仲裁员:Bernardo M. Cremades
	仲裁员(申请人指定):Keith Highet
	仲裁员(被申请人指定):Eduardo Siqueiros T.
日期	仲裁程序开始日期:1998年9月29日
	最终裁决发布日期:2000年6月2日
仲裁请求	申请人请求墨西哥为其公共机构的违法行为进行损害赔偿
核心争议点	申请人提交仲裁请求的先决条件争议——申请人是否作出符合《北美自由贸易协定》第1121条要求的"弃权"及其嗣后行为是否符合弃权条款,仲裁庭对申请方所提出的仲裁请求是否具有管辖权
仲裁庭主要结论	仲裁庭总结了弃权的形式和实质要求。《北美自由贸易协定》第1121条所规定的弃权不仅须在形式上以书面形式作出、发送给被申请方并包含在仲裁请求书中,且实质上要求弃权方自作出弃权之日起履行与弃权声明相符的义务,不再发起或进行针对仲裁争议措施的国内诉讼或仲裁程序。因此,仲裁法庭缺乏对现在提交该仲裁法庭的争议问题进行裁决的管辖权
裁决结果	支持东道国(多数裁决)
后续进展	无

Case Summary

Name of Case	Waste Management, Inc. v. United Mexican States	
Web Page	https://www.italaw.com/cases/1155	
Case Number	ICSID Case No. ARB(AF)/98/2	
Parties	Claimant: Waste Management, Inc. (U. S.)	
	Respondent: United Mexican States(Mexican)	
Industry	Ecological Protection and Environmental Governance	
Administering Institution & Seat of Arbitration	ICSID; Washington, D. C. , USA	
Basis for Arbitration	NAFTA	
Rules Used in Arbitral Proceedings	ICSID Additional Facility Arbitration Rules	
Arbitrator(s)	Presiding Arbitrator: Bernardo M. Cremades	
	Arbitrator(Claimant's appointee): Keith Highet	
	Arbitrator(Respondent's appointee): Eduardo Siqueiros T.	
Date	Date of Commencement of Proceeding: 29 September 1998	
	Date of Issue of Final Award: 2 June 2000	
Relief Request	The Claimant seeks compensation by way of damages for an alleged breach on the part of the state-owned entities	
Key Issues	One of the precedent conditions for the submission of a claim to arbitration: whether the waiver submitted by the Claimant and its subsequent conduct complies with the terms under NAFTA Article 1121, which would determine the Tribunal's competence to decide the issue in dispute	
Tribunal's Conclusions on Key Issues	The Tribunal contemplated formal and material requirements of a waiver. Formally, NAFTA Article 1121 requires a waiver to be in writing, delivered to the disputing party and include in the submission of a claim to arbitration. In terms of material requirements, it calls for specific conduct of the waiving party in line with the waiver declaration, namely, abdication of right to initiate or continue any proceedings whatsoever before other courts or Tribunals with respect to the measure allegedly in breach of the NAFTA provisions from the date of submission of the waiver. This Arbitral Tribunal was compelled to hold that it lacks jurisdiction to judge the issue in dispute now brought before it	
Award	In favour of State(Majority Verdict)	
Follow-up Progress	No follow-up proceedings initiated	

一、案件事实

(一)投资事实

废物管理公司(以下简称申请人)是根据美国特拉华州法设立的一家公司,其拥有并控制着在墨西哥合众国(以下简称被申请人)的分公司 Acaverde 分公司。由于墨西哥阿卡普尔科市、格雷罗州的政府官员和墨西哥公共工程和服务银行(BANOBRAS)积极鼓励申请人对墨西哥企业进行长期投资,为阿卡普尔科市提供废物管理服务,1995 年年初,申请人的墨西哥分公司依法申请了一项为期 15 年的独家特许权。根据特许协议,Acaverde 分公司将提供街道清洁和其他公共废物管理服务,设计、建设并运营一处固体垃圾填埋场,并根据合同享有收集和处理阿卡普尔科市特定区域所有固体废物的专属权利。Acaverde 分公司按月收取阿卡普尔科市的服务费,由 BANOBRAS 银行提供担保,并根据另一项独立的信用额度协议由格雷罗州提供反担保。

(二)被诉行为

1995 年 8 月 15 日,Acaverde 分公司开始在特许区域内收集固体垃圾,并经过 3 个月建设所有设施,于 1995 年 11 月 15 日开始街道清理,一直持续到 1997 年 11 月 12 日。因为提供服务,Acaverde 分公司向阿卡普尔科市开具了 17 个月的发票,但阿卡普尔科市只在 1995 年 12 月至 1996 年 2 月这前 3 个月进行了部分或完整的支付,在未按照特许协议通知 Acaverde 分公司存在违法行为并要求提供补救机会的情况下拒绝支付。BANOBRAS 只部分地履行了 2 个月的担保义务,完整地向 Acaverde 分公司支付了 2 个月费用。此外,阿卡普尔科市没有实现 Acaverde 分公司的专属权利,强迫 Acaverde 分公司亏本运营或承担丧失特许的风险。最终,阿卡普尔科市和格雷罗州非法地将 Acaverde 分公司的特许权转给了第三方。根据 NAFTA 第 105 条,被申请人有义务确保采取为使 NAFTA 的规定发挥效力的所有必要措施,包括其政治分支机构的遵从。因此,申请人主张,墨西哥公共机构的行为违反了被申请人根据 NAFTA 第 1105 条第 1 款对其承担的国际法义务,包括公平公正待遇和全面的保护与安全,同时构成 NAFTA 第 1110 条的征收。

(三)程序时间轴

·1998年9月29日,本案仲裁申请人代表自己和Acaverde分公司向ICSID秘书长请求批准适用《ICSID附加便利规则》,并依据《ICSID附加便利规则》第2条发出了提起仲裁程序的通知,请求被申请人就其公共机构被控违反NAFTA第1105条和第1110条义务的行为进行损害赔偿。

·1998年11月18日,ICSID秘书长通知当事人其批准适用《ICSID附加便利规则》并进行了登记,从而启动了相关的仲裁程序。

·1999年6月3日,仲裁庭组成。

·1999年9月29日,申请人提交包含有关管辖权和实体请求的所有事实和法律问题的诉状。

·1999年11月5日,被申请人提交答辩状,包括对仲裁庭管辖权提出异议。

·1999年12月3日,仲裁庭成员Julio Treviño Azcué先生以健康原因提出辞任。

·2000年1月4日,被申请人指定Eduardo Siqueiros T.先生为新仲裁员,后者根据《ICSID附加便利规则》第18条的规定接受了指定。

·2000年1月31日,因重新指定仲裁员推迟的庭审会议在华盛顿召开,加拿大政府和美国政府皆派代表出席。

·2000年6月2日,仲裁庭在美国华盛顿作出裁决。

(四)仲裁请求

1. 仲裁申请人的仲裁请求

(1)认定申请人是NAFTA所保护的投资者。

(2)认定NAFTA所保护的申请人的投资包括:根据特许投入Acaverde分公司经济活动的资源,Acaverde分公司根据特许应得的服务收入,Acaverde分公司的企业价值。

(3)认定被申请人为格雷罗州、阿卡普尔科市和BANOBRAS的行为承担责任。

(4)认定格雷罗州、阿卡普尔科市和BANOBRAS的行为取消了特许并剥夺了财产,构成对申请人特许权的征收,违反NAFTA第1110条。

(5)认定格雷罗州、阿卡普尔科市和BANOBRAS通过这些行为武断地违反了它们根据特许和信用额度协议所承担的实质义务,无论是否违反NAFTA第1110条,这些行为都违反了NAFTA第1105条。

(6)裁定被申请人根据享有特许权并持续经营的 Acaverde 分公司的公平市场价值向申请人支付 630,600 美元。

(7)裁令被申请人根据申请人因征收而遭受的损失向申请人支付 630,600 美元。

(8)裁令被申请人向申请人支付因本仲裁程序产生的费用,目前已超过 1200,000 美元。

2. 被申请人的反对意见

(1)裁令终止对实体问题的审理程序并解决其是否有管辖权的先决问题。

(2)驳回仲裁请求,因为申请人和 Acaverde 分公司没有放弃在国内程序中对申请人主张违反 NAFTA 第 11 章的相同措施进行索赔的权利。

(3)裁令申请人支付被申请人的仲裁费用,包括律师酬劳和费用。

(五)仲裁庭结论

仲裁庭裁定:

(1)裁定仲裁庭对争议问题无管辖权,支持被申请人关于申请人违反 NAFTA 第 1121 条第 2 款 b 项先决条件的主张;

(2)裁令申请人支付本仲裁程序的费用,各当事人各自支付因辩护产生的费用。

二、主要法律争议:申请人是否作出了符合 NAFTA 第 1121 条的弃权

本案法律争议围绕 NAFTA 第 1121 条所规定的提起仲裁请求的条件之一——弃权。该条第 1 款规定:"只有在以下条件下,争端所涉投资者才可根据第 1116 条,提交仲裁索赔请求:(a)该投资者同意根据本协定规定的程序进行仲裁;并且(b)该投资者——以及企业,如果就该投资者直接或间接拥有或控制的另一缔约方法人企业的利益蒙受的损失或损害提出索赔请求——放弃根据任何缔约方的法律向任何行政法庭或法院,或者根据其他争端解决程序,就声称的争端所涉缔约方第 1116 条所指违反义务的措施,提起或继续任何诉讼的权利,但是根据争端所涉缔约方的法律,为获得不涉及支付赔偿金的禁令、确认赔偿请求或其他特殊救济,向行政法庭或法院提起的诉讼除外。"申请人在 1998 年 9 月 29 日作出的仲裁通知中纳入了弃权,并含有附加声明:"在不违反 NAFTA 第 1121 条所要求的弃权的情况下,申请人在此说明,上述弃权不适用于涉及被申请人被控违反 NAFTA 第 11 章以外的其他法律,包括墨西哥的国内法,所施加的义务的任何争端解决程序。"鉴于此,1998 年 11 月 3 日,ICSID 通过其法

律顾问向申请人发函,请求确认申请人作出的弃权适用范围是否包括在墨西哥进行的可能涉及被控违反其他法律所施加的任何义务、在本质上并不区别于成员方依据 NAFTA 第 11 章所承担的义务的任何争端解决程序,除非是不涉及损害赔偿只为寻求禁令、确权或其他特别救济的程序。

(一)申请人的主张

申请人称其在仲裁通知中作出了符合 NAFTA 第 1121 条要求的弃权。

首先,1999 年 11 月 3 日,申请人向 ICSID 的法律顾问发函确认,其在仲裁启动通知中所包含的弃权适用于在墨西哥进行的可能涉及被控违反其他法律所施加的任何义务,在本质上并不区别于 NAFTA 成员方依据 NAFTA 第 11 章所承担的义务的任何争端解决程序,除非是不涉及损害赔偿只为寻求禁令、确权或其他特别救济的程序。其次,申请人认为,就申请人为解决与被申请人之间的争端在 NAFTA 所提供的救济方式之外,并不存在关于墨西哥政府在其中作为当事人的争端的未决法律程序。

关于被申请人所提出的 Acaverde 分公司启动的国内程序,申请人辩称,该公司在这类程序中并未主张被申请人有任何与 NAFTA 相关的违反国际法的行为,因而不能认为这些程序对被申请人造成了不利或迫使其同时为违反 NAFTA 的指控进行重复抗辩。

(二)被申请人的主张

被申请人对申请人所提交弃权的形式和内容提出异议,主张申请人没有作出符合 NAFTA 第 1121 条规定条件的弃权。尤其是,1999 年 11 月 5 日,被申请人提交有关仲裁庭管辖权问题的答辩状强调,一方面申请人提交的弃权存在形式和实质上的缺陷,另一方面 Acaverde 分公司仍然在国内法院和其他仲裁庭就同一问题进行诉讼或仲裁,从而违反 NAFTA 第 1121 条规定。

被申请人以 Acaverde 分公司在国内发起的未决法律程序,即针对 BANOBRAS 的两项诉讼和针对阿卡普尔科市的一项仲裁程序,作为证据。而且,申请人已经援引这些程序作为被申请人违反 NAFTA 的措施,即阿卡普尔科市拒绝支付 Acaverde 分公司根据双方达成的特许协议所开具的发票的被控措施,以及 BANOBRAS 根据与阿卡普尔科市所达成的信用额度协议作为后者的保证人拒绝支付该发票的被控措施。

就申请人为 Acaverde 分公司启动国内程序所做的抗辩,被申请人在 1999 年 11 月 16 日提交的答辩状中再次强调,申请人在国内程序和对本仲裁庭提起的请求中寻求重复救济，因为两案所解决的是同一事项，都针对由被申请人负责的国有组织和政治分支机构发起的行为。

（三）仲裁庭的裁定

1. 仲裁庭多数成员的裁定

NAFTA 第 11 章 B 节第 1121 条列出了提交仲裁程序的两个先决条件，即将申请人的同意记录在案，以及放弃在任何行政法庭或法院发起或继续任何与被控违反 NAFTA 第 1117 条的措施有关的程序的权利，除非是不涉及损害赔偿只为寻求禁令、确权或其他特别救济的程序。仲裁庭认为其应以该条所规定的条件审视同意和弃权的产生，且在其探究是否存在与弃权条款所要求的条件相符的真实意思表示时应评估弃权方的行为是否有效遵从了弃权条款。

首先，就弃权的概念和内容而言，弃权是单方面行为，在任何情境下，一项弃权的要求都意味着对权利的自愿放弃，因为该行为通常导致对既有法律地位的实质性变更，即权利的丧失或消灭。因此，弃权需要权利所有人行使处分权以产生这种法律效果。无论如何，弃权必须清楚、明确和无条件。所以，根据 NAFTA 第 1121 条第 2 款 b 项的规定提交的任何弃权必须依据所提出的申请或请求，所有用语需清楚地表达拟作出弃权的当事人对特定权利的放弃。对于弃权的生效时间，弃权必须与《ICSID 附加便利规则》第 2 条所规定的通知共同提交，且自当日起，弃权将完全发生效力，弃权方需遵守其中的所有条款。在本案中，申请人于 1998 年 9 月 29 日向 ICSID 秘书长提交仲裁请求的通知，故自该日起，申请人就负有遵守其所作弃权的义务，不应就请求构成违反 NAFTA 规定的那些措施向其他法院或法庭提起或继续任何法律程序。

其次，任何弃权都内含着弃权的主体在形式和实质上的行为。为此，本仲裁庭考察了申请人是否确实按照 NAFTA 规定的形式要件提交了弃权以及是否通过放弃或停止向其他法院或法庭发起平行程序实质性地遵守了弃权条款。就形式要件而言，NAFTA 第 1121 条第 3 款明确列出了申诉投资者在提交任何一项弃权时需遵守的三个特定形式要件：以书面形式提交、发送给被申请方并包含在仲裁请求书中。申请人恰当地遵守了这些条件，因为其书面文本发送给了被申请方，并且包含在了 1998 年 9 月 29 日的仲裁请求通知中。因此，仲裁庭认为申请人作出的弃权不存在被申请人所指出的形式缺陷。

此外，弃权行为涉及弃权方的意图声明，在逻辑上需要与该声明相符的特定行为。

NAFTA 第 1121 条所要求的弃权需要弃权方通过放弃就被控违反 NAFTA 规定的措施向其他法院或法庭发起或继续任何法律程序来表示其意图。而且,这种对权利的放弃应当自弃权提交之日,即 1998 年 9 月 29 日起生效。本仲裁庭认为,下列关于 Acaverde 分公司在 NAFTA 第 1121 条弃权作出前后发起国内程序的事实已经得到证明:第一,1997 年 1 月 31 日,Acaverde 分公司发起了对 BANOBRAS 的首次诉讼,涉及未支付发票的全部金额和损失,本案于 1999 年 10 月 6 日审结;第二,1998 年 8 月 11 日,Acaverde 分公司对 BANOBRAS 提起第二次诉讼,同样针对其违反特定发票支付,1999 年 3 月 9 日结案;第三,1998 年 10 月 27 日,Acaverde 分公司在墨西哥城商务部常设仲裁委员会的主持下对阿卡普尔科市提起仲裁请求,主张未支付服务的损失和违反特许协议中的一系列义务,程序自 1999 年 7 月 7 日终止。

按照申请人自己对弃权的解释,其弃权只针对明确主张违反 NAFTA 第 11 章中国际法义务的程序,不针对包括墨西哥国内法在内的其他法律施加的义务。根据这一思路,申请人的确遵守了其弃权条款,因为 Acaverde 分公司没有在其他法院或法庭明确援引其认为被违反的 NAFTA 规定,而只运用了墨西哥国内法律规定。但仲裁庭认为,这种对其行为的正当化辩解是不成立的:首先,同一措施可能在不同法院或法庭产生不同类型的诉请。因此,在墨西哥法中构成违约的行为可能被理解为 NAFTA 第 1105 条所规定的政府违反对外国投资的公平公正待遇或第 1110 条中的“征收”。总之,仲裁庭在此阶段不应深入分析案件的实体问题。其次,当弃权是提起仲裁请求的先决条件时,为考虑一项弃权是否有效,需证明在国内法院或法庭提起的诉请直接影响仲裁,因为其针对的措施包括在现有的仲裁程序中被控违反 NAFTA 的措施。实际上,在国内场合提起的法律程序可能和 NAFTA 项下的仲裁同时存在,当它们的法律基础产生于相同措施时,便不能同时进行,因为存在申请人可能获得双重救济的风险。在本案中,仲裁庭认为 Acaverde 分公司发起的国内程序为 NAFTA 第 1121 条所禁止,因为它们针对的是在本仲裁中被控违反 NAFTA 规定的措施。申请人在 1999 年 11 月 9 日有关管辖权问题的书面陈述中承认这一点。而且,申请人的代表在 1999 年 2 月 10 日发送给被申请人代表的函件表明,申请人从未打算放弃国内程序,相反,其明确的意图是继续针对 BANOBRAS 和阿卡普尔科市的法律程序。因此,申请人所做的解释与 NAFTA 第 1121 条所规定的弃权是相矛盾的。

综上,仲裁庭不认为申请人在其仲裁请求书中作出的弃权有效。

2. 异议仲裁员的不同意见

对于本案仲裁庭多数成员所作出的裁决以及在多个关键问题上的推理,申请人指定的仲裁员 Keith Highet 先生持不同意见。

Keith Highet 先生不认为弃权的用语须明确。他认为,NAFTA 的规定没有要求弃权要以任何特定形式提交,没有明确撤销或停止任何法律程序,也没有要求不启动这种法律程序,而只要求发送有关放弃启动或继续程序的权利的证据。总之,NAFTA 第 1121 条第 1 款所表述的弃权要求是不明确的。该条第 3 款规定"此条所要求的同意和弃权应当书面,发送给被申请方并纳入仲裁申请书中。"在表明"应当书面"时,其亦未明确弃权用语所使用的形式,说明用语的使用形式可以多样化。而且,NAFTA 英文版本的第 1121 条第 3 款规定的是"该条所要求的一项同意和弃权应当书面",而不是"该条所要求的特定同意和弃权应当书面。"这进一步暗示,NAFTA 申请人在拟定要表达"一项弃权"的用语时是有自行裁量余地的(have leeway)。

Keith Highet 先生也不认为申请人的附条件用语必然使弃权无效。在其看来,申请人所提供的弃权被附加了种种条件、限制、保留或理解。在申请人于 1998 年 9 月 23 日的信函和几天之后于 1998 年 9 月 29 日再次向 ICSID 提交的仲裁请求通知中,一开始可能构成弃权保留、限制或条件的用语被转化成了一种"理解"(understanding)。而第 1121 条并未提及可能会或可能不会被附加于弃权文字的任何条件或理解。显然,在书面弃权中对其实质不具有否定效力的一项保留或条件无关紧要,除非是对其实质有否定或削弱效力的保留或条件。在本案中,申请人所谓的"理解"受限于明确的前提——"不违反 NAFTA 第 1121 条所要求的弃权",这似乎会消除对第 1121 条的弃权要求的任何潜在否定效力。即便没有"不违反"这一用语,申请人对弃权所附加的理解也并不与第 1121 条的要求不一致。根据 ICSID 接收和发送的信函所引入、适用和接受的"实质"测试,如果一项弃权适用于涉及被控违反其他法律所施加的、实质上并未区别于 NAFTA 成员国根据 NAFTA 第 11 章所承担的任何义务而在墨西哥进行的争端解决程序,那么该弃权就是可接受的。所以,申请人的观点虽然可能并非以最佳方式表达,但实际上是对的,因为对违反墨西哥法的行为进行在墨西哥国内的救济的请求不同于针对违反 NAFTA 的行为寻求 NAFTA 项下救济的请求。在法律术语上必须区别被申请人根据墨西哥法所承担的法律义务和被申请人根据 NAFTA 所承担的国际条约义务项下的法律义务。

该仲裁员梳理了“措施”“违法”“关于”等概念,其认为 Acaverde 分公司针对 BANOBRAS 和阿卡普尔科市的诉讼与仲裁依据的是《墨西哥民商法典》,而非 NAFTA。而且在这些法律程序中,申请人都没有主张被拒绝给予符合国际法的待遇。另外,申请人根据第 1110 条和第 1105 条所提出的请求比这些程序中的诉讼请求和仲裁请求要广,且是在不同平台进行的。该仲裁员认为 Acaverde 分公司针对 BANOBRAS 的诉讼请求及其对阿卡普尔科市的仲裁请求并非在事实上等同于 NAFTA 第 11 章下的请求。相应地,申请人提交的第 1121 条下的弃权与在墨西哥法庭所进行的诉请不矛盾。而且,只涉及合同请求的诉讼不能构成第 1121 条项下“关于被申请人被控违反第 1116 条的措施的程序”。

该仲裁员对于申请人的行为是否致使其弃权无效也发表了不同意见。仲裁庭多数成员认为,申请人在墨西哥继续起诉和上诉中的实质行为对于其不具备管辖权有决定性影响,因为这使得在 NAFTA 仲裁开始时作出的任何正式弃权不适格(disqualify)或无效。该仲裁员认为,如果第 1121 条的弃权意在涵盖任何和所有同时进行的法律活动,那么显然,申请人在墨西哥的行为将与之相违背,并使弃权无效,即使弃权在作出时表面上看足够正式。但是,如果第 1121 条的弃权只关乎同时进行的特定类型法律活动,那么只有当申请人在墨西哥的行为明确与该类法律活动相关时才违反弃权。两者诉因(cause of action)是不同的:在墨西哥法庭的是当地的商事诉请,而在本仲裁庭的是国际条约诉请。

除了上述要点,该仲裁员还有如下考量:第一,在本案中,仲裁庭在审查管辖权异议问题时有必要将考察延伸到实体层面。如果对 BANOBRAS 的两项诉讼和针对阿卡普尔科市的仲裁所涉及的诉请进行考察,就会发现 1998 年和 1999 年在墨西哥进行的诉讼从表面上就不是与申请人所控征收或国有化“措施有关的程序”,因为在墨西哥的索赔额超过 800 万美元,少于在本仲裁中的索赔额。第二,多数仲裁员将 NAFTA 第 1121 条解释为一种附加要求,即应当撤销弃权所针对的诉讼,不能再启动新的诉讼,也不能进行上诉。对此,该仲裁员认为,如果 NAFTA 第 11 章要求申请人终止在国内法院的诉讼活动,则成员国完全可以作出这种约定,但该章规定了第 1121 条第 3 款的形式要件。而且,如果要求申请人在 NAFTA 仲裁一开始提交书面弃权,然后要求其终止当地的未决诉讼活动(如仲裁庭多数决所言),那么,书面弃权就没有存在的意义,将其发送给被申请人也不能带来任何利益或结果,因为申请人应当且已经完成了弃权所要求的行为。而且,仲裁庭多数决的分析没有考虑申请人的行为符合第1121条的日期问题。将第1121条解释为要求积极终止法律程序并积极地发送弃权,实际上削弱了书面弃权的可信度或有效性,不符合一开始就发送弃权的要求。第三,NAFTA第1120条第1款的附件(Annex 1120.1)禁止外国投资者同时在根据NAFTA产生的仲裁和向墨西哥法院或行政法庭提起的法律程序中控告被申请人违反第11章的义务。鉴于墨西哥宪法规定条约法自动作为墨西哥国内法适用,该仲裁员认为此附件比第1121条的弃权更稳妥,更适合在墨西哥法院阻止任何使被申请人被控违反NAFTA第11章中义务的法律程序。而无论是在墨西哥国内法院,还是本仲裁程序中,被申请人都从未援引这一规定,可进一步说明根据NAFTA提起的请求所针对的义务不同于墨西哥当地法律程序中所涉及的义务。

关于NAFTA第1121条背后的政策考量,该仲裁员结合NAFTA成员国在本案中提交的意见以及它们的可能立场认为,NAFTA第1121条是为了避免"挑选法院",但并不阻止在当地提出但被拒绝救济的商事请求构成后续NAFTA程序的组成部分。如果申请人为了参与NAFTA仲裁需放弃与商法补偿相关、和NAFTA请求有关联但并非NAFTA请求的所有当地救济,申请人的代价太大,绝非NAFTA成员国的合理意图。且该仲裁员认为,如果嗣后行为可以使弃权不适格,那么有缺陷的弃权应当可弥补。否则,要求申请人在发送弃权的同时撤销所有寻求当地救济的争诉程序是荒唐的。

三、简要评析

本案争议焦点相对单一,集中于NAFTA第1121条中的弃权要求。将投资者自愿放弃向东道国国内法院或行政机关寻求救济的权利作为其提起国际投资仲裁请求的前提条件,是避免投资者就东道国的相同措施同时寻求东道国当地救济和国际投资仲裁救济的有效工具之一。除了NAFTA,2010年《哥伦比亚—韩国BIT》等国际经贸协定也纳入了弃权要求。[1] 但是,包括NAFTA第1121条在内的弃权条款对于弃权的具体要求并未作出详尽的规定,在适用上容易产生不同理解和争议,本案即为典型。仅从NAFTA第1121条第3款所规定的要件来看,申请人所做的弃权似乎是适格的。但仲裁庭认同了被申请人主张的对弃权的形式和内容进行审查的方法,总结出了弃权

[1] 参见2010年《哥伦比亚—韩国BIT》第12条第6款。

的形式和实质要件。不过,仲裁庭成员对于弃权是否满足实质要件的标准存在分歧:仲裁庭多数成员认为申请人没有作出符合 NAFTA 第 1121 条要求的弃权,是因为申请人在仲裁通知中作出弃权的意思表示之后,仍然在墨西哥国内继续着针对投资仲裁争议措施的诉讼和仲裁。申请人指定的仲裁员则以墨西哥国内法律程序所针对的是墨西哥公共机构违反国内法义务,而非依据 NAFTA 所承担的国际法义务为由,认为在墨西哥进行的国内程序不构成申请人所提起的国际投资仲裁的平行程序,没有违反弃权义务。产生这种分歧的关键在于认定重复救济的标准是准据法还是争议措施。此外,对于弃权是否能够附加条件、限制或保留,有缺陷的弃权是否有机会弥补等,本案仲裁庭成员亦未达成一致,在此后的 *Detroit International v. Canada* 案(PCA Case No. 2012-25)中,这些问题再次引发争议,该案仲裁庭采取了与本案仲裁庭多数决相同的立场,即弃权不能附条件或保留,且对有缺陷的弃权进行补救是无济于事的。

(编写者:武汉大学国际法研究所法学博士,华南理工大学法学院博士后　黄丽萍)

佩·卡萨多与阿连德总统基金会
诉
智利共和国

仲裁案

案情概要

案名	佩·卡萨多与阿连德总统基金会诉智利共和国仲裁案
案件裁判来源	https://www.italaw.com/cases/829
案号	ICSID CASE NO. ARB/98/2
当事人	申请人: (1)佩·卡萨多(具有西班牙和智利双重国籍) (2)阿连德总统基金会(依据西班牙法律成立)
	被申请人:智利共和国
行业	新闻和出版业
仲裁机构和仲裁地	国际投资争端解决中心,美国华盛顿特区
仲裁依据	《西班牙和智利关于相互保护和促进投资的协定》(1994年)
适用的仲裁规则	《国际投资争端解决中心仲裁规则》
仲裁庭组成	首席仲裁员:Pierre Lalive
	仲裁员(申请人指定):Mohamed Chemloul
	仲裁员(被申请人指定):Emmanuel Gaillard
日期	仲裁程序开始日期:1997年11月3日
	最终裁决发布日期:2016年9月13日
仲裁请求	申请人请求宣布智利对投资的征收非法并寻求赔偿
核心争议点	违反公平公正待遇条款的损害赔偿如何计算
仲裁庭主要结论	仲裁庭认为违反公平公正待遇下的损害赔偿并非初始征收行为造成的损失,而是将被申请人置于其应当获得公平公正待遇的位置,即被申请人赔偿申请人而非第三人,所以该金额是被申请人授予第三方的赔偿金额
裁决结果	支持投资者(一致裁定)(第一个裁决)
后续进展	2012年12月18日,临时委员会部分撤销了第一个裁决(第一个撤销决定)。根据该撤销决定,投资者再次将争端提交至一个新的仲裁庭(重新仲裁程序) 2016年9月13日,重新仲裁程序仲裁庭作出裁决(重新裁决) 2017年10月6日,重新仲裁仲裁庭对重新裁决进行了更正 2020年1月8日,临时委员会驳回了投资者提起的撤销重新裁决的申请(第二个撤销决定)

Case Summary

Name of Case	Victor Pey Casado and Presidente Allende Foundation v. The Republic of Chile
Web Page	https://www. italaw. com/cases/829
Case Number	ICSID CASE NO. ARB/98/2
Parties	Claimants: (1) Victor Pey Casado (2) Presidente Allende Foundation
	Respondent: the Republic of Chile
Industry	Press and Publication
Administering Institution & Seat of Arbitration	ICSID; Washington, D. C.
Basis for Arbitration	Spain and Chile Agreement on the reciprocal protection and promotion of investments (1994)
Arbitrator(s)	Presiding Arbitrator: Pierre Lalive
	Arbitrator (Claimants' appointee): Maître Mohamed Chemloul
	Arbitrator (Respondent's appointee): Emmanuel Gaillard
Date	Date of Commencement of Proceeding: 3 November 1997
	Date of Issue of Final Award: 13 September 2016
Relief Request	The Claimants seek declaring the confiscation of the investment illegitimate and ordering the Republic of Chile to pay damages
Key Issue	The calculation of damages for the breach of FET clause
Tribunal's Conclusions on Key Issue	This evaluation could not be of the damage suffered by reason of the original expropriation, but instead to be of the damage resulting from the breach of the guarantee of fair and equitable treatment under the BIT; the object was to put the Claimants into the position they would have been in if the authorities of the Respondent compensated the Claimants instead of third persons who (in the judgment of the First Tribunal) were not the owners of the assets in question; and it followed therefore that the amount awarded to these third persons was the correct measure of the damages
Award	In favour of Investors (Unanimous Verdict) (the First Award)

续表

Follow-up Progress	On 18 December 2012, an ad hoc committee partially annulled the First Award (the First Annulment Decision), subsequent to which the Claimants resubmitted the dispute to a new Tribunal (the Resubmission Proceedings) On 13 September 2016, the Arbitral Tribunal in the Resubmission Proceedings, rendered an Award (the Resubmission Award) On 6 October 2017, the Resubmission Tribunal rendered a Decision on Rectification of the Resubmission Award On 8 January 2020, an ad hoc committee rejected the applicant for annulment of the Resubmission Award (the Second Annulment Decision)

一、案件事实

(一)投资事实

佩·卡萨多先生(本案申请人之一)于1915年出生于西班牙,1939年去智利共和国并生活了34年直至1973年。佩·卡萨多先生拥有西班牙国籍,并于1958年获得智利国籍。1972年10月2日,佩·卡萨多购买了一家出版公司(Consorcio Periodístico y Publicitario, S. A., CPP)4万股股份,该公司通过一个全资子公司(Empresa Periodística Clarín, Ltda., EPC)控制一家智利报社埃尔·克莱林(El Clarín),并为阿连德总统(Mr. Salvador Allende)提供了强有力的媒体支持。

1973年9月17日,阿连德总统在奥古斯托·皮诺切特将军领导的政变中被推翻,同日,军队占领了报社埃尔·克莱林的住所,没收了佩·卡萨多先生办公室的文件。1973年10月8日,第77号法令宣布所有相关组织及其分支机构非法并解散,并将其财产移交给智利。此后,该财产一直由军方完全控制,随后于1975年通过第165号法令被正式没收。1989年智利共和国恢复民主政府。1990年1月16日,阿连德总统基金会(本案申请人之一)根据西班牙法律成立,同年,佩·卡萨多先生将其在CPP和EPC持有股份的90%捐献给阿连德总统基金会(本案申请人之一)。

(二)被诉行为

1995年9月6日,佩·卡萨多先生写信给智利总统,要求返还埃尔·克莱林的资产,1995年11月20日,智利国家资产部回信称政府正在拟定赔偿计划,以赔偿资产被军政府没收的人士。1995年10月,佩·卡萨多向圣地亚哥第一民事法院(圣地亚哥法院)提起诉讼,要求归还在政变期间报社房产被没收时位于该房产内的一台高斯印刷机(高斯印刷案)。1998年7月23日,智利共和国(以下简称被申请人)根据第19.568号法令正式启动了一项全面赔偿方案,该方案旨在通过行政程序补偿被军事政府没收财产的人,佩·卡萨多先生得到通知并受邀参加。1999年6月24日,佩·卡萨多先生和阿连德总统基金会通知智利国家资产部,表示明确放弃根据第19.568号法令对CPP和EPC的征收寻求赔偿的权利。2000年4月28日,智利国家资产部发布第43号决定,该决定授予对CPP和EPC拥有所有权的四个人(或其继承人)对埃尔·克莱林的征收享有获得补偿的权利。这四个人中不包括佩·卡萨多先生。

（三）程序时间轴

·1995 年 10 月，佩·卡萨多先生向圣地亚哥第一民事法院提起诉讼（高斯印刷案）。

·1997 年 11 月，佩·卡萨多先生和阿连德总统基金会根据《西班牙和智利关于相互保护和促进投资的协定》（以下简称《西班牙—智利 BIT》）（1994 年 3 月 29 日生效）第 10 条向 ICSID 提出仲裁申请，请求仲裁庭宣布被申请人对西班牙国民佩·卡萨多先生投资的没收行为非法并违反国际法，并责令被申请人支付最少为 500,822,969 美元的赔偿金。

·1999 年 2 月，被申请人对申请人的仲裁请求提出管辖权异议。

·2001 年 4 月，佩·卡萨多先生和阿连德总统基金会向仲裁庭申请临时措施，请求中止第 43 号决定的执行程序，但被驳回。

·2002 年 5 月，仲裁庭决定将管辖权异议合并至实体阶段进行审理。

·2002 年 11 月，佩·卡萨多先生和阿连德总统基金会向圣地亚哥法院提出附带请求，请求中止法院的诉讼程序，等待其将高斯印刷案转移至 ICSID 审理，但随后被裁定驳回。

·2008 年 5 月 8 日，仲裁庭在美国纽约作出仲裁裁决（第一个裁决）。

·2008 年 7 月 24 日，圣地亚哥法院对高斯印刷案作出判决，认为佩·卡萨多先生没有诉讼主体资格，并且该案诉讼时效已过。

·2008 年 9 月，被申请人申请撤销第一个仲裁裁决（第一个撤销程序）。

·2012 年 12 月 18 日，临时委员会作出撤销决定，撤销了第一个仲裁裁决结论部分的第 4 段（损害赔偿部分）（第一个撤销决定）。

·2013 年 5 月 16 日，临时委员会对撤销程序作出了补充决定。

·2013 年 6 月，佩·卡萨多先生和阿连德总统基金会根据《ICSID 公约》第 52 条第 6 款提出了一个新的仲裁请求（重新仲裁程序）。

·2016 年 9 月 13 日，重新仲裁程序仲裁庭将仲裁裁决发送至当事方。

·2017 年 10 月 6 日，应佩·卡萨多先生和阿连德总统基金会请求，重新仲裁程序仲裁庭对重新裁决作出了文字性更正。

·2017 年 10 月，佩·卡萨多先生和阿连德总统基金会根据《ICSID 公约》第 52 条向 ICSID 申请撤销重新裁决，并请求中止重新裁决的执行程序（第二个撤销程序）。

·2020年1月8日,第二个撤销程序临时委员会作出撤销决定,裁定驳回申请者的请求(第二个撤销决定)。

(四)仲裁请求

1. 仲裁申请人的仲裁请求

(1)宣布被申请人对CCP和EPC的财产和权利的没收行为非法并违反国际法,自始无效;

(2)责令被申请人支付非法没收行为的赔偿金、自非法没收行为发生之日起至仲裁裁决作出之日止没收财产及权利所产生的利息以及精神损害赔偿金,预估最少为515,193,400美元;

(3)责令被申请人支付自仲裁裁决作出之日起至完全履行之日止没收财产及权利所产生的利息;

(4)责令被申请人支付仲裁程序所产生的所有费用。

2. 被申请人的反对意见

被申请人在管辖权抗辩状(memorandum of jurisdiction)中对仲裁庭管辖权提出异议,其抗辩意见为:

(1)佩·卡萨多先生具有智利国籍;

(2)《西班牙—智利BIT》不具有溯及既往的效力,不适用于生效之前已经发生的状况;

(3)据以提起诉求的资产不属于外国投资;

(4)阿连德总统基金会并未参与《西班牙—智利BIT》所要求的协商;

(5)申请人选择将同一争端向国内法院提出,因此不再有权利请求国际性仲裁;

(6)被申请人从未同意将此争端提交ICSID仲裁。

(五)仲裁庭结论

仲裁庭裁定:

(1)裁定驳回被申请人提出的管辖权异议,确认仲裁庭具有审理本争端的管辖权;

(2)裁定被申请人违反《西班牙—智利BIT》的公平公正待遇义务,包括不得司法不公;

(3)裁定申请人有权利获得赔偿;

(4)裁定被申请人向申请人支付10,132,690.18美元,以及5%的利息;

(5)裁定被申请人向申请人支付2,000,000美元的仲裁成本和费用(不含仲裁机构、仲裁员的成本和费用);

(6)仲裁程序所产生的费用(仲裁机构、仲裁员的成本和费用)由双方分担,申请人负担1/4,被申请人负担3/4,故责令被申请人向申请人支付1,045,579.35美元。

二、主要法律争议

(一)仲裁庭对本案是否具有管辖权

1. 申请人的主张

申请人主张仲裁庭拥有属人管辖权和属时管辖权(Jurisdiction *Ratione Temporis*)。

就属人管辖权而言,申请人主张由于1973年9月11日的军事政变,佩·卡萨多先生丧失了智利国籍,其智利护照于1971年12月到期。智利当局拒绝为其更新护照,构成事实上的"去国籍"或者没收国籍。佩·卡萨多先生在护照到期后离开智利去委内瑞拉大使馆寻求庇护。在委内瑞拉期间,他向智利当局提出更新护照的要求,但再次被拒绝,委内瑞拉当地政府给他颁发了一个特殊的无国籍人护照。1974年1月,西班牙领事馆给予他3个月的西班牙签证,他于1974年5月31日去了西班牙。

就属时管辖权而言,申请人主张,争端双方之间的争议发生于《西班牙—智利BIT》生效之后,该BIT的实体条款可溯及既往适用于其生效之前的违约行为;申请人还主张,《西班牙—智利BIT》生效之前的违约行为构成持续的不法行为或者符合不法行为的要素,其持续时间延续到《西班牙—智利BIT》生效之后,所以《西班牙—智利BIT》的实体条款应当被适用。

就岔路口条款而言,申请人强调其在圣地亚哥法院的诉讼请求仅仅是返还高斯印刷机或者赔偿其价值,而返还佩·卡萨多先生对CPP拥有的权利与本仲裁案的客体并不相同。岔路口条款并不适用于申请人所提出的智利法院在高斯印刷案中司法不公的额外诉讼请求。即岔路口条款不应适用于拒绝司法的情形,因为在当事人在国内法院提起诉讼而被拒绝司法之时提起国际仲裁,仲裁请求和国内法院的诉讼请求必然是不同的,所以当事人在1995年被拒绝司法的情形下提起高斯印刷案并不触发岔路口条款。此外,申请人还可以通过《西班牙—智利BIT》中的最惠国待遇条款引用《瑞士—智利 BIT》、《智利—德国 BIT》和《智利—荷兰 BIT》中的争端解决条款。

2. 被申请人的主张

仲裁被申请人主张仲裁庭不具有属人管辖权和属时管辖权,并且触发了岔路口条款。

针对属人管辖权,被申请人主张,国籍应由各主权国家根据其国内法律自行决定。根据智利法律,政府当局撤销国籍需要履行诸多手续,特别是获得一个“最高法令”(décret suprême),但这些手续在佩·卡萨多先生一案中并未完成,故其仍然拥有智利国籍。[1]

针对属时管辖权,被申请人主张仲裁的法律争端产生于 1975 年 2 月 10 日。1975 年法令规定的征收行为是一个即时行为,发生于条约生效之前,故《西班牙—智利 BIT》的实体义务不适用。而且,第 43 号决定并非不法行为,仅仅是于《西班牙—智利 BIT》生效之前已经结束的征收行为的结果。仲裁庭仅对《西班牙—智利 BIT》生效之后发生的损害行为具有管辖权。

针对岔路口条款,被申请人主张,根据《西班牙—智利 BIT》第 10 条,佩·卡萨多先生在智利法院提起与没收 CPP 和 EPC 财产和权利有关的诉讼,即意味着其不可撤销地放弃了提起国际仲裁的权利;并且,佩·卡萨多先生不能依据最惠国待遇条款规避岔路口条款的适用,因为《西班牙—智利 BIT》中的最惠国待遇条款不能适用于争端解决条款。

3. 仲裁庭的裁定

其一,仲裁庭对属人管辖权的分析。仲裁庭认为,评估佩·卡萨多先生国籍的相关时间是当事方同意将争端提交仲裁的日期,以及申请被注册的日期。由于申请人佩·卡萨多先生在提起 ICSID 仲裁之前放弃了智利国籍,其在提起仲裁的关键日期属于《ICSID 公约》第 25 条第 2 款 a 项规定的“另一缔约国国民”。

其二,仲裁庭对属时管辖权的分析。1994 年 3 月 29 日生效的《西班牙—智利 BIT》第 2 条规定:(1)每一缔约方应尽可能支持另一缔约方的投资者在其领土上进行的投资,并将根据其法律规定接受其投资。(2)本条约应适用于其生效后缔约一方投资者在另一缔约方领土内进行的投资。但在本条约生效之前根据有关缔约方法律进

[1] *Victor Pey Casado and President Allende Foundation v. Republic of Chile*, ICSID Case No. ARB/98/2, Award, para. 264.

行的投资也属于本条约规定的外国投资。(3)但是,本条约不适用于在其生效之前已发生或解决的争议或诉求。

仲裁庭认为,在《西班牙—智利 BIT》下的属时管辖权问题和《西班牙—智利 BIT》实质义务的时际适用问题是两个不同的问题。仲裁庭根据《西班牙—智利 BIT》具有管辖权并不意味着《西班牙—智利 BIT》的实体义务必然适用于案件的所有方面,一般规则是适用于行为和事件的法律,通常是行为和事件发生时有效的法律。[1]

根据《西班牙—智利 BIT》第 2.2 条,佩·卡萨多先生于 1972 年进行的投资符合智利法律,属于《西班牙—智利 BIT》所涵盖的外国投资。不过,根据《西班牙—智利 BIT》第 2.3 条,只有在条约生效后发生的争议才能适用条约的实体条款。仲裁庭指出,"争议"需要双方之间进行最低限度地交流,一方把问题告知另一方,另一方直接或间接地反对前者的立场。本案中,《西班牙—智利 BIT》生效于 1994 年 3 月 29 日,直到 1995 年 2 月 1 日佩·卡萨多先生才向圣地亚哥法院提出返还 CPP 的 40,000 股股份,所以申请人将第一个争议的时间点定位于 1999 年 5 月 29 日,当天圣地亚哥法院的法官命令被申请人返还 CPP 的财产权。1995 年 9 月 6 日,佩·卡萨多先生第一次向智利总统提出返还被没收财产的要求。此后,争端在佩·卡萨多先生和被申请人的沟通中逐渐形成:1995 年 11 月 20 日,国家财产部通知佩·卡萨多先生,目前不能满足他的要求,因为还未公布解决这一问题的法律,1997 年 10 月 2 日,佩·卡萨多先生提起仲裁。所以,仲裁庭认为,争端产生于《西班牙—智利 BIT》生效之后,因为在 1995 年之前双方还未表达观点也没有形成分歧。仲裁庭的属时管辖权取决于双方之间发生法律争端的时间,而非争端据以产生的事实发生的时间。

申请人提出的其他三个争端,包括对第 43 号决定的争议和对高斯印刷案拒绝司法的争议,都在条约生效后,所以仲裁庭均具有属时管辖权。不过,仲裁庭指出,这并不意味着《西班牙—智利 BIT》的实体规定适用于申请人提出的所有仲裁请求。《西班牙—智利 BIT》实体义务的适用取决于发生不法行为的日期,而不是根据争端发生和形成的时间,这是一个单独的标准。具体而言,第 165 号法令造成的征收不能被视为持续的不法行为,不能适用《西班牙—智利 BIT》的实体条款;第 43 号决定所引起的条约违反行为和申请人所称的拒绝司法行为发生在《西班牙—智利 BIT》生效之后,适

[1] *Victor Pey Casado and President Allende Foundation v. Republic of Chile*, ICSID Case No. ARB/98/2, Award, para. 425.

用《西班牙—智利 BIT》规定的实体条款。

其三,对岔路口条款的分析。仲裁庭认为,岔路口条款下选择权的行使应满足三项条件,即在国内法院和仲裁庭提起的请求必须具有相同的客体、基础和主体。如果三重一致性中的一项不能满足,则岔路口条款并不适用,而在本案中三重一致性并不存在。申请人将高斯印刷案从仲裁请求中排除,国内法院诉讼请求和国际仲裁请求的客体和基础并不相同;而且,拒绝司法的请求与不可撤销选择权并不冲突,因为该请求并未在国内法院提出。申请人 2002 年 11 月 4 日在本仲裁庭提起的附带请求并非在高斯印刷案中提起的返还请求,而是对 佩・卡萨多先生在国内司法程序中遭受拒绝司法损害的赔偿要求。仲裁庭引用 Jan Paulsson 的著述"当条约包含岔路口条款,要求申请人不可撤销地选择一种救济方式,对于未包含在最初选择的国内法庭提起请求的行为或不作为,并不能排除申请者在国际仲裁提起仲裁请求的权利"[1],认为《西班牙—智利 BIT》中的岔路口条款并不能阻止申请人将拒绝司法的诉讼请求提交仲裁庭。

基于以上论证,仲裁庭认定对本案投资者提出的仲裁请求具有管辖权。

(二)违反公平公正待遇的损害赔偿如何计算?

本案中,仲裁庭认为,被申请人将征收赔偿授予并未被没收财产所有权的人士而未作出任何解释,并且拒绝了佩・卡萨多先生针对有关被没收财产所提出的诉讼请求,被申请人的行为明显构成拒绝司法,未能给予申请人公平公正待遇。接下来,本案的另一个核心争议点是违反公平公正待遇情形下的损害赔偿应如何计算。

申请人主要根据征收的概念和《西班牙—智利 BIT》第 5 条(国有化和征收条款),将其损失计算为 52,842,081 美元,此外还有其他赔偿如精神损害和利息等。

被申请人主张,不存在对申请人的任何损害赔偿问题。

仲裁庭认为,由于 1975 年发生的征收不适用于《西班牙—智利 BIT》的实体条款,本案中需要讨论的是《西班牙—智利 BIT》生效之后发生拒绝司法和违反公平公正待遇条款的损害赔偿问题,依据只能是《西班牙—智利 BIT》第 4 条规定的公平公正待遇条款。由于申请人未能提供具有公信力的证据,仲裁庭认为依据第 43 号决定来确定赔偿数额是比较客观的。特别是,赔偿应当达到将申请人置于假设被申请人未曾违反条约的地位,即如果被申请人赔偿申请人,而不是未享有财产所有权的第三方,那么就

[1] J. Paulsson, *Denial of Justice in International Law*, Cambridge University Press 130(2005).

不违反公平公正待遇。所以,赔偿数额应当是第43号决定授予第三方的数额,即10,132,690.18美元。对于高斯印刷案所涉及的拒绝司法,则不需要进行额外的赔偿,因为印刷机属于公司的财产,该财产损失已经包含在对公司股份的赔偿之中。

不过,仲裁庭的上述推理被ICSID撤销程序临时委员会撤销。临时委员会认为,争端双方从未提出违反《西班牙—智利BIT》第4条(保障公平公正待遇)的仲裁请求,因而争端双方未被给予公平的机会来讨论违反《西班牙—智利BIT》第4条的救济,这构成《ICSID公约》第52条第1款d项规定的撤销裁决的理由;并且,仲裁庭的推理过程前后矛盾:仲裁庭一方面认为以征收为基础的计算方式是不相关的,另一方面又采纳了被申请人在第43号决定中的赔偿数额,该数额正是以征收为基础对损害赔偿的计算,此矛盾构成《ICSID公约》第52条第1款e项规定的撤销裁决的理由。故临时委员会撤销了仲裁裁决结论的第4段(损害赔偿部分)。

在重新裁决中,仲裁庭提出违反国际义务的损害评定有三个步骤:首先确定违约,之后确定违约引起的损害,最后确定恰当的损害赔偿数额。其中比较关键的是,违反条约和损害之间必须存在充分的因果关系,而申请人未能证明被申请人违反《西班牙—智利BIT》第4条直接充分地引起了任何实质性损害。最后,仲裁庭驳回了申请人的损害赔偿请求。

三、简要评析

本案前后持续20多年,是目前为止投资仲裁史上历时最长的案件。它涉及两个复杂的问题:一是原始征收行为发生在双边投资协定生效之前,但涉及原始征收行为的国内行政程序和司法程序发生在双边投资协定生效之后,仲裁庭是否具有管辖权?以及对何种行为具有管辖权?二是在违反双边投资协定公平公正待遇(拒绝司法)的情形下,损害赔偿该如何计算?

在分析第一个问题时,仲裁庭将其属时管辖权与条约实体义务的时际适用相区分,一方面确立了仲裁庭对双边投资协定生效之前征收行为的管辖权,另一方面在裁决中又拒绝条约实体义务的时际适用,驳回了申请人对双边投资协定生效之前征收行为的赔偿诉求,似乎有些矛盾。上述矛盾进一步体现在对第二个问题的分析中,即仲裁庭一方面反对以征收为基础计算违反公平公正待遇条款的损害赔偿额,另一方面其所依据的客观标准(第43号决定)正是基于对征收行为的补偿。该矛盾继续体现在重新裁决中,重新仲裁程序仲裁庭一方面确认遵循第一个裁决中对违约行为的确认(未被撤销),另一方面却驳回了申请人对损害赔偿的要求,其推理的核心为违约不等于损害,申请人未能证明违约与损害以及损害与赔偿数额之间的因果关系。以申请人未能完成其证明责任为由,重新仲裁程序仲裁庭回避了"违反双边投资协定公平公正待遇(拒绝司法)的情形下,损害赔偿该如何计算"的问题。

在其他诉称违反公平公正待遇的投资仲裁案件中,仲裁庭通常采纳违反征收条款的损害赔偿计算方法,认为在确定赔偿标准时,违反哪个条款并不重要,关键是对投资的影响。例如,在 CMS 诉阿根廷案中,仲裁庭认为采纳征收情形下的损害赔偿计算标准——所涉财产或投资的公平市场价值——是恰当的。[1] 该观点也得到部分学者支持。[2] 本案中,在仲裁庭确立管辖权并且确认东道国违反公平公正待遇情形下,投资者最终却未得到任何赔偿,或许这正是上述裁决矛盾之处的延续。

(编写者:武汉大学国际法研究所法学博士、贵州民族大学副教授　宁红玲)

---

[1] *CMS Gas Transmission Company v. The Argentine Republic*, ICSID Case No. ARB/01/8, Award, para. 410.

[2] See e. g. P. Y. Tschanz & J. E. Vinuales, *Compensation for Non-Expropriatory Breaches of International Investment Law*, Journal of International Arbitration, Vol. 26(5), p. 729-743(2009).

尤多罗·阿曼多·奥尔金
诉
巴拉圭共和国

仲裁案

案情概要

案名	尤多罗·阿曼多·奥尔金诉巴拉圭共和国仲裁案
案件裁判来源	http://www.italaw.com/cases/776
案号	ICSID Case No. ARB/98/5
当事人	申请人:尤多罗·阿曼多·奥尔金(秘鲁)
	被申请人:巴拉圭共和国
行业	货币金融服务
仲裁机构和仲裁地	国际投资争端解决中心,美国华盛顿特区
仲裁依据	《秘鲁与巴拉圭关于促进和相互保护投资的双边投资协定》(1994年)
适用的仲裁规则	《国际投资争端解决中心仲裁规则》
仲裁庭组成	首席仲裁员:Rodrigo Oreamuno Blanco
	仲裁员(申请人指定):Eduardo Mayora Alvarado
	仲裁员(被申请人指定):Francisco Rezek
日期	仲裁程序开始日期:1997年10月27日
	最终裁决发布日期:2001年7月26日
仲裁请求	申请人要求巴拉圭退还其投资的未付部分,连同对瓜拉尼从1995年6月至有效付款日期贬值的可适用的调整数、该金额的利息、因未能支付本金而产生的损害以及仲裁程序的费用
核心争议点	(1)申请人拥有双重国籍是否影响其享有获得仲裁的资格 (2)巴拉圭银行审查员在投资债券上的签字是否具有背书效力,从而为巴拉圭设立担保义务 (3)巴拉圭及其机构是否在监督La Mercantil的活动方面玩忽职守,以及这种疏忽是否导致该金融机构的业务暂停 (4)巴拉圭及其机构是否有违反"双边投资条约"规定的歧视性行为 (5)巴拉圭对奥尔金先生投资的行动是否等同于征用
仲裁庭主要结论	仲裁庭裁定,申请人拥有双重有效国籍这一事实没有争议,双重国家其中一个甚至两个国家对此人行使政治权利、公民权利、外交保护的责任以及其登记地址对确定任何此类权利的重要性的理解并不影响申请人拥有双重有效国籍这一合法事实。申请人的秘鲁国籍效力足以确定他不能被排除在BIT保护条款之外
裁决结果	支持东道国(一致裁定)
后续进展	无

Case Summary

Name of Case	Eudoro Armando Olguín v. Republic of Paraguay
Web Page	http://www. italaw. com/cases/776
Case Number	ICSID Case No. ARB/98/5
Parties	Claimant:Eudoro Armando Olguín
	Respondent:Republic of Paraguay
Industry	Monetary Financial Services
Administering Institution & Seat of Arbitration	ICSID;Washington,D. C. ,USA
Basis for Arbitration	Agreement between Paraguay and Peru for the Promotion and the Protection of Investments(1994)
Rules Used in Arbitral Proceedings	ICSID Arbitration Rules
Arbitrator(s)	Presiding Arbitrator:Rodrigo Oreamuno Blanco
	Arbitrator(Claimant's appointee):Eduardo Mayora Alvarado
	Arbitrator(Respondent's appointee):Francisco Rezek
Date	Date of Commencement of Proceeding:27 October 1997
	Date of Issue of Final Award:26 July 2001
Relief Request	The Claimant seeks to have the Republic of Paraguay refund him the unpaid portion of his investment,which as of June 30,from June 1995 to the effective payment date,the interest on that amount,over the same period,the damages incurred due to the failed payments of principal,and the costs of the arbitration proceedings
Key issues	(1) Whether Mr. Olguín has Peruvian nationality and if that nationality is effective,are to determine whether he has access to the arbitral jurisdiction based on the BIT (2) Whether the Bank Examiner of the Republic of Paraguay has the legal authority to obligate the Republic of Paraguay by extending a guaranty to pay the security (3) Whether the Republic of Paraguay and its agencies are negligent in supervising the activities of La Mercantil,and whether this negligence lead to the suspension of operations of that financial institution (4) Whether the Republic of Paraguay and its agencies engaged in discriminatory conduct,in violation of the provisions of the BIT (5) Whether the actions of the Republic of Paraguay in respect to Mr. Olguín's investment are the equivalent of expropriation

续表

Tribunal's Conclusions on Key Issues	The Tribunal concluded that there was no dispute regarding the fact that Mr. Olguín has dual nationality, and that both are effective. What one, or the other, or even both of his mother countries understand regarding, for example, the person's exercise of political rights, civil rights, the responsibility for his diplomatic protection and the importance of his registered address for determining any such rights has no bearing on the legitimate legal fact that Mr. Olguín effectively has dual nationality. To this Tribunal, the effectiveness of his Peruvian nationality was enough to determine that he cannot be excluded from the provisions for protection under the BIT
Award	In favour of State (Unanimous Verdict)
Follow-up Progress	None

一、案件事实

(一)投资事实

1993年11月3日,在巴拉圭中央银行任职的Pagliaro先生写给申请人(尤多罗·阿曼多·奥尔金先生)一封未带抬头的信,大致内容是一家名为"La Mercantil S. A. de Finanzas"的金融公司(以下简称La Mercantil金融公司)愿意给予申请人美元存款11%的年利率和瓜拉尼存款33%的年利率。Pagliaro先生还给申请人提供了巴拉圭中央银行有关La Mercantil金融公司及其行业排名的正式报告,以及La Mercantil金融公司总经理Tomás Rovira先生的电话联系方式。1994年3月16日,Pagliaro先生在给申请人的信中附上了一封简讯,内容是"……目的是让您了解La Mercantil金融公司及其市场动向"。1993年12月起,申请人陆续向巴拉圭转移了总额为125.45万美元的美元资金,并兑换成瓜拉尼货币,存入了La Mercantil金融公司。作为存款回报,申请人收到一些不断更新的投资债券(TDIs),这些债券除了一种,其余均以申请人的名义发行,并加盖了巴拉圭中央银行官员的签章。从1994年8月2日到1995年7月共发行了七笔债券,总额为24.07亿瓜拉尼,其中1994年8月2日向Canziani先生和申请人发行了第一笔编号06361的债券价值5700万瓜拉尼,除了向Canziani先生的那一笔债券外,其余债券包括向申请人发行的第一种债券,均附有巴拉圭一名中央银行官员的签名。1996年8月26日,除了那一笔向Canziani先生发行的没有巴拉圭央行官员签名的债券外,其他债券均由巴拉圭担保银行各偿付了4800万瓜拉尼。前述资金被用于资助建立巴拉圭一家玉米制品厂,该厂的所有者是巴拉圭超级零食公司(以下简称超级零食公司)。1994年5月25日,Pagliaro先生、Tomás Rovira先生(La Mercantil金融公司总经理)与申请人等一起在公证人和记录官Blanca Cilda núñez Noguera面前,签署超级零食公司的章程,Pagliaro先生与Tomás Rovira先生分别被任命为超级零食公司的副总裁和主任,并分别认购了12股价值100万瓜拉尼的股票。1994年7月26日,经Pagliaro先生安排,公司章程和法律地位获得批准。超级零食公司于1994年8月22日正式出现在巴拉圭商事登记簿上。1994年6月,名为"Análisis & Propuestas Consultores"的公司向申请人发送了一份关于玉米制品厂的"技术、经济和财务可行性研究报告"。根据该报告,该项目需要一笔14.26亿瓜拉尼的投资,其中

36.9%来自公司自有资金,63.1%来自银行资金。

1994年9月22日,巴拉圭工业和商业部第415号决议给予超级零食公司第60/90号法令规定的税收优惠。1994年12月18日,《秘鲁与巴拉圭关于促进和相互保护投资的双边投资协定》(以下简称《秘鲁—巴拉圭BIT》)生效,目的是创造和维持有利于国民相互投资的条件。1995年7月,以银行和其他金融机构为调整对象的第417/73号法令在巴拉圭生效,该法第66条规定:"在本法规定的情况下,一旦作出解散决定,巴拉圭中央银行应仅以清算为目的管理实体的资产和负债,并应向储蓄账户持有人提供旨在支付储蓄账户持有人的财政支持,并扣除与储蓄账户相对应的法定准备金"。1995年12月4日,巴拉圭立法机关批准了关于金融稳定复苏的第797号法令,将前述第417/73号法令第66条修改为:"一旦决定吊销金融机构的营业执照,巴拉圭中央银行应保证支付个人或法人在银行、金融公司和其他信贷机构中以本币或外币正式记录在该实体负债中的存款。"

(二)被诉行为

1995年7月14日,巴拉圭的金融体系处于经济危机中,La Mercantil金融公司暂停其业务,并停止支付投资债券。申请人代表自己和超级零食公司付出诸多努力,试图追回存入La Mercantil金融公司的资金。

(三)程序时间轴

・1997年10月27日,申请人根据《秘鲁—巴拉圭BIT》向ICSID提出仲裁申请,要求巴拉圭(以下简称被申请人)就其投资损失承担相应的担保赔偿责任。

・1998年5月21日,被申请人向ICSID提出管辖权异议,反对仲裁庭对申请人仲裁请求的管辖权。

・1999年4月16日,第一次仲裁庭会议举行宣布仲裁庭正式组成。

・1999年5月27日,申请人提交诉状。

・1999年8月2日,被申请人提交辩诉状,阐明了它对ICSID管辖权的反对意见。

・1999年8月31日,申请人就被申请人的管辖权异议提出答辩。

・1999年12月18日,被申请人提出答辩。

・2000年2月2日,申请人提出第二次答辩。

・2000年8月8日,仲裁庭经一致决议,驳回被申请人的管辖权异议。

·2001 年 3 月 11—13 日,仲裁庭举行案情审理听证会。

·2001 年 5 月 8 日,仲裁庭宣布审理程序结束。

(四)仲裁请求

1. 申请人的仲裁请求

申请人要求被申请人按投资债券中商定利率,退还其尚未偿付的部分投资(截至 1995 年 6 月 30 日为 24.07 亿瓜拉尼),连同瓜拉尼贬值的适用调整数,从 1995 年 6 月至有效付款日期,按投资债券中商定的利率计算的同期利息,因未能支付本金而产生的损失,以及仲裁程序的费用。

2. 被申请人的反对意见

被申请人在其辩诉状中,阐述了管辖权异议。被申请人认为,申请人的国籍是决定仲裁庭是否拥有管辖权的关键因素,也是审理事实部分的先决问题。申请人拥有美国和秘鲁的双重国籍,但根据秘鲁法律,拥有双重国籍的公民的户籍(登记住址)决定其具体权利的行使。而本案申请人居住在美国,因此被申请人认为申请人不受《秘鲁—巴拉圭 BIT》保护,申请人无法依据《秘鲁—巴拉圭 BIT》向 ICSID 请求仲裁。具体而言:

(1)申请人进行的交易并非“投资”;

(2)被申请人不知道申请人对巴拉圭的担保的存在;

(3)被申请人承认因系争事实,巴拉圭中央银行向申请人支付了一笔款项;

(4)申请人曾书面放弃就系争事实对巴拉圭当局提起任何进一步行动的权利;

(5)申请人已经启动司法程序,因此排除了提交《秘鲁—巴拉圭 BIT》规定的仲裁解决机制;

(6)被申请人与申请人之间不存在争议;

(7)双方当事人均未事先同意将争议提交 ICSID 仲裁。

(五)仲裁庭结论

仲裁庭裁定:

(1)驳回被申请人的管辖权异议;

(2)驳回申请人的所有请求;

(3)当事各方应负担诉讼费用的一半及其诉讼代表的全部费用。

二、主要法律争议

(一)仲裁庭对本案是否具有管辖权

1. 申请人的主张

申请人认为,仲裁庭对本案具有管辖权。首先,被申请人已经通过和秘鲁缔结 BIT 的方式,同意了 ICSID 的管辖权;其次,申请人进行的业务构成了《秘鲁—巴拉圭 BIT》和 ICSID 下的“投资”;最后,申请人从未就本仲裁中的请求诉诸巴拉圭司法体系。

2. 被申请人的主张

被申请人认为仲裁庭对申请人的仲裁请求无管辖权。除双重国籍下以户籍地决定申请人的具体权利行使这一理由外,被申请人还提出了以下理由:一是被申请人未同意接受 ICSID 管辖,一国只有在明确接受管辖的情况下才受到 ICSID 管辖,正如 ICSID 公约序言规定,“任何缔约国不得仅因其批准、接受或同意本公约而没有同意管辖的事实,而被视为有义务将任何特定争议提交调解或仲裁”;二是《秘鲁—巴拉圭 BIT》的签订也不代表被申请人在本案接受 ICSID 管辖,因为申请人进行的投机性金融投资不受《秘鲁—巴拉圭 BIT》的保护,这项“投资”也未事先得到投资所在国巴拉圭的认可,申请人运营的业务不属于《秘鲁—巴拉圭 BIT》项下的“投资”;三是申请人已经就其仲裁索赔向巴拉圭法院起诉,根据《秘鲁—巴拉圭 BIT》第 8 条第 3 款[1],其无权再以同一请求提交 ICSID 仲裁;四是根据巴拉圭国内法,申请人应先要求直接涉案的巴拉圭国家机构即巴拉圭央行承担主要责任,而被申请人即使需要承担责任,也是一种附属、次要责任。

3. 仲裁庭的裁定

仲裁庭认为,申请人是否有权依据《秘鲁—巴拉圭 BIT》提交 ICSID 仲裁的决定因素是其是否具有秘鲁国籍(或秘鲁国籍是否有效)。申请人具有美国和秘鲁双重国籍,是双方认可的事实。而美国或秘鲁对公民政治权利及公民权的行使、外交保护的责任、户籍对于行使前述权利的重要性等的理解,丝毫不影响申请人拥有两国国籍的合法法律事实。在双重国籍的外交保护方面,第三国不得援引国内法,以双重国籍人

[1] 《秘鲁—巴拉圭 BIT》第 8 条第 3 款规定,在寻求国家管辖救济的情况下,国民不得向本条第 2 款所指的国际仲裁提交案件,除非自申请的传票发出之日起 18 个月后,没有最终可执行的判决,且双方当事人协议停止司法程序,方能提交仲裁。

的户籍等理由,排除其两个母国的外交保护,而只有在其与某个母国之间的国籍无效时,才能排除该母国的外交保护。因此,申请人持有有效秘鲁国籍的事实,已经足以使其获得《秘鲁—巴拉圭 BIT》的保护和管辖。

仲裁庭经讨论,一致决议驳回被申请人的管辖权异议。理由如下:(1)1994 年 1 月 31 日巴拉圭与秘鲁签订 BIT,该事实已经构成了《ICSID 公约》第 25 条第 1 款所要求的书面同意;(2)申请人属于《秘鲁—巴拉圭 BIT》和《ICSID 公约》项下的“投资者”,且申请人在巴拉圭进行的交易包括在《秘鲁—巴拉圭 BIT》第 1 条所列“投资”清单[1]中,且 BIT 没有要求缔约国一方国民的投资必须事先得到其所在国的允许或承认;(3)没有证据表明申请人已就其在本仲裁中的请求,将被申请人诉至法院;(4)在管辖权审理阶段,被申请人管辖权异议的其他部分将和案件事实部分合并审理;(5)尽管申请人既有秘鲁国籍也有美国国籍,且居住在美国,但他有权得到《秘鲁—巴拉圭 BIT》保护,因为他拥有有效的秘鲁国籍。

(二)投资债券上的巴拉圭央行官员签名是否构成“背书”

申请人认为,其拥有的六笔债券上的来自一名巴拉圭中央银行官员的签名,构成了具有担保性质的“背书”,因此巴拉圭及其中央银行需对其投资债券未获偿部分承担担保义务。

仲裁庭认为,关于投资债券上的巴拉圭央行官员签名,只有债券登记作用,而不构成巴拉圭央行的“背书”,被申请人对债券没有担保义务。其一,这位官员没有依其签名就使巴拉圭央行承担对外担保的相关授权;其二,创设一种有别于既定法律体系内明确规定的担保形式,需要明确的法律授权。因此,尽管申请人声称本案的投资债券不同于存单,要想这些投资债券上的签名具有背书等担保效力,仍需要巴拉圭法律明确规定,而本案并没有相关法律规定。

(三)被申请人及其央行是否对 La Mercantil 金融公司疏于监管,并是否因此需对申请人遭受的投资损失承担担保义务

1. 申请人的主张

申请人认为,其在巴拉圭进行投资是受到巴拉圭央行发布的报告引诱,且被申请

[1] 《秘鲁—巴拉圭 BIT》第 1 条列举的“投资”包括但不限于:动产和不动产以及抵押权,留置权和质押权等财产权利;公司股份或其他类型的公司参与或合资企业;任何具有经济价值利益的货币收益和权利;知识产权和工业产权,特别是版权、专利、模式、公用事业、工业品设计和模型、品牌、商号、商业秘密、工艺流程、技术诀窍和关键价值;缔约方或其公共实体根据法律或合同给予的特许权,进行一项经济活动,包括探矿、勘探和开采特许权、开发自然资源等。

人及其央行对 La Mercantil 金融公司疏于监管,使得该公司受经济危机影响,不得不暂停业务,从而给申请人造成投资损失,因此被申请人及其央行应对申请人的投资损失履行担保义务。

2. 被申请人的主张

被申请人认为,La Mercantil 金融公司暂停其业务,除了受经济危机这个大背景的影响,也源于其管理者的违规行为。这种违规行为本应被巴拉圭央行发现、制止或制裁。因此巴拉圭央行存在疏于监管的过错。但这种过错,不代表其有偿付债券的担保义务,二者间没有因果关系。

3. 仲裁庭的裁定

仲裁庭认为,被申请人对 La Mercantil 金融公司的监管行为的确存在疏忽,但这种瑕疵不足以使被申请人承担偿付投资债券的担保责任。仲裁庭援引 Emilio Agustín Maffezini 诉西班牙案(ICSID Case NO. ARB/97/7)裁决称,“双边投资协定不是防止商业判断失误的保险单”。无论是《秘鲁—巴拉圭 BIT》还是巴拉圭国内法,甚至大多数国家的法律中没有任何一条规定东道国有义务向投资失败时的投资者偿付该投资成本,或规定对疏于监管金融机构的东道国实施经济制裁。况且申请人自身也具有过失,作为一名颇有成就的商人,申请人具有多年从商经验且不可能不了解巴拉圭正在遭遇经济危机,一个同等理性的投资者不会像申请人一样,仅因受到巴拉圭央行的报告吸引就进行投资,反而会因巴拉圭严重经济问题而持更加保守的态度,因此申请人“受巴拉圭央行报告引诱而投资”的说法难以令人信服,要求被申请人补偿其投机性金融投资损失的做法对被申请人不公平。

(四)被申请人及其央行是否存在 BIT 第 4 条第 2 款禁止的歧视性行为

申请人认为,被申请人及其央行对其的做法构成《秘鲁—巴拉圭 BIT》第 4 条第 2 款[1]禁止的歧视性行为。

仲裁庭认为,申请人并未成功证明被申请人存在歧视做法。相反地,被申请人为了恢复受经济危机影响的金融业,新出台的第 797 号令对第 417/73 号法令第 66 条进行了修改,使申请人等若干外国投资者待遇更为优惠。

---

[1] 《秘鲁—巴拉圭 BIT》第 4 条“保护、待遇和经济一体区”规定……(2)待遇:缔约方应确保另一缔约方投资者在本国境内的投资享受公平公正待遇,且这种待遇不应低于各缔约国商定的本国国民在其领土上进行投资的待遇或各缔约国对最惠国国民在其领土上进行投资所给予的待遇。

(五)被申请人对申请人的投资采取的行动是否构成“征收”

申请人认为,被申请人对其投资领域监管的不作为,使其遭受投资损失,这种不作为的效果等同于征收,从而违反了《秘鲁—巴拉圭 BIT》的规定。

仲裁庭不支持申请人的主张。征收指投资者被国家以作为的形式剥夺其财产所有权,且国家对此有支付相应对价的义务。而本案中被申请人没有积极的作为,只有疏于监管的不作为,因此不符合征收的“作为”要件,且申请人的投资并未被被申请人征收,申请人的投资损失只能归因于 La Mercantil 金融公司管理不当和巴拉圭金融业遭受的危机。

三、简要评析

本案涉及投资者具有双重有效国籍时相关 BIT 的适用、东道国政府官员在投资债券上的签字是否为东道国设立担保义务以及东道国是否因疏于监管本国金融企业而负有连带赔偿责任等问题,本案仲裁庭的核心观点,一是只要投资者具有有效的 BIT 缔约方国籍,无论其另一个国籍是否有效,或其定居何处,均可适用相应 BIT;二是担保物权具有法定性,在缺乏明确的法律规定时政府官员的签字不具有背书效力,更不能为政府设立担保义务;三是东道国疏于监管的行为固然具有瑕疵,但并不因此须向投资者就公司的违约行为承担连带赔偿责任。投资者在进行境外投资时,应对东道国的经济形势进行充分了解,尽量避免因金融危机等环境因素遭受损失而无人担责的情况。本案中,虽然仲裁庭承认被申请人的监督机构在监督金融市场方面玩忽职守,但仲裁庭认为,不采取行动不会引起征收索赔。本案中,仲裁庭对“征用”一词采用了限制性定义,认为“如果发生征用,必须有适当行动来产生剥夺受影响方所拥有的财产的效果,并直接或间接获得被征用财产的控制权”。因此,仲裁庭得出结论,国家机关的玩忽职守和疏忽大意的不作为,并不构成以“作为”方式为要件的征收行为。

(编写者:武汉大学国际法研究所 2019 级硕士研究生　胡安琪)

迈尔斯公司
诉
加拿大

仲裁案

案情概要

案名	迈尔斯公司诉加拿大仲裁案
案件裁判来源	https://www.italaw.com/cases/969
案号	无
当事人	申请人:迈尔斯公司
	被申请人:加拿大
行业	生态保护和环境治理业
仲裁机构和仲裁地	无(临时仲裁),加拿大多伦多
仲裁依据	《北美自由贸易协定》
适用的仲裁规则	《联合国国际贸易法委员会仲裁规则》(1976)
仲裁庭组成	首席仲裁员:J. Martin Hunter
	仲裁员(申请人指定):Bryan Schwartz
	仲裁员(被申请人指定):Edward C. Chiasson
日期	仲裁程序开始日期:1998 年 10 月 30 日
	最终裁决发布日期:2002 年 12 月 30 日
仲裁请求	申请人请求加拿大因违反 NAFTA 有关条款对其进行损害赔偿
核心争议点	加拿大关于多氯联苯出口的临时指令和最终指令是否违反 NAFTA 第 1102 条的国民待遇义务
仲裁庭主要结论	申请人在加拿大有投资,争议措施与投资有关,临时指令和最终指令违反 NAFTA 第 1102 条与第 1105 条,但并未违反第 1106 条与第 1110 条
裁决结果	支持投资者(多数裁定)
后续进展	加拿大总检察长寻求对 NAFTA 的仲裁裁决进行司法审查,但被联邦法院驳回

Case Summary

Name of Case	S. D. Myers, Inc. v. Government of Canada
Web Page	https://www.italaw.com/cases/969
Case Number	None
Parties	Claimant: S. D. Myers, Inc.
	Respondent: Canada
Industry	Ecological Protection and Environmental Governance
Administering Institution & Seat of Arbitration	Not applicable(ad hoc arbitration); Toronto, Canada
Basis for Arbitration	NAFTA
Rules Used in Arbitral Proceedings	UNCITRAL Arbitration Rules(1976)
Arbitrator(s)	Presiding Arbitrator: J. Martin Hunter
	Arbitrator(Claimant's appointee): Bryan Schwartz
	Arbitrator(Respondent's appointee): Edward C. Chiasson
Date	Date of Commencement of Proceeding: 30 October 1998
	Date of Issue of Final Award: 30 December 2002
Relief Request	The Claimants seeks compensation for Canada's violation of NAFTA Articles
Key Issue	Whether the Interim Order and the Final Order implemented by Canada violate its national treatment obligation under NAFTA Article 1102
Tribunal's Conclusions on Key Issue	Interim Order and the Final Order were in breach of Articles 1102 and 1105 of the NAFTA, but were not in breach of Articles 1106 or 1110 of the NAFTA
Award	In favour of Investor(Majority Verdict)
Follow-up Progress	Attorney General of Canada sought judicial review of the NAFTA arbitration awards, which was dismissed by Federal Court

一、案件事实

(一)投资事实

1965 年,Stanley Myers 先生在美国俄亥俄州的 Tallmadge 地区创办企业,并逐渐成为该地区最大的两家企业之一。此后,Stanley Myers 先生将该企业的所有权交给他的四个儿子,其中长子 Dana Myers 在引起此次仲裁的事件发生时担任迈尔斯公司(以下简称申请人)的首席执行官。自 19 世纪 80 年代起,该公司主要业务是多氯联苯(PCB)修复。90 年代起,该公司将业务扩展至加拿大市场。加拿大项目主要是在当地获取 PCB 废物并运送至申请人在美国的设施进行处理。其设想是加拿大公司在美国签订废物处理合同,而迈尔斯加拿大公司(Myers Canada)从合同中获得一定报酬。申请人在美国本部的员工也参与了此活动。1990 年,面对管制和政策压力,申请人开始争取从加拿大进口含 PCB 材料的电力变压器和其他设备的必要许可。申请人通过一个可免费使用的电脑数据库了解了加拿大境内的 PCB 存货清单,且知道其有能力与加拿大危险废物处理行业竞争。1993 年,Myers Canada 公司在加拿大成立。针对美国和加拿大出台的相关政策,申请人开始进行游说,向美国环保局提出大量申请,并且与加拿大环境部作出许多交涉。然而加拿大对此十分敏感,在 1995 年一项申请人对国会提问的回复中,加拿大环境部部长表示:"政府的立场是,对 PCB 的处理应当由加拿大人在加拿大进行。"[1]但从 1990 年至 1995 年秋,申请人为了实现用其美国的设施修复 PCB 的目标,通过其自身及 Myers Canada 的员工与加拿大的 PCB 持有者缔约。

(二)被诉行为

1995 年 10 月 26 日,美国环保局向申请人颁布了一项在 1995 年 11 月 15 日至 1997 年 12 月 31 日有效的执行决定(enforcement discretion),允许申请人从加拿大进口 PCB 及其废物至美国进行处理。此后,另外 9 家美国公司也被授予了此类执行决定。然而,此类决定事前并未经过美国和加拿大之间的政府间磋商。在美国环保部(EPA)向申请人颁布执行决定后,加拿大政府内部召开会议对此进行讨论。加拿大国内的危险废物分解行业也开始了游说战略,试图说服政府维持边界的关闭状态以阻

---

[1] *S. D. Myers, Inc. v. Government of Canada*, Partial Award, para. 116.

碍 PCB 出口。1995 年 11 月 16 日,加拿大环境部部长签署了一项《关于 PCB 废物出口条例临时指令》(以下简称《临时指令》),禁止 PCB 从加拿大出口,并在此后补足了此指令的程序瑕疵。根据加拿大法律,《临时指令》须在 14 天内获得加拿大枢密院同意。枢密院办公室在召开了两次会议后同意了前述《临时指令》。1995 年 2 月 26 日,加拿大将《临时指令》转化为《PCB 废物出口条例》(PCB Waste Export Regulations),禁止 PCB 废物的商业性出口。1997 年 2 月,加拿大通过进一步修改《PCB 废物出口条例》开放了边境。边境开放后,投资者签署了 7 项合同,约定将 PCB 和 PCB 废物材料从加拿大出口到美国,由申请人处理。但 1997 年 7 月,由于美国上诉法院第九巡回法院的决定,加拿大再次禁止了对 PCB 和 PCB 废物材料的出口。所以,在加拿大和美国发生的系列事件总体上导致本案争议物质的跨境运输只在 1997 年 2 月至 7 月——大约 5 个月,是开放的。

(三)程序时间轴

· 1998 年 7 月 22 日,申请人递交了提交仲裁意向的通知,并选择 1976 年《UNCITRAL 仲裁规则》作为仲裁规则。

· 1998 年 10 月 30 日,申请人根据《UNCITRAL 仲裁规则》第 3 条递送了仲裁通知,仲裁程序正式启动。

· 1999 年 3 月 24 日,仲裁庭向争议双方发布程序事项议程,以确定双方关于仲裁整体程序的同意。

· 1999 年 5 月 28 日,仲裁庭发布了第 1 号程序令(建立仲裁程序的整体框架)和第 2 号程序令(处理争议双方就仲裁准备文件的保密性)。

· 1999 年 6 月 3 日,仲裁庭成员之一 Rae 先生因此前曾作为登记的游说者缺乏独立性而向 ICSID 秘书长辞职。

· 1999 年 6 月 24 日,加拿大(以下简称被申请人)指定 Edward C. Chiasson Q. C. 先生为仲裁员。

· 1999 年 7 月 20 日,申请人提交了备忘录和对被申请人答辩状的回复。

· 2000 年 1 月 24 日,仲裁庭通过第 14 号程序指令发布了关于聆讯期间、盘问时限、律师开案陈述等事项的补充指示。

· 2000 年 2 月 14—16 日,实质性庭审在多伦多进行。

· 2000 年 11 月 13 日,仲裁庭发布部分裁决。

· 2001 年 1 月 16 日，申请人递交损害摘要及有关仲裁第二阶段的程序时间表。

· 2001 年 6 月 21 日，关于案件未来安排的会议在多伦多召开，仲裁庭成员、争议双方及其专家参会。

· 2001 年 9 月 21—26 日，仲裁第二阶段庭审在多伦多召开。

· 2002 年 10 月 21 日，仲裁庭发布第二部分裁决。

· 2002 年 12 月 30 日，仲裁庭针对争议双方之间的费用分配发布最终裁决。

(四) 仲裁请求

1. 仲裁申请人的仲裁请求

申请人请求仲裁庭裁决：

(1) 被申请人因出台和实施《PCB 废物出口条例》，违反了 NAFTA 第 1110 条；

(2) 被申请人因出台和实施《PCB 废物出口条例》，违反了 NAFTA 第 1105 条；

(3) 被申请人因出台和实施《PCB 废物出口条例》，违反了 NAFTA 第 1102 条；

(4) 被申请人因出台和实施《PCB 废物出口条例》，违反了 NAFTA 第 1106 条，且该项违反并不能因第 1106 条第 6 款被正当化；

(5) 基于被申请人对 NAFTA 前述义务的违反，被申请人有责任赔偿投资者，数额由本仲裁损害确定阶段确定；

(6) 仲裁庭作出由被申请人承担所有诉讼费用，包括申请人的费用及支出的命令。[1]

2. 被申请人的仲裁请求

被申请人请求仲裁庭驳回申请人的请求，并判令申请人支付被申请人在抗辩请求的过程中产生的费用，包括但不限于法律费用、咨询费用、专家费用及支出、差旅费和行政费用及仲裁费用。[2]

(五) 仲裁庭结论

第一部分裁决结论为：

(1) 本案中被申请人颁布的《临时指令》与《最终指令》与一方"投资者"及其"投资"有关；

(2) 申请人是"投资者"且在加拿大进行了"投资"；

---

[1] *S. D. Myers, Inc. v. Governmentof Canada*, Memorial of the Investor (Initial Phase), paras. 247-252.

[2] *S. D. Myers, Inc. v. Government of Canada*, Respondent's Counter-Memorial, para. 469.

(3)《临时指令》与《最终指令》违反了 NAFTA 第 1102 条与第 1105 条;

(4)《临时指令》与《最终指令》并未违反 NAFTA 第 1106 条或第 1110 条;

(5)申请人的请求没有因不符合 NAFTA 第 11 章以及 NAFTA 其他任何规定而受阻;

(6)被申请人应当对申请人已经从法律上论证的由被申请人违反 NAFTA 第 1102 条及第 1105 条义务直接导致的经济损害进行赔偿,其数额应当根据本裁决中确认的原则在仲裁第二阶段计算。与《UNCITRAL 仲裁规则》第 38 条、第 40 条有关的费用问题将被推迟到最终裁决进行裁判。

第二部分裁决结论为:

(1)被申请人应向申请人赔偿因被申请人违反 NAFTA 第 11 章义务而遭受的损失或损害,金额为 6,050,000 加元;

(2)被申请人应向申请人支付自仲裁通知之日起至裁决支付日止按加拿大最优惠利率加 1%计算的利息(按年复利计算);

(3)有关费用以及必要情况下利息计算的所有问题,均应推迟到仲裁庭的最终裁决中。

最终裁决结论为:

(1)根据《UNCITRAL 仲裁规则》第 38 条 a~f 款,被申请人应当向申请人支付共计 350,000 加元的仲裁费用;

(2)根据《UNCITRAL 仲裁规则》第 38 条 e 款,被申请人应当向申请人支付其法律代理与协助费用共计 500,000 加元;

(3)被申请人应向申请人支付自仲裁通知日起至裁决支付日止按加拿大最优惠利率加 1%计算的利息(按年复利计算)。

二、主要法律争议

(一)申请人是否在加拿大拥有 NAFTA 项下的“投资”

1. 申请人的主张

申请人认为其属于 NAFTA 缔约方的国民,而申请人及其在加拿大的集团成员公司——迈尔斯加拿大公司构成 NAFTA 第 1139 条的投资。首先,申请人本身构成 NAFTA 第 1139 条的“企业”。因为在 1992—1997 年,它在加拿大有经营活动,它的员工在迈尔斯加拿大公司工作。另外,申请人还以合资企业形式和其关联公司迈尔斯加拿大公司合作经营,包括 PCB 废物修复在加拿大的销售、市场营销、分销和预加工。申请人作为跨境经营实体,在美国和加拿大都有正在进行的业务,其中在加拿大的业务经营足以证明其是 NAFTA 第 1139 条所包含的“投资”。其次,申请人还拥有资本投入的收益。申请人以贷款、普通股投资形式对迈尔斯加拿大公司投入了资本,这些构成“产生于在另一缔约方领土投入资本或其他资源的收益”,构成 NAFTA 第 1139 条的“投资”。另外,迈尔斯加拿大公司是一家根据加拿大法设立并在安大略省和魁北克省经营的企业。NAFTA 所定义的投资包括企业所有者有资格在企业解散时分配企业资产的利益,这也构成适格投资。

2. 被申请人的主张

被申请人主张申请人在加拿大没有投资受到《临时指令》的决定性影响或遭受损失。证据表明,迈尔斯加拿大公司参与的是其他活动,并非申请人的“企业”。申请人也并非迈尔斯加拿大公司的“所有者”,不享有在迈尔斯加拿大公司解散时分配资产的利益。申请人也没有通过 NAFTA 第 11 章所认可的合同类型做出资本或其他资源的投入。申请人和迈尔斯加拿大公司之间不存在满足 NAFTA 中“企业”定义要求的合资企业。即使迈尔斯加拿大公司是申请人的关联企业,也没有证据表明后者对前者有任何贷款。

3. 仲裁庭的裁定

鉴于双方都同意申请人是缔约方的国民,但被申请人主张申请人没有在加拿大投资,仲裁庭考察了 NAFTA 第 11 章 C 节的投资定义。仲裁庭认为,证据表明申请人对迈尔斯加拿大公司有贷款,申请人有权期待获得收入或利益分配。事实上,迈尔斯加拿大公司也向申请人投入了一些服务。迈尔斯加拿大公司无疑是“企业”,虽然被申请人主张其并不受申请人直接或间接所有或控制,而是由迈尔斯家族的四位成员共同所有的,且他们还拥有申请人不同比例的股份,但仲裁庭通过考察 NAFTA 的目标以及缔约方根据这些目标解释和适用 NAFTA 规定的义务,决定对一项实体请求仅因申请人为了开展经营事项所采用的公司架构而失败的理由不予接受。仲裁庭认为,这一点可以通过 NAFTA 投资定义条款中的“间接”一词得到印证。基于证据和对 NAFTA 的解释,仲裁庭裁决申请人是符合 NAFTA 第 11 章目标的“投资者”,且迈尔斯加拿大公司的投入属于“投资”。对于申请人提出的,如申请人与迈尔斯加拿大公司是合资企业等其他支撑起请求的基础问题,仲裁庭认为没有必要再讨论。

根据前述解释规则,仲裁庭未采纳被申请人将申请人排除在“投资”范畴之外的解释。仲裁庭认为,NAFTA 的条约宗旨与其中“间接”这一用词均说明了一项具有实质意义的请求不能仅因原告的公司架构而不被支持。

(二)争议措施是否与投资有关

1. 申请人的主张

申请人主张,PCB 废物出口禁令涉及被申请人在大约 3 个月的特定时期内为修订《PCB 废物出口条例》而采取的 4 项行政行为,包括 1995 年 11 月 16 日环境部签署《临时指令》,1995 年 11 月 20 日环境部重新签署了《临时指令》,1995 年 11 月 28 日联邦内阁临时批准了《临时指令》,1996 年 2 月 26 日《关于 PCB 废物出口条例的最终指令》(以下简称《最终指令》)获得联邦内阁最终批准。这 4 项政府行为构成本仲裁请求的“措施”。表面上看,《临时指令》所修订的《PCB 废物出口条例》针对的是商业经营以及经营此类投资的人,所以该措施与投资者和投资有关。但是被申请人有观点认为 NAFTA 投资章节涵盖“影响”另一缔约方投资、另一缔约方投资者以及出于第 1106 条和第 1114 条目的的投资所有相关措施。并且被申请人知道其 PCB 废物出口措施将违反 NAFTA,干扰在加拿大的投资者及其投资的商业活动。在被申请人答辩陈述的第 38 段,其主张 NAFTA 第 3 章和第 11 章存在冲突。但申请人认为,二者之间并不存在冲突,NAFTA 第 3 章禁止诸如 PCB 废物出口禁令在内的出口限制,而 NAFTA 第 11 章并不阻止缔约方采取这些措施,只是其要求缔约方在这种措施违反投资章节义务时,需要补偿受损害的投资者。被申请人在答辩陈述中还提出,《PCB 废物出口条例》中与货物贸易有关的措施只能适用 NAFTA 的第 3 章。但是,申请人认为条约义务是可以重叠的,即使仲裁庭认为被申请人的该措施适用于货物贸易,也并未解除被申请人对投资者的待遇义务。所以同时影响货物和投资的措施有可能触犯 NAFTA 第 3 章和第 11 章的义务。

2. 被申请人的主张

被申请人并不否认《临时指令》是 NAFTA 第 201 条意义上“措施”,但主张该措施与申请人或其在加拿大的投资并不相关,而 NAFTA 第 1101 条将第 11 章的适用范围限定于缔约方采取或维持的与另一缔约方投资者或另一缔约方投资者在其领土内的投资有关的措施。对于申请人提出的仅仅影响投资者或投资的任何措施都属于第 11

章的适用范围,被申请人认为这种宽泛解释不符合条文、上下文、NAFTA 第 1101 条或 NAFTA 的目标、目的和第 11 章内容。因为第 1101 条规定的措施应当“有关于”(relate to)投资者或投资而非仅仅影响(merely affect)。如果 NAFTA 缔约方的意图是“仅仅影响”,那就会进行明确的相关规定。NAFTA 缔约方不可能将每一项普遍适用但对投资者或其投资只有微弱或偶然影响的规制措施都作为可能产生第 11 章请求的措施,否则政府会被仲裁请求所湮没。这有违 NAFTA 序言所表达的缔约方意图,即保留它们保护公共福利的灵活性,促进可持续发展并以符合环境保护和保存的方式保证可预期的投资商业框架。而且,如果仲裁庭采纳了申请人的宽泛解释,那么所有与货物和服务有关的措施也会构成与投资者或投资有关的措施,即使是反倾销税的征收等关税措施,只要仅仅影响了投资者或投资,也会受到第 11 章的诉请。本案中,《临时指令》显然是与货物贸易有关的边境措施,不能适用于投资者或投资。它们也许会对申请人及其所称投资有偶然性的影响,但并未证明产生第 11 章所规定的请求。对于申请人所提出的被申请人在其条例所附规制影响分析说明中所承认的《PCB 废物出口条例》的制定直接与投资者和投资相关,被申请人认为虽然美国环保局授予美国公司执行决定是被申请人作出《临时指令》的导火索,但该措施是根据被申请人在《巴塞尔公约》下的义务而采取的,是为了解决与 PCB 在加拿大和美国的跨境运输有关的问题。该措施与申请人本身或其所称的加拿大投资没有关系。所以该争议措施并非与投资或投资者有关,不属于第 11 章的适用范围。

3. 仲裁庭的裁定

仲裁庭首先回顾 NAFTA 第 1101 条关于第 11 章适用范围内措施的规定,认为进口禁令要与申请人及其在加拿大的投资“有关”的要求是容易满足的。申请人对实施其加拿大经营的计划的预期引起了出口禁令,出口禁令产生是明确针对申请人及其投资的经营的。仲裁庭认为明确了这一点,就可以满足本案责任的直接目的处理中“有关”的要求了。而被申请人提出争议措施与 NAFTA 第 3 章的货物贸易有关,所以要求并不满足。仲裁庭结合 WTO 争端解决机构专家组在“韩国奶制品”案中作出的解释认为,NAFTA 章节是“单一承诺”。除非存在互相冲突的倾向,否则原则上没有理由不遵从 WTO 体系中将不同规定视为“累积”和相互补充的规定。而且这一点也得到了波普与塔尔博特诉加拿大仲裁案[1](以下简称波普案)仲裁庭的承认。正如该

[1] 参见本书案例 21。

案仲裁庭给出的说理:没有理由认为一项涉及货物的措施不可以是与投资者或投资有关的措施。在本案中《临时指令》和《最终指令》与申请人的活动之间存在清楚的因果关系,指令是为阻止申请人处理的 PCB 出口而设计的。如果申请人能够满足将其归为投资者的要求,并且能够证明该措施与它或其投资有关,则第 11 章适用。

(三)《临时指令》与《最终指令》是否违反 NAFTA 第 1102 条的国民待遇义务

1. 申请人的主张

申请人主张,根据 NAFTA 第 1102 条第 2 款,对于其他 NAFTA 缔约方投资者的投资,加拿大应在其管辖权范围内,在投资设立、收购、扩张、管理、开展、运营、销售或其他处置方面给予在类似情况下对加拿大投资者投资的相同待遇。实质上而言,国民待遇义务保证了国内外所有公司被东道国平等、无歧视地对待。但《临时指令》和《最终指令》构成针对申请人及其在加拿大的投资的变相歧视,违反了 NAFTA 第 1102 条。具体而言,申请人认为,被申请人在准备措施并使其生效时,非常清楚申请人在加拿大运营并寻找在美国加工、分配和处理被 PCB 污染的废物。被申请人在 1995 年 11 月 20 日发布《临时指令》,很显然知道出口禁令会影响申请人及其在加拿大的投资。该《临时指令》是一项旨在禁止美国 PCB 废物处理公司将加拿大 PCB 废物向美国出口的、清晰且直接的政府措施。这是对作为在加拿大市场积极运营和竞争的美国投资者的歧视。当申请人被禁止开展出口 PCB 污染废物业务的时候,加拿大公司获得了更好的待遇,可以不受干扰地在加拿大开展业务。因此,申请人主张,被申请人给予加拿大废物处理公司更好的待遇违反了 NAFTA 国民待遇义务。

2. 被申请人的主张

被申请人认为即使申请人在加拿大有投资,其也未违反 NAFTA 第 1102 条的国民待遇义务。鉴于当时没有关于该条解释的 NAFTA 案件,被申请人认为必须根据条文的上下文,作出符合缔约方意图的原意解释。被申请人提议采用下列具体测试来审查是否存在第 1102 条的违法行为:第一,是否存在另一缔约方的投资和投资者?第二,在类似情况下的加拿大投资是什么或是谁?第三,争议措施是否在投资设立、收购、扩张、管理、行事、运营、销售或其他处置方面给予投资或投资者更不利的待遇?首先,被申请人认为第 1102 条的国民待遇义务只适用于在加拿大国内的投资,如果仲裁庭同意迈尔斯加拿大公司构成申请人在加拿大的投资,则应当注意到该公司只不过是一个空壳公司,其在加拿大并无工业、商业或办公场所以及实体的人员。该公司最多是参与询价和代表申请人报价,从未参与 PCB 修复,在加拿大也没有 PCB 修复设施或设备。如果仲裁庭认定美国迈尔斯公司在加拿大的投资限于其对迈尔斯加拿大公司的贷款,那么国民待遇义务只能就这一点进行审查。显然,争议措施对于该贷款或美国迈尔斯公司扩张、管理、进行、经营或出售其贷款没有影响。其次,关于类似情形(like circumstances),根据其原意可以解读为“相似情形”(similar circumstances)。申请人主张“类似情形”应当被解释为在相同部门经营的所有投资者或投资,但被申请人考察申请人所援引的“加拿大期刊措施”案上诉机构对于“同类产品”的界定以及 OECD1993 年发布的对《国际投资和跨国企业宣言》中的“同类情形”概念的报告,认为申请人所援引的案件和材料都不允许这种对“类似情形”的极端宽泛解释。被申请人认为,如果迈尔斯加拿大公司参与了 PCB 毁坏,其将与参与这些活动的加拿大投资者处于“类似情形”。但事实并非如此,申请人在加拿大的投资与和其比较的公司并不处于“类似情形”,因为迈尔斯加拿大公司和加拿大 PCB 废物处理公司并没有参与同类商业活动或经营。迈尔斯加拿大公司的经营只能与其他经纪公司或销售公司进行比较。最后,关于更加不利的待遇,被申请人认为:一方面,《临时指令》是一项普遍适用于所有 PCB 出口公司的条例,没有特别针对国籍或所有权。所以该措施不具有任何法律上对外国人的歧视。另一方面,申请人没有证明《临时指令》在事实上对美国迈尔斯公司扩张、管理、进行、运营或销售迈尔斯加拿大公司的能力产生任何影响,也没有证明《临时指令》对迈尔斯加拿大公司产生任何影响。在《临时指令》出台后,迈尔斯加拿大公司不仅持续开展经营,而且收入继续增长。申请人也没有证明《临时指令》给予其他类似加拿大投资更有利的待遇。因此,被申请人遵守了 NAFTA 第 1102 条的义务。迈尔斯加拿大公司和申请人在加拿大的投资没有得到与国内投资或投资者在类似情形下不同或更加不利的待遇。

3. 仲裁庭的裁定

首先,仲裁庭回顾了 NAFTA 第 1102 条第 1 款和第 2 款,其中均使用了“类似情形”一词。在考虑“类似情形”的含义时,仲裁庭认为有必要考察该词语所出现的整体法律文本上下文。而第 1102 条的上下文包括 NAFTA 的各种规定、它的伙伴协定《北美环境合作协定》(NAAEC)以及 NAAEC 所确认的原则(包括《里约宣言》)。其次,NAFTA 的缔约方全都是 OECD 成员国。仲裁庭认为,第 1102 条“类似情形”的解释必须考虑 NAFTA 上下文中出现的一般原则,包括对环境的关切和避免不能被环境关切所正当化的贸易扭曲的需求。仲裁庭进而采纳了申请人的观点,即“类似情形”概念要求审查诉请更加不利待遇的非国内投资者是否与国内投资者处于相同“部门”。而“部门”的含义广泛,包括“经济部门”和“商业部门”。仲裁庭认为,从商业角度来看,很显然申请人和迈尔斯加拿大公司以及加拿大的经营者,如 Chem-Security 和 Cintec 是处于“类似情形”的,它们都参与提供 PCB 废物修复服务。正是因为申请人以更有利的价格和更多经验与可信度夺走了加拿大竞争者的业务,Chem-Security 和 Cintec 才在美国当局开放边境时游说环境部禁止出口。最后,仲裁庭考察了加拿大政府国民待遇与保护主义的动机,认为在分析一项措施是否有违国民待遇规则时,须考虑两个因素:第一,该措施的实际影响是否为本国国民创设了比非国民不合比例的利益;第二,该措施表面上是否偏向于其国民而不是受相关条约保护的非国民。因为希望未来在加拿大能保持处理 PCB 的能力,被申请人一定程度上关注对其工业经济实力的保证。这是一项合法且符合《巴塞尔公约》政策目标的目标。被申请人为了实现这一目标可以采取的合法方式有很多,但不包括使用《临时指令》和《最终指令》阻止申请人出口 PCB 到美国处理。其直接的动机可以理解,但方式违反了被申请人根据 NAFTA 所承担的国际承诺。综上,仲裁庭认定《临时指令》和《最终指令》的发布构成对 NAFTA 第 1102 条的违反。

(四)被申请人是否违反 NAFTA 第 1105 条的最低待遇标准

1. 申请人的主张

申请人主张被申请人违反 NAFTA 第 1105 条(最低待遇标准)。申请人认为,根据 NAFTA 第 1105 条第 1 款,被申请人有义务赋予美国或墨西哥投资者国际法的待遇。这一条款是为了作出可以区别于国内法标准的投资待遇标准。国家实践和国际性法院已经确立一项必须基于外国人及其投资的习惯国际法标准。NAFTA 第 1105 条中的“最低待遇标准”则在最低标准上引进了正当程序、自然正义要求。另外,善意义务是一项基本的国际法原则,要求国家以符合条约义务的方式行事。因此在本案中,被申请人有义务在规制上遵守第 1105 条的义务,赋予投资最低待遇标准,包括公平公正的待遇。被申请人至少在答辩陈述中承认,最低待遇标准包括善意行事、以符合规制程序和加拿大国内法的形式执行措施的义务。善意义务还确保被申请人不能恶意地行使主权权力来伤害或损害投资。申请人主张,被申请人作出出口禁令,没有赋予申请人及其投资者国际法的待遇,违反了第 1105 条。且被申请人制定出口禁令是以歧视性和不公正的方式作出的,构成司法拒绝,违反国际法上的善意原则。

2. 被申请人的主张

被申请人反驳称其没有违反 NAFTA 第 1105 条。首先,被申请人认为,国际法的最低待遇标准并没有一个统一的定义,且最低待遇标准的内容根据情况和事实的变化可能发生改变。得到普遍同意的是,当一国给予外国人的待遇与其赋予本国国民的待遇一致时,其对外国人的保护可能满足最低待遇标准的要求。NAFTA 第 1105 条必须在上下文中根据整个 NAFTA 和第 11 章的其他规定一起解读。通过这种方法,第 1105 条必须比其在习惯国际法语境下或者被纳入通常没有 NAFTA 那么详细的投资条约中时受到更多限制。第 1105 条不能延伸到减弱 NAFTA 中的其他义务,所以其只能适用于政府在对待投资时非常严格的司法拒绝、重大过失或恶意的情况。对于申请人提出的被申请人在作出《临时指令》时有义务咨询投资者的主张,被申请人认为国际法的最低待遇标准没有规定国家在进行规制时有义务咨询所有利害当事方。最低待遇标准中与国家规制权有关的程序性义务没有加拿大国内法中的那么严格。在本案中,《临时指令》遵守了 1995 年《加拿大环境保护法》(CEPA)第 35 节的规定,足以证明其没有违反 NAFTA 第 1105 条。其次,对于申请人提出的在《临时指令》生效之前,加拿大联邦政府受到游说,被申请人认为这一事实并不构成对最低待遇标准的违反。游说只是加拿大和美国立法程序中普通的一部分,申请人可以且事实上也直接向环境部部长及其部门开展了活动,并间接鼓励其他人支持它。另外,对于申请人提出的被申请人非出于善意作出《临时指令》,被申请人反驳称在国际法中决定是否存在恶意时不能假定恶意。被申请人作出《临时指令》有合法的关切和合理的理由,仲裁庭应当认定不存在恶意。

3. 仲裁庭的多数决

仲裁庭认为 NAFTA 的最低待遇标准规定与 BIT 中的条款类似。为了避免可能的差距,有必要包含"最低标准"规定。毕竟政府可能以严厉、有害和不公的方式对待投资者,而并未区别于施加于自己国民的待遇。所以即使政府没有采取歧视性行为,外国投资者待遇也不得低于"最低标准"这一底线。第 1105 条第 1 款表达的是一个整体概念,必须与引言中的"符合国际法的待遇"相结合来进行解读。仅当有证据表明外国投资者受到不公正或武断的对待,以至于这种待遇上升到在国际上不可接受的程度时,才发生违反第 1105 条的行为。这一决定的作出必须根据国际法通常给予国内机关在其境内规制事项的高度尊重,并考虑任何可能适用的特定国际法规则。若东道国违反专为保护投资者而设计的国际法规则,会倾向于对确定一国违反第 1105 条产生重大影响。关于“最低标准”的范围,Mann 博士认为:“公平公正待遇的权利远远超出了最惠国待遇和国民待遇权利……如此普通的一项规定可能几乎足以涵盖所有可想象的情形,完全可能的是,提供实体保护的协定规定不过是这一最高义务的具体示例。”仲裁庭并不排除可能存在对 NAFTA 国民待遇条款的否定不必然违反最低待遇条款的可能性,但仲裁庭多数成员认为基于本案事实,违反第 1102 条的行为本质上也确立了违反第 1105 条的行为。最终,仲裁庭多数成员认为《临时指令》和《最终指令》的作出违反了 NAFTA 第 1105 条。

4. 少数仲裁员的意见

被申请人指定的仲裁员 Chaisson 先生认为,对违反第 1105 条的认定必须基于已被证明未满足国际法的公平公正要求的事实,并且违反 NAFTA 的其他规定不构成违反第 1105 条的依据。NAFTA 的用语并不支持 Mann 博士所认为的违反第 1105 条的行为以违反第 11 章另一规定的行为为基础的观点。基于本案的事实,已被证明的是被申请人的行为并没有违反第 1105 条。

(五)被申请人是否违反 NAFTA 第 1106 条的履行要求条款

1. 申请人的主张

申请人主张,被申请人的出口禁令违反了 NAFTA 第 1106 条。因为在法律效果上该出口禁令要求申请人在加拿大开展其计划业务的主要部分,即在加拿大进行 PCB 的物理处理,并以此作为其在加拿大经营的条件之一。如果这样规定,申请人实际上被要求消耗加拿大的产品和服务。而 NAFTA 第 1106 条规定缔约方不能施加或实施与另一缔约方或非缔约方投资者在其领土内的投资设立、收购、扩张、管理、开展或经营有关的履行要求(performance requirement)。

2. 被申请人的主张

被申请人提出,一方面,第 1106 条所禁止的是为实现一定程度或比例的当地成分或赋予本国产品或服务优势或其他列举事项而施加或实施积极性要求或承诺;另一方面,NAFTA 第 1106 条的履行要求必须针对或与投资的设立、收购、扩张、管理、开展或运营有关。而在 NAFTA 第 1106 条第 1 款所列举的七项被禁止的履行要求中并不包括出口禁止。对于申请人的主张,首先,申请人的指控非常模糊,没有解释《临时指令》如何对迈尔斯加拿大公司施加了任何与在加拿大的投资有关的义务或《临时指令》的要求是什么。其次,《临时指令》禁止临时出口加拿大 PCB 至美国没有施加第 1106 条所禁止的要求。更明确地说,该禁令没有对迈尔斯加拿大公司的经营施加任何程度的当地成分要求。申请人也没有证明该禁令如何与申请人在加拿大的投资有关,毕竟投资者在加拿大没有 PCB 可处理。

3. 仲裁庭的裁定

仲裁庭认为被申请人的出口禁令在形式上并未作为行政许可所附加的明确条件,但仲裁庭适用 1106 条时应当考虑出口禁令的实质而不仅仅是形式。第 1106 条中唯一可能适用于本案的是"一项投资的开展和经营"。但是,仲裁庭多数成员认为第 1106 条第 1 款 b 项和 c 项显然不适用。在具体考察《临时指令》的实质和效果以及第 1106 条的文义后,仲裁庭多数成员认为第 1106 条所定义的要求没有被施加于申请人。所以,根据多数意见仲裁庭裁决不存在"履行要求"的情况。

4. 少数仲裁员的意见

申请人指定的仲裁员 Schwartz 教授认为,《临时指令》的作用是要求申请人在加拿大开展所有经营业务,这相当于对第 1106 条第 1 款 b 项的违反。

(六)《临时指令》和《最终指令》是否构成 NAFTA 第 1110 条的征收

1. 申请人的主张

申请人主张《临时指令》和《最终指令》相当于征收,违反了 NAFTA 第 1110 条。虽然 NAFTA 实际上没有定义"征收"一词,但根据条文其保护投资者免受直接或间接的征收措施并将其适用范围延伸到了"相当于征收的措施"。申请人认为根据认定征收的不合理干预和实质干预要素,被申请人通过实施不公正和不合法的《PCB 废物出口条例》不合理地干预 PCB 废物出口部门,已经剥夺了申请人享受其投资利益的能力。并且被申请人没有按照 NAFTA 第 1110 条第 2 款的要求赔偿投资者。无论被申请人是否有意征收投资,显然被申请人知道其措施将具有这种效果。而判断间接征收的决定性因素是效果而不是意图。而且,被申请人实施《PCB 废物出口条例》的执法行动体现了其歧视美国 PCB 废物处理公司而偏向于当地加拿大废物处理者的系统性实践,所以是歧视性的,不符合法律正当程序。

2. 被申请人的主张

被申请人主张,证据已经充分显示,《临时指令》没有征收申请人在加拿大的任何投资,无论是直接或间接抑或作为“相当于征收的措施”。如果事实上申请人在加拿大有投资,在《临时指令》作出后其经营是持续的,且迈尔斯加拿大公司的收入在《临时指令》作出前后增加了。所以,无论是适用哪种类型的征收,《临时指令》都没有征收申请人的财产。而且只要这些措施不是武断或歧视性的,国家没有责任赔偿其行使规制权的措施所产生的经济损失。在本案中,被申请人是根据其在《巴塞尔公约》项下的义务出于安全以及环境和健康保护规制 PCB 出口。《临时指令》是被申请人根据国际法对主权的恰当行使,是出于公共利益进行规制,也基于合法的关切,即保护环境、公共健康和安全,符合被申请人根据 NAFTA 第 1101 条第 4 款和第 1114 条所承担的国际义务,不需要赔偿。所以被申请人并未违反 NAFTA 第 1110 条。

3. 仲裁庭的裁定

仲裁庭认为,征收的含义通常是政府机关“剥夺”个人的“财产”,将财产的所有权转让给另一个人,该机关通常是行使其法律上或事实上的“征收”权力。《临时指令》和《最终指令》是对申请人施加了限制的规制行为,一般判例通常不将规制行为视为相当于征收。公共机关的规制行为不太可能成为根据 NAFTA 第 1110 条提起法律争议的对象。征收往往涉及对所有权的剥夺,而规制是较轻的干预。征收与规制之间的区别排除大多数可能被控涉及国家经济干预的例子,减少政府因履行管理公共事务的职能而被提起诉请的风险。征收通常等同于持久地剥夺所有者行使其经济性权利的能力。本案中,边境的关闭是暂时性的。申请人企业进入加拿大市场被推迟了大约 18 个月。这也许对于分析被申请人违反第 1102 条和第 1105 条所应承担的赔偿有意义,但并不能支持该措施应当被归为第 1110 条所规定的征收。本案中,仲裁庭赞同波普案仲裁庭的意见,认为 NAFTA 中“相当于”一词的使用意在规范蚕食性征收而非扩展国际上广泛接受的征收概念。由于《临时指令》和《最终指令》只在短期内阻碍申请人的计划,被申请人没有从该措施中获利,所以不存在财产的转移或直接使其他人受益。因此仲裁庭认为本案与征收无关。

(七)赔偿数额的计算

在第一部分裁决中,仲裁庭首先确认了在评估赔偿额度时应当采取的原则。仲裁庭指出,无论采取何种确切方法进行计算都应当反映国际法的一般原则,即赔偿应消除违反国际义务所造成的物质损害。[1] 仲裁庭采纳了被申请人提出的一些判断原

[1] *S. D. Myers, Inc. v. Government of Canada*, Second Partial Award, para. 94.

则,具体包括申请人应当举证证明其诉求所涉及的损害数额,前述损害与违反 NAFTA 条款之间具有充分因果关系以及违反任何一项 NAFTA 规定的损害赔偿可计入违反另一项 NAFTA 规定而已被判定的任何损害赔偿,不能存在“双重赔偿”(double recovery)。仲裁庭认为,申请人所遭受的作为加拿大出口禁令直接结果(proximate result)的总体经济损害应当得到赔偿,而非仅体现于其投资资产负债表的损失。双方争议焦点之一在于加拿大出口禁令的间接影响,即其使申请人失去机会是否应当赔偿。仲裁庭认为此项主张具有投机性且过于遥远。在计算赔偿数额时,仲裁庭将损失和延迟的净收入流价值作为判断标准,并提出了明确的步骤,具体涵盖闭关期间及闭关之后的期间内损失给他人的收入流、19 个月的“机会期”内虽未损失给他人但本应由申请人处理的收入流、净收入流等方面的 12 个步骤。

三、简要评析

本案主要涉及对被申请人是否违反 NAFTA 第 11 章下国民待遇条款、最低待遇标准条款、履行要求条款及征收条款的判断和损害赔偿数额的计算方式。本案源于被申请人针对特定的外国危险废物处理企业,即对本案申请人发布《临时指令》和《最终指令》的行为,纵使仲裁过程中被申请人称其出口禁令为保护国民与生物生命与健康所必要,但这一理由并未被仲裁庭采纳。仲裁庭认为,即使某项措施的目的具有正当性,亦应当采取更加合法且对遵守其他条约义务影响最小的方式施行,此种裁判趋势在未来与环保事项相关的案件中可能有所体现。本案仲裁庭在判断被申请人是否违反国民待遇条款时,主要对涉案的《临时指令》与《最终指令》之字面意义及实际影响进行考察。鉴于国民待遇条款中“类似情况”这一用词由于案情不同可能具有相当差异,本案仲裁庭结合条约的目的和宗旨提出了考察外国投资者是否和国内投资者处于相同领域的判断方式以确定东道国是否违反国民待遇条款。针对征收问题,仲裁庭的立场与此前判例法中以波普案为代表的既往实践一致,并未使国际法上普遍认定的征收之概念趋向扩张。在认定被申请人违反国民待遇条款与最低待遇标准条款后,仲裁庭对被申请人应当支付的赔偿数额进行了认定。仲裁庭采取了计算申请人损失和延迟的净收入流的方式逐步进行判断,此种计算方式可能为其他仲裁庭所采纳。

(编写者:武汉大学国际法研究所 2020 级硕士研究生　闫　涵)

洛文集团股份有限公司与雷蒙德·洛文
诉
美利坚合众国

仲裁案

案情概要

案名	洛文集团股份有限公司与雷蒙德·洛文诉美利坚合众国仲裁案
案件裁判来源	https://www.italaw.com/cases/632
案号	ICSID Case No. ARB(AF)/98/3
当事人	申请人: (1)洛文集团股份有限公司 (2)雷蒙德·洛文
	被申请人:美利坚合众国
行业	居民服务业
仲裁机构和仲裁地	国际投资争端解决中心,美国华盛顿特区
仲裁依据	《北美自由贸易协定》
适用的仲裁规则	《国际投资争端解决中心附加便利仲裁规则》
仲裁庭组成	首席仲裁员:Anthony Mason
	仲裁员(申请人指定):Lord Mustill
	仲裁员(被申请人指定):Abner J. Mikva
日期	仲裁程序开始日期:1998 年 7 月 29 日
	最终裁决发布日期:2003 年 6 月 26 日
仲裁请求	申请人请求美国赔偿因密西西比州的诉讼违反 NAFTA 第 11 章有关规定导致的损害
核心争议点	(1)仲裁庭管辖权争议:当投资诉请基于司法行为时是否需要满足司法终局原则的要求才能产生被申请人的责任 (2)国籍持续要求
仲裁庭主要结论	仲裁庭认为,申请人未穷尽当地救济,仲裁庭因此缺乏对本案的管辖权
裁决结果	支持东道国(一致裁定)
后续进展	申请人请求仲裁庭宣布仲裁裁决无效,被仲裁庭驳回

Case Summary

Name of Case	Loewen Group, Inc. and Raymond L. Loewen v. United States of America	
Web Page	https://www.italaw.com/cases/632	
Case Number	ICSID Case No. ARB(AF)/98/3	
Parties	Claimants: (1) The Loewen Group, Inc. (2) Raymond L. Loewen	
	Respondent: United States of America	
Industry	Resident Service	
Administering Institution & Seat of Arbitration	ICSID; Washington D. C., USA	
Basis for Arbitration	NAFTA	
Rules Used in Arbitral Proceedings	ICSID Additional Facility Arbitration Rules	
Arbitrator(s)	Presiding Arbitrator: Anthony Mason	
	Arbitrator (Claimants' appointee): Lord Mustill	
	Arbitrator (Respondent's appointee): Abner J. Mikva	
Date	Date of Commencement of Proceeding: 29 July 1998	
	Date of Issue of Final Award: 26 June 2003	
Relief Request	The Claimants seek compensation for damage inflicted uponthe Loewen Group, Inc. and the Loewen Group International, Inc. and for damage to the second Claimant's interests as a direct result of alleged violations of Chapter Eleven of NAFTA committed primarily by the State of Mississippi in the course of the litigation	
Key Issues	(1) Jurisdiction of the Tribunal: whether the final decision is required to decide a state liable when an investment claim is based upon a judicial action. That means whether the Tribunal lacks jurisdiction on the grounds alleged by USA (2) Continuous nationality requirement	
Tribunal's Conclusions on Key Issues	The Tribunal decided that Loewen failed to pursue its local remedies, and it lacked jurisdiction to determine the aforementioned claims	
Award	In favour of State (Unanimous Verdict)	
Follow-up Progress	The Claimants moved to the Tribunal to vacate the award, but the motion was dismissed by the Tribunal	

一、案件事实

(一)投资事实

洛文集团股份有限公司(以下简称第一申请人)是一家加拿大殡仪公司,其创始人、首席执行官为雷蒙德·洛文(以下简称第二申请人)。该公司采取在整个北美地区收购殡仪馆的公司战略,其在美国的子公司为国际洛文集团股份有限公司(the Loewen Group International, Inc.,以下简称国际洛文)。1990年,密西西比州墨西哥湾沿岸地区主要的两家殡仪公司——Riemann兄弟殡仪馆和殡仪保险公司重组为Riemann公司,国际洛文成为其所有者,持股比例达90%。第一申请人保留Riemann公司此前的所有者和经理作为自己的受薪雇员。此后,第一申请人通过购买Wright & Ferguson殡仪馆——美国杰克逊市最大的殡仪馆将其在密西西比州的利益扩大到该州最大的城市杰克逊。

(二)被诉措施

本案的被诉行为是美国密西西比州法院对第一申请人与当地竞争者O' Keefe之间的民事诉讼进行审理有关的司法行为。1974年,O'Keefe与Wright & Ferguson签订合同,通过Wright & Ferguson购买了出售海湾葬礼保险的专有权。而第一申请人仍通过Wright & Ferguson出售海湾葬礼保险,引起O'Keefe的不满。O'Keefe与第一申请人之间进行了谈判,因双方未达成任何协议,O'Keefe针对违约提起了民事诉讼。1991年8月19日,双方达成了和解协议(《1991年协议》)。此后,双方就《1991年协议》的履行产生争议,O'Keefe提交了修改后的起诉状,诉称第一申请人违反《1991年协议》、欺诈且违反密西西比州反垄断法,请求500万美元实际损害赔偿,1992年5月又增加了间接损害索赔请求。申请人认为,初审法官Graves在对被告的诸多动议进行专横否决的同时,拒绝按照被告律师的提议作出陪审团指示。1995年11月6日,赔偿总额为5亿美元的判决发布,成为密西西比州有史以来最高的赔偿金数额。判决作出后,第一申请人先后提出请求作出与陪审团裁断相反的判决等6个动议,均被法院无理由否决。1995年11月27日,第一申请人针对初审法院判决向密西西比州最高法院提出上诉。根据该州法律,在上诉时申请延缓执行判决需提交相当于判决125%的保证金,除非有“好的理由”(good cause)而减免。第一申请人认为其上诉存在这样的减免理由,并向初审法院递交了约定保证金为1.25亿美元的判决延缓执行保证书,但密西西比州初审法院和最高法院都拒绝减少其上诉保证金,因而驳回了其延缓执行的请求。1996年1月27日和28日,第一申请人的律师向第五巡回法院Scalia法官提出延缓执行申请。1996年2月,原、被告签订了正式和解协议。根据双方的共同动议,密西西比州最高法院驳回了第一申请人的上诉,再次赋予巡回法院管辖权,从而按照共同动议所述的条款完成诉讼的撤销、和解和驳回。Graves法官随即判令解除保证金,因和解协议的实施,1996年11月6日的判决已经得到履行而消灭。第一申请人认为,原告O'Keefe采取了基于种族、地域与阶层差异的诉讼策略并已干预了陪审团的判断,如反复强调被告公司的加拿大国籍,指出被告"像黑帮破坏者一样来到城镇……将在密西西比州抬高殡葬价格"。而初审法官允许原告律师的行为形成了不当判决,对此,美国(以下简称被申请人)应当承担违反NAFTA第1102条、第1105条和第1110条的法律责任。

(三)程序时间轴

·1998年7月29日,申请人向被申请人发送提交仲裁请求意图的通知并向ICSID提交了请求通知书,请求秘书长批准并登记其申请,并允许其适用《ICSID附加便利规则》。

·1998年11月19日,ICSID秘书长通知双方《ICSID附加便利规则》的适用要求已满足,并发布了请求通知书的登记证明。

·1999年3月17日,仲裁庭正式组成。

·1999年4月6日,被申请人提出异议,认为此争议不在仲裁庭管辖范围之内;要求仲裁庭将管辖权作为先决问题处理。

·2001年1月5日,仲裁庭针对被申请人关于管辖权的异议作出决定,驳回被申请人的管辖权异议。

·2001年8月9日,被申请人提出动议怀疑Yves Fortier先生作为仲裁庭成员的资格,因为其律所与曾经参与申请人公司破产重整的律所正拟议合并。

·2001年9月10日,Fortier先生辞职。

·2001年9月14日,Mustill法官被申请人指定成为仲裁员,以代替Fortier先生。

·2002年1月25日,被申请人基于第一申请人的重组提出因仲裁庭缺乏管辖权而驳回申请人请求的动议。

·2003年6月26日,仲裁庭裁决其不具备对本案的管辖权,驳回了申请人的全部请求。

·2003年8月11日,被申请人请求仲裁庭作出补充决定。

·2004年2月25日,第二申请人提出动议,请求仲裁庭撤销和发回仲裁裁决。

·2005年10月31日,仲裁庭发布备忘录意见,驳回第二申请人撤销和发回仲裁裁决的动议。

(四)仲裁请求

1. 申请人的仲裁请求

(1)第一申请人:请求赔偿其被迫支付的和解费用1.75亿美元以及其他损失、利息与支出,包括但不限于降低的公司投资和增长前景、对商誉的损害、降低的信用等级、增加的财务支出和其他损害。

(2)第二申请人请求赔偿其损失以及利息和费用,包括但不限于与O'Keefe的诉讼所导致的第一申请人股份价值的减少及他个人名誉的损失。

综上所述,申请人请求仲裁庭裁决不少于7.25亿美元的赔偿金,连同利息、申请人的诉讼费用和律师费,以及在实际情况下合理和适当的其他赔偿。[1]

2. 被申请人的反对意见

请求驳回申请人关于争议事项的仲裁请求。[2]

(五)仲裁庭结论

仲裁庭裁定:

(1)仲裁庭缺乏决定第一申请人根据NAFTA提起的关于美国法院决定的请求的管辖权,因为第一申请人已将前述请求分配给一家由美国公司拥有并控制的加拿大公司;

(2)仲裁庭缺乏决定第二申请人根据NAFTA提起的关于美国法院决定的请求的管辖权,因为在提交仲裁请求时或在第一申请人重组后,并无证据显示他直接或间接拥有或控制第一申请人;

(3)驳回第一申请人和第二申请人的全部请求;

---

[1] *The Loewen Group, Inc. and Raymond L. Loewen v. United States of America*, ICSID Case No. ARB(AF)/98/3, Notice of Claim, paras. 186-187.

[2] *The Loewen Group, Inc. and Raymond L. Loewen v. United States of America*, ICSID Case No. ARB(AF)/98/3, Counter-Memorial of the United States of America, para. 187.

(4)各方应负担自身的费用,并应均等地承担仲裁庭和秘书处的费用。

二、主要法律争议:仲裁庭的管辖权争议

本案的争议焦点在于仲裁庭是否具有对此案件的管辖权,在审理过程中,双方针对管辖权问题的争议焦点主要体现为以下三个问题:其一,纯粹私人纠纷中的法院行为是否为"一缔约方采取或维持的措施";其二,国内法院的非最终判决能否构成对NAFTA第11章的违反;其三,国籍持续原则是否应当被应用于本案之中。

在其关于管辖权的备忘录中,被申请人基于以下理由反对仲裁庭的管辖权:(1)申请人的主张不可仲裁,因为在NAFTA第2章的范围内,国内法院在纯粹私人纠纷中的判决并非"一缔约方采取或维持的措施";(2)被诉请的密西西比州法院判决不是"一缔约方采取或维持的措施",并且由于其不是美国司法系统的最终行为,因此在法律上并不会导致违反NAFTA第11章;(3)达成庭外和解诉讼事项的私人协议不属于NAFTA第2章范围内的政府"措施";(4)密西西比州初审法院被第一申请人指控没有采取措施避免第一申请人因其外国人身份、种族和阶层而被提及[1],但法院的前述行为并非一项"措施",因为第一申请人在审判期间从未反对过此类表述;(5)第二申请人关于NAFTA第1117条的主张应予驳回,因为他并不"拥有或控制"涉案企业。仲裁庭在管辖权裁定及裁决书中主要对其中第1项与第2项进行了回应。此外,由于在实体问题审理阶段,第一申请人经过重组不再存续,其经营业务被重组为一家美国公司,被申请人因而提出补充管辖权异议,质疑申请人的资格,仲裁庭也在实体裁决中对此作出了决定,这构成了本案的争议焦点。

(一)纯粹私人纠纷中的法院行为是否为"一缔约方采取或维持的措施"

仲裁庭援引NAFTA的相关条款对"措施"(measures)一词进行了条约解释。NAFTA第201条将"措施"定义为包括"任何法律、法规、程序、要求或实践",而将司法行为排除于这一具有包容性的定义显然与该条文的意旨不符。第1019条第1款要求各缔约方公开与政府采购有关的法律法规程序等,其中包括"作为先例的司法决定",虽然该条明确地表示作为先例的司法决定不仅是一项"措施",也是"一缔约方采

---

[1] 原文为"references",结合上下文,此处申请人针对的是法院允许原告律师带有歧视性地提及申请人(原审被告)外国国籍、种族、阶层的行为,若直译,应译为"提及"。在明确了其具体含义的情况下,则可将其作为一种表述。

取或维持的措施",该条与被申请人提出的"措施"不能扩大到每一项司法行动的意见是相符的。其他 NAFTA 规定则表明,司法行动没有超出"措施"的范围:例如,第 1716 条要求 NAFTA 缔约方规定"司法机关应当有权命令做出及时和有效的临时措施"来阻止侵犯知识产权的行为,这承认了司法命令可能构成"措施";第 1715 条要求缔约方提供实施知识产权的明确"民事司法程序";第 1701 条第 1 款被视为保证"实施知识产权的措施不能成为合法贸易的障碍"。通常,该处的"措施"包括司法程序。仲裁庭认为,在国际法中,"措施"被理解为包括司法行为,其也采取与这一解释相符合的解释方法。对此,仲裁庭分析和援引了欧盟法院、国际法院、伊美求偿庭等其他法院和仲裁庭的立场,提出将"措施"解释为包括司法行为符合 NAFTA 第 102 条第 1 款所规定的目标,也符合国家责任的一般规则。但是,仲裁庭同意被申请人所提出的,代表缔约方法院做出的每一项司法行为并非都构成缔约方采取或维持的措施。至于"缔约方采取或维持的措施"是否应当排除国内法院在纯粹私人纠纷中作出的判决,仲裁庭认为 NAFTA 第 11 章的文本、上下文和目的结合起来支持文义(liberal)解释,而非限缩(restricted)解释。由于第 11 章的目标和宗旨是"为争端解决……创设有效的程序"并"实质性增加投资机会",缔约方采取或维持的措施对司法行为的适用不能排除国内法院在纯粹私人纠纷中作出的判决。所以,密西西比州初审法院判令洛文集团赔偿 O'Keefe 以及密西西比州最高法院对洛文集团所作出的保证金要求应当被视为第 201 条"措施"定义中的"要求"。综上,仲裁庭驳回了被申请人关于密西西比州法院判决不属于"一缔约方采取或维持的措施"因为它们解决的是私人纠纷的异议。

(二)国内法院的非最终判决能否构成对 NAFTA 第 11 章的违反

1. 被申请人的主张

被申请人主张,"一缔约方采取或维持的措施"必须根据习惯国际法的原则理解,当一项损害请求的基础在于司法行动时,只有当一国司法系统整体上做出了最终行动的情况下才产生国家责任。换言之,被申请人认为,只有当司法决定被上诉至最终途径,一国才需为其法院的错误负责。被申请人将习惯国际法对于最终不可上诉的司法行动(当一项国际诉请针对司法行动时)的实体要求区别于国际法中用尽当地救济的程序性要求(当地救济规则)。被申请人还主张第 11 章没有表明缔约方有意在司法行动是一项违反 NAFTA 诉请的基础时,排除适用这一国际法的实体原则,相反,第 1101 条的"缔约方采取或维持的"纳入了这一实体规则并要求司法终局。被申请人认为第 1121 条第 2 款 b 项不是弃权条款,没有放弃当地救济规则或司法终局规则。

2. 申请人的主张

申请人对这一意见的回复是 NAFTA 第 1121 条第 1 款 b 项要求仲裁申请人放弃而非用尽当地救济。该条规定只有当下列条件满足时,才准许提交第 11 章的请求:"该投资者——以及企业,如果就该投资者直接或间接拥有或控制的另一缔约方法人企业的利益蒙受的损失或损害提出索赔请求——放弃根据任何缔约方的法律向任何行政法庭或法院,或者根据其他争端解决程序,就声称的争端所涉缔约方第 1116 条所指违反义务的措施,提起或继续任何诉讼的权利……"申请人认为,首先,"该条款消除了用尽东道国行政或司法法庭提供的当地救济的必要性"。其次,所谓的实体性司法终局原则与当地救济规则没有区别,已有国际仲裁庭在用尽要求放弃或不适用的情况下审查下级市法院的决定。

3. 仲裁庭的分析(管辖权审理阶段)

在管辖权问题审理阶段,仲裁庭通过分析其他 NAFTA 仲裁案,认为这些案件支持申请人的意见。仲裁庭也认为,司法终局原则和当地救济规则之间没有区别。二者的内容即便不相同,也是相似的。但它们服务于不同的目标。当地救济规则(被形容为"程序性的")是为了保证被控违反国际法的国家有机会在其法律体系内解决这种违法。而司法终局作为实体性规则是为了保证国家不会因其低级别法院的行为承担国际法的责任。虽然只有当一国司法系统整体上做出了最终行动才会产生该国的国际法责任,但是,司法是国家的组成机构之一,违反国际法规则的司法行动可归责于国家。但是,仲裁庭决定将这一项异议留待实体问题审理阶段决定。

4. 仲裁庭的分析(实体审理阶段)

在实体审理阶段,仲裁庭首先结合审判记录和当事方所提交的意见认为,密西西比州初审法官的审判行为确有缺陷,构成对正义的误判,如果在国际法中来理解,这相当于明显的不公正。但这是否导致被申请人违反 NAFTA 第 1105 条取决于对被申请人意见的决定,尤其是其提出的,只有当一国司法系统整体上采取最终行动的情况下才产生国家责任。

但是,仲裁庭没有立即考察这一点,而是对初审所存在的缺陷进行了具体分析,包括允许原告及其律师采取歧视性的诉讼策略和言论影响陪审团对被告和案件事实的判断、没有对陪审团作出正确的指示,导致初审对被告应承担的损害赔偿总判决与该案原告所遭受的损害显著不成比例,法官显然并未做到为第一申请人提供正当程序。所以,申请人有理由主张初审判决的损害赔偿过度。明确了这一点,仲裁庭依然没有回归管辖权问题,直到论证了密西西比州法院的整个审判及判决不符合国际法的最低标准和公平公正待遇,仲裁庭才重新讨论被申请人的第二项管辖权异议。

对于被申请人主张的 NAFTA 第 1121 条第 2 款 b 项不是弃权条款、没有放弃当地救济规则或者当司法行为构成违反国际法的行为时司法程序应当被诉至最高法院的要求,仲裁庭援引了 Greenwood 教授提出的三个须考虑的问题:(1)是否存在可归因于被申请国的行为;(2)该行为是否违反国际法;(3)在穷尽当地救济之前,被申请国能否在国际程序中对该行为负责。

仲裁庭认为,因为法院属于国家机构,所以一国法院的决定归因于国家,那么其中问题(1)不需要考虑。对于问题(2),仲裁庭指出穷尽当地救济属于程序性规则,ILC 所颁布的《国家对国际不法行为责任的条款草案》第 44 条已经证明当地救济规则解决的是一项请求在国际法上的可受理性,与该请求的产生是否源于国家违反国际法无关。仲裁庭还援引美国—墨西哥求偿仲裁庭的大量决定,肯定了 Greenwood 教授所援引的一项原则,即一项可以通过司法程序进行上诉的法院决定不构成拒绝司法,此项原则与国际法要求国家提供公平有效的司法系统的义务相关。没有案例表明,当一国法律制度内存在有效和充分的上诉途径,国际法庭裁决国家因下级法院判决为违反国际法的行为负责。

仲裁庭随后分析是否存在申请人可获得的充分和有效国内救济,以及申请人是否采取有效措施寻求这种救济。对于申请人所主张的,NAFTA 第 1121 条要求其放弃当地救济,作为提起仲裁请求的条件,仲裁庭认为,该条没有明确要求,在司法行为违反国际法的情况下,司法程序需持续至最终阶段。但是,如果国家将因其地方官员或低层司法官员违反国际法而承担责任,但国内上诉程序并未适用,更不用说用尽,那将很怪异。如果第 1121 条具有这种效果,将鼓励投资者将争端诉诸 NAFTA 仲裁庭,而非东道国的上诉法庭和审查程序。因此,仲裁庭认为,NAFTA 第 1121 条的弃权要求不包括在因司法行为产生的国际法违法申请中放弃寻求当地救济的义务。

在穷尽当地救济义务的内容与范围上,纵使此项义务规定申请方需要穷尽所有有效、适当的义务,只要该义务并非“显然无用”;但此规则仍具有相当程度的弹性,若申请进一步救济程序中涉及的费用远远超出可能产生的任何赔偿,即可满足该项规则的要求。仲裁庭认为,穷尽当地救济需要申请方在当时的情况下穷尽有效、适当且合理可得(reasonably available)的救济,可得性意味着根据申请人的实际情况,包括其作为外国投资者受到与寻求当地救济有关的情况影响的经济和财务情况。若一国直接或间接加重申请人行使权利的负担,以至于申请人面临极端严峻的经济后果,则该国可能以其行为否认了申请人给予该国矫正申诉事项的机会。

在本案中,第一申请人一度向密西西比州最高法院寻求救济。在其停止执行的动议被密西西比州最高法院拒绝后,第一申请人与 O' Keefe 签署了和解协议。仲裁庭认为,第一申请人应当负举证责任,但却未能提供说明其选择签订和解协议是唯一途径的证据。由此,仲裁庭得出结论认为,第一申请人因主动寻求和解协议并未穷尽当地救济,尤其是寻求最高法院救济这一选项,因此未能证明被申请人违反了 NAFTA 或习惯国际法。

(三)国籍持续原则的应用

在 2001 年 10 月的庭审会议召开之后,申请人根据《美国破产法》第 11 章提出了自愿破产的申请且获得了美国、加拿大破产法庭的批准,申请人不再作为企业实体存在。申请人意识到依据 NAFTA 的规定一家美国籍企业不能针对美国提起诉讼,因此将其在 NAFTA 下的所有权利、权属和权益转让给一家新成立的公司 Nafcanco。美国在 2002 年递交的反对意见中针对这一点指出,因申请人的破产重整而创设的 Nafcanco 为美国公司,因其国籍而并非提出投资争端仲裁请求的适格主体,仲裁庭将因此不具备对本案的管辖权。

对此,仲裁庭首先明确,NAFTA 的目的显然是保护一缔约方的投资者免受发生其他缔约方境内发生的不公平做法,它并非旨在也不可能影响那些与对美国投资者造成不利影响的美国行为有关的投资者的权利,此类诉请只能通过国内法予以救济。而申请人认为,由于它在提出请求时拥有必要的国籍,因此,目前实际的利益当事方,即请求的受益人是美国公民并没有影响,仲裁庭认为这一点不成立,在国际法中,必须存在从产生诉请的事件发生之日(起算日)开始一直到诉请解决之日(终止日)的持续国民身份。针对申请人提出的,NAFTA 第 1116 条和第 1117 条仅对提交申请之日要求国籍,仲裁庭指出,这些条款只针对起算日,即诉请开始之日的国籍要求。这些条款或 NAFTA 的其他规定都没有解决国籍是否必须持续到诉请解决之日的问题。由于该条约的沉默,因而应当适用习惯国际法来解决需要国籍持续的问题。正如被申请人所提出的,第 1131 条要求仲裁庭根据“可适用的国际法规则”决定争议问题。仲裁庭认为,国籍持续要求基于国际礼让。由于国际法已放宽要求,允许受侵犯的投资者直接寻求救济,而不再通过外交途径,对于严格终止日规则的需求也放开了。但是,这种要求的放开需要条约的明确规定,而 NAFTA 当中没有这种规定。仲裁庭的管辖权产生并受限于 NAFTA 的约文,无论申请人决定继续进行其选择的破产的理由为何,其结果已导致 NAFTA 所要求的国籍链条断裂。且申请人没有证明国际法已经演变到不再要求国籍持续到争端解决之日。因此,由于申请人的破产重整导致申请方的国籍发生变化,不符合习惯国际法中的国籍持续原则;本案当事方已经成为美国投资者与美国政府,仲裁庭对其争端不具有管辖权。

三、简要评析

本案争议焦点主要在于地方法院的判决是否可能构成司法拒绝行为导致东道国承担国家责任,及国籍持续原则对申请人身份的影响。本案起因于申请人在密西西比州法院的一起诉讼中所遭受的显失公平的待遇。仲裁庭虽以相当严厉的措辞批判了密西西比州法院的有关行为,但明确了其管辖权受 NAFTA 文本的严格限制,并不能行使与东道国法院平行的上诉职能。因此,投资者仍需在援引投资争端解决机制之前穷尽当地救济。针对这一要求,仲裁庭将当地救济的范围限定为有效、适当且合理可得的,这意味着纵使本案中申请人因选择达成和解协议而非继续上诉至最高法院而被认定为并非穷尽当地救济,其他案件中外国投资者仍旧存在以 ICSID 仲裁程序推翻东道国司法结果的可能性。鉴于其他投资协定中亦存在与 NAFTA 相类似的争端解决机制,此后投资者在已经满足了穷尽当地救济之程序要求的基础上,借助类似机制否认东道国的司法裁决的可能性提升。针对国籍持续原则,仲裁庭秉持了习惯国际法上的一贯立场,认为申请人因破产重整导致的国籍变化不符合对投资者国籍的要求。鉴于国际法上国籍持续的截止日之认定尚存争议,本案仲裁庭的立场可能限制投资者在国际投资争端解决机制中成为适格的申请人,其权益在未来可能因此遭受更多的限制。

(编写者:武汉大学国际法研究所 2020 级硕士研究生　闫　涵)

约瑟夫·查尔斯·雷米尔
诉
乌克兰

仲裁案（I）

案情概要

案名	约瑟夫·查尔斯·雷米尔诉乌克兰仲裁案(Ⅰ)[1]	
案件裁判来源	http://www.italaw.com/cases/612	
案号	ICSID Case No. ARB(AF)/98/1	
当事人	申请人:约瑟夫·查尔斯·雷米尔(美国公民)	
	被申请人:乌克兰	
行业	电信、广播电视和卫星传输服务	
仲裁机构和仲裁地	国际投资争端解决中心,英国伦敦	
投资条约	《美国—乌克兰关于投资鼓励和互惠保护协定》(1994)	
适用的仲裁规则	《国际投资争端解决中心附加便利规则》	
仲裁庭组成	首席仲裁员:Elihu Lauterpacht	
	仲裁员(申请人指定):Jan Paulsson	
	仲裁员(被申请人指定):Jürgen Voss	
日期	仲裁程序开始日期:1997 年 11 月 14 日	
	最终裁决发布日期:2000 年 9 月 18 日	
仲裁请求	保密(本案和解结案)	
核心争议点	投资者在乌克兰难以获得无线电频率和广播频道的许可证,导致公司无法正常运营,乌克兰政府行为是否构成对公平公正待遇条款的违反	
仲裁庭主要结论	由于本案和解结案,仲裁庭并未作出裁决,而是将双方和解协议制作成裁决书,确认乌克兰需履行义务,确保投资者能在乌克兰境内获得无线电频率和广播频道的必要许可	
裁决结果	双方和解,并将和解协议制作为裁决书	
后续进展	2006 年 9 月 11 日,申请人向 ICSID 再次提起仲裁(第二次仲裁,ARB/06/18),主张为被申请人履行和解协议违约,同时,主张被申请人其他行政行为违反了双边投资条约中的公平公正待遇条款	

[1] 申请人曾提出两次仲裁,本案为第一次仲裁。

Case Summary

Name of Case	Joseph Charles Lemire v. Ukraine(Ⅰ)
Web Page	http://www. italaw. com/cases/612
Case Number	ICSID Case No. ARB(AF)/98/1
Parties	Claimant:Joseph Charles Lemire(US national)
	Respondent:Ukraine
Industry	Telecommunications,Radio and Television and Satellite Transmission Services
Administering Institution & Seat of Arbitration	ICSID;London,UK
Basis for Arbitration	Treaty between theGovernment of the United States of America and the Government of Ukraine concerning the Encouragement and Reciprocal Protection of Investment(1994)
Rules Used in Arbitral Proceedings	ICSID Additional Facility Arbitration Rules
Arbitrator(s)	Presiding Arbitrator:Elihu Lauterpacht
	Arbitrator(Claimant's appointee):Jan Paulsson
	Arbitrator(Respondent's appointee):Jürgen Voss
Date	Date of Commencement of Proceeding:14 November 1997
	Date of Issue of Final Award:18 September 2000
Relief Request	Confidential(The case was settled)
Key Issue	Whether the investor's difficulties in obtaining licences for radio frequencies and broadcasting channels in Ukraine, which prevented the company from operating properly,constitute a breach of the BIT
Tribunal's Conclusions on Key Issue	The Tribunal produced the parties' Settlement Agreement into an award confirming Ukraine's obligation to ensure that investors can obtain the necessary licences for radio frequencies and broadcasting channels in Ukraine
Award	Upon request of the Parties, the Tribunal recorded the Settlement Agreement between them in the form of an award
Follow-up Progress	11 September 2006, Mr. Lemire requested to ICSID for another arbitration against Ukraine, where part of his claims was related to compliance of the Settlement Agreement

一、案件事实

(一)投资事实

约瑟夫·查尔斯·雷米尔(以下简称申请人)是住所地位于乌克兰的美国公民。Gala 无线电公司(以下简称 Gala 公司)是依照乌克兰法律成立的紧密持股公司。申请人是 Gala 公司的控股股东,最初他购买了 Gala 公司 30%的股份,到 2006 年间接持有公司 100%的股份。

乌克兰法律规定,无线电公司的设立人必须是乌克兰公民,但乌克兰法律不禁止外国人在广播领域进行投资。Gala 公司由乌克兰人 Glieb Maliuitn 发起,由乌克兰公司 Provisen 设立,拥有一项行政许可。申请人于 1995 年 6 月 8 日签订了两份投资协议。Gala 公司依靠乌克兰授予的无线电频率的行政许可,从事无线电台广播活动。其在基辅有 2 个广播频段,在全国 9 个地方拥有 12 个广播频段。Gala 公司主要办事机构所在地是申请人的住所地。20 世纪 90 年代,Gala 公司是乌克兰最受欢迎的电台。2007 年 10 月 17 日,Gala 公司获得一项行政许可确立了其全国电台的地位。

(二)被诉行为

申请人间接持有乌克兰公司的多数股权,该公司获准在乌克兰使用各种无线电频率进行广播。但投资者在乌克兰难以获得无线电频率和广播频道的许可证,乌克兰国家委员会(乌克兰国内规范广播业的最高政府机构)将其电台停播。因此申请人提出仲裁请求。

(三)程序时间轴

· 1997 年 11 月 14 日,申请人根据《ICSID 附加便利规则》提起仲裁申请。依据《美国—乌克兰关于投资鼓励和互惠保护协定》(以下简称《美国—乌克兰 BIT》)第 6 条第 4 款,乌克兰(以下简称被申请人)同意在美国投资者提交书面同意的情况下,将投资争端提交给 ICISD 仲裁。

· 1997 年 12 月 10 日,ICSID 秘书长批准申请。

· 1997 年 12 月 29 日,申请人向 ICSID 提交"提起仲裁程序的通知",请求 ICSID 秘书长依据《ICSID 附加便利规则》注册仲裁,并将注册证明送达双方当事人。

· 1998 年 1 月 16 日,ICSID 秘书长注册仲裁,并送达双方当事人。

· 1998年8月13日,仲裁庭成立。

· 1998年10月6日,被申请人提交管辖权异议。

· 1998年10月13日,申请人提交了补充诉请。

· 1998年11月11日,第一次开庭审理在伦敦进行,仲裁庭主席指出根据《ICSID附加便利规则》第46条第4款,实体审理因被申请人提出的管辖权异议而中止。争议双方同意了就管辖权异议提出书面意见的期限安排。

· 1999年9月24日,仲裁庭决定将管辖权争议合并到实体审理中。

· 1999年10月15日,申请人正式向乌克兰副总理塞尔吉·蒂希普科(Sergiy Tihipko)先生发出友好解决争端的邀请。

· 2000年2月16日,经申请人申请、被申请人同意,仲裁庭中止程序。

· 2000年3月20日,争议双方签署了和解协议,并依据《ICSID附加便利规则》第50条请求仲裁庭将和解协议制作成为裁决书。

· 2000年9月18日,裁决书发布。

· 2006年12月8日,申请人在ICSID提起第二次仲裁,主张被申请人未按约定履行和解协议,且其行为违反《美国—乌克兰BIT》的公平公正待遇。2011年3月28日,仲裁庭作出裁决支持投资者的仲裁请求。

· 2011年7月27日,被申请人请求撤销仲裁裁决。2013年7月8日,临时委员会驳回被申请人的撤销裁决申请。

(四)和解协议内容

该案双方当事人于2000年3月20日达成和解协议,同意并确认仲裁同意书、仲裁通知、附属索赔和索赔人给被申请人或ICSID的所有其他正式信函以及索赔人给第三方的其他信函中包含的所有索赔、投诉和请求均已最终解决。仲裁庭依据《ICSID附加便利规则》第50条,仲裁庭将争议双方签署的和解协议未做任何改动收录,制作为裁决书予以公布。因此,本案裁决书并不涵盖仲裁庭对投资条约具体义务违反与否的判断,而仅就双方达成的和解协议内容转化为裁决内容。

和解协议第13条约定了被申请人须承担的具体义务。被申请人同意申请人提出的下述条件:(1)截至2000年4月15日,一个由被申请人任命的专家委员会,应检测无线电频率波段为FM100-108的信号传播质量。根据该专家委员会的检测结果,如果Gala公司在基辅市FM100波段上存在干扰,被申请人需在2000年6月1日前采取必要、合理的技术措施消除干扰障碍。(2)截至2000年5月15日,被申请人同意由国家通信和信息技术委员会尽最大努力,积极考虑Gala公司在12个城市的无线电频率许可证申请(前提是仍有空余波段频率)。在乌克兰国家电视和无线电广播委依据乌克兰现行法律完成组建后,申请人可以在合理期限内,依法向国家电视和无线电广播委申请在上述城市的无线电广播频道。申请人将在权限范围内,协助国家电视和无线电广播委积极考虑申请人的申请。无线电频率和广播频道许可证的授予,将遵照乌克兰法律法规要求,并收取许可费。

根据和解协议第19条的约定,双方各自承担各自本次仲裁的法律费用。因此仲裁庭一致裁定,仲裁庭成员的费用和开支以及ICSID设施的使用费用(已由双方平等预付定金支付)应由双方以同等份额承担。

二、主要法律争议

由于本案裁决书仅为双方和解协议的转化,因此并未包含仲裁庭对具体法律争议作出的裁定,内容仅包括和解协议的背景信息、争议的解决、和解协议解释和履行的原则及其他规定。在2006年申请人第二次在ICSID提起仲裁,成为约瑟夫·查尔斯·雷米尔诉乌克兰(Ⅱ)案。在约瑟夫·查尔斯·雷米尔诉乌克兰(Ⅱ)案中,仲裁庭就和解协议履行相关法律争议进行的裁定,值得本案注意。

在第二次仲裁中,申请人的诉请可分为两个部分,其一,主张被申请人未完全履行和解协议;其二,主张被申请人行政行为违反了双边投资条约中的公平公正待遇条款。本部分汇总前一部分,即关于和解协议的履行争议部分。

(一)和解协议的履行争议

1. 对FM100-108波段的干扰修复工作

申请人认为,被申请人未履行和解协议第13条a项下的三项具体义务:第一,任命专家委员会;第二,在协议约定时间内对FM100进行检测;第三,在协议约定时间内消除FM100上存在的干扰。

仲裁庭认为,在协商过程中、协议签订前,相应专家机构已经对FM100进行检测并得出不存在干扰的结论,而在协议签订后,申请人未在协议约定时间内再次提出检测要求,应当视为申请人对检测结果满意,且在协议约定的时间内FM100上不存在干扰。仲裁庭进而认为,被申请人未违反第13条a项下义务。

2. 对和解协议中约定的 11 个波段的分配

依据乌克兰法律,在乌克兰进行广播活动同时需要两张许可证:国家通信和技术委颁发的无线电频率许可证,和乌克兰国家电视和广播委颁发的广播许可证。

申请人从七个方面提出被申请人违反了协议第 13 条 b 项下义务,仲裁庭逐条分析并全部驳回:

第一,国家通信和技术委对无线电频率许可证的迟延授予。仲裁庭认为,从结果上来看,截至约定期限届满后两个半月,申请人获得了全部 12 个许可,被申请人的此种迟延不违反"尽最大努力义务"。

第二,国家电视和广播委的迟延组建。由于协议中未约定组建时间期限,仲裁庭认为被申请人在协议签署后 3 个月内即组建国家电视和广播委是合理履行。

第三,国家电视和广播委组建后第一次会议将协议所涉许可颁发给其他公司。仲裁庭认为被申请人此举未违反和解协议约定,但是违反了《美国—乌克兰 BIT》中的公平公正待遇条款,并且在初步裁决的第二部分中对此进行了详细说理。

第四,国家电视和广播委未及时认可和解协议的拘束力。仲裁庭认为与事实不符。

第五,国家电视和广播委对广播许可证的迟延授予。仲裁庭认为,协议未约定授予期限,被申请人仅负有"协助"申请的义务。

第六,分配低功率频率。仲裁庭认为,协议未约定所涉频率的功率。

第七,分配四个被部队争夺的频率。仲裁庭认为,被申请人履行了协议约定的"协助"义务。

(二)《和解协议》的既判力(*res judicata*)

关于和解协议应当适用的法律。和解协议第 30 条约定:"本协议的适用法律应根据《ICSID 附加便利规则》第 55 条确定"。仲裁庭认为,双方出于笔误将"第 54 条"写成了"第 55 条",不影响其效力。根据《ICSID 附加便利规则》第 54 条,应当适用"(a)根据冲突法规则确定的准据法;(b)仲裁庭认为合适的国际法规则"。而由于和解协议第 22~26 条明显照搬 1994 年版本的《国际统一私法协会国际商事合同通则》,并且双方当事人消极地没有约定以任何一个国家的国内法作为准据法,仲裁庭认为应当适用包括《国际统一私法协会国际商事合同通则》在内的国际法规则作为准据法。

1. 初步裁决

在初步裁决中,虽然仲裁庭认为被申请人未违反和解协议,但认为乌克兰政府部分行为构成对公平公正待遇条款的违反。具体而言,乌克兰国家电视和广播委停运期间的行政行为、在2004年至2008年的三次招标行为,违反了公平公正待遇标准。

在考虑公平公正待遇条款中包含的"合理期待"要素时,仲裁庭分析后认为,在一般层面上,申请人对持续、透明、公平、合理的营商环境有期待;在具体层面上,申请人对Gala公司可随着乌克兰私人广播电台产业的发展而扩张有期待,有1995年申请人投资Gala公司之初与被申请人政府代表协商时的资料作为证据支撑。

仲裁庭注意到第23条与第27条存在矛盾,主要体现在第23条约定在解释时将"双方间的初步谈判"纳入考量,这与第27条"取代先前所有通信、谈判和谅解"存在矛盾。仲裁庭认为,应以第27条的意思表示为准,此协议文本应作为双方间义务的唯一依据,对于文本中约定的义务进行解释时可以结合双方的先前谈判,但是对于文本中未提及的义务,将不视为合同项下的义务。

2. 分歧意见

在分歧意见中,仲裁员尤尔根·沃斯(Jürgen Voss)先生质疑,在考虑公平公正待遇中包含的"合理期待"要素时,代表多数意见的初步裁决将申请人于1995年投资之初时的商业扩张计划纳入"合理期待"的范围,是不妥当的,违背了和解协议作为裁决书的既判效力,明显越过仲裁庭权限。因为和解协议的条款(第10条、第12条、第27条)表明,申请方对协议签署日期前发生的所有争议权利放弃主张,同时排除了所有先前的通信、谈判和谅解文件的法律效力,双方间的权利义务关系仅以协议条款中的封闭式列举为准。

3. 最终裁决

仲裁庭在最终裁决中对尤尔根·沃斯先生的分歧意见进行了反驳。第一,仲裁庭认为和解协议相关条款(第10条、第12条、第27条)应解读为,协议仅涵盖申请人在签署日期前已提出的权利主张,而不包括存在但未被提起的权利主张。第二,尤尔根·沃斯先生混淆了"权利"(claim)与"事实",和解协议的签署可视为双方放弃了当时已提出的权利主张,但不能影响客观事实的存在。故而,仲裁庭在最终裁决中计算赔偿数额时,在考虑被申请人未违反公平公正待遇标准情况下Gala公司预期能够实现的"应有价值"时,把申请人在1995年投资之初的商业计划作为事实加以考量。所以,仲裁庭的初步裁决未超越权限。[1]

三、简要评析

申请人在多年后又向ICSID提起了第二次仲裁,此次仲裁中申请人的诉请包含两个部分,一部分是主张上述被申请人未履行和解协议中部分义务,另一部分是关于和解协议未涵盖的事由,仲裁庭认为被申请人未违反和解协议,但是被申请人部分政府行为违反了公平公正待遇标准,并且对损害赔偿进行了裁决。此次仲裁经历了初步裁决、仲裁员分歧意见、最终裁决、ICSID上诉审理,争议点主要集中在公平公正待遇标准条款、损害赔偿(因果关系的论证、赔偿数额),同时也略微涉及和解协议履行、既判效力等与第一次仲裁相关的争议。

在申请人提起的第二次仲裁 *Lemire v. Ukraine*(Ⅱ)案中,仲裁庭认为被申请人违反了《乌克兰—美国BIT》公平公正待遇标准,但未违反和解协议项下义务。并且,仲裁庭就依据和解协议ICSID是否仍享有管辖权这一问题作出裁定。仲裁庭认为根据2000年和解协议的约定,一旦双方由于和解协议产生争议,可以通过仲裁解决。最后,第一次仲裁案仲裁庭于2000年3月20日作出仲裁裁决时,被申请人尚未批准《ICSID公约》,因此仲裁只能依据《ICSID附加便利规则》。2000年7月7日《ICSID公约》在乌克兰生效,因此《ICSID附加便利规则》被《ICSID仲裁规则》取代。因此,*Lemire v. Ukraine*(Ⅱ)案争端适用的仲裁规则应当是《ICSID仲裁规则》,《ICSID附加便利规则》不再适用。

(编写者:武汉大学国际法研究所2020级硕士研究生　刘芳彤)

[1] *Joseph Charles Lemire v. Ukraine*, ICSID case No. ARB/06/18, Award, paras. 81-91.

商业集团公司与圣塞巴斯蒂安金矿公司
诉
萨尔瓦多共和国

仲裁案

案情概要

案名	商业集团公司与圣塞巴斯蒂安金矿公司诉萨尔瓦多共和国仲裁案
案件裁判来源	https://www.italaw.com/cases/296
案号	ICSID Case No. ARB/09/17
当事人	申请人: (1)商业集团公司 (2)圣塞巴斯蒂安金矿公司
	被申请人:萨尔瓦多共和国
行业	有色金属矿采选业
仲裁机构和仲裁地	国际投资争端解决中心,美国华盛顿特区
仲裁依据	《中美洲自由贸易协定》《萨尔瓦多外商投资法》
适用的仲裁规则	《国际投资争端解决中心仲裁规则》
仲裁庭组成	首席仲裁员:Albert Jan van den Berg
	仲裁员(申请人指定):Horacio A. Grigera Naón
	仲裁员(被申请人指定):J. Christopher Thomas
日期	仲裁程序开始日期:2009 年 7 月 2 日
	最终裁决发布日期:2011 年 3 月 14 日
仲裁请求	申请人请求萨尔瓦多政府赔偿不少于 1 亿美元款项,批准申请人恢复其在萨尔瓦多的矿业开采活动
核心争议点	仲裁庭管辖权争议,即申请人是否满足了《中美洲自由贸易协定》中弃权条款的要求。对于被诉措施,若仲裁庭不能基于《中美洲自由贸易协定》获得管辖权,是否能够基于《萨尔瓦多外商投资法》获得管辖权
仲裁庭主要结论	支持被申请人对《中美洲自由贸易协定》中弃权条款的解释,即要求申请人在形式上、实质上终止国内诉讼程序,作为提起仲裁的前置条件
裁决结果	支持东道国(一致裁决)
后续进展	2011 年 7 月 11 日,申请人向 ICSID 申请撤销仲裁裁决。 2013 年 8 月 28 日,由于申请人超过期限未支付程序费用,临时委员会决定终止程序

Case Summary

Name of Case	Commerce Group Corp. and San Sebastian Gold Mines, Inc. v. The Republic of El Salvador
Web Page	https://www.italaw.com/cases/296
Case Number	ICSID Case No. ARB/09/17
Parties	Claimants: (1) Commerce Group Corp. (2) San Sebastian Gold Mines Inc.
	Respondent: El Salvador
Industry	Nonferrous Metal Mining
Administering Institution & Seat of Arbitration	ICSID; Washingdon, D. C., USA
Basis for Arbitration	Central American-Dominican Republic Free Trade Agreement Foreign Investment Law of El Salvador
Rules Used in Arbitral Proceedings	ICSID Arbitration Rules
Arbitrator(s)	Presiding Arbitrator: Albert Jan van den Berg
	Arbitrator(Claimants' appointee): Horacio A. Grigera Naón
	Arbitrator(Respondent's appointee): J. Christopher Thomas
Date	Date of Commencement of Proceeding: 2 July 2009
	Date of Issue of Final Award: 14 March 2011
Relief Request	The Claimants seek compensation and grating of permits to resume mining activities
Key Issues	CAFTA-DR Waiver Provision(Article 10.18): whether a formal submission of waiver suffices without materially discontinuing domestic court proceeding. Same claims could be arisen under Foreign Investment Law of El Salvador, as a separate arbitral consent
Tribunal's Conclusions on Key Issues	In favour of State, the Tribunal concluded that Article 10.18(2)(b) of CAFTA-DR required the Claimants to file a formal "written waiver", and then materially ensured that no other legal proceedings were "initiated" or "continued"
Award	In favour of State(Unanimous Verdict)
Follow-up Progress	11 July 2011, the Claimants submitted Applicationfor Annulment of the Award to ICSID. 28 August 2013, the ad hoc committee ordered to discontinue the proceeding due to non-payment of required advances

一、案件事实

(一)投资事实

商业集团公司与圣塞巴斯蒂安金矿公司(以下合称为申请人)均是美国公司。1987年9月22日,商业集团公司与圣塞巴斯蒂安金矿公司在美国威斯康星州注册了一家合资企业 Commerce/Sanseb Joint Venture(以下简称合资企业),勘探、开发、开采并生产稀有金属,商业集团公司拥有圣塞巴斯蒂安金矿公司82.5%的控制权。米纳恩(Minsane)公司是一家萨尔瓦多共和国的公司,商业集团公司拥有米纳恩公司52%的控制权。

1987年7月23日,申请人获得了萨尔瓦多政府颁发的开采特许权,同时,申请人与米纳恩公司达成了租赁协议。1993年,申请人投资取得了另外两处矿产。2002年9月6日,经与萨尔瓦多政府协商,合资企业同意取消先前的开采特许权以换取新的开采特许权。2002年10月,申请人取得萨尔瓦多环境和自然资源部门颁发的有关圣塞巴斯蒂安金矿和圣克里斯托瓦尔矿环境许可证。2003年8月18日,申请人获得萨尔瓦多经济部授予的20年开采特许权,并于2004年5月20日延长到30年。2003年3月3日,萨尔瓦多政府颁发给合资企业开采许可证。2004年5月25日,合资企业取得了另一份开采许可证。

(二)被诉行为

2006年9月13日,萨尔瓦多环境与自然资源部撤销了圣塞巴斯蒂安金矿和圣克里斯托瓦尔矿的环境许可证书,导致合资公司开采、加工金矿、银矿的权利被迫终止。

2006—2007年,申请人向萨尔瓦多环境与自然资源部重新申请圣塞巴斯蒂安金矿和圣克里斯托瓦尔矿两处的环境许可证,并向经济部申请开采许可证延期,均未成功获批。

申请人认为,自2006年以来,萨尔瓦多政府的政策在事实上完全禁止了外国投资者在萨尔瓦多开发矿业,此种政策歧视性地针对外国投资者,是任意的、不合理的。萨尔瓦多政府的行为违反了《中美洲自由贸易协定》(CAFTA-DR)项下义务,具体而言,违反了国民待遇条款(第10条第3款)、最惠国待遇条款(第10条第4款)、最低待遇标准条款(第10条第5款)、征收和补偿条款(第14条第7款)。

(三)程序时间轴

·2006年12月6日,申请人的律师向萨尔瓦多最高法院行政法庭提交了两份申诉书,要求对环境与自然资源部的撤销行为进行审查。

·2009年3月17日,申请人向萨尔瓦多(以下简称被申请人)发出仲裁意向通知。

·2009年7月2日,申请人向ICSID提交仲裁申请。

·2009年8月14日,被申请人向ICSID提出,申请人在萨尔瓦多国内法院的诉讼程序仍在进行中,故而ICSID没有管辖权。

·2009年8月21日,ICISD秘书长注册仲裁申请。

·2010年7月1日,仲裁庭成立。

·2010年8月16日,被申请人依据《中美洲自由贸易协定》的快速程序提出初步抗辩,仲裁庭中止对实体问题的审理。

·2010年10月20日—11月1日,非争议第三方哥斯达黎加共和国、尼加拉瓜、美国提交陈述报告,就"弃权条款"的标准问题陈述了与被申请人立场一致的意见。

·2010年11月9日,仲裁庭邀请当事双方对初步抗辩听证会的问题发表意见:当申请人向萨尔瓦多最高法院提起的诉讼处于审议阶段时,申请人是否可以终止该诉讼程序,如果可以,需要采取何种步骤、依据何种法律。被申请人对仲裁庭的这一邀请作出回应,但申请人对仲裁庭表示"尽管我们正在处理这些问题,但是此时无法向仲裁庭给出答案"。

·2011年3月14日,仲裁庭作出裁决。

·2011年7月11日,被申请人依据《ICSID公约》第52条,向ICSID提出裁决无效的申请,理由是仲裁庭明显超过权限、裁决未能说明作出的依据理由。

·2013年8月28日,由于申请人未充足支付程序费用,程序连续中止超过6个月,经ICSID代理秘书长提议,临时委员会决定终止程序,由双方各自负担自己的法律费用和支出,由申请人支付临时委员会的费用、ICSID中心设施使用费。

(四)仲裁请求

1. 申请人的仲裁请求

申请人请求:

(1)萨尔瓦多政府赔偿不少于1亿美元款项;

(2)萨尔瓦多政府在满足合理适当的环境保护标准情况下,批准申请人恢复其在萨尔瓦多的矿业开采活动;

(3)给予申请人其他可行的救济方式,包括支付申请人此次仲裁支出的费用。

2. 被申请人的答辩意见

被申请人提出以下抗辩:

(1)在初步抗辩未决的情况下,中止对案件实质的审理;

(2)全部驳回申请人的仲裁主张;

(3)决定萨尔瓦多在仲裁费用中应负担的份额、其支出的与初步抗辩有关的律师费用,包括自决定作出后至实际支付期间产生的利息,根据适当时间确定的利率标准计算;

(4)给予被申请人其他仲裁庭认为适当的救济。

(五)仲裁庭结论

仲裁庭裁定:

(1)裁定根据《中美洲自由贸易协定》,仲裁庭对申请人的请求无管辖权;

(2)裁定仲裁费用由双方分摊,但当事各方负担自己的法律费用和支出;

(3)驳回申请人其他所有主张和请求。

二、主要法律争议

(一)基于《中美洲自由贸易协定》仲裁庭是否享有管辖权

1. 申请人的主张

申请人主张已满足《中美洲自由贸易协定》第 10 条第 18 款[1]弃权条款的要求,仲裁庭因而享有管辖权。

第一,弃权条款的构成要件问题。申请人主张弃权条款仅为形式要求,申请人只需要形式上签署并提交书面弃权声明,并不要求国内诉讼程序立即结束,而是由被申请人自由选择是否以申请人作出的弃权声明为依据,来实际地寻求国内诉讼程序的终结。在弃权条款的解释上,申请人认为,《中美洲自由贸易协定》起草者本可以明确要

[1] 《中美洲自由贸易协定》第 10 条第 18 款第 2 项规定,本节内任何提交仲裁的主张,均须满足(a)申请人按照本协议规定的程序以书面形式同意仲裁;(b)附随仲裁通知同时提交书面弃权声明,放弃依据任何一方的法律或其他争端解决程序,针对被指控构成本协议第 10 条第 16 款第 1 项所述违约行为的任何措施,在任何行政法庭或法院提起或继续诉讼的任何权利。

求“国内诉讼程序的终结”作为提起仲裁的先决条件,相反,现有弃权条款文本呈现为“对继续诉讼程序权利的放弃”,因此应解释为申请人的弃权声明赋予东道国是否实际寻求国内诉讼程序终结的选择权。况且就终结国内诉讼程序而言,被申请人比申请人有更便宜的条件。

第二,申请人是否违反弃权条款问题。首先,申请人满足了弃权条款的文本要求;其次,弃权声明是对法律权利单方的、终局的放弃,因此申请人是否主动寻求国内诉讼程序的终结无关紧要,同时申请人并没有采取任何积极行动参与国内诉讼程序;最后,国内诉讼程序和本次仲裁的主张并不完全相同,在本仲裁案中,除了涉及被申请人撤销环境许可这一措施外,申请人还主张萨尔瓦多政府实际上施行禁止外国投资者开采金、银的政策,而后者在国内诉讼程序中并未提及,此与铁路开发公司诉危地马拉案[1]不同。申请人进而援引凡内萨风险公司诉委内瑞拉案[2],提出国内诉讼程序和国际仲裁程序中的主张部分重叠不能够使弃权条款整体失效,仲裁庭仍应审理在国内诉讼程序中未经审理的部分主张。

2. 被申请人的主张

被申请人主张申请人没有遵守《中美洲自由贸易协定》中弃权条款的要求,而满足弃权条款要求应被视为被申请人同意将争端提交仲裁的前提条件,因而仲裁庭不具有管辖权,申请人的主张应被全部驳回。

第一,弃权条款的构成要件问题。被申请人主张弃权既有形式要件要求,又有实质要件要求。形式上需提交一份弃权声明,实质上要求申请人在提起仲裁前终结国内诉讼程序,同时,对该条款的善意解释将会得出,即使在提交仲裁申请之后,申请人仍应采取行动来遵守弃权声明。

第二,申请人是否违反弃权条款问题。被申请人援引了铁路开发公司诉危地马拉案[3]、雷鸟诉墨西哥案[4]、洛文集团股份有限公司与雷蒙德·洛文诉美利坚合众国案[ICSID Case No. ARB(AF)/98/3][5]的裁决,主张国内诉讼程序与本仲裁有相同

---

[1] *Railroad Development Corporation v. Republic of Guatemala*, ICSID Case No. ARB/07/23, Decision on Objection to Jurisdiction under CAFTA Article 10. 20. 5.

[2] *Vannessa Ventures Ltd. v. Bolivarian Republic of Venezuela*, ICSID Case No. ARB(AF)04/6, Decision on Jurisdiction.

[3] *Railroad Development Corporation v. Republic of Guatemala*, ICSID Case No. ARB/07/23, Decision on Objection to Jurisdiction under CAFTA Article 10. 20. 5.

[4] *International Thunderbird Gaming Corporation v. The United Mexican States*, UNCITRAL, Arbitral Award.

[5] 参见本书案例17。

的被诉措施(撤销环境许可)和诉请(相似数量的金钱损害赔偿),申请人继续参与国内诉讼程序即构成对弃权声明的明显违反。

3. 仲裁庭的裁定

第一,弃权条款的构成要件问题。仲裁庭支持被申请人的主张,认为弃权条款要求申请人既要满足形式要件,即提交书面弃权声明,又要满足实质要件,即确保实际上没有其他任何法律程序发起或进行中。出于有效性解释的原则,若被解读为满足形式要件即可,则该条款将失去意义。提交陈述报告的非争议方哥斯达黎加共和国、尼加拉瓜、美国均持相同观点。

第二,申请人是否违反弃权条款问题。仲裁庭认可申请人满足了弃权条款的形式要件。实质要件上,申请人主张以提交仲裁的日期(2009 年 7 月 2 日)作为判断管辖权的标准,以仲裁庭组建的日期(2010 年 7 月 1 日)作为判断弃权条款是否满足的标准,仲裁庭认为判断弃权条款与是否满足和判断管辖权是同一法律问题,均应以提交仲裁的日期(2009 年 7 月 2 日)为准,而在该日,申请人向仲裁庭提出的两项申诉正在等待萨尔瓦多最高法院行政诉讼法院的判决,不满足实质要件,故而申请人违反了弃权条款。

关于申请人的另一主张,即萨尔瓦多政府事实上施行禁止外国投资者开采金、银的政策,仲裁庭从两个角度进行了反驳:一方面,本案与铁路开发公司诉危地马拉案并不相同,撤销环境许可的主张与事实上的金银开采禁止政策是同一项主张,后者是前者的重要组成部分,并不能区分看待;另一方面,即使能够认为事实上的金银开采禁止政策是一项单独主张,但其本身作为一项"政策",不属于《中美洲自由贸易协定》所规定的"措施"。

综上,仲裁庭认为,申请人未满足《中美洲自由贸易协定》第 10 条第 18 款中弃权条款的要求,萨尔瓦多的仲裁同意欠缺,仲裁庭不具有管辖权。

(二)基于《萨尔瓦多外商投资法》仲裁庭是否享有管辖权

1. 申请人的主张

申请人认为,本仲裁是基于两个不同的仲裁合意提起的,一个是《中美洲自由贸易协定》,另一个是《萨尔瓦多外商投资法》,被诉违反《中美洲自由贸易协定》的措施也同样构成对《萨尔瓦多外商投资法》的违反,具体而言,违反了第 5 条同等保护条款、第 6 条非歧视条款、第 8 条征收补偿条款。而《中美洲自由贸易协定》中的弃权条款不影响基于《萨尔瓦多外商投资法》主张的效力,即使仲裁庭认为申请人未满足《中美洲自由贸易协定》中弃权条款的要求,仲裁庭仍应基于《萨尔瓦多外商投资法》取得管辖权并应审理申请人的主张。

2. 被申请人的主张

被申请人认为,申请人基于《萨尔瓦多外商投资法》提起的主张亦不应被审理,因为申请人没有在仲裁请求中提出,而《ICSID 仲裁规则》和《中美洲自由贸易协定》都不允许对仲裁请求进行修改。同时,对于《中美洲自由贸易协定》中弃权条款对基于《萨尔瓦多外商投资法》提起的主张将产生何种效力的问题,被申请人保留意见。

3. 仲裁庭的裁定

仲裁庭分析申请人提交给仲裁庭的文件后认为,无论《中美洲自由贸易协定》中弃权条款是否对《萨尔瓦多外商投资法》产生影响,申请人并没有基于《萨尔瓦多外商投资法》提出任何清晰、具体的主张,至多是对《萨尔瓦多外商投资法》法条进行例行公事式地堆砌。故而仲裁庭驳回基于《中美洲自由贸易协定》主张的管辖权。至此,本案被完全驳回。

三、简要评析

在国际投资争端解决中处理国内救济与国际救济的关系问题上,不同的国际投资条约采取了不同的思路,如"用尽当地救济条款"、"岔路口条款"、"弃权条款"(又称为"禁止回转条款")等,均可起到避免平行程序、规制冲突裁决的效果。其中,"弃权条款"灵活性显著,并且新一代"岔路口条款"在改善了"三重同一性标准"问题后,效果上亦类似于弃权条款。在条约缔结实践中,美国、加拿大偏好"弃权条款",在两国的双边投资协定范本及 NAFTA、《中美洲自由贸易协定》中都有这一规定,通常要求"投资者及其投资的企业应当出具书面'弃权'声明,表示其将放弃在东道国国内法院、行政法庭和其他争端解决机制中针对东道国政府的同一措施提起或继续诉讼"[1]。关于"弃权条款"的满足标准,本案中仲裁庭认为要求申请人不仅在形式上,而且在实质上放弃东道国国内平行程序,此亦为东道国及其他第三方所持的观点,与

---

[1] 如 NAFTA 第 1121 条、本案中的《中美洲自由贸易协定》第 10 条第 18 款。参见肖军:《规制冲突裁决的国际投资仲裁改革研究——以管辖权问题为核心》,中国社会科学出版社 2017 年版,第 36 页。

ICSID 先前的裁决如废物管理公司诉墨西哥合众国案[1]保持了一致,基本没有争议。但是“弃权”的性质问题尚无定论,究竟是作为可接受性问题还是管辖权问题来对待,仲裁庭的观点不一。废物管理公司诉墨西哥案仲裁庭的多数认为“弃权条款”的满足是行使管辖权的先决条件,是管辖权问题;而美国乙基公司诉加拿大案[2]仲裁庭认为“弃权条款”的满足只是程序规则,是可接受性条件[3],这与废物管理公司诉墨西哥案持不同意见的仲裁员海伊特观点一致[4];本案中仲裁庭虽然没有明确“弃权”性质问题,但在说理中将其视作了行使管辖权的先决条件来处理。

(编写者:武汉大学国际法研究所 2020 级硕士研究生　刘芳彤)

---

[1] *Waste Management Inc. v. United Mexican States*, ICSID Case No. ARB(AF)/98/2, Award. 参见本书案例 13。

[2] 参见本书案例 9。

[3] *Ethyl Corporation Inc. v. Government of Canada*, UNCITRAL, Award on Jurisdiction, para. 58. “不遵守程序规定的行为并不会导致仲裁庭自始没有管辖权,如果申请人最终遵守了程序规定,只是导致仲裁程序的迟延,那么仲裁庭对申请人的索赔请求仍具有管辖权。”

[4] *Waste Management Inc. v. United Mexican States*, ICSID Case No. ARB(AF)/98/2, Dissenting Opinion, para. 28.

斯文巴特股份有限公司
诉
拉脱维亚共和国

仲裁案

案情概要

案名	斯文巴特股份有限公司诉拉脱维亚共和国仲裁案
案件裁判来源	https://www.italaw.com/cases/1066
案号	无
当事人	申请人:斯文巴特股份有限公司
	被申请人:拉脱维亚共和国
行业	商务服务业
仲裁机构和仲裁地	无(临时仲裁),丹麦哥本哈根
仲裁依据	《瑞典和拉脱维亚共和国促进与保护投资协定》(1992年)
适用的仲裁规则	《联合国国际贸易法委员会仲裁规则》
仲裁庭组成	首席仲裁员:Allan Philip
	仲裁员(申请人指定):Kaj Hober
	仲裁员(被申请人指定):Gustaf Moller
日期	仲裁程序开始日期:1996年9月11日
	最终裁决发布日期:2000年10月23日
仲裁请求	申请人请求拉脱维亚共和国对其投资损害行为赔偿
核心争议点	仲裁庭管辖权争议:申请人是否属于《瑞典和拉脱维亚共和国促进与保护投资协定》第1条规定的"投资者"且其购买并经营船舶的行为是否属于投资行为,进而认定仲裁庭对本案是否具有管辖权
仲裁庭主要结论	仲裁庭根据《瑞典和拉脱维亚共和国促进与保护投资协定》相关规定认定申请人具备合法投资者身份,其进行的投资也是合法的,并结合申请人提请仲裁的程序性事实,认定仲裁庭对本案具有管辖权
裁决结果	支持投资者(一致裁定)
后续进展	(1)拉脱维亚共和国向斯维亚法庭提起上诉,主要对执行仲裁裁决提出异议 (2)2002年10月29日,斯维亚法庭维持2000年10月23日作出的仲裁裁决,判决要求拉脱维亚共和国执行原裁决 (3)2003年1月7日,海事和商事法庭就本案仲裁裁决的效力问题进行再审,最终法庭驳回拉脱维亚共和国关于确认2000年10月23日仲裁庭所作仲裁裁决无效的请求

Case Summary

Name of Case	Swembalt AB, Sweden v. The Republic of Latvia
Web Page	https://www.italaw.com/cases/1066
Case Number	None
Parties	Claimant: Swembalt AB, Sweden
	Respondent: The Republic of Latvia
Industry	Commercial Services and Supplies
Administering Institution & Seat of Arbitration	Not applicable (ad hoc arbitration), Copenhagen (Denmark)
Basis for Arbitration	Sweden and Latvia Agreement on the promotion and reciprocal protection of investments (1992)
Rules Used in Arbitral Proceedings	UNCITRAL Arbitration Rules (1976)
Arbitrator(s)	Presiding Arbitrator: Allan Philip
	Arbitrator (Claimant's appointee): Kaj Hober
	Arbitrator (Respondent's appointee): Gustaf Moller
Date	Date of Commencement of Proceeding: 11 September 1996
	Date of Issue of Final Award: 23 October 2000
Relief Request	The Claimant requests compensation from the Republic of Latvia for damages to its investment
Key Issues	Disputes over the jurisdiction of the Arbitral Tribunal: whether the applicant Swembalt AB is an "investor" listed in Article 1 of Sweden-Latvia BIT and whether its purchase and operation of a ship is an investment, and then determined whether the Arbitral Tribunal has jurisdiction over the case
Tribunal's Conclusions on Key Issues	The arbitration Tribunal determined that the applicant has the status of a legal investor and the lawful investment activities carried out in accordance with the relevant provisions of the "Sweden-Latvia BIT", and based on the procedural facts of the applicant's submission for arbitration determined that the case is under the jurisdiction of the arbitration Tribunal Scope
Award	In favor of State (Unanimous Verdict)

续表

Follow-up Progress	(1) The Republic of Latvia filed an appeal with the Svea court, which mainly objected to the enforcement of the arbitration award (2) On 29 October 2002, the Svea court upheld the arbitration award made on October 23 2000, and the judgment required the Republic of Latvia to enforce the original award (3) On 7 January 2003, Review by the Maritime and Commercial Court, finally, the court rejected the request of the Republic of Latvia to confirm the invalidity of the arbitration award made on 23 October 2000

一、案件事实

(一)投资事实

斯文巴特股份有限公司(以下简称申请人)于1993年4月2日购买了一艘Ro-Ro型船,该船已在瑞典船舶注册中心注册,船舶停在拉脱维亚首都里加市用于建成贸易中心和浮动商业中心。1993年4月21日,该船从瑞典运到里加市修船厂,进行了船内外翻新。之后,申请人与里加市市长安德里斯·泰克曼尼、里加市港务局、里加市建筑师办公室以及土地委员会进行了关于船舶定位的谈判,经谈判,土地委员会表示可以租用土地,并准许申请人将船停泊在基普萨拉岛的南端。1993年11月17日,在里加市议会和里加港口伊瓦斯·利斯马尼斯的授权下,该船被拖到基普萨拉岛。

为该项目,申请人成立了斯文巴特子公司。1994年3月24日,基于里加市土地委员会1993年12月1日发布的第22734号决定,斯文巴特子公司与里加的库尔兹梅区签署了一项协议,租用一个泊位和11,200平方米的土地用于建成浮动商业中心和贸易中心。双方约定该协议有效期是1993年12月1日至1998年6月30日。

(二)被诉行为

1994年3月28日,里加市港务局代表康斯坦丁斯·盖利斯在没有船东在场的情况下,与大约15人和3艘拖船抵达基普萨拉岛,将该船拖到离租赁泊位2海里的地方,船舶所有者和其他当事方都提出了反对意见。此后,里加市港务局还禁止申请人和承租人(斯文巴特子公司)在船上进行任何进一步的业务活动。1994年4月18日,里加市市长通知申请人,拉脱维亚已通过一项新的法律,追溯适用该法,双方签订的土地协议失效。就此事,1994—1995年瑞典驻里加市大使馆与拉脱维亚各有关当局进行了多次谈判,都没有取得任何成果。

1996年5月3日,拉脱维亚海事局宣布该船应公开拍卖。原因是该船被指定为沉船,其被安置在从里加港口拖曳的位置,对海上交通构成了危险。尽管申请人对拍卖行为表示反对,但该船还是在1996年7月被Ferrum废金属公司以每吨50美元的价格,共计约15万美元收购。

1996年8月8日,经检查发现该船的钢筋和其他部件已断裂,船上的发电机、冰箱、锅炉和其他瑞典标准设备都被拆除,随后该船被报废处理。该船报废前,双方曾多次通过传真、会议以及递交备忘录等方式进行沟通协调，但都无果。而且，申请人没有收到有关船舶、家具及船上所有公用设施的任何赔偿。申请人主张，被申请人未经其允许将船拖走并进行拍卖报废的行为违反《瑞典和拉脱维亚共和国促进与保护投资协定》（以下简称《瑞典—拉脱维亚 BIT》）中投资促进与保护条款以及征收与补偿条款。

（三）程序时间轴

· 1995 年 11 月、1996 年 8 月 7 日和 1997 年 4 月 17 日，瑞典外交部与拉脱维亚政府当局进行多次谈判协商，都未解决争端。

· 1996 年 9 月 11 日，申请人提出仲裁请求，因其损失向拉脱维亚（以下简称被申请人）索赔 5,038,636 美元。

· 1999 年 3 月 24 日，本案依据《瑞典—拉脱维亚 BIT》第 7 条，申请人向被申请人发出第二次仲裁通知。在上述仲裁通知中，申请人指定 Kaj Hober 律师为仲裁员，被申请人没有指定仲裁员。

· 1999 年 4 月 9 日，被申请人收到仲裁申请。

· 1999 年 5 月 20 日，仲裁庭提议海牙常设仲裁法院秘书长提名一个任命机构。

· 1999 年 8 月 13 日，海牙常设仲裁法院秘书长提名斯德哥尔摩商会仲裁院为任命机构。

· 1999 年 9 月 21 日，斯德哥尔摩商会仲裁院指定芬兰最高法院法官 Gustaf Moller 先生为仲裁员。

· 1999 年 10 月 21 日，两位仲裁员指定来自丹麦哥本哈根的 Allan Philip 博士担任首席仲裁员。

· 1999 年 11 月 19 日，仲裁员确定仲裁法院所在地为哥本哈根，语言为英语。

· 2000 年 8 月 10 日，双方应邀出席参加在哥本哈根举行的仲裁听证会，被申请人未出席。会上，申请人对此案进行了介绍并提交了相关文件，仲裁庭对两位证人 Thomas Wiren 先生和 Nils-Urban Allard 先生进行了讯问，会后文件以英文译本发送给被申请人。

· 2000 年 9 月 20 日，被申请人向仲裁庭提交了一份包含 5 份附录的案件摘要。

· 2000 年 9 月 28 日，申请人提交了一份回应报告，反对仲裁庭审议被申请人提交的案件摘要。

· 2000 年 10 月 23 日,仲裁庭作出裁决支持申请人的主张,并裁定被申请人向其支付一定数额的赔偿金及与仲裁相关的费用。被申请人要求仲裁庭对仲裁裁决作出解释,仲裁庭于 2000 年 11 月 27 日发表声明。

· 2002 年 10 月 29 日,斯维亚上诉法院作出审判,决定执行 2000 年 10 月 23 日在哥本哈根作出的仲裁裁决。被申请人对上诉法庭所作执行裁决提出异议,并在丹麦海事和商业法院提起诉讼。此案的主要听证会定于 2002 年 11 月 12 日举行。

· 2003 年 1 月 7 日,哥本哈根海事和商业法院对案件进行再审,维持原裁决,支持申请人的主张。

(四)仲裁请求

1. 申请人的主张

(1)申请人要求仲裁庭裁判被申请人向其赔付包含船舶各项损失费在内的 2,806,258 美元的赔偿金,外加利息;

(2)申请人要求被申请人向其支付与诉讼有关的所有费用和支出,包括律师费用、仲裁员各项费用。

2. 被申请人的主张

被申请人请求仲裁庭拒绝申请人的索赔要求并提出以下抗辩:

(1)对仲裁庭管辖权提出抗辩,认为仲裁庭不享有本案管辖权;

(2)对涉案船舶所有权提出抗辩;

(3)对申请人的"投资者"身份及实施的"投资行为"提出抗辩;

(4)请求认定申请人与被申请人之间的租赁协议无效。

(五)仲裁庭结论

仲裁庭裁定:

(1)仲裁庭认定其对本案具有管辖权;

(2)仲裁庭认为申请人对涉案船舶拥有所有权,且船舶被报废处理行为与本案无关,与损害赔偿无关;

(3)仲裁庭裁定申请人是《瑞典—拉脱维亚 BIT》第 1 条第 3 款第 2 项规定的投资者,且申请人在拉脱维亚的行为属于外国投资;

(4)仲裁庭裁定被申请人应就船舶损失向申请人赔偿 2,506,258 美元,自 1999 年 4 月 9 日起至付款之日止,利息年利率为 10%;

(5)被申请人应向申请人支付律师费用及仲裁员相关费用共计 1345 美元和 1,406,250 克朗,包括 525,000 克朗的 25%增值税。

二、主要法律争议

(一)仲裁庭对本案是否具有管辖权

1. 申请人的主张

申请人称:依据《瑞典—拉脱维亚 BIT》,仲裁庭具有管辖权。理由有三点:其一,申请人认为自己是《瑞典—拉脱维亚 BIT》第 7 条第 1 款规定的投资者,具备提请仲裁的身份条件;其二,申请人向其子公司租船的行为属于投资行为,其提供的法律依据是《瑞典—拉脱维亚 BIT》第 1 条第 2 款的规定,即出租人是另一缔约方的国民或在该缔约方领土内有住所的法人,将根据租赁协议将其交由缔约一方领土的承租人处置的货物,应给予不亚于一项投资的优惠待遇;其三,依据《瑞典—拉脱维亚 BIT》第 7 条第 2 款即如果争端未能在提出争端之日起 6 个月内解决,任何一方可将其提交仲裁以进行最终解决。仲裁程序适用联合国大会于 1976 年 12 月 15 日通过的《联合国国际贸易法委员会仲裁规则》。在申请人提交正式的仲裁申请前,曾多次通过外交、会议等多重途径进行协商解决,但都无果,申请人则依据《瑞典—拉脱维亚 BIT》提交仲裁申请。从实体和程序规则层面,均符合提请仲裁的要求。

2. 被申请人的主张

被申请人辩称,仲裁庭没有管辖权,其认为拉脱维亚不是真正的被申请人。被申请人认为不能将申请人租借给斯文巴特子公司的船舶视为《瑞典—拉脱维亚 BIT》第 1 条第 1 款所规定的"投资";另外,尽管"投资"一词被定义为任何财产,但前提是应根据有关国家的法律法规进行投资,其提供的法律依据是《瑞典—拉脱维亚 BIT》第 2 条第 5 款,根据在其领土内进行的缔约方法律和法规进行投资,应享有本协议的充分保护。被申请人认为申请人所谓的外国投资并未遵守拉脱维亚法律,原因有两个:其一,申请人尚未在拉脱维亚注册子公司的时候进行投资;其二,被申请人与申请人之间没有就涉案船舶停靠在固定泊位达成有效租赁协议。因此,被申请人认为本案不受仲裁庭管辖。

3. 仲裁庭的裁定

关于被申请人对仲裁庭管辖权的质疑,仲裁庭给予以下裁定意见:

其一,双方提交仲裁请求符合《瑞典—拉脱维亚 BIT》第 7 条第 1 款提交仲裁的前提条件。具体来讲,本案申请人与被申请人之间存在投资争端,因为申请人已向被申请人提出索赔要求,对于被申请人来说,虽然起初并未出席案件听证会,但在后来阶段就本案提出了异议,符合案件具有争议的事实要件。再者,被申请人作为协定的缔约方,申请人作为另一缔约方的投资者,符合提请仲裁的主体适格要求。

其二,对于被申请人对申请人投资者身份的质疑,仲裁庭依据《瑞典—拉脱维亚 BIT》第 1 条第 3 款第 2 项关于投资者的规定,"投资者是指在任何一方缔约国领土内有合法地位的任何法人"。由于本案申请人是在瑞典拥有住所的法人,符合上述条款有关投资者身份的要求。被申请人辩称必须根据拉脱维亚法律进行合格投资认定的理由,仲裁庭则认为实际上这与《瑞典—拉脱维亚 BIT》第 1 条第 3 款第 2 项中的投资者的定义无关,裁定申请人属于本案合法的投资者。

其三,根据《瑞典—拉脱维亚 BIT》第 7 条第 2 款规定,申请人按照程序要求请求启动仲裁,在程序上合规。依据此条款,仲裁庭进一步指出,通过仲裁解决争端通常以仲裁当事方之间存在以基础合同为基础的仲裁协议为前提。在本案中,虽然双方没有订立仲裁协议,但是,在两个主权国家(如在本案中为拉脱维亚和瑞典)缔结一项协议的前提下,根据该协议,只要这两个国家的投资者提出要求,它们都接受与另一方主体进行争端仲裁且无论该争议是合同性质的还是非合同性质的。

综上理由,仲裁庭裁定其对本案具有管辖权。

(二)申请人系泊行为是否合法,租赁协议是否有效

1. 申请人的主张

申请人称其根据拉脱维亚法律于 1993 年 11 月完成了对船舶的翻新工程,而后在里加市议会和里加港口授权下将船舶拖至基普萨拉岛,拖船行为发生于签订租赁协议之前,其原因是担心河水冻结造成无法拖运的问题,遂拉脱维亚当局准许了申请人的拖船行为。鉴于将船舶拖运至基普萨拉岛的固定泊位是经双方协商并经拉脱维亚当局准许的,申请人认为其系泊行为合法且申请人子公司与库尔兹梅区签订的租赁协议合法有效。

2. 被申请人的主张

被申请人提供了与涉案船舶有关的一些文件,里加港船长于 1994 年 2 月 1 日和 3 月 24 日分别发出的两封警告信以及 1991 年 11 月 5 日关于拉脱维亚共和国外国投资

的第322号法律的摘录，以上文件均用于证明涉案船舶在基普萨拉岛系泊是非法的。

此外，被申请人指出1994年4月18日里加市市长泰克曼斯在给申请人一份通知中表明涉案船舶停靠至基普萨拉岛是非法且租赁协议是无效的。原因有两点：一是未经港口管理机构许可，不得在世界任何港口拖运船舶，里加市港口管理当局并未授权申请人将该船拖至基普萨拉岛；二是1993年3月26日里加市议会通过第50号决议规定，里加市的土地租赁协议只能由里加市政府缔结，由里加市港务局管理。而本案租赁协议是申请人同里加市库尔兹梅区签订的，据此土地租赁协议是无效的。此外，拉脱维亚内阁于1994年3月1日通过的第75-r号法令规定如下：在拉脱维亚议会通过有关港口法之前，只有在获得国家港口委员会的批准后，才能在港口范围内签订土地租赁协议。被申请人主张申请人违反了现有法律规定，必须由其自行承担所造成的损失，里加市政府将不接受任何赔偿要求。被申请人进一步指出有关涉案船舶在里加港境内的进驻问题，必须根据拉脱维亚法律和法规予以解决。

3. 仲裁庭的裁定

仲裁庭认为，虽然本案没有提交关于租赁的书面协议，但是，从证据中可以清楚地看出，涉案船舶是申请人为建立在里加市的浮动贸易中心购买的，申请人还对船舶进行了翻新和改装。申请人以其子公司的名义在里加市租赁土地，其目的也是为中心和舰船码头奠定基础，而且该船的部分空间已出租或将要出租给各种贸易商。基于以上事实行为，仲裁庭只需要明确申请人是否是根据相关国家/地区的法律和法规进行投资的问题，本案法律依据是《瑞典—拉脱维亚BIT》第1条第1款和/或第1条第2款所涵盖的投资规定，仲裁庭认为基于上述两个条款，申请人投资行为的合法性毋庸置疑。

另外，仲裁庭指出关于租赁协议是否有效以及1993年11月17日拉脱维亚政府当局允许将该船拖至基普萨拉岛的问题仍然存在疑问。针对此问题，仲裁庭指出，除了被申请人提供的两封警告信和里加市市长泰克曼斯先生于1994年4月18日发给申请人的通知外，被申请人没有其他有力证据。而里加市港口管理员于1994年2月1日发出的警告信中仅提出“船因非法逗留而被扣押”，这并不能说明租赁协议是否有效。

仲裁庭并未收到被申请提及的相关法律文本，鉴于有限的证据材料，对于租赁协议的效力问题仲裁庭仅提出三项质疑：其一，申请人在1993年秋天与里加市市长泰克曼斯先生以及其他城市、区域和港口当局就该项目的非法性进行了谈判,但在此之前,申请人从未收到告知其相关行为违法的通知;其二,如果该船在基普萨拉岛的系泊是非法的,那么1993年11月17日里加港港务局长为何与一名引航员安排两艘拖船将涉案船舶拖至基普萨拉岛;其三,从时间上分析,如果涉案船舶在基普萨拉系泊是非法的,里加当局为何没有第一时间采取措施制止该违法行为,而是在4个多月后实施拖船行为(1993年11月船舶到达里加港,1994年3月28日政府当局将该船舶拖至玛格丽码头)。

基于仲裁庭提出的三项合理质疑,被申请人也未证明该投资不符合拉脱维亚的法律法规。仲裁庭的结论是:申请人在拉脱维亚进行了投资,其系泊位行为是合法的,该项投资满足了《瑞典—拉脱维亚BIT》中规定的受该协议保护的各项要求。

(三)被申请人的行为是否属于违法征收,对其索赔是否合法

1. 申请人的主张

申请人称,一方面,在移走船舶并从申请人处获取相关收入时,被申请人的行为违反了《瑞典—拉脱维亚BIT》第2条和第4条,即有关投资者促进与保护以及征收和补偿的规定;另一方面,被申请人的行为也违反《拉脱维亚海事法典》第265条的规定,海事管理局可以出售沉船残骸,但出售所产生的全部利润应按成本支付给船东。申请人称,当拉脱维亚政府代表将其船舶从系泊设备中移走时,该船并非沉船,因此无法按照《拉脱维亚海事法典》的规定进行出售。而且,申请人从未获取拍卖涉案船舶带来的任何收益。因此,申请人主张被申请人未经申请人同意将涉案船舶拖运至玛格丽码头的行为属于非法征收,对申请人投资造成的损害应给予赔偿。

2. 被申请人的主张

关于将该船拖运至玛格丽码头,被申请人提供了与该船有关的文件,包括里加港船长于1994年2月1日和3月24日发出的警告信及《拉脱维亚共和国关于外国投资的第322号法律》的摘录,警告信称该船在基普萨拉岛的系泊是非法的。关于在拍卖会上出售该船,被申请人则辩称,该船在位于玛格丽码头时的状况已大大恶化,存在航行隐患和危险,因此对船舶进行报废处理。

3. 仲裁庭的裁决

其一,本案中,拖船及报废船舶的行为虽不是被申请人直接实施的,但是由里加市港务局直接实施的。仲裁庭认为,国家的分支机构以及如何选择在每个分支机构之间

分配工作与本案无关，仲裁依据的重点则在于如果国家将某些工作下放给联邦、地区或市政府的下级政府，国家有义务基于国际法确保其分支机构充分履行了国际法义务、一般原则或条约。因此，仲裁庭得出的结论是，由哪一级别公共权力机构剥夺了申请人权利的问题于本案来讲无关紧要，无论直接涉及的权力机构的地位如何。

其二，被申请人将船舶拖运至坞格丽码头的行为，阻止了申请人行使对涉案船舶应有的权利，最后在未对申请人提供任何赔偿的情况下将船舶拍卖并报废的行为则违反了《瑞典—拉脱维亚 BIT》有关促进与保护投资的规定以及一般国际法。

其三，《瑞典—拉脱维亚 BIT》本身没有投资者获得赔偿权的直接规定。但是，申请人获取赔偿的权利可间接依据《瑞典—拉脱维亚 BIT》第 4 条第 1 款第 3 项中（征收补偿条款）的规定，该条款提供了合法征收的条件之一，即迅速、充分和有效的赔偿应予支付。仲裁庭进一步指出，对违反国际法的行为提出赔偿的权利源于国际法的一般原则，并由文明国家所承认的一般法律原则所补充。

其四，仲裁庭认为《瑞典—拉脱维亚 BIT》第 7 条所规定的将与该协定解释或适用相关的争端提交仲裁时，其目的是让仲裁庭不仅可以决定是否存在违反协定的情况，而且可以决定此类违反的任何后果。

综上，仲裁庭将考虑申请人提出的索赔要求。

（四）关于船舶所有权问题

仲裁庭认为，申请人对涉案船舶享有所有权毋庸置疑。仲裁庭理由是，该船早期名称是 Feeder Chief，应申请人的请求，1993 年 11 月 15 日该船更名为 SwedeBalt，并记录在瑞典船舶登记簿，申请人取得了该船新的国籍证书。两天后，里加港在签发驾驶员的拖运账单时，（将该船从船厂拖至基普萨拉岛的固定泊位）仍使用该船的旧名称。因此，仲裁员认为，里加市港口当局认可涉案船舶的归属权，申请人对涉案船舶享有所有权。

三、简要评析

本案最主要的争议焦点是以下四个法律问题。首先，仲裁庭对该争议是否具有管辖权。申请人作为在瑞典拥有居所的法人，是符合《瑞典—拉脱维亚 BIT》定义的合格投资者，在拉脱维亚与库尔兹梅区签订了租赁合同，开展了合法的投资，有权就该投资争议申请仲裁。其次，被申请人的行为是否属于非法征收。解决该问题的前提是裁定斯文巴特子公司与里加市库尔兹梅区签订的租赁协议是否有效的问题,仲裁庭并未就此争议给出十分明确的裁定,而是在现有资料无法支撑的情况下,根据案件事实提出了三项合理疑问,并经分析认定投资者实施了合法的投资行为,在此基础上仲裁庭依据《瑞典—拉脱维亚 BIT》有关投资与促进保护条款、征收条款及被申请人国内法的具体规定裁定被申请人的行为属非法征收。再次,仲裁庭需要裁定征收赔偿的合理性,以及其法律依据是什么的问题。本案仲裁庭不仅将《瑞典—拉脱维亚 BIT》的征收补偿条款作为申请人索赔的直接依据,还将国际一般法律原则作为补充法律依据予以适用,仲裁庭指出对违反国际法的行为提出赔偿的权利符合文明国家所承认的一般法律原则。最后,仲裁庭需要解决谁来赔偿的问题,即申请人索赔的适格对象是谁的问题。这需要关注政府行为与其下属机构行为之间的责任划分问题。本案中拖船及报废船舶的行为是由里加市港务局直接实施的,被申请人并未直接实施该行为,但是仲裁庭认为如果国家将某些工作下放给联邦、地区或市政府的下级政府,国家有义务基于国际法确保其分支机构充分履行了国际法义务、一般原则或条约法,因此,被申请人需要为其下属部门实施的征收行为负责,对申请人的损害根据《瑞典—拉脱维亚 BIT》进行赔偿。

从司法角度分析,本案仲裁庭采取较为灵活的裁判方式,在现有证据不充分的情况下依据案件事实以质疑的方式反向判断被申请人理由是否正当合理,此外,本案仲裁庭依据《国际法院规约》第 38 条第 1 款为申请人成功索赔充实了法律依据,集中体现了仲裁庭对国际一般法律原则适用的积极态度。

(编写者:武汉大学国际法研究所 2019 级博士研究生　李璐玮)

波普与塔尔博特公司
诉
加拿大

仲裁案

案情概要

案名	波普与塔尔博特公司诉加拿大仲裁案
案件裁判来源	https://www.italaw.com/cases/863
案号	无
当事人	申请人:波普与塔尔博特公司
	被申请人:加拿大
行业	林业
仲裁机构和仲裁地	国际投资争端解决中心,加拿大蒙特利尔
仲裁依据	《北美自由贸易协定》
适用的仲裁规则	《联合国国际贸易法委员会仲裁规则》(1976年)
仲裁庭组成	首席仲裁员:Lord Dervaird
	仲裁员:Benjamin J. Greenberg
	仲裁员:Murray J. Belman
日期	仲裁程序开始日期:1998年12月24日
	最终裁决发布日期:2002年5月31日
仲裁请求	申请人请求裁定被申请人违反NAFTA第1102条(国民待遇)、第1105条(最低待遇标准)、第1106条(履行要求)以及第1110条(征收和补偿)4项条款并分别索赔
核心争议点	被申请人是否违反NAFTA规定的"国民待遇"义务
仲裁庭主要结论	仲裁庭反对申请人主张被申请人违反国民待遇的指控。仲裁庭不支持被申请人对NAFTA第1102条"投资者"复数形态进行违反常理的解释。仲裁庭将"不低于……"解释为"等同",不低于也不高于给予竞争者的最好待遇,仲裁庭根据不同待遇比较的对象不同,分为三步对相似情形的事实背景进行了分析,最终裁定被申请人未违反对投资者的国民待遇
裁决结果	支持投资者
后续进展	无

Case Summary

Name of Case	Pope & Talbot Inc. v. The Government of Canada
Web Page	https://www. italaw. com/cases/863
Case Number	Not applicable
Parties	Claimant:Pope & Talbot Inc.
	Respondent:The Government of Canada
Industry	Forestry
Administering Institution & Seat of Arbitration	ICSID;Montreal,Canada
Basis for Arbitration	NAFTA
Rules Used in Arbitral Proceedings	UNCITRAL Arbitration Rules(1976)
Arbitrator(s)	Presiding Arbitrator:Lord Dervaird
	Arbitrator:Benjamin J. Greenberg
	Arbitrator:Murray J. Belman
Date	Date of Commencement of Proceeding:24 December 1998
	Date of Issue of Final Award:31 May 2002
Relief Request	The Investor claims that Canada is in breach of four separate provisions of Section A of Chapter 11. Article 1102(National Treatment), Article 1105(Minimum Standard of Treatment), Article 1106(Performance Requirements), Article 1110(Expropriation and Compensation)
Key Issues	Regarding whether the Respondent violated the "national treatment" stipulated by, the Tribunal interpreted the key terms such as use of the plural form "investments of investors" and "no less favorable" and the Tribunal chooses different reference objects for comparison. The criteria and scope of the selection objects will affect whether the Respondent violates the determination of the investor's national treatment
Tribunal's Conclusions on Key Issues	The Tribunal did not support Canada's interpretation of Article 1102 "investments of investors" plural forms in violation of common sense. The Tribunal interpreted "no less than" as "equivalent". No less than or no less than the best treatment given to competitors, the Tribunal analyzed the factual background of "in like circumstances". in three steps according to the different treatment comparison objects, and finally ruled that the Respondent did not violate the investor's National Treatment
Award	In favor of Investor
Follow-up Progress	None

一、案件事实

(一)投资事实

波普与塔尔博特股份有限公司(以下简称申请人)是一家根据美国特拉华州法律注册成立的上市公司,公司主营业务是木材和木浆产品。该上市公司拥有一家根据加拿大不列颠哥伦比亚省法律注册成立的投资公司。该投资公司自1969年以来在加拿大经营木材业务,大约90%的软木木材出口到美国。此外,该投资公司在加拿大不列颠哥伦比亚省南部内陆经营三个软木木材厂,分别位于卡斯尔加、中途岛和大福克斯。

(二)被诉行为

1996年5月29日,美国和加拿大(以下简称被申请人)签订了《软木协定》,根据《软木协定》第1条,美国承诺不根据美国法律对从被申请人进口的软木采取某些特定行动。《软木协定》第2.1条规定,根据《进出口许可证法》被申请人必须将软木列入"出口控制清单",并列出受出口管制的省份[1]。同时,被申请人颁布出口许可条例通过限定门槛基准和低费率基数水平的出口占所有出口的比例以控制向美国出口板材的数量。《软木协定》第2.2条规定被申请人收取出口许可费用。具体规定:1447亿板英尺是门槛基准,低于门槛基准的出口规模不收费;出口规模为1447亿—1535亿板英尺的,每千板英尺收取50美元的低费率基准;高于1535亿板英尺的每千板英尺收取100美元的高费率基准。此外,被申请人还颁布了出口第94号公告,对许可证分配作出了规定:门槛基准和低费率基准的许可分配给包括新投资者在内的原材料产商和加工商。分配取决于目前出口数量,新投资者适用特殊规定,从1997年4月开始,每年4月1日以上分配机制会根据通货膨胀进行调整。

申请人认为,被申请人选择执行《软木协定》的行为违反了其根据NAFTA第11章A节所承担的义务。1999年3月,申请人根据NAFTA第11章B节向被申请人提出申诉。具体来讲,申请人最初声称,被申请人的出口许可制度和收取费用制度违反了NAFTA第1102条(国民待遇)、第1103条(最惠国待遇)、第1105条(最低待遇标准)、第1106条(履行要求)和第1110条(征收和赔偿),但后来放弃了最惠国待遇的

[1] 根据《软木协定》受出口管制的省份有不列颠哥伦比亚省、阿尔伯塔省、安大略省和魁北克省。

索赔。后面被申请人针对该公司的金融和操作数据检查行为,申请人向仲裁庭诉称被申请人违反了公平公正待遇标准。

(三)程序时间轴

·1998年12月24日,申请人根据NAFTA第1119条向被申请人送达了仲裁请求意向通知书。

·1999年3月25日,申请人向被申请人提出索赔。

·1999年8月19日,依据《UNCITRAL仲裁规则》成立仲裁庭。

·1999年10月8日,被申请人提交抗辩。

·1999年10月29日,仲裁庭在蒙特利尔与当事方举行了程序会议。会上,申请人根据NAFTA第1103条撤回了部分索赔。

·1999年11月12日,根据仲裁庭指示,被申请人向法庭提出初步动议,要求不属于NAFTA第11章范围内的诉请应予以驳回。

·2000年1月6—7日,仲裁庭在美国佛罗里达州劳德代尔堡举行了口头听证会处理了与该裁决无关的事项。仲裁庭经进一步讨论决定下一次听证会仅讨论NAFTA第1102条、第1106条和第1110条。

·2000年1月26日,仲裁庭作出裁决驳回被申请人的初步动议。

·2000年1月28日,申请人提交了涉及第1102条、第1106条和第1110条的诉状,同时还发布了禁止反言。

·2000年2月24日,仲裁庭作出裁决,驳回被申请人的第二动议。

·2000年3月29日,被申请人提交了辩诉状。

·2000年4月14日,申请人提交了补充诉状。

·2000年6月26日,仲裁庭发布了临时裁决。

·2000年9月5日、10月25日申请人分别提交了有关第二阶段的仲裁请求与补充(关于NAFTA第1102、1105条)。

·2000年10月10日、11月7日,被申请人分别提交了反请求与补充。

·2000年11月13—17日,在蒙特利尔举行第二阶段问题听证会。

·2001年4月10日,仲裁庭发布仲裁第二阶段关于NAFTA第1102条和第1105条相关争议的裁决。

·2001年7月31日,FTC对NAFTA第1105条作出解释。

· 2001 年 11 月 13—15 日举行了听证会，仲裁庭针对被申请人实施的与验证审查事件相关的行为违反 NAFTA 第 1105 条进行损害赔偿审理。

· 2002 年 5 月 31 日，仲裁庭发布有关裁决。

(四)仲裁请求

1. 申请人仲裁请求

申请人主张被申请人违反 NAFTA 第 1102 条（国民待遇）、第 1105 条（最低待遇标准）、第 1106 条（履行要求）以及第 1110 条（征收和补偿）4 项条款所规定的义务，并向申请人提出索赔。

2. 被申请人仲裁请求

（1）被申请人请求驳回申请人提出的加拿大政府违反 NAFTA 第 11 章的动议；

（2）被申请人反对哈马克太平洋公司[1]称由于木屑成本的提高而遭受损害的赔偿要求；

（3）被申请人请求驳回申请人基于被申请人自 1999 年 8 月 26 日起对从不列颠哥伦比亚省向美国出口软木木材增加征收“附加费”的索赔请求。

(五)仲裁庭结论

自 1999 年 8 月组建仲裁庭至 2002 年 5 月，仲裁庭分别发布涉及 NAFTA 第 11 章的程序与实质性事项以及有关损害赔偿等主要事项争议的六项裁决，按照时间排序如下：

（1）2000 年 1 月 26 日，仲裁庭作出裁决驳回被申请人反对申请人提出的被申请人违反 NAFTA 第 11 章的动议；

（2）2000 年 2 月 24 日，仲裁庭驳回被申请人反对哈马克太平洋公司称由于木屑成本提高而遭受损害的赔偿要求；

（3）2000 年 6 月 26 日，仲裁庭发布临时仲裁决定驳回申请人关于履行要求以及征收提出的索赔；

（4）2000 年 8 月 7 日，仲裁庭驳回被申请人反对申请人基于其自 1999 年 8 月 26 日起对从不列颠哥伦比亚向美国出口软木木材增加征收“附加费”的索赔动议，仲裁庭认为附加费用的征收确属申请人的索赔范围；

---

[1] 哈马克太平洋公司（Harmac Pacific, Inc.）根据加拿大不列颠哥伦比亚省法律注册成立。2000 年前属于申请人的一个单独子公司，1999 年 12 月 31 日起与申请人合并。

(5)2001年4月10日,仲裁庭发布第二阶段裁决书,裁定被申请人没有违反NAFTA第1102条(国民待遇义务)。同时,裁定被申请人的验证审查行为(verification review episode)违反NAFTA第1105条项下对投资的义务,除此之外,没有违反第1105条的其他义务;

(6)2002年5月31日,关于赔偿金额,仲裁庭裁定被申请人向投资者支付从1999年12月1日起到2002年5月31日止的赔偿金461,566美元,并于2002年5月31日及以后按5%的年利率(按季度复利,按季度按比例)支付应付利息,直到全额支付为止。

二、主要法律争议

以下根据案件仲裁程序,分析不同仲裁阶段仲裁庭裁决的主要法律争议。

(一)关于征收问题

1. 申请人的主张

申请人认为被申请人实施出口管制措施,剥夺了投资公司将其产品转让给传统和自然市场的一般能力,并指出从1996年4月1日开始,被申请人每次减少投资免费配额的分配,就会发生进一步的征收。由此,申请人主张NAFTA第1110条关于征收的定义应作扩大理解,其不仅限于直接或间接征收的情况,还应包括影响财产权的措施。具体理由如下:

首先,针对"等同于征收措施"一词的理解,申请人称,NAFTA第1110条[1]为可能因被剥夺其基本投资权而遭受损害的外国投资者的投资提供了最广泛的保护。当前国际法基本原则认为征收是指利用政府权力否认财产及某些利益的行为。具体而言,NAFTA第1110条中出现的"等同于征收的措施"一词,涵盖了超出直接采取或不合理征收的措施。申请人认为该术语包括"即使是普遍适用的非歧视性措施,其效果也大大干扰了NAFTA缔约方的投资者的投资"的情形。

其次,关于"征收"的理解,申请人主张,根据NAFTA第1139条关于投资的定义,投资包含有形和无形的经济利益。根据NAFTA第1110条对"征收"的正确解释,被申请人的出口管制制度已经没收了其投资。

---

[1] NAFTA第1110条第1款规定:"任何缔约方不得对其境内另一缔约方投资者的投资直接或间接国有化或征用,或对此类投资采取等于国有化或征用的措施(下称征用),但是下列情形除外:(a)出于公共目的;(b)在非歧视的基础上;(c)根据法律与第1105条第1款规定的正当程序;并且(d)根据第2款至第6款规定的补偿支付。"

最后，申请人认为被申请人实施的出口管制制度使其向美国出口软木业务的能力具体受到以下限制：(1)该制度限制了其满负荷运行和销售大量软木木材的能力；(2)减少投资的免费费用配额导致其大幅减少其业务运营；(3)自1999年8月30日起，针对不列颠哥伦比亚省的生产者，出口费用有所增加；(4)由于上述限制，该投资对其业务运营，扩张和管理以及整体盈利能力造成损害。

综上，申请人主张被申请人的行为违反NAFTA第1110条项下的义务。

2. 被申请人的主张

被申请人主张其实施行为不构成征收。被申请人认为被没收的财产不是NAFTA第1110条所要求的“另一方投资者的投资”，因为“将其产品转让给美国市场的能力”不是财产权。被申请人进一步指出，申请人投资并未被剥夺。因为，自从《软木协定》签订以来，申请人就一直向美国出口软木木材，而且该项投资也在持续进行。具体抗辩理由如下：

关于“征收”的理解，被申请人认为尽管NAFTA中没有“征收”一词的定义，国际法要求的征收是实际干涉基本所有权，仅仅干涉不是征用，是需要相当大程度地剥夺所有权的基本权利才会构成征收。被申请人反对申请人将“等于征收的措施”一词在NAFTA中的保护范围扩大到国际法规定的征收范围之外。被申请人争辩说，“等于”一词仅意味着等同，在NAFTA的法文和西班牙文文本中同样具有正当性和等同性。因此，该术语没有比“逐渐征收”这一普通概念宽泛，后者是条约起草中未使用的术语。

就实施《软木协定》的制度而言，被申请人主张，其实施《软木协定》的制度是监管权力的行使，并且，按照国际法，国家无须就采用非歧视性监管措施而蒙受的任何损失承担赔偿责任。实际上，只有在该措施具有歧视性的情况下，才有可能承担国际法上的责任。

被申请人认为，出口管制制度并未剥夺申请人投资的任何基本所有权。具体来说，援引国际征收法学中出现的标准有以下几点原因：(1)没有人指控该投资公司的工厂被拿走，其利润被没收，它已经无利可图，其股票已被没收或不再控制其运营；(2)尽管申请人认为，如果摆脱这种制度，其投资将更加有利可图，实际上该公司一直从事向美国出口大量软木板材的常规业务，并且仍然是一家盈利的公司；(3)投资者保留对其投资的完全所有权和控制权，其股票价值增加；(4)《软木协定》导致出口到美国的软木价格上涨,从而抵销了较低的销量;(5)被申请人认为,没有《软木协定》和实施中的制度,该投资可能进入美国市场的机会更加有限。

3. 仲裁庭的裁定

仲裁庭裁定被申请人的行为不构成征收。仲裁庭理由是,一项国家措施要构成"间接征收",其对投资者的权利必须是实质性的干涉,并且须以特别方式阻碍投资者实际享有投资财产的所有权。本案仲裁庭首先需要查明国家措施对投资者的权利进行了"实质性剥夺",才能得出该措施构成"间接征收"的结论。

本案仲裁庭依据《美国对外关系法重述(第三次)》第712节,即"当一个国家对外国财产实施征税、管制或其他充公行为或阻止、不合理地妨碍或不适当地延误外国人享有其利益的行为时……该国应承担征收责任"。仲裁庭在解释该节时认为,管制是否导致征收"取决于(管制)对财产利益的妨碍程度""剥夺投资者对企业有效管理"的程度以及是否使得"该企业不可能盈利"。根据该标准,仲裁庭认为被申请人的措施对申请人财产利益的妨碍程度尚不足以构成习惯国际法上的征收,特别是该外国投资者仍然保持着对企业的管理,继续出口大量的软木材而且因此获得可观的利益。本案中加拿大政府的出口配额限制虽然造成了原告的利益减损,但原告的海外销售并没有被完全禁止,投资者仍能获利,因此,"干扰本身不是征收,如果要构成征收,还需要证明财产所有权的基本权能受到了严重程度的剥夺"。

2000年6月26日,临时仲裁庭发布裁决,裁定被申请人的行为不构成征收,驳回了申请人的请求。

(二)关于"国民待遇"条款的法律争议

在经历第二阶段的仲裁裁决后,仲裁庭就被申请人软木出口配额的规定是否符合国民待遇原则这一焦点问题进行裁定。

1. 申请人的主张

申请人主张,被申请人的行为违反了NAFTA第1102条[1]规定的义务。软木出

---

[1] NAFTA第1102条规定:"国民待遇1. 在投资的设立、收购、扩大、管理、经营、运作以及出售或其他处置方面,任何缔约方给予另一缔约方投资者的待遇,应不低于在相似情况下该缔约方给予其本国投资者的待遇。2. 在投资的设立、收购、扩大、管理、经营、运作以及出售或其他处置方面,任何缔约方给予另一缔约方投资者投资的待遇,应不低于在相似情况下该缔约方给予其本国投资者投资的待遇。3. 一缔约方根据第1款和第2款给予的待遇,对州或省而言,系指不低于在相似情况下该州或该省给予其所属缔约方投资者以及投资者投资的最优惠待遇。4. 为进一步明确,任何缔约方不得:(a)对另一缔约方投资者强加如下要求,即该缔约方境内企业的一个最低限度股本应由其国民持有,对公司董事或创办人的名义合资格股本除外;或者(b)要求另一缔约方因其国籍,出售或以其他方式处置在该缔约方的一项投资。"

口配额影响了其在加拿大不列颠哥伦比亚省的木材出口业务，一方面，与不实施配额制省份的加拿大出口商相比，申请人获得的待遇更低；另一方面，不列颠哥伦比亚省作为实施配额制的省份，获得的配额比其他实施配额制的省份更少。

2. 被申请人的主张

被申请人主张，被申请人的行为符合 NAFTA 第 1102 条规定的国民待遇义务。

3. 仲裁庭的裁定

仲裁庭裁定被申请人的上述措施没有违反国民待遇。仲裁庭认为《软木协定》的规定与投资的“扩张、管理、实施和运营”有关，需要逐一解决以下四个问题。

（1）“投资”的复数形式问题

仲裁庭驳回被申请人关于“投资”复数形式的观点。关于 NAFTA 第 1102 条文本解释的问题，被申请人主张由于第 1102 条第 2 款的“投资”使用的复数形式，由此认为适用 NAFTA 国民待遇规定必须是一个以上的投资者处于不利地位的情况，不适用于单个投资者。仲裁庭驳回被申请人关于“投资”复数形式的论点，同时驳回要求申请人证明拥有相似处境的外国投资的情形。首先，根据解释的一般原则，复数形式的使用不会更多地阻止对个别案件应用法定或条约性语言。其次，实际上第 1102 条第 4 款的目的是建立“更大的确定性”以防止当事方强加给投资者“特定要求”或要求“投资者”采取特定行动。最后，第 1105 条同样使用了“投资”的复数形式，而被申请人从未建议适用该条的前提必须是多个投资者受到影响。总之，根据 NAFTA 文本，仲裁庭驳回被申请人的主张，不支持其对 NAFTA 第 1102 条的复数形态进行违反常理的解释。

（2）“不低于”的不同解释

仲裁庭驳回被申请人关于“不低于”的主张。被申请人主张 NAFTA 第 1102 条第 2 款“不低于……的待遇”（no less favorable treatment）和第 1102 条第 3 款“不低于最优惠待遇……的待遇”（no less favorable than the most favorable treatment）应作实质性区分。前一条适用于中央政府，后一条适用于地方政府。理由是第 1102 条第 2 款并未采用“than the most favorable”这一措辞，中央政府向外国投资者提供的待遇可以低于最优惠待遇。仲裁庭驳回被申请人主张，认为被申请人的语义结构存有缺陷。第 1102 条第 3 款只是为明确地方政府需要给予外国投资者全国范围内的最优惠待遇，而不是仅与给予地方投资的待遇相比较。除了州和省的限制外，仲裁庭将第 1102 条第1~3款要求的待遇解释为"等同",既不低于也不高于给予竞争者的最好待遇。

(3)"不成比例的劣势"测试

仲裁庭拒绝了被申请人提议的"不成比例的劣势"测试。案件双方当事人达成一致认为NAFTA第1102条适用于表面上没有歧视的措施。被申请人主张证明事实上歧视须使用"不成比例劣势"测试,并以迈尔斯公司诉加拿大一案[1]关于NAFTA第11章的裁决来支持其在国民待遇方面的立场。测试步骤如下:首先仲裁庭需认定是否有其他国内投资受到与外国投资者受到同样待遇;其次仲裁庭需要将这部分投资的规模与比外国投资者获得更优惠待遇的加拿大投资规模相比较。如果大部分加拿大本国的投资都获得了与外国投资者相同的待遇,则不构成歧视。反之,如果受到更低待遇的加拿大投资规模比获得更优惠待遇的少,则存在歧视。仲裁庭认为认定被申请人违反国民待遇要考虑其行为是否导致本国投资者较外国投资者获得不成比例的利益。此外,仲裁庭认为该测试不仅不符合NAFTA的规定和目标,还限制了外国投资者根据NAFTA第1105条维护自身权利。因此,仲裁庭驳回被申请人的"不成比例的劣势测试"提议。

(4)相似情形的分析

仲裁庭同意迈尔斯公司诉加拿大案仲裁庭对"相似情形"的解释,即须结合当下的法律背景对"相似情形"的含义进行考虑。申请人认为,NAFTA第1102条的法律背景包括NAFTA的自由贸易和投资自由化目标,仲裁庭同意其观点;被申请人认为,法律背景还应包括加拿大与美国两国之间有关软木木材贸易争端的整个背景,仲裁庭也同意此项主张。

被申请人主张,由于涉案措施限制销售商向美国出口软木,一些加拿大销售商也受此影响,同样受到限制的加拿大销售商与投资者处于相似情形;而申请人认为其与加拿大所有的软木生产商处于相似情形。仲裁庭认为"相似情形"应该在同一经济行业和商业行业中比较,即加拿大所有的软木生产商,但同时也要考虑到加拿大政府软木出口配额政策的合理性。

仲裁庭根据不同待遇比较的对象不同,分为三步对相似情形的事实背景进行了分析。第一步,确定外国投资者是否和本国经营者处于可比较的背景下,这种可比较的

[1] 参见本书案例16。

背景就是“相似情形”;第二步,仲裁庭确认“相似情形”下是否存在待遇的差别;第三步,“相似情形”的例外是否有客观的理由。依此逻辑,仲裁庭选取三个对象分析了相似情形的事实背景。

其一,协定未覆盖省份的软木生产商。首先,仲裁庭对比了受《软木协定》限定以外区域的软木生产商。《软木协定》规定受出口管制的四个省份是不列颠哥伦比亚省,阿尔伯塔省、安大略省和魁北克省。仲裁庭认为《软木协定》仅限制上述四省的规定是合理的。原因是95%加拿大出口至美国的软木来自上述四省,美国国内规定仅针对这四省征收软木出口与反补贴税,而未对其他省份作出征税规定。由此,《软木协定》的规定并非基于歧视,而是出于上述合理理由。因此,四省以外的软木生产商与申请人不属于相似情形。

其二,《软木协定》范围内的生产商。申请人认为《软木协定》签订后,不列颠哥伦比亚省软木产量所占加拿大全国产量和对美出口量的比例持续下降,而魁北克省的占比则稳定上升。而且与其他2个受限制省份相比,不列颠哥伦比亚省的出口数量也是较少的。被申请人则认为比例上升和下降是《软木协定》签订之前已存在趋势的延续,与签订《软木协定》本身无关。仲裁庭认为市场条件包括可供采伐和生产的成熟林的可利用性以及投资回报率是造成《软木协定》签订前趋势的因素。配额措施本身不是致使不列颠哥伦比亚省软木产量比例下降的原因,而是取决于新投资者所在地的市场因素,而不同的市场因素则进一步影响配额,最终导致不列颠哥伦比亚省生产商与其他所涉地区产商不属于相似情形。综上,仲裁庭认为被申请人对新投资者规定配额与针对新投资者的合理政策具有合理性,并不包含歧视的成分。

其三,不列颠哥伦比亚省的生产商。本案涉及额外收费(super fee),原因是当事双方为解决伐木费优惠的争议而增加的规定。考虑到内陆地区软木产量大,因此先前的规定是对沿海生产商每立方米减少8.1加元,内陆生产商每立方米减少3.5加元。该决定是由不列颠哥伦比亚省根据其工业界的建议作出的,目的是实现伐木费总金额在两个区域之间有效分配。上述区别待遇是不列颠哥伦亚省政府作出的,并不属于涉案措施。

仲裁庭认为,本案当事双方达成的增加不列颠哥伦比亚省出口费用的和解协议,将会对本案投资造成两个不利影响:①申请人是内陆产商,其获得的伐木费优惠始终低于沿海生产商;②面临更高的出口费用。仲裁庭认为,根据第1102条第2款的规定,这些假定的不利条件均不能使投资享有减免的权利。此外,本案当事双方通过加重使用者负担的方式解决争端,而非针对从该省获益的所有生产商。基于上述法律考量,仲裁庭认为被申请人的上述举措仅是为避免《软木协定》对生产商造成威胁而采取的补救措施,并无歧视之意。

(三)关于最低待遇标准的法律争议

NAFTA 第 1105 条[1]规定每一个成员方应当给予其他成员方投资者的投资以符合国际法规定的待遇,包括公正及平等待遇和完全的保障与安全。

1. 申请人的主张

本案中申请人提出,加拿大实施《软木协定》违反了 NAFTA 第 1105 条第 1 款。申请人与被申请人都同意该条创立了国际法最低待遇标准,只是在最低待遇标准是什么这一问题上存有分歧。申请人认为公平与公正待遇中的公平要素已经发展了最低待遇标准,不只限于严重违法的国家行为。

2. 被申请人的主张

被申请人主张"早先案例所确定的国家行为需达到严重违法性的程度,才能构成国家责任",是最低待遇标准的内容。

3. 仲裁庭的裁定

仲裁庭反对将公平与公正待遇视作最低待遇标准的内容。仲裁庭在 2001 年 4 月 10 日作出的关于案件实体问题的裁决中,将"including"解释为"plus",即将"包含"解释为"另外"的意思,从而认定公正与公平待遇是区别于国际法最低待遇标准的一项独立标准,并且是比最低待遇标准要求更高的一项标准。其认为公平与公正待遇是投资者享受最低待遇标准的基础上增加的新的待遇。这一认定主要依据包括:(1)加拿大 BIT 范本遵循美国 1987 年 BIT 范本,规定公平与公正待遇的措辞是"投资应享受公平与公正待遇、全面保护与安全,以及在任何情况下不低于国际法要求的待遇",这表明公平与公正待遇与国际法要求的待遇是并列关系,前者不受后者约束;(2)从 NAFTA 缔约方的意图来看,仲裁庭认为,至少加拿大和美国不可能在 BIT 中给予北

[1] NAFTA 第 1105 条规定:"最低待遇标准 1. 各缔约方应根据国际法,给予另一缔约方投资者投资相应的待遇,包括公平和公正的待遇以及全面保护和保障。2. 在不违背第 1 款的前提下,并且虽有第 1108 条第 7 款 b 项的规定,在针对因武装冲突或内乱而造成的其境内投资损失所采取或维持的措施方面,各缔约方应给予另一缔约方投资者以及另一缔约方投资者投资非歧视待遇。3. 第 2 款不适用若非第 1108 条第 7 款 b 项,将会与第 1102 条不一致的涉及补贴或拨款的现有措施。"

美自由贸易区外其他的国家优惠于 NAFTA 缔约方投资者的待遇。[1]

基于公众压力、赔偿成本及国家主权的考量,NAFTA 三方成员方于 2001 年 7 月 31 日组成自由贸易委员会对第 1105 条第 1 款作出了解释:将公平公正待遇与习惯国际法最低待遇标准等同而视,否定了仲裁庭的观点。仲裁庭最终接受该解释对其具有法律约束力,自由贸易委员会的解释对公平与公正待遇标准的发展起了方向性的决定作用。

此外,该解释对第 1105 条第 1 款作出重点说明,指出该规定中的“国际法”是指“习惯国际法”,另一缔约方投资者的投资只享有习惯国际法所提供的对外国人的最低待遇标准;“公正与公平待遇”和“充分的保障与安全”的概念不是在对外国人提供“习惯国际法最低待遇标准之外增添的待遇或超越传统国际法最低待遇标准的待遇”,违反 NAFTA 另一项规则或另一国际协议并不当然违反 NAFTA 第 1105 条。该案关于损害与赔偿问题的裁决尚未作出,但公正与公平待遇标准的含义在 NAFTA 范围内得以具体界定,只有违反习惯国际法上最低待遇标准的行为才能被确认违反了公正与公平待遇标准的规定。

综上,仲裁庭于 2001 年 4 月 10 日发布仲裁裁决,认为被申请人仅违反了 NAFTA 第 1105 条中的“验证审查”(verification review episode)有关要求,除此之外,被申请人的行为没有违反 NAFTA 第 1105 条的其他规定,仅以此理由不能认定被申请人的行为违反了最低待遇标准。

三、简要评析

本案焦点争议之一是被申请人对软木出口配额的规定是否符合国民待遇原则。针对此问题,对“相似情形”的界定是认定歧视性待遇的关键。实践中有关投资仲裁国民待遇的问题也多是解决相似情形的问题。本案中,仲裁庭通过逐步缩小比较投资的范围,分析区别待遇的原因,如果不是出于歧视,则不属于相似情形,也就不违反国民待遇。本案申请人认为软木出口配额影响了其在加拿不列颠哥伦比亚省的木材出口业务,一方面,与不实施配额制省份的加拿大出口商相比,待遇更低;另一方面,不列

[1] *Pope & Talbot Inc. v. The Government of Canada*, UNCITRAL, Award on the Merits of Phase 2, paras. 105-118. 由于加拿大、美国 BIT 范本中的措辞将公平与公正待遇独立于国际法要求的待遇,而 NAFTA 第 1105 条第 1 款将前者置于后者之下,所以仲裁庭认为美加在 BIT 范本中给予投资者的待遇高于 NAFTA 下给予的待遇。

颠哥伦比亚省作为实施配额制的省份,获得的配额比其他实施配额制的省份更少。因此,申请人认为“相似情形”的比较对象应该是加拿大所有的软木生产商,而被申请人则认为“相似情形”的比较对象是加拿大同样受软木配额限制的出口商。仲裁庭认为“相似情形”应该在同一经济行业和商业行业中比较,即加拿大所有的软木生产商,但同时也要考虑到加拿大政府软木出口配额政策的合理性。仲裁庭确认,尽管申请人在与加拿大公司的竞争中处于不利地位,但外资措施并没有区分申请人与加拿大本国经营者,也没有破坏 NAFTA 投资自由化的目标,被申请人的外资措施不是基于国籍的歧视,而是政府解决方案的理性选择措施。

此外,本案中也需关注仲裁实践中“公平公正待遇”的扩大解释问题,仲裁庭倾向于对外国私人投资者进行保护[1],公平与公正待遇一度出现了扩张解释的态势,此举有侵犯东道国的经济主权并损害东道国的公共利益之嫌。仲裁庭不恰当地将公平与公正待遇扩大化,使仲裁员实质上获得了“法官造法”的权力。公平与公正待遇是国际法上的抽象原则,只是指导具体国际法律规则的原则性理念,而不能直接适用作为案件判决的依据,除非双方当事人同意适用或者在某些特定领域中已经成为国际习惯法。因此,平衡外国私人投资者保护与东道国公共利益保护才是公平公正待遇的应有之义。

(编写者:武汉大学国际法研究所 2019 级博士研究生　李璐玮)

[1] 主要包括外国投资者的合理期待保护及与之相结合的透明度原则、善意原则、正当程序、权力滥用及专横的禁止等,甚至将其与民法中的诚实信用原则相提并论奉为国际投资法中的“帝王条款”。

蒙德夫国际有限公司
诉
美利坚合众国

仲裁案

案情概要

案名	蒙德夫国际有限公司诉美利坚合众国仲裁案
案件裁判来源	http://www.italaw.com/cases/715
案号	ICSID Case No. ARB(AF)/99/2
当事人	申请人:蒙德夫国际有限公司(依加拿大法律成立)
	被申请人:美利坚合众国
行业	房地产业
仲裁机构和仲裁地	国际投资争端解决中心,美国华盛顿特区
仲裁依据	《北美自由贸易协定》
适用的仲裁规则	《国际投资争端解决中心附加便利规则》(1978年)
仲裁庭组成	首席仲裁员:Ninian Stephen
	仲裁员(申请人指定):James R. Crawford
	仲裁员(被申请人指定):Stephen M. Schwebel
日期	仲裁程序开始日期:1999年5月6日
	最终裁决发布日期:2002年10月11日
仲裁请求	申请人请求美国赔偿因间接征收而造成的损失
核心争议点	对最低待遇标准的解释——是否应接受FTC有关NAFTA第1105条规定的最低待遇标准应限制在习惯国际法的范畴内的解释,以及是否适用尼尔案的标准
仲裁庭主要结论	仲裁庭接受了FTC作出的解释,认为NAFTA第1105条不要求给予超出习惯国际法中关于外国投资待遇的最低标准的待遇,但认为将最低待遇标准的含义限制在尼尔案的标准之内是没有说服力的
裁决结果	支持东道国(一致裁定)
后续进展	无

Case Summary

Name of Case	Mondev International Ltd. v. United States of America
Web Page	http://www.italaw.com/cases/715
Case Number	ICSID Case No. ARB(AF)/99/2
Parties	Claimant: Mondev International Ltd. Respondent: United States of America
Industry	Real Estate
Administering Institution & Seat of Arbitration	ICSID; Washington, D. C., USA
Basis for Arbitration	NAFTA
Rules Used in Arbitral Proceedings	ICSID Additional Facility Arbitration Rules
Arbitrator(s)	Presiding Arbitrator: Ninian Stephen Arbitrator(Claimant's appointee): James R. Crawford Arbitrator(Respondent's appointee): Stephen M. Schwebel
Date	Date of Commencement of Proceeding: 6 May 1999 Date of Issue of Final Award: 11 October 2002
Relief Request	The Claimant seeks compensation for damages caused by indirect expropriation
Key Issues	The interpretation of minimum standard of treatment: Whether the FTC's action that confines Article 1105(1) to customary international legal obligations can properly be qualified as an interpretation, and whether the Neer case standard should be applied
Tribunal's Conclusions on Key Issues	The Tribunal adopted the FTC's interpretations that NAFTA Article 1105 did not require treatment beyond the customary international law minimum standard of treatment of aliens but considered that it was unconvincing to confine the meaning of minimum standard of treatment to the Neer case standard
Award	In favour of State(Unanimous Verdict)
Follow-up Progress	None

一、案件事实

(一)投资事实

20世纪70年代末,美国波士顿市政府试图改造市中心的一个破旧地区。1978年,蒙德夫国际有限公司(以下简称申请人)和合作伙伴Sefrius公司在马萨诸塞州成立了拉斐特广场有限合伙公司(Lafayette Place Associates,LPA)。1978年12月,LPA与波士顿恢复发展机构(Boston Redevelopment Authority,BRA)和波士顿市政府签署了三方商业房地产开发合同。合同约定该项目分为两阶段,第一阶段建设名为拉斐特广场的购物中心、停车场和酒店,第二阶段则在相邻的四块城市土地上建造额外的零售场所、办公楼和百货商店。合同约定在1989年1月1日之前,LPA享有购买毗邻拉斐特广场的四块地块(以下统称海沃德地块)的选择权,价格按合同规定的公式计算,如果市政府对开发者在从设计到完工的整个过程中有非善意的行为,那么这个合同就不再受期限限制。

(二)被诉行为

波士顿市政府一方认为在不动产价格激烈波动的情况下,该土地的卖价明显过低,从而试图阻挠LPA行使选择权。1987年年底,LPA意识到市政府和BRA永远不会真诚行事,决定将在该项目中的所有权益(包括选择权)低价出售给一家名叫Campeau的加拿大公司。然而BRA拒绝批准该转让合同,LPA只能以租赁的方式将其权益委托给Campeau行使。1990年春双方解除租赁合同。1991年,LPA在没有取得海沃德地块的情况下无法完成项目的第一阶段,丧失了抵押给汉诺威银行的抵押品赎回权。1992年3月,LPA提起诉讼,指控波士顿市政府违约,BRA故意干涉合同关系,构成侵权。陪审团支持了LPA的两个主张,1995年8月,初审法官裁定波士顿市政府构成违约,但搁置了指控BRA侵权的诉讼请求,理由是根据马萨诸塞州的法律,BRA享有在故意侵权诉讼中的豁免权。波士顿市政府和LPA都对裁定提起了上诉。1998年5月,马萨诸塞州最高法院(Massachusetts Supreme Judicial Court,SJC)肯定了BRA的豁免权,并且撤销了波士顿市政府违约的初审裁定。随后,美国最高法院也于1999年3月驳回了LPA请求其调取案卷进行复审的申请。

(三)程序时间轴

·1999年5月6日,申请人根据NAFTA第1119条的要求,将其提起仲裁的意向通知被申请人。

·1999年7月9日,双方按照NAFTA第1118条的规定进行协商和谈判,但未达成和解。

·1999年8月31日,申请人向ICSID提交了仲裁申请书和放弃其他争端解决程序的弃权书。

·1999年9月20日,ICSID代理秘书长通知当事方仲裁申请获得受理。

·2000年1月12日,仲裁庭成立。

·2000年3月1日,被申请人提出管辖权异议。

·2000年4月19日,申请人就诉讼的保密性、仲裁地点以及被申请人的管辖权异议提出建议。随后,根据仲裁庭的命令,双方就这些问题提交了意见书。

·2000年9月25日,仲裁庭就仲裁地点、程序分歧、文件制作、诉状时间表和提交证据程序发布了一项命令和临时决定。双方当事人随后按照时间表提交了意见和辩诉状。加拿大和墨西哥也作为非争端方成员国就条约解释问题向仲裁庭提交书面意见。

·2002年5月20日,关于管辖权和案情的听证会于华盛顿特区的世界银行总部举行,双方当事人、加拿大和墨西哥在会后都提交了意见书。

·2002年10月11日,仲裁庭作出裁决。

(四)仲裁请求

1. 申请人的仲裁请求

申请人声称,被申请人违反了NAFTA第11章规定的义务,特别是第1102条(国民待遇)、第1105条(最低待遇标准)[1]和第1110条(征用和赔偿),并请求仲裁庭裁决被申请人赔偿:

(1)陪审团裁定的1600万美元的违约和侵权损害赔偿金;

---

[1] NAFTA第1105条规定:"最低待遇标准 1. 各缔约方应根据国际法,给予另一缔约方投资者投资相应的待遇,包括公平和公正的待遇以及全面保护和保障。2. 在不违背第1款的前提下,并且虽有第1108条第7款b项的规定,在针对因武装冲突或内乱而造成的其境内投资损失所采取或维持的措施方面,各缔约方应给予另一缔约方投资者以及另一缔约方投资者投资非歧视待遇。3. 第2款不适用若非第1108条第7款b项,将会与第1102条不一致的涉及补贴或拨款的现有措施。"

(2)多年来对波士顿市和BRA提出索赔所支出的费用;

(3)上述两项的利息;

(4)上述三项总额不少于5000万美元。

2. 被申请人的反对意见

(1)仲裁庭对申请人依据第1102条和第1110条提出的主张无管辖权;

(2)被申请人的行为没有违反最低待遇标准。

(五)仲裁庭结论

仲裁庭裁定:

(1)仲裁庭只对申请人根据第1105条提出的美国法院的裁决构成拒绝司法的主张具有管辖权;

(2)驳回申请人的全部仲裁请求;

(3)双方各自承担自己的费用,并应平等地分担仲裁庭和秘书处的费用。

二、主要法律争议

(一)先决问题:仲裁庭的管辖权和仲裁请求的可受理性

1. 被申请人的主张

第一,被申请人提出了属时管辖权异议(*objection to ration temporis*)。国家只对其在条约义务生效后所实施的条约违反行为承担国际义务。除了美国三级法院的裁决外,其他行为都发生在1994年1月1日NAFTA生效之前。如果申请人在1994年1月1日是一个合格投资者,并且如果美国法院的裁决构成拒绝司法或违反了第1105条,则这些裁决原则上将受到NAFTA的审查。但它否认了申请人的投资者地位,也否认有丝毫违反第1105条规定的最低待遇标准的行为。

第二,对申请人在第1116条第1款[1]和第1117条第1款[2]下的立场提出异

[1] NAFTA第1116条第1款规定:"一缔约方投资者可就另一缔约方违反以下义务,提请根据本节规定进行仲裁:(a)A节或第1503条第2款(国有企业),或者(b)第1502条第3款a项(垄断和国有企业),如果垄断企业的行为方式与A节规定的该缔约方义务不符,并且该投资者由于或源于上述违反义务而导致损失或损害。"

[2] NAFTA第1117条规定:"一方投资人代表企业提出仲裁 1. 一方的投资者代表由其直接或间接拥有或控制的另一方缔约方的企业,可以根据本条将另一缔约方违反了以下义务的索赔提交仲裁:(a)A节或第1503条第2款(国有企业),或(b)第1502条第3款a项(垄断企业和国有企业),其中的垄断行为违反了缔约方在A节下的义务,并且该企业因该违反义务的行为遭受了损失或损害。"

议。申请人根据第 1119 条[1]发出的仲裁意向通知未提及第 1117 条,也未提供第 1119 条所要求的企业(LPA)地址。因此,他辩称,该索赔只能被视为由投资者以自己的名义根据第 1116 条提出。但是 1994 年 1 月 1 日时,申请人对该项目没有持续的投资,不能被视为某个缔约方的投资者。如果申请人希望代表 LPA 提出索赔,则只能按照第 1119 条的规定提交进一步的意向通知,但无论如何,该通知都将超过时效。

第三,申请人的仲裁请求超过了 3 年的时效限制。即使申请人关于行为的持续性的观点站得住脚,波士顿市和 BRA 的被诉行为最迟发生在 1994 年 1 月 1 日,因此根据第 1116 条第 2 款[2],申请人提出仲裁时已过 3 年时效。不过美国也承认,这项反对意见不适用于因 SJC 的裁决而提出的拒绝司法的主张,因为仲裁程序是在该裁决作出后 3 年之内开始的。

第四,申请人丧失了提出索赔的权利。1991 年 LPA 丧失整个项目的抵押品赎回权后,汉诺威银行就获得了该项目的所有权益,包括关于海沃德地块的权利。此后,申请人不再拥有或控制任何形式的投资,并且申请人不再拥有与该项目有关的任何诉讼权利。

2. 申请人的主张

第一,就属时管辖权异议,申请人认为在美国法院根据马萨诸塞州法律处理 LPA 的诉讼请求之前,违反条约义务的行为尚未最终完成。波士顿和 BRA 在 1994 年前的不法行为造成了一种持续状态,根据第 1105 条,美国有补救的义务。1994 年后,由于法院的裁决,美国未能提供任何补救措施,这一补救失败本身就是对 NAFTA 的违反。并且,NAFTA 涵盖了双方之间的整个争端,至少包括 LPA 就违反三方合同和侵权行为提出的索赔。

第二,申请人的仲裁请求已根据第 1116 条适当提出。申请人进行了一项由它间接控制的投资,NAFTA 适用于既有投资,并且第 1139 条关于投资定义中的“直接或间接拥有或控制”一词,排除了国际法院在巴塞罗那牵引案中根据公司人格独立原则对直接投资作出的限制性解释。第 1119 条所要求的资料中申请人没有提供的只有

[1] NAFTA 第 1119 条规定:“提交仲裁请求的意向通知争议投资者应至少在提交索赔前 90 天向争议方提交其将索赔提交仲裁的意向的书面通知,该通知应规定:(a)争议投资者的名称和地址,以及根据第 1117 条提出索赔时企业的名称和地址;(b)据称违反了本协议的规定以及任何其他相关规定;(c)索赔的问题和事实根据;和(d)要求的救济和要求的损害赔偿的大致数额。”

[2] NAFTA 第 1116 条第 2 款规定:“一投资者不得提出索赔请求,如果自投资者首次获悉或应当首次获悉据称的违反义务以及投资者遭受损失或损害之日起,时间已经超过三年。”

LPA 的地址,如有必要认为这项主张是代表 LPA 根据第 1117 条提出的,这一瑕疵可以很容易得到补救。

第三,申请人辩称,直到美国法院的最终裁决没有给予任何补救时,违反 NAFTA 的行为才发生。直到法院作出这些裁决,申请人才"首次知道或者应当知道遭受到了损失",并触发时效限制。

第四,抵押合同明确排除了"抵押人在本合同项下开发毗邻场地的地块的权利",并指出汉诺威银行从未对 LPA 在美国法院以违约和其他依据为由提起诉讼有任何异议。

3. 仲裁庭的裁定

第一,就属时管辖权异议,根据国际条约不溯及既往的一般原则,对于国际投资条约生效前东道国所从事的作为或不作为,如果不存在其他有约束力的法律渊源,则东道国无须为此承担国际责任。如果东道国违反条约的行为是持续行为,在条约生效后仍持续发挥作用,则仲裁庭可以行使管辖权。但具有持续性质的行为和已经完成但继续造成损失或损害的行为是有区别的。申请人根据第 1110 条提出的主张可以三种方式提出:首先,可以说纽约市阻挠选择权行使的行为实际上剥夺了这一选择权的价值。其次,可以说波士顿市和 BRA 的整个行为过程实际上征收了 LPA 在该项目中的利益。最后,可以说通过法院的裁决,美国实际上征收了因项目失败而产生的补救权的价值。如果认为存在对选择权的征收,那么在 1989 年 1 月 1 日选择权失效之日,征收行为就已经完成。如果认为存在对该项目利益的征收,那么最迟在 LPA 丧失抵押品赎回权之日,征收行为就已经完成。至于法院的裁决则与征收无涉,只涉及是否违反第 1105 条最低待遇标准的问题。仲裁庭认为,一国司法机关的行为只有在存在拒绝司法时,才会引起国家责任。同理,申请人主张的波士顿市和 BRA 的违反国民待遇的行为,即一些具有反加拿大的敌意的言论,都发生在 1994 年 1 月 1 日之前。因此,申请人指控的被申请人违反第 1102 条和第 1110 条的行为都发生在 NAFTA 生效之前,因 NAFTA 并不具有追溯力,故仲裁庭无管辖权。在本案中,可能构成违反第 11 章的义务的唯一措施是由美国法院的裁决所组成的行为,这些行为发生在 NAFTA 生效后,仲裁程序开始前 3 年内。申请人的主张中只有关于第 1105 条的主张,即美国法院的裁决构成拒绝司法的主张可以提交仲裁。

第二,就申请人在第 1116 条第 1 款和第 1117 条第 1 款下的立场,仲裁庭认为,申请人的索赔涉及 NAFTA 第 1139 条“……(h)对一缔约方领土上的经济活动的资本或其他资源的投入产生的利益……”的规定,NAFTA 下的“投资”包括来自成员国境内的现存的或未来的投资,而所谓“投资者”则包括准备、正在或者已经在 NAFTA 成员国境内投资的另一成员国的自然人或者企业。NAFTA 不溯及的对象特指东道国违反条约义务的具体行为,而非投资者的投资行为。一旦存在一项投资,即使有关企业可能已倒闭,该投资仍将受到北美自由贸易协定的保护。即使一项投资被征收,投资者进行了投资仍然是事实。截至 1994 年 1 月 1 日,申请人通过其直接或间接拥有或控制的 LPA 公司,对该项目中的投资享有现存的利益,是合格的投资者。

第三,就提出仲裁索赔的权利和抵押的问题,由于美国没有对 LPA 以自己的名义在美国法院提起诉讼有任何异议,汉诺威银行也没有维护其根据抵押协议可能享有的诉讼权利,那么仲裁庭没有理由质疑 LPA 的提出索赔的权利。仲裁庭还强调,在投资失败后,提交仲裁的争端往往涉及这种失败的责任问题,经常需要适用第 1105 条,要求申请人在仲裁开始时维持作为投资者的持续地位,有悖第 11 章为投资者提供保护,使其免受不法行为的侵害的宗旨。仲裁庭认为应将 NAFTA 广义解释为涵盖因第 1139 条所定义的投资待遇而产生的任何求偿,无论提起仲裁程序时投资是否仍存在。

综上,仲裁庭对由于美国法院的裁决违反第 1105 条第 1 款而提出的仲裁请求具有管辖权。

(二)争议焦点:最低待遇标准的含义

2001 年 7 月 31 日,FTC 根据第 1131 条[1]的授权,通过了一项专门针对 NAFTA 第 1105 条的解释。根据该解释,投资者及其投资所享有的最低待遇应限定在习惯国际法的范畴,公平公正待遇标准不提供最低待遇标准之外或额外的待遇,违反 NAFTA 的其他条款或其他独立国际协定的规定不构成对第 1105 条第 1 款的违反。此解释也将各方和仲裁庭带回到有关国际最低待遇标准之国际司法实践的起点——尼尔案,该案确立了考察国家行为是否构成对外国人最低待遇标准之违反的严格标准。

1. 申请人的主张

此申请人认为美国的司法系统未能为波士顿市和 BRA 的不法行为提供救济,违反了第 1105 条的规定。申请人首先反对 FTC 的解释在本案中的适用,对美国政府的

---

[1] NAFTA 第 1131 条规定:“根据本节组成的仲裁庭,应当依据本协定和可适用的国际法规则对争端的争议事项进行裁决。委员会对本协定某一条款的解释对根据本节组成的仲裁庭具有约束力。”

在此时发布这一解释的做法是否为善意持怀疑态度。申请人提交了波普案[1]的裁决,裁决中指出,FTC 发布的这份文件是对 NAFTA 的解释抑或修改,应由仲裁庭来判断,并最终认定该文件很可能构成对协定的修改。

2. 被申请人的主张

被申请人反对 NAFTA 第 1105 条第 1 款的适用,认为该条不保护无形财产利益,例如那些 LPA 行使选择权之后产生的无形财产利益。

被申请人还认为,仲裁庭无权对 FTC 发布的解释进行审查,申请人也没有理由认为该解释构成对 NAFTA 的修正。第 1105 条的含义已由该解释确定,该解释是所有的缔约成员国同意的最终陈述,是对第 1105 条含义的最权威的论述。第 1105 条的义务在缔约之初就有意地限定在习惯国际法的范畴中,以前的 NAFTA 仲裁庭曲解了第 1105 条的本意,成员方在发现对仲裁庭条文的理解有误时,有必要保证协定的本意为大家所知。他们这样做并不是为了挫败申请人的论点,也没有被指控的不善意行事或滥用其作为 FTC 成员的权力以改善其在未决诉讼中的地位。

3. 非争端成员国的观点

墨西哥和加拿大在其提交的意见书中否认了仲裁庭审查 FTC 解释的权利,它们承认习惯国际法标准是相对的,在 20 世纪 20 年代未曾违反国际法的行为很可能被视为违反了今天国际公认的原则,但认定违反最低待遇标准的门槛仍然很高。三成员国还在一份意见书中对波普案的裁决提出疑问,该裁决认为当代国际法的内容反映了数百个双边投资条约的一致规定。三成员国认为波普案仲裁庭没有考虑建立习惯国际法规则的一个必要因素,即法律确信。它们怀疑,大量双边投资条约的缔约国在这些条约中列入诸如公平和公正对待外国投资的条款时,是否出于法律义务意识。加拿大还认为应参考尼尔案裁决来确定习惯国际法中的最低待遇标准的内容。

4. 仲裁庭的裁定

仲裁庭首先对于本案是否适用公正与公平待遇标准作出了澄清。仲裁庭对美国提出的第 1105 条不能适用于无形财产的说法不予支持,认为 NAFTA 的许多先例都涉及无形财产,包括合同纠纷。因此,没有理由将无形财产排除在公正与公平待遇条款的适用范围之外。

仲裁庭承认 FTC 解释具有约束力,将外国投资享有的最低待遇限制在习惯国际

[1] *Pope & Talbot Inc. v. The Government of Canada*. 参见本书案例 21。

法的范围内。至于习惯国际法下的最低待遇标准的具体内容,仲裁庭认为该标准是发展变化的,并不局限在1926年尼尔案确立的标准。首先,仲裁庭认为尼尔案针对的并不是外国投资待遇,而是外国人的人身安全。而且,尼尔案中的特别问题是墨西哥没有对杀死美国市民的武装人员采取有效调查。这样,就没有充分的理由将最低待遇标准限定在尼尔案所确定的粗暴待遇标准上。其次,尼尔案及类似案件的仲裁裁决是在20世纪20年代作出的,那时国际法上外国人的地位及对外国投资的保护远不及现在,将对外国投资的公平和公正待遇以及充分保护和安全的含义局限于当时适用于外国人人身安全的标准是难以令人信服的。从现代国际法角度看,不公平和不公正待遇并不需要达到残暴或恶劣的程度。国家在没有恶意行事的情形下也有可能不公平和不公正地对待外资。最后,大量BIT与区域性投资条约几乎一致规定了公平和公平待遇和充分的安全和保护义务,这种一致的做法必然会影响现行国际法中关于外国投资待遇的规则的内容。因此,习惯国际法下给予外国投资的最低待遇标准已发生演变。当外国投资者声称受到不公平和不公正的待遇时,仲裁庭需要在具体案件事实的基础上作出判断。

仲裁庭对拒绝司法的含义进行了论述。仲裁庭援引了罗伯特·阿兹尼安、肯尼斯·戴维因、艾伦·巴卡诉墨西哥合众国仲裁案[1](以下简称阿兹尼安案)仲裁庭总结的拒绝司法的四种情形,即有关的法院拒绝受理一项诉讼,使诉讼受到不应有的拖延,以严重不适当的方式执行司法,或者明确、恶意地滥用法律。仲裁庭还引用了ELSI案[2]中国际法院对“武断”一词的定义,认为国际法院判定的专断行为的标准也适用于拒绝司法的情形,但强调拒绝司法的标准并不是看某一结果是否有故意漠视正当程序,产生令人震惊的效果,而是关注令人震惊的行为是否能够引起一个公正的法庭在慎重考虑后对有关结果的司法适当性的合理关切。因此,本案最终的焦点在于,从国际层面上看,仲裁庭是否能够依据现已掌握的证据认定东道国政府的决定是明显不当、不甚光彩的,并且这一行为是否使投资者受到了不公平、不公正的待遇。尽管公平公正待遇是一项没有边际(open-ended)的标准,没有什么确切的范围可以涵盖所有可能性。

(三)最低待遇标准在本案的适用

申请人从四个方面质疑美国法院裁决的公正性。首先,SJC驳回了LPA对市政

---

[1] *Robert Azinian, Kenneth Davitian, Ellen Baca v. Mexico*. 参见本书案例11。

[2] *Elettronica Sicula S. P. A.* 案。

府提起的合同索赔。SJC 将其 1954 年 *Leigh v. Rule* 案的裁决适用于 LPA 案，认为 LPA 没有遵守合同约定的行使选择权的程序，根据 *Leigh v. Rule* 案确立的"原告的实质性失误使被告不构成违约"的原则，LAP 未能行使选择权的责任应由双方共同承担。申请人坚称其履行了合同义务，是波士顿市恶意阻挠合同履行。其次，如果 SJC 认为事实认定上存在问题，应该将事实问题发回陪审团重审，尤其是有关申请人是否愿意并能够履行合同，或纽约市是否积极地阻挠合同履行的问题。再次，SJC 将其对 *Leigh v. Rule* 案的阐明所制造出的新规则追溯性地适用于 LPA 案，违反了法不溯及既往原则。最后，申请人对 BRA 在《马萨诸塞州侵权行为法》下对故意侵权的法定豁免权提出了质疑，认为北美自由贸易协定成员国就影响一项投资的不法行为向其公共当局授予豁免权，使其免予起诉，违反了对投资提供充分保护和安全的义务。

被申请人辩称，SJC 按照现有的判例进行审判，在适用 *Leigh v. Rule* 一案中的原则时没有制造新法律，没有必要考虑任何有关新法律或其溯及力的问题。根据马萨诸塞州的法律和惯例，是否应发回陪审团重申应由 SJC 决定。赋予某些行政当局有限的故意侵权豁免权既不是武断也不是任意的。依据有二：一是故意侵权豁免的立法历史和理论基础，二是比较法表明，就侵权行为中公共机构的豁免权的适当程度没有达成国际共识。

针对申请人列举的美国法院的几种司法不公行为，仲裁庭一一作了驳斥。仲裁庭认为，SJC 是否制定了一项新法律是值得怀疑的。且无论如何，是否以及在何种情况下追溯适用新的判例法是国内法院的职权。欧洲人权法院在刑事诉讼方面对《人权和基本自由欧洲公约》第 7 条禁止溯及既往原则的适用提供了一些指导，它指出，新的判例法可以追溯性地适用于之前的犯罪行为，并追究刑事责任。举重以明轻，在民事案件中给予判例以溯及力就显得微不足道了。对是否应发回重审的判断是国内程序法的问题，NAFTA 仲裁庭不是上诉法庭，这不属于仲裁庭的职责。LPA 有权要求进行再审，并行使了这一权利，在这种情况下，没有任何程序上的拒绝司法的迹象。至于豁免权的问题，仲裁庭认为在多大程度上给予公权力机关豁免权应由国家主管机关决定，这不违反第 1105 条，且 NAFTA 提供了提起国际投资仲裁这一补救措施，在国际投资仲裁程序中不适用东道国地方法规定的法定豁免。因此，美国法院的裁决并没有构成拒绝司法，并未违反第 1105 条的规定。

三、简要评析

本案涉及对 NAFTA 第 1105 条的最低待遇标准的解释。最低待遇标准起源于殖民主义时期。发达国家不满足于国民待遇这一相对待遇标准,担心东道国不成熟的投资环境无法给予投资以完善的保护,于是提出了国际法下的、具有绝对性质的最低标准。美国与加拿大在 NAFTA 中订入该条款也是希望保护其在墨西哥的投资。起草者原本的意图是将第 1105 条限定在习惯国际法的范畴内,但最终文本确定为“国际法”。不过,从 NAFTA 仲裁庭发布的一系列判决可以看出,仲裁庭往往更加倾向于保护投资者的利益,对第 1105 条中的“国际法”一词进行更加宽泛的解释,导致绝对待遇标准,尤其是公平与公正待遇的定义被不断扩大。对绝对待遇条款的过度解释导致了投资者利益和东道国利益之间的失衡,对东道国主权构成了严重威胁。自第一例 NAFTA 仲裁案以来,美国常常成为仲裁案的被申请方,仲裁案对美国国内立法、司法制度甚至是主权形成了挑战。受到一系列仲裁案的促动,2001 年 7 月 31 日,NAFTA 缔约方通过 FTC 发布了一份有关第 1105 条的解释。NAFTA 这一转变反映了世界投资环境的深刻变化,国际投资法的焦点已由过去的发达国家与发展中国家的对立,即“南北矛盾”,转变为如今的国家主权与投资者利益的对立。一国政府要竭力谋求利益最大化,既要站在本国投资者的立场上为其争取更多的投资保护,又要站在东道国的立场上降低自己的行为标准并减少责任范围。本案仲裁庭较详尽地回顾了之前案例对公正与公平待遇标准的适用,接受了 FTC 解释中习惯国际法的限制,表现出了对东道国法院判决进行实体审查的谨慎态度,坚持仲裁庭的任务只是审查投资者是否有诉诸东道国法院的权利以及是否在审理程序中得到了公正的对待;同时又强调最低待遇标准是一个不断发展的概念,否认了尼尔案中发展出来的严格标准,在东道国和投资者之间达到了一个较好的平衡。

(编写者:武汉大学国际法研究所 2019 级硕士研究生　曾　阳)

帕特里克·米切尔
诉
刚果民主共和国

仲裁案

案情概要

案名	帕特里克·米切尔诉刚果民主共和国仲裁案	
案件裁判来源	https://www.italaw.com/cases/709	
案号	ICSID Case No. ARB/99/7	
当事人	申请人:帕特里克·米切尔(美国国民)	
	被申请人:刚果民主共和国	
行业	商务服务业	
仲裁机构和仲裁地	国际投资争端解决中心,美国华盛顿特区	
仲裁依据	《刚果民主共和国—美利坚合众国关于相互鼓励和保护投资的协定》	
适用的仲裁规则	《国际投资争端解决中心仲裁规则》	
仲裁庭组成	首席仲裁员(行政会议主席指定):Andreas Bucher	
	仲裁员(行政会议主席指定):Yawovi Agboyibo	
	仲裁员(申请人指定):Marc Lalonde	
日期	仲裁程序开始日期:1999年10月6日	
	最终裁决发布日期:2004年2月9日	
仲裁请求	(1)裁定被申请人征收申请人的资产违反了《刚果共和民主共和国—美利坚合众国关于相互鼓励和保护投资的协定》、刚果法律和国际法 (2)要求被申请人赔偿申请人因被申请人的行为而遭受的所有损失 (3)要求被申请人承担申请人在本次仲裁中所发生的所有费用	
核心争议点	被申请人针对申请人采取的措施是否构成对申请人在刚果投资的征收以及申请人是否有权获得被申请人的赔偿	
仲裁庭主要结论	(1)被申请人行为构成征收,违反《刚果共和民主共和国—美利坚合众国关于相互鼓励和保护投资的协定》第3条第1款 (2)被申请人应向申请人支付750,000美元,外加该笔利息的年利率为7.75%,自1999年3月6日起至付款之日止	
裁决结果	支持投资者(多数裁决)	
后续进展	2004年6月7日,被申请人向国际投资争端解决中心秘书长提交了申请,要求撤销2004年2月9日作出的裁决。专设仲裁庭决定,根据《国际投资争端解决中心仲裁规则》第54条第2款,在专设仲裁庭就被申请人提出的撤销裁决的申请作出决定之前,应继续中止裁决的执行	

Case Summary

Name of Case	Patrick H. Mitchell v. Democratic Republic of the Congo	
Web Page	https://www.italaw.com/cases/709	
Case Number	ICSID Case No. ARB/99/7	
Parties	Claimant:Patrick H. Mitchell(US national)	
	Respondent:Democratic Republic of the Congo	
Industry	Commercial Services and Supplies	
Administering Institution & Seat of Arbitration	ICSID;Washington,D. C. ,USA	
Basis for Arbitration	The Republic of Zaïre and the United States of America concerning the Reciprocal Encouragement and Protection of Investments	
Rules Used in Arbitral Proceedings	ICSID Arbitration Rules	
Arbitrator(s)	Presiding Arbitrator (Chairman of the Administrative Council's appointee): Andreas Bucher	
	Arbitrator (Chairman of the Administrative Council's appointee): Yawovi Agboyibo	
	Arbitrator(Claimant's appointee):Marc Lalonde	
Date	Date of Commencement of Proceeding:6 October 1999	
	Date of Award:9 February 2004	
Relief Request	(1) Declaring that the Respondent's expropriation of the applicant's assets violated the DRC-USA BIT,Congolese law and international law (2) Requiring the Respondent to compensate the Claimant for all damages suffered by the Claimant as a result of DRC's actions (3) Granting to the Claimant all of the costs incurred by him in undertaking this arbitration,including the arbitrators' fees,the fees of any experts,the legal costs incurred by the Claimant,and any administrative costs	
Key Issues	(1) Expropriation: whether the measures taken by the Respondent in respect of the Claimant's firm constitute an expropriation relating to an investment of the Claimant in the DRC (2) Compensation: whether the Claimant is entitled to be indemnified by the Respondent	

续表

Tribunal's Conclusions on Key Issues	(1) Expropriation by the Respondent violated Article Ⅲ(1) of the DRC-USA BIT (2) The Respondent shall pay to the Claimant the amount of USD 750,000 plus an interest on such amount at an annual rate of 7.75%, commencing on March 6, 1999, until the date of payment
Award	In favour of Investor (Majority Verdict)
Follow-up Progress	On 7 June 2004 the Respondent filed with the Secretary-General of the ICSID an application requesting the annulment of the Award rendered on 9 February 2004. The ad hoc Committee decided that Enforcement of the Award shall continue to be stayed according to Rule 54(2) of the Arbitration Rules, until the ad hoc Committee issues its decision on the application for annulment filed by the Respondent

一、案件事实

(一)投资事实

申请人帕特里克·米切尔(以下简称申请人)在被申请人刚果民主共和国(以下简称被申请人)境内经营一家米切尔律师事务所(以下简称律所)。

(二)被诉行为

1999 年 3 月,由于申请人经营的律所涉嫌与其客户从事非法活动,根据刚果军事法庭命令,被申请人当局将申请人律所的办公场所查封,没收了一批文件并逮捕了两名律师。1999 年 11 月,由于军事法庭驳回了对申请人从事非法活动的指控,两名律师被释放,扣押的大部分资产退还给了律所。申请人声称,被申请人的行为构成没收且没有赔偿相应损失,违反了《刚果共和民主共和国—美利坚合众国关于相互鼓励和保护投资的协定》(以下简称《刚果—美国 BIT》),申请人要求被申请人赔偿包括流失客户在内的全部损失。

(三)程序时间轴

·1999 年 9 月 13 日,被申请人对仲裁庭的管辖权提出异议。

·1999 年 10 月 6 日,申请人向 ICSID 提出仲裁请求。

·1999 年 11 月 3 日、12 日和 22 日以及 1999 年 12 月 6 日和 7 日,申请人以信函的名义对仲裁请求进行了补充,并于 1999 年 12 月 10 日由 ICSID 秘书长登记。

·2000 年 11 月 21 日,仲裁庭正式组成。

·2001 年 9 月 17 日,被申请人提交辩诉状,否认对申请人的没收、扣押等行为构成征收。

·2002 年 1 月 29 日,因仲裁员 Willard Z. Estey 先生于 2002 年 1 月 25 日去世,仲裁程序暂停;2002 年 2 月 13 日,仲裁庭改组,加拿大籍 Marc Lalonde 先生被指定为仲裁员,仲裁程序恢复。

·2002 年 2 月 7 日,ICSID 收到了申请人提交的关于管辖的辩诉状。

·2003 年 5 月,仲裁庭确定不需要庭审,各方通过邮件回答仲裁庭提出的相关质询。

·2004 年 2 月 9 日,仲裁庭作出仲裁裁决。

·2004年6月7日,被申请人向ICSID秘书长提交申请,要求撤销裁决。

·2006年11月,仲裁庭裁定中止执行裁决。

(四)仲裁请求

1. 申请人的仲裁请求

申请人请求:

(1)裁定被申请人没收、扣押申请人资产的行为违反了《刚果—美国BIT》、刚果法律和国际法;

(2)要求被申请人向申请人赔偿因征收行为遭受的所有损失;

(3)要求被申请人承担申请人因仲裁发生的所有费用,包括仲裁员费、专家费、法律费用等。

2. 被申请人的仲裁请求

被申请人在辩诉状中提出的抗辩意见和仲裁请求如下:

(1)ICSID无权管辖本案,因为本案与"投资"无关;

(2)没有充分的证据表明被申请人的行为构成征收;

(3)申请人的请求显然不合理;

(4)要求申请人承担申请人因仲裁发生的所有费用及损失,包括司法费、律师费、专家费及名誉损失等。

(五)仲裁庭结论

仲裁庭裁定:

(1)该争端属于ICSID管辖范围,在本案仲裁庭的职权管辖范围内;

(2)被申请人的没收行为构成了征收,违反了《刚果—美国BIT》第3条第1款;

(3)被申请人应向申请人支付750,000美元,外加自1999年3月6日起至付款日止的年利率为7.75%的全部利息;

(4)驳回被申请人的仲裁请求。

二、主要法律争议

(一)被申请人的措施是否构成征收

1. 申请人的主张

申请人的律所被查封及与此相关的所有措施(包括没收文件、逮捕律师等),都构

成《刚果—美国 BIT》第 3 条第 1 款下的直接或间接征收行为。理由如下:

(1)根据《刚果—美国 BIT》第 3 条第 1 款,如果征收不符合规定的五项要求则应被禁止。申请人主张,其遭受的征收不是出于公共目的(第 1 项),也没有在正当法律程序下(第 2 项),并且是歧视性的(第 3 项),申请人的投资被征收后并没有伴随“及时、充分和有效实现的赔偿”(第 5 项),因此被申请人的行为构成非法征收。

(2)军事法庭作出判决时援引了申请人律所的文件和材料,因此,在法庭上有证据表明律所的部分文件和档案已于 1999 年 3 月 5 日被没收,一直未返还,也没有得到任何赔偿。

(3)两名律师被逮捕时间长达 8 个月,以至于申请人只能逗留刚果境外等待局势改善才能保证自身安全。被申请人的逮捕行为并非暂时性的、必要的措施。

(4)律所被查封、文件被没收且没有返还、律师被长时间地拘留,这样的状态导致了申请人顾客流失,给申请人造成了损失。即使后来被申请人解封律所、返还文件(申请人称没有返还)以及释放律师,也不能表明申请人已经得到赔偿。

2. 被申请人的主张

被申请人的行为出于公共目的,是合法的,不能被认定为征收,理由如下:

(1)《刚果—美国 BIT》中使用了“征收”一词,但并未对其下定义,因此对征收的理解必须参考相关国内法,即刚果法律。1977 年 2 月 22 日第 77-001 号法律确实规定了允许出于公共目的的征收或征用,但仅涉及不动产。即使扣押动产等同于征收,在本案中,这也仅是针对扣押文件而言(被申请人的其他行为与征收无关)。但是,这些文件仅仅是被申请人例行检查时扣押的对象,不能被当作征收。

(2)被申请人有充分的理由怀疑律所与被申请人境内的叛乱势力有联系,因此对其采取扣押、没收等行为是出于公共目的,即为国家安全而实施的干预和调查。

(3)被没收的文件是否被返还与认定征收无关。根据刚果法律,被没收的文件和材料由特定部门收集和扣押,如果特定部门没有成功收集和扣押到相关文件,则说明这部分文件已经遗失了;但这方面没有任何证据可证明。即使没有将文件返还申请人,也不能据此认定被申请人的行为构成征收。

(4)申请人的律所并没有受到任何实质性的侵害,申请人无权得到赔偿。

3. 仲裁庭的裁定

(1)仲裁庭不认可被申请人对“征收”的理解须参考被申请人国内法的意见,被申请人对申请人的投资保护不能少于国际法授予的保护。双边投资协定缔约国必须根据国际法商定在被征收时对投资者的保护。如果允许每个缔约国参考其本国法律来确定符合被征收条件的案件,那么缔约国就可以摆脱条约为投资者确定其所享有的保护范围。因此,如果遵循被申请人的观点,则在被申请人境内的金融基金、公司、知识产权权利或其他投资的回报组成的投资都不会受到任何保护,因为它们都不是不动产,也就是说,尽管这些资产已在《刚果—美国 BIT》保护的投资清单中提到(第 1 条),但仍应根据刚果法律予以征收。即在征收被允许的情况下讨论投资保护,这显然与缔结双边投资协定的初衷相违背。根据《刚果—美国 BIT》第 2 条第 4 款[1],投资保护应符合国家法律,但"不得少于国际法授予的保护"。

此外,被申请人的反对意见不符合 1994 年《刚果民主共和国宪法》第 22 条在国有化或没收的情况下提供赔偿义务的原则,该原则现已构成国际法公认的原则之一。

(2)对征收须从其本质上理解,涵盖了直接或间接征收的任何措施,被申请人没收申请人动产(文件)的行为构成征收。没收投资资产是东道国出于公共目的行事的一种手段,剥夺了投资者对该资产的全部或部分所有权。根据《刚果—美国 BIT》第 1 条的定义,能够被征收的投资可以是财产、应收款或任何其他财产性权利。根据《刚果—美国 BIT》第 3 条第 1 款所述,征收并不是一个正式的概念,需要国家主管部门的决定才能限制投资者的所有权从而采取征收措施。对征收的概念应从本质上来理解,即其涵盖了直接或间接征收的任何措施。《刚果—美国 BIT》中附加的议定书中也进一步规定,"相当于直接或间接的征收措施"可以包括"间接征收的税款,强制出售全部或部分投资,减损或剥夺对投资的管理,控制投资的经济价值"。

(3)仲裁庭不认可被申请人的意见,对两名律师的释放及对文件返还行为并不影响被申请人征收行为的认定。仲裁庭认为尚未有充足的证据证明被申请人返还了文件。即使已经返还,也不能改变被申请人客户资源流失的事实,申请人的损失是确定的。

(4)仲裁庭无法确定被申请人的征收是否出于公共目的的合理行为。关于被申请人基于国家安全的抗辩,仲裁庭认为没有足够的信息可以证明征收行为发生之时申

[1] 《刚果—美国 BIT》第 2 条第 4 款规定,任何一方的国民和公司的投资在任何时候都应得到公平和公正的待遇,并应在另一方的领土内享有保护和安全。投资的待遇、保护和安全应符合适用的国家法律,不得低于国际法承认的标准。任何一方不得以任意和歧视性的方式损害对方国民或公司投资的管理、经营、维护、使用、享受、收购、扩大或处置。任何一方都应遵守它可能对另一方的国民或公司的投资承担的任何义务。

请人从事了危害被申请人国家安全的活动。因此,仲裁庭不能根据被申请人的论点裁定申请人在合适的时间内,基于宪法或法律规定的公共目的合法使用了军事权力。

(5)仲裁庭裁定被申请人的措施构成征收,这些措施包括被申请人的军事力量对申请人突然的干预,对律所房屋进行搜查和封锁,以及以国家安全为由拘留两名律师。申请人的损失与这些征收措施相关,因为申请人的投资被征收,所以律所停止提供服务,而许多客户仍要求律所继续履行服务合同,申请人因承担违约责任而造成了损失。此外,律所还流失了一部分客户,造成了巨大的损失。

(二)申请人是否享有获得赔偿的权利

1. 申请人的主张

(1)应当获得补偿:申请人没有收到任何有关1999年3月5日的强制干预措施及其后果的赔偿,由于被申请人针对申请人律所采取的措施并未根据《刚果—美国BIT》第3条第1款第5项所述进行赔偿[1],被申请人的行为是违法行为,被申请人有义务赔偿申请人由此遭受的经济损失。

(2)具体补偿金额的认定:申请人要求按照美联储理事会银行最优惠贷款利率(1999年3月为7.75%)计算赔付的利息。申请人认为赔偿起始日应为损失发生之日。

2. 被申请人的主张

(1)被申请人对没有给予申请人任何赔偿的主张无异议。

(2)本案应受被申请人国内法律管辖,法律规定利率最高不超过6%的民法诉求和8%的商业诉求,应自向法院提出诉求之日起算。

3. 仲裁庭的裁定

(1)申请人有权获得赔偿。《刚果—美国BIT》第3条第1款规定了被征收者有权获得等同于被征用投资的公平市场价值的赔偿,并且这种赔偿应包括自征用之日起按现行国际利率计算的利息。据此,仲裁庭必须确定1999年3月5日申请人的“公平市场价值”。

(2)利率的计算和起始时间。根据《刚果—美国BIT》的有关规定,本案优先适用

[1] 《刚果—美国BIT》第3条第1款规定,补偿金额应相当于被征用投资的公平市场价值。这种补偿的计算不应导致由于事先公布或宣布征用行动,或由于构成征用行动或导致征用行动的事件的发生而使这种公平市场价值减少。这种补偿应包括自征用之日起按相当于当前国际利率计算的利息,并可按征用之日的当前市场汇率自由换算。

《刚果—美国 BIT》,根据该协定第 3 条第 1 款“赔偿应包括与当前国际利率相当的利率”,仲裁庭认为应采用申请人提出的利率计算方式。因此,被申请人需向申请人赔付 750,000 美元以及从 1999 年 3 月 6 日起至付款日止年利率按 7.75%计算的利息。

(3)仲裁庭认为,《刚果—美国 BIT》应优先于被申请人国内法律,仲裁庭支持了申请人的意见,认为应当从损失发生之日起计算利息,即自 1999 年 3 月 6 日征收发生之日起至付款之日,被告必须向申请人支付 750,000 美元及年利率为 7.75%的利息。

三、简要评析

本案涉及的法律问题并不复杂,主要是《刚果—美国 BIT》第 3 条第 1 款中对征收概念的解释以及赔偿数额的确定。《刚果—美国 BIT》中没有正面对征收的定义作出明确规定,而是通过对征收行为进行限制来达到保护投资的目的,通常规定征收必须为公共目的,必须经过正当的法律程序,并给予赔偿。这是目前大多数双边投资协定的普遍做法,类似的还有美国《双边投资协定 2012 年范本》及 1983 年《中华人民共和国和德意志联邦共和国关于促进和相互保护投资的协定》等。仲裁庭一般根据条文具体规定、案件具体情况、证据等对争议行为是否构成征收及是否应当赔偿作出认定。

本案中,关于征收的认定还隐藏着东道国对外国投资保护的问题,即当东道国国内法提供的保护程度低于双边投资协定或国际法提供的保护时,东道国对外国投资的保护应当以何为准。仲裁庭给出的答案是“不得少于国际法授予的保护”,即东道国不能以国内法规定为由逃避承担双边投资协定和国际法上更严格的对外国投资保护的义务。

(编写者:武汉大学国际法研究所 2019 级博士研究生　张　渝)

中东水泥运输和装卸有限公司
诉
阿拉伯埃及共和国

仲裁案

案情概要

案名	中东水泥运输和装卸有限公司诉阿拉伯埃及共和国仲裁案	
案件裁判来源	https://www.italaw.com/cases/699	
案号	ICSID Case No. ARB/99/6	
当事人	申请人:中东水泥运输和装卸有限公司	
	被申请人:阿拉伯埃及共和国	
行业	零售业	
仲裁机构和仲裁地	国际投资争端解决中心,美国华盛顿特区	
仲裁依据	《希腊共和国与阿拉伯埃及共和国促进与相互保护投资协定》	
适用的仲裁规则	《国际投资争端解决中心仲裁规则》	
仲裁庭组成	首席仲裁员:Karl-Heinz Böckstiegel	
	仲裁员(申请人指定):Piero Bernardini	
	仲裁员(被申请人指定):Don Wallace	
日期	仲裁程序开始日期:1999年11月19日	
	最终裁决发布日期:2002年4月12日	
仲裁请求	申请人请求: (1)赔偿总额42,240.000美元 (2)自投资被征收时起计算的复利 (3)仲裁庭认为适当的任何其他救济 (4)支付申请人与仲裁程序相关的所有费用	
核心争议点	(1)被申请人的第195号法令及后续行为是否构成《希腊共和国与阿拉伯埃及共和国促进与相互保护投资协定》第4条中的征收 (2)如果构成征收,补偿的数额应为多少	
仲裁庭主要结论	被申请人的第195号法令和扣押、拍卖波塞冬号船的行为构成征收,应当向申请人支付2,190,430美元的补偿,包括水泥供应协议的利润损失1,712,712美元,以及波塞冬号船被征收的补偿477,718美元	
裁决结果	投资者部分胜诉	
后续进展	无	

Case Summary

Name of Case	Middle East Cement Shipping and Handling Co. S. A. v. Arab Republic of Egypt
Web Page	https://www.italaw.com/cases/699
Case Number	ICSID Case No. ARB/99/6
Parties	Claimant: Middle East Cement Shipping and Handling Co. S. A.
	Respondent: Arab Republic of Egypt
Industry	Retailing
Administering Institution & Seat of Arbitration	ICSID; Washington, D. C., USA
Basis for Arbitration	Agreement between the Hellenic Republic and Arab Republic of Egypt for the Promotion and Reciprocal Protection of Investments
Rules Used in Arbitral Proceedings	ICSID Arbitration Rules
Arbitrator(s)	Presiding Arbitrator: Dr. Karl-Heinz Böckstiegel
	Arbitrator(Claimant's appointee): Piero Bernardini
	Arbitrator(Respondent's appointee): Don Wallace
Date	Date of Commencement of Proceeding: 11 November 1999
	Date of Issue of Final Award: 12 April 2002
Relief Request	The Claimant seeks the following relief: (1) A total payment of USD 42,240.000 (2) Compound interest from the time of taking of the imposition (3) Any other relief as the Tribunal may deem appropriate (4) Reimbursement of all costs and expenses incurred by the Claimant in connection with these proceedings
Key Issues	(1) Whether the Respondent's Decree No. 195 and subsequent actions constitute the expropriation in Article 4 of the BIT (2) If it constitutes an expropriation, what should be the amount of compensation
Tribunal's Conclusions on Key Issues	The Respondent's Decree No. 195 and the seizure and auction of the Poseidon vessel constituted expropriation. The Respondent shall pay to the Claimant a total amount of USD 2,190,430, including lost profits from cement supply agreements of USD 1,712,712 and compensation for the taking of the Poseidon of USD 477,718
Award	Partial victory for Investor
Follow-up Progress	None

一、案件事实

(一)投资事实

根据埃及投资与自由区总局1982年7月4日第512/82号决议,申请人在苏伊士成立了名为“巴德尔水泥码头”的分支机构。该分支机构负责进口和存储散装水泥,并在埃及境内将其包装和运输给私人和公共部门。根据该决议第9条,该投资的保护期限为10年,即直至1993年1月19日。

(二)被诉行为

1989年5月25日,即在授予申请人投资的保护和特权期限终止之前的3年8个月,埃及建设部发布了1989年第195号法令。该法令禁止通过公共或政府部门以及私人部门进口各种波特兰水泥。这导致申请人无法继续在埃及市场进行稳定的销售,并且无法正常向其供应商和客户履行义务。虽然在1992年,该禁止水泥进口的法令被撤销,埃及投资与自由区总局也通知了申请人这一事实,但是申请人的投资已经遭受了致命的影响,并且法令的撤销也恰恰反映出法令本身的武断性和不公正性。同时,申请人也无法继续其投资了,因为其无法确定埃及政府未来是否还会采取新的禁止性干预措施。此外,埃及地方当局还违反投资法的明确规定,反对申请人将剩余的资产进行再出口。申请人的波塞冬号船也被红海港务局扣押和拍卖了。申请人认为,根据《希腊共和国与阿拉伯埃及共和国促进与相互保护投资协定》(以下简称《希腊—埃及BIT》),埃及(以下简称被申请人)政府的一系列行为构成征收,遂向ICSID申请仲裁。

(三)程序时间轴

· 1999年11月19日,ICSID登记仲裁申请。

· 1999年12月23日,各方当事人就仲裁庭的组成达成一致。

· 2000年1月28日,ICSID通知各方当事人仲裁庭的组成以及仲裁程序的开始。

· 2000年11月28日,ICSID发布并批准关于管辖权的决定,认为仲裁庭依据1993年《希腊—埃及BIT》对本案争端具有管辖权。

· 2001年1月15日,申请人提交诉状。

· 2001年2月28日,被申请人提交答辩状。

· 2001 年 3 月 29 日,申请人对被申请人的答辩状进行了回复。

· 2001 年 5 月 8 日,被申请人提交了第二答辩状。

· 2002 年 4 月 12 日,仲裁庭发布最终裁决。

(四)仲裁请求

1. 仲裁申请人的仲裁请求

(1)赔偿总额 42,240,000 美元;

(2)自投资被征收时起计算的复利;

(3)仲裁庭认为适当的任何其他救济;

(4)支付申请人与仲裁程序相关的所有费用。

2. 被申请人的仲裁请求

(1)驳回申请人提出的所有请求;

(2)支付本次仲裁的全部费用。

(五)仲裁庭结论

仲裁庭裁定:

(1)被申请人应向申请人支付 2,190,430 美元的补偿,包括水泥供应协议的利润损失 1,712,712 美元,以及波塞冬号船被征收的补偿 477,718 美元;

(2)被申请人应支付相应的复利;

(3)由于申请人部分胜诉,申请人和被申请人应各自负担与仲裁程序相关的费用,ICSID 和仲裁员的费用由双方当事人各负担 50%。

二、主要法律争议

(一)被申请人的行为是否构成征收

1. 申请人的主张

申请人认为,被申请人的第 195 号法令构成《希腊—埃及 BIT》第 4 条中的征收。《希腊—埃及 BIT》第 4 条规定:“缔约一方投资者在缔约另一方境内的投资不得被征收、国有化或者对其采取在效果上相当于征收或国有化的其他任何措施,除非符合以下条件:(1)为了公共利益并符合正当法律程序;(2)明确和非歧视;以及(3)给予及时、充分和有效的补偿。这种补偿应等于采取征收或征收为公众所知的前一刻被征收投资的价值,并且能够以可兑换的货币按照确定价值之日的银行汇率自由转移。补偿的支付不应迟延,应包括直至付款之日的利息。”本案中,埃及投资与自由区总局于1983年1月19日通过第13号法令许可申请人以“巴德尔水泥码头”的名义从事下列活动:“进口和存储散装水泥,并在埃及境内将其包装和运输给私人和公共部门。”然而,1989年5月28日,被申请人颁布了第195号法令,禁止通过公共或政府部门以及私人部门进口各种波特兰水泥。第195号法令及被申请人后续的行为导致申请人的许可事实上被撤销,因而构成征收。

2. 被申请人的主张

被申请人认为,第195号法令仅对申请人的许可造成了4个月的影响,因为根据合同规定的期限,该许可将于1989年9月底结束。

3. 仲裁庭的裁定

仲裁庭对被申请人的第195号法令以及后续行为是否构成间接征收进行了分析。仲裁庭认为,由于被申请人已经承认第195号法令至少剥夺了申请人根据许可所享有的4个月的权利,因此,双方当事人实际上对于是否构成征收的问题并不存在争议。当东道国采取的措施在效果上剥夺了投资者对投资的使用和收益时,即使投资者仍然对投资拥有名义上的所有权,该措施也构成间接征收,即《希腊—埃及BIT》中所称的“效果上相当于征收的措施”。本案中,被申请人的措施构成征收,因此应当对投资者进行补偿。为了确定补偿的数额,仲裁庭需要对受影响投资的市场价值进行分析。

(二)补偿数额问题

1. 利润损失

仲裁庭认为,申请人应当对自身的利润损失承担举证责任。本案中,申请人提供了三份水泥供应合同,每份合同都授予了申请人处理一定数量水泥的权利。仲裁庭认为,申请人的利润损失应当根据水泥供应合同所规定的最低数量进行计算,而不是基于申请人所主张的与申请人的产能相对应的更高的数量进行计算。根据三份水泥供应合同,仲裁庭将申请人利润损失的总额确定为1,712,712美元。

此外,仲裁庭认为,在计算被征收投资的市场价值时,还应当考虑申请人的机会损失。根据许可,申请人具有签订其他水泥供应合同并获得额外利润的合法期待。但是,申请人应当对此承担举证责任,提供证据证明自身所错过的具体合同以及由此带来的损失。仲裁庭认为,由于申请人未能提供相应证据,因此无法就机会损失获得补偿。

2. 波塞冬号船

1999年10月13日,红海港务局扣押了申请人的波塞冬号船,并于1999年11月28日以301,000埃及镑的价格将该船拍卖。申请人认为红海港务局的扣押和拍卖行为是违法的,因为申请人并未被通知,并且拍卖的成交价为波塞冬号的残值,而该船的实际价值至少为500万美元。被申请人则认为拍卖是有效的。仲裁庭认为,红海港务局曾与申请人签订许多合同,理应十分清楚申请人及其律师的地址。但是,红海港务局并未就扣押和拍卖事项直接通知申请人,而是通知苏伊士港口警察局长并在报纸上公告,违反了《希腊—埃及BIT》第2.2条规定的公平与公正待遇和第4条中的正当法律程序。因此,被申请人的行为构成间接征收,应当对申请人进行补偿。

关于补偿的数额问题,双方当事人存在争议。申请人认为,波塞冬号的价值至少为500万美元。为了证明这一主张,申请人提供了船舶保险凭证(承保总额500万美元)、销售波塞冬号的合同草案(1,324,000美元)以及申请人根据劳埃德航运经济学家发表的散货价格计算的波塞冬号的残值(864,500美元)。被申请人认为,拍卖成交价格明确反映了波塞冬号的价值。仲裁庭认为,根据《希腊—埃及BIT》第4条,补偿应等于采取征收或征收为公众所知的前一刻被征收投资的价值。本案中,拍卖公告对波塞冬号进行了负面描述(如"被锈覆盖""没有绞车并且在当前状态下不工作"),也没有提供某些与评估船舶有关的信息,如债务人的姓名以及船舶上的起重机和其他设备。考虑上述因素,仲裁庭认为拍卖价格未能反映波塞冬号的市场价值。基于《ICSID仲裁规则》第34条赋予的自由裁量权,仲裁庭认为,即使有可能就波塞冬号在拍卖时的价值寻求独立专家意见,这一做法的时间和金钱成本也会过高,因此,最好的做法是根据本案中现有的证据对波塞冬号的价值进行估计。考虑到被申请人认为波塞冬号的拍卖价格(301,000埃及镑,相当于90,936美元)为正确的价值,且申请人证明波塞冬号的残值为864,500美元,仲裁庭认为可将二者的平均值(477,718美元)作为波塞冬号的市场价值。

3. 银行贷款、外籍员工赔偿和清算费用

申请人主张被申请人应当赔偿自身因银行贷款、外籍员工赔偿和清算费用遭受的损失。被申请人则否认上述损失。仲裁庭认为,《希腊—埃及BIT》第4条关于间接征收的规定并不适用于投资者因商业风险遭受的损失,以及因东道国政府和法院遵循正当程序和非歧视性的行为遭受的损失。本案中,申请人从雅典阿拉伯银行贷款的成本是申请人自身应承担的正常商业风险。对于外籍员工赔偿和清算费用而言，申请人也未能证明被申请人在清算过程中存在歧视性或恣意性的行为。因此，申请人关于银行贷款、外籍员工赔偿和清算费用的请求未能得到仲裁庭的支持。

（三）申请人是否违反减损义务

被申请人认为，即使申请人的请求成立，由于申请人没有遵守减轻损失的义务，被申请人应当赔偿的数额也应相应减少。为了减轻损失，申请人本应可以继续从事未被第 195 号法令禁止的水泥供应行为，如在埃及供应导热硅酸盐和白硅酸盐水泥或者将水泥出口到其他国家。在 1992 年，第 195 号法令被撤销后，申请人也可以重新从事其业务活动。申请人则认为，被申请人的主张缺乏事实和法律依据。仲裁庭认为，虽然《希腊—埃及 BIT》并未明确规定减损义务，但是该义务属于一般法律原则的一部分，根据《ICSID 公约》第 42 条，可以适用于本案争端。此外，《埃及民法典》第 221 条也包含减损义务。但是，被申请人应当就申请人具有减损义务且未能履行减损义务的事实承担举证责任。本案中，被申请人认为，申请人本应可以在埃及供应导热硅酸盐和白硅酸盐水泥或者将水泥出口到其他国家，但是未能证明这些措施是被第 195 号法令禁止的供应灰色波特兰水泥的具有经济可行性的替代性措施。被申请人还认为申请人本可以在第 195 号法令被撤销后重新从事原有的业务活动，但一个在 3 年前被撤销投资活动所必须的许可的投资者有合理理由决定，在遭受这一经历后，即使其业务活动又重新被允许，也不再继续从事投资活动。因此，被申请人的主张不能成立。

三、简要评析

本案中，仲裁庭首先对举证责任规则进行了简要的论述。仲裁庭认为，负有举证责任的一方当事人不仅需要提出证据证明自己的主张（提出证据的义务），还必须要说服仲裁庭（说服义务），否则将承担相应的不利后果。申请人若主张被申请人的行为违反了《希腊—埃及 BIT》，应当对此承担举证责任。可以发现，在后续的补偿数额问题和减损义务问题上，仲裁庭都运用了举证责任规则进行处理。

本案中，申请人认为被申请人的第 195 号法令及后续行为构成《希腊—埃及 BIT》第 4 条中的征收，应当给予补偿。关于第 195 号法令是否构成征收的问题，正如仲裁庭指出，由于被申请人已经承认第 195 号法令至少剥夺了申请人根据许可所享有的 4 个月的权利，因此，双方当事人实际上并不存在争议，被申请人的行为构成间接征收。

相较而言,双方当事人的争议焦点主要集中在补偿数额问题上。首先,在利润损失方面,可以看出仲裁庭采取了相对保守的认定标准,其认为申请人的利润损失应当根据水泥供应合同所规定的最低数量进行计算,而不是基于与申请人的产能相对应的更高的数量进行计算。除了申请人所实际遭受的利润损失,仲裁庭还认为申请人还可就其遭受的机会损失获得补偿,前提是申请人能够提供证据证明自身所具体错失的缔约机会以及由此带来的损失。但是,在实践中,想要达到这一证明标准似乎并不容易。本案中,申请人也因为无法提出相应的证据而未能就机会损失获得补偿。有的观点认为,仲裁庭的观点是不符合逻辑的,实际上将利润损失和机会损失的构成要件相等同了,这将导致在实践中根本不可能证明机会损失的存在。其次,关于波塞冬号船,仲裁庭认为红海港务局在知晓申请人及其律师地址的情况下,未能直接就扣押和拍卖事项对其进行通知,而仅仅通知了苏伊士港口警察局长并在报纸上公告,违反了正当程序的要求,因而构成征收。在计算补偿数额时,仲裁庭基于自由裁量权,认为委托专家对波塞冬号船在拍卖时的价值进行评估的成本过高,因此决定基于本案现有证据进行酌定。但在酌定时,仲裁庭却直接将补偿数额确定为申请人主张的波塞冬号残值和被申请人主张的拍卖价格之间的平均值。虽然仲裁庭具有自由裁量权,但是这种对双方当事人主张的数额取平均值作为补偿数额的做法似乎缺乏充分的事实和法律依据,过于简单化和粗略化。最后,关于银行贷款、外籍员工赔偿和清算费用,仲裁庭认为其系投资者因商业风险遭受的损失,或者因东道国政府和法院遵循正当程序和非歧视性的行为遭受的损失,因此无法获得补偿。

(编写者:武汉大学国际法研究所2021级博士研究生　陈镜先)

梅赛尼斯公司
诉
美利坚合众国

仲裁案

案情概要

案名	梅赛尼斯公司诉美利坚合众国仲裁案
案件裁判来源	https://www.italaw.com/cases/683
案号	无
当事人	申请人:梅赛尼斯公司(加拿大)
	被申请人:美利坚合众国
行业	化学原料和化学制品制造业
仲裁机构和仲裁地	国际投资争端解决中心,美国华盛顿特区
仲裁依据	《北美自由贸易协定》
适用的仲裁规则	《联合国国际贸易法委员会仲裁规则》(1976 年)
仲裁庭组成	首席仲裁员:V. V. Veeder
	仲裁员:J. William F. Rowley
	仲裁员:W. Michael Reisman
日期	仲裁程序开始日期:1999 年 12 月 3 日
	最终裁决发布日期:2005 年 8 月 3 日
仲裁请求	(1)确认被申请人的行为违反了 NAFTA 第 1102 条国民待遇条款、第 1105 条公正和公平待遇和第 1110 条征收和赔偿条款的规定 (2)要求被申请人赔偿损失约 9.7 亿美元
核心争议点	被申请人是否违反 NAFTA 第 1102 条国民待遇、第 1105 条最低标准待遇和第 1110 条征收和补偿的规定
仲裁庭主要结论	(1)根据 NAFTA 第 11 章,仲裁庭不具有管辖权 (2)申请人根据第 1102 条、第 1105 条和第 1110 条提起的索赔不成立
裁决结果	支持东道国(一致裁决)
后续进展	无

Case Summary

Name of Case	Methanex Corporation v. United States of America
Web Page	https://www. italaw. com/cases/683
Case Number	None
Parties	Claimant:Methanex Corporation(Canadian)
	Respondent:United States of America
Industry	Chemical Raw Materials and Chemical Products Manufacturing
Administering Institution & Seat of Arbitration	ICSID;Washington D. C. ,USA
Basis for Arbitration	NAFTA
Rules Used in Arbitral Proceedings	UNCITRAL Arbitration Rules
Arbitrator(s)	Presiding Arbitrator:V. V. Veeder
	Arbitrator:J. William F. Rowley
	Arbitrator:W. Michael Reisman
Date	Date of Registered:3 December 1999
	Date of Award:3 August 2005
Relief Request	(1)Confirm that the Respondent's actions violated the provisions of NAFTA Article 1102 National Treatment, Article 1105 Fair and Equitable Treatment and Article 1110 Expropriation and compensation (2) The Respondent is required to compensate for losses of approximately USD 970 million
Key Issues	Whether the Respondent violates Articles 1102 National Treatment, 1105 Minimum Standard of Treatment and 1110 Expropriation and Compensation of NAFTA
Tribunal's Conclusions on Key Issues	(1)There was no jurisdiction under Chapter 11 to decide Methanex's claim (2)Methanex's claims under Article 1102,1105 and 1110 NAFTA fail on the merits
Award	In favour of State(Unanimous Verdict)
Follow-up Progress	None

一、案件事实

(一)投资事实

加拿大投资者在美国投资设立了梅赛尼斯公司(以下简称申请人),总部设在加拿大。申请人是全球最大的甲醇生产商和经销商。甲醇是甲基叔丁基醚的关键成分,甲基叔丁基醚是一种合成的、有挥发性的、无色的有机醚,具有松节油的味道和气味,可用于增加氧气含量并在无铅汽油中用作辛烷值增强剂。申请人没有生产或出售过甲基叔丁基醚。

(二)被诉行为

申请人曾就美国(以下简称被申请人)加利福尼亚州(以下简称加州)的四个立法案文提起控诉,它们分别是:

1. 1997 年《加利福尼亚法案》(The 1997 California Bill,又称 California Senate Bill 521,以下简称《1997 年法案》),尽管申请人在提交第二次申请修订书时把该法案从被诉行为中去除了,即在最终的诉求中申请人没有针对该法案进行索赔,但是该法案的第 2 条,第 3 条 e、f 款以及第 4 条与被申请人的争议行为高度相关。

2. 1999 年《加利福尼亚行政命令》(The 1999 California Executive Order,以下简称《1999 年命令》)是申请人控诉的第一项措施。《1999 年命令》记录了州长的证明:“总的来说,在加利福尼亚州的汽油中使用甲基叔丁基醚会对环境造成重大风险。”因此,加州能源委员会与加州空气资源委员会协商后决定:应在 1999 年 7 月 1 日—2002 年 12 月 31 日尽早从汽油中去除甲基叔丁基醚;加州空气资源委员会和州水资源控制委员会应对空气、地表水和地下水中的乙醇进行环境归宿和运输分析,环境健康危害评估办公室应准备分析汽油中乙醇对健康的危害;加州能源委员会应在 1999 年 12 月 31 日之前进行评估,并向州长和环境保护部部长报告加州废物基或其他生物质乙醇产业的发展潜力,如果发现乙醇可以替代甲基叔丁基醚,加州能源委员会将评估采取哪些步骤(如果有的话)在加州促进废物基或其他生物质乙醇的开发。《1999 年命令》还要求加州空气资源委员会制定法规,要求在汽油泵上突出显示含甲基叔丁基醚的汽油,以使消费者能够在他们希望购买的汽油类型上作出明智的选择。但是,《1997 年法案》和《1999 年命令》中都没有明确出现甲烷和甲醇。

3.《加利福尼亚法规》(The California Regulations,以下简称法规)是加州第三阶段重新制定的汽油法规。这是申请人控诉的第二项措施。法规要求含有甲基叔丁基醚的汽油泵在加州的标签如下:"包含甲基叔丁基醚。加利福尼亚州已确定使用这种化学物质会对环境构成重大风险。" 法规在 a 条第 1 款中规定:"从 2002 年 12 月 31 日开始,任何人不得出售、要约出售、供应或要约供应使用甲基叔丁基醚生产的加利福尼亚汽油。"法规也并未明确提及甲烷和甲醇。

4.《修正后的加利福尼亚法规》(The Amended California Regulations,以下简称修正案)明确禁止在加州使用甲醇作为含氧化合物。

(三)程序时间轴

· 1999 年 12 月 3 日,申请人向 ICSID 提起仲裁。

· 2000 年 5 月 18 日,仲裁庭成立。

· 2000 年 8 月 9 日,国际可持续发展研究所(IISD)[1]申请作为"法庭之友"(*amicus curiae*)就公众关注的重大法律问题向仲裁庭提交材料。

· 2000 年 10 月 13 日,更好环境社区(CBE)、地球岛蓝水网络研究所(Bluewater)和国际环境法中心(CIEL)[2]等组织作为"地球正义"(Earth Justice)组织的代表申请作为"法庭之友"提交材料。

· 2001 年 1 月,仲裁庭授权认可"法庭之友"提交的材料。

· 2001 年 2 月 12 日,申请人修改申请陈述,提交管辖权辩诉状(Counter-Memorial on Jurisdiction)。

· 2001 年 7 月,仲裁庭召开关于管辖权的庭审。

· 2002 年 8 月 7 日,仲裁庭作出部分裁定:根据 NAFTA 第 11 章,仲裁庭没有管辖权来决定申请人原案中提出的主张。

· 2002 年 10 月至 11 月,申请人先后提交了"首次要求补充证据的请求"(First Request for Additional Evidence)和"第二次修订的申请书"(Second Amended Statement of Claim),对仲裁请求作了重要修改。被申请人继续保持对管辖权的异议。

[1] IISD 是一个根据加拿大议会法案设立的加拿大国际非政府组织,其职责是促进地方、区域和国际政策和实践,以支持实现可持续发展。See IISD's Application for Amicus Standing, https://www.italaw.com/sites/default/files/case-documents/italaw9096.pdf, para 2.1, visited on 12 June 2020.

[2] CBE、Bluewater 和 CIEL 都是非政府环境和国际法组织。See Earth Justice's Application for Amicus Standing, https://www.italaw.com/sites/default/files/case-documents/italaw9097.pdf, paras 1-2.

· 2003 年 3 月，仲裁庭召开口头程序会议。

· 2003 年 6 月 2 日，仲裁庭决定不对被申请人提出的管辖权异议进行初步裁决。

· 2003 年 9 月 3 日，申请人反对被申请人的要求，认为被申请人依赖专家报告，而不是有关专家在起草报告时所依据的基本材料。

· 2004 年 3 月，仲裁庭授权申请人重新考虑第一部分裁决；IISD、Bluewater 等非政府组织申请以"法庭之友"身份加入仲裁。

· 2004 年 6 月，仲裁庭组织了庭审。

· 2005 年 8 月 3 日，仲裁庭就管辖权和案件实质问题作出最终裁定。

（四）仲裁请求

1. 申请人的仲裁请求

（1）确认被申请人违反了 NAFTA 第 1102 条。该条是国民待遇条款，其规定在投资的设立、收购、扩张、管理、计划的实施、经营以及销售或其他投资安排方面，每一缔约方给予另一缔约方的待遇，不得低于在类似情况下给予本国投资者的待遇。申请人认为，被申请人明确地拒绝给予包括申请人在内的外国甲醇生产商以其对国内乙醇生产商的最佳待遇，该措施违反了 NAFTA 第 1102 条。

（2）确认被申请人违反了 NAFTA 第 1105 条。该条是最低标准待遇条款，其规定每一缔约方应按照国际法给予另一缔约方的投资者和投资，公平和公正的待遇以及充分的保护和安全。申请人声称，被申请人的措施旨在歧视外国投资者及其投资，故意歧视的措施是不公平不公正的，因此违反了第 1105 条。

（3）确认被申请人违反了 NAFTA 第 1110 条。该条涉及征收和补偿，其规定任何缔约方都不能直接或间接地将另一方投资者在其境内的投资国有化或征收，或对上述投资作出等同于国有化或征收的行为。申请人认为其投资的很大一部分，包括其在加州和全美境内的含氧剂市场中的份额，均遭受了明显的歧视性措施，并移交给了被申请人国内乙醇行业。按照第 1110 条的简单语义解释，这种做法至少等于征收。

（4）申请人要求赔偿大约 9.7 亿美元。

2. 被申请人的答辩意见

（1）仲裁庭缺乏管辖权。被申请人认为，申请人未表明被申请人的措施与甲醇生产商或申请人有关，因此，根据 NAFTA 第 1101 条关于管辖范围的规定，仲裁庭缺乏管辖权。

(2)被申请人没有违反 NAFTA 相关规定。根据因果联系的标准,申请人不能证明被诉措施与申请人损失之间存在因果联系("近因",proximate causation),即申请人没能证明其声称的损害是由被申请人的措施造成的。

(3)请求仲裁庭驳回申请人索赔的仲裁请求并要求申请人承担被申请人的仲裁费用。申请人实际上根本没有可量化的损失,申请人未能确立对 Methanex-US 和 Methanex-Fortier[1] 的所有权;因此,仲裁庭也应驳回申请人的索赔要求,并承担相关费用。简言之,申请人并未提供其针对被申请人的请求所需的法律和证据负担的任何相关内容。

(五)仲裁庭结论

仲裁庭裁定:

(1)仲裁庭不具有裁决《1999 年命令》和法规实质内容的管辖权。

(2)仲裁庭不支持申请人根据第 1102 条提出的索赔。因为在不考虑因果关系的情况下,加州的甲基叔丁基醚禁令并未对国内外甲基叔丁基醚生产商进行区分;即使有因果关系,它也没有区别国内外甲醇生产商。仲裁庭裁定申请人根据 NAFTA 第 1105 条、第 1110 条提出的索赔不成立。法庭还裁定,第 1101 条的规定无助于认定被申请人违反了第 1105 条、第 1110 条。

(3)申请人承担所有的仲裁费用。

二、主要法律争议

(一)被申请人的行为是否违反了 NAFTA 第 1102 条国民待遇

1. 申请人的主张

(1)被申请人的措施违反了第 1102 条中对"类似情况"(like circumstances)的规定。第 1102 条不要求投资相同,只要求两个投资或投资者处于"类似情况"中。申请人认为其和其他甲醇生产商与美国国内乙醇生产商处于类似情况,它们都生产用于生产经配方的汽油的含氧化合物,并且都在含氧化合物市场中争夺客户。申请人称,使

---

[1] 即梅赛尼斯·福蒂尔公司(特拉华州)[Methanex Fortier Inc.(Delaware)],是根据美国特拉华州法律注册成立的公司。该公司间接拥有梅赛尼斯美国公司的所有股份。*Methanex Corporation v. United States of America*, UNCITRAL, Final Award of the Tribunal on Jurisdiction and Merits, Part Ⅱ-Chapter A Introduction, para 6.

用甲醇和乙醇的方式略有不同这一事实不会影响竞争关系的存在:例如综合炼油厂要购买甲醇或乙醇,在加州禁止甲基叔丁基醚之前这些炼油厂都需购买申请人的甲醇用于制造甲基叔丁基醚,而自法规禁止以来,炼油厂已转向使用乙醇。申请人认为乙醇的每一次销售都挤占了甲醇的销售空间,据此,甲基叔丁基醚的需求因为被申请人颁布法规等禁止措施而减少了。此外,申请人认为汽油搅拌机行业也具有直接竞争,因为汽油搅拌机所需的甲基叔丁基醚以前从甲基叔丁基醚生产商那里购买,并且经营汽油搅拌机的行业都需购买乙醇,又因为甲醇是乙醇的可替代商品,这将给甲基叔丁基醚生产商提供出售甲醇的机会。因此,申请人认为消费者在购买甲醇和购买乙醇之间有二元对立的选择。

此外,应用 GATT / WTO“相似产品”测试也可以得出乙醇和甲醇为“相似产品”的结论。根据 Ehlermann 博士法律意见中的测试,申请人强调甲醇和乙醇能够满足相同或相似的最终用途,并且消费者已经意识到并视甲醇和乙醇为替代品。申请人认为自己及其投资在加州没有得到与乙醇相同的待遇:因为加州已禁止在含氧化合物市场上使用甲基叔丁基醚和甲醇,并有效地使乙醇形成了垄断,这种歧视显然不合理,其真实目的也不是环境保护。

(2)被申请人的行为违反了 NAFTA 第 1102 条第 3 款关于对国内投资者及其投资给予同等情况下的最优惠待遇(most favourable treatment)的规定。被申请人采取的措施可能歧视了被申请人国内一些甲醇生产商及其投资,但不能以此为借口违反第 1102 条。

(3)申请人还主张被申请人负有举证责任,但是被申请人所陈述的事实并不能够证明其采取的措施是合理的:第一,被申请人没能证明立法案的颁布对于实现环境目标是必要的,即保护加利福尼亚的环境是必要的;第二,被申请人无法证明该措施是合理的;第三,被申请人没有证明对外国投资采取了最小的限制;第四,被申请人的措施没有构成对外国投资的变相限制。此外,申请人还主张,被申请人对国内乙醇产业的保护违反了 GATT 及 NAFTA 的有关贸易规定。

2. 被申请人的主张

被申请人没有违反 NAFTA 第 1102 条。甲醇不能与甲基叔丁基醚互换,在市场上不能与乙醇汽油中的含氧化合物竞争,甲醇和乙醇之间没有“二元选择”。被申请人还认为,作出禁止甲基叔丁基醚的决定完全是基于行政记录以及加州戴维斯大学

(UC)报告的建议和发现,没有歧视申请人的意图。

3. 仲裁庭的裁定

仲裁庭不支持申请人根据第1102条提出的索赔。因为不考虑因果关系的问题,加州的措施并未对国内外甲基叔丁基醚生产商进行区分;如果相关的话,它也没有区别国内外甲醇生产商。

(二)被申请人的行为是否违反了NAFTA第1105条最低标准待遇

1. 申请人的主张

申请人认为,被申请人的措施旨在歧视外国投资者及其投资,并且根据定义,故意歧视是不公平的。同时,被申请人对NAFTA第1102条的违反也确立了被申请人对1105条的违反。

FTC于2001年7月31日作出的关于"故意歧视不是对第1105条最低待遇标准的违反"的解释,只是所谓的对NAFTA第1105条的修订,而不是有效解释。因此,根据NAFTA第1131条第2款,FTC的解释对本案不具有约束力。该解释不能改变NAFTA对投资保护的本质,所以不应对程序造成实质性影响。

2. 被申请人的主张

被申请人认为FTC的解释对本案具有约束力,并且按其条款排除了违反第1102条也违反第1105条(或第11章的另一条如第1110条)的论点。即使无视FTC的解释,基于国籍的歧视也完全是根据第11029条规定的。此外,申请人并未证明存在禁止一国将国民与他国国民区别对待的习惯国际法规则。

3. 仲裁庭的裁定

仲裁庭支持被申请人的观点,即第1101条的规定与第1105条的规定无关,不支持申请人根据NAFTA第1105条提出的索赔。

(三)被申请人的措施是否违反了NAFTA第1110条关于征收和补偿的规定

1. 申请人的主张

申请人认为其投资的很大一部分,包括其在加州和全美境内含氧化合物市场中的份额,都遭受到了歧视性措施,并已移交给被申请人国内乙醇行业。这"等于"第1110条中的"征收"。申请人还提出,被申请人的措施已经满足了第1110条中列出的各种例外情况,即被申请人的措施无意为公共目的服务,不符合正当法律程序和第1105条的规定,且未支付任何赔偿金,因此被申请人违反了第1110条关于征收和补偿的规定。

2. 被申请人的主张

(1)申请人未能详细说明已进行了哪些投资,并且指称被申请人的措施不具有剥夺性,对申请人的在美投资产生负面影响的指控不能成立。

(2)被申请人认为,申请人从未证明其资产被没收,并且法规不具有征收性质。

3. 仲裁庭的裁定

仲裁庭不支持申请人根据 NAFTA 第 1110 条索赔。

(1)本案中不存在征收或蚕食性征收(间接征收的一种形式)。申请人的任何财产都没有通过一次或一系列行动被没收并转让给加州或其指定人,被申请人也没有"采取"措施。

(2)仲裁庭部分认同申请人的意见,即针对外国投资者的故意歧视性法规仅满足构成征收的"歧视性"条件,但不足以被认定为征收。根据一般国际法,针对公共目的的非歧视性法规是根据正当程序制定的,在对外国投资者或投资造成影响的情况下,除非东道国政府对当时的外国投资者作出了具体的承诺,以考虑政府将避免对此类投资的监管,否则为实现公共目的制定的法规对外国投资者或投资的影响不应被视为具有掠夺性和可补偿性。

三、简要评析

本案的投资东道国和外国投资者母国都是发达国家,是一个比较经典的国际投资争端仲裁案例,其中仲裁庭关于公平与公正待遇、东道国的公共利益、征收的认定和"法庭之友"制度等问题的处理具有事实上的先例作用。

公平与公正待遇问题是本案的核心争议点之一。仲裁庭对公平与公正待遇的解释非常谨慎,严格将待遇的内容同国民待遇、非歧视待遇、善意原则等内容区分开来,限定了公平与公正待遇标准的涵盖范围,进入了国际投资仲裁实践对公平与公正待遇的限制解释阶段。

针对东道国的公共利益和征收认定的问题,本案中,被申请人认为其措施的目的在于保护水资源,并且该措施不构成征收。仲裁庭基于一般国际法,认为如果针对公共目的的非歧视性法规是根据正当程序制定的,那么该法规对外国投资者或投资造成了不利影响的话,不能被认为是征收并且应当获得赔偿,除非东道国政府对当时的外国投资者作出了具体的承诺。仲裁庭裁决被申请人的措施不构成征收,最终驳回了申请人所有的仲裁请求,还命令申请人承担被申请人付出的律师费和仲裁费。这表明仲裁庭支持东道国合理的、正当的环境保护措施。

(编写者:武汉大学国际法研究所2019级博士研究生　张　渝)

联贸股份公司
诉
摩尔多瓦共和国海关监管部

仲裁案

案情概要

案名	联贸股份公司诉摩尔多瓦共和国海关监管部仲裁案
案件裁判来源	https://www.italaw.com/cases/628
案号	无
当事人	申请人:联贸股份公司
	被申请人:摩尔多瓦共和国海关监管部
行业	零售业
仲裁机构和仲裁地	无(临时仲裁),摩尔多瓦基希纳乌
仲裁依据	《美利坚合众国与摩尔多瓦共和国关于鼓励和互相保护投资的协定》
适用的仲裁规则	《联合国国际贸易法委员会仲裁规则》(1976年)
仲裁庭组成	首席仲裁员(斯德哥尔摩商会仲裁院指定):Jeffrey M. Hertzfeld
	仲裁员(申请人指定):Ion Buruiana
	仲裁员(斯德哥尔摩商会仲裁院指定):Ivan S. Zykin
日期	仲裁程序开始日期:1999年11月27日
	最终裁决发布日期:2002年4月18日
仲裁请求	申请人请求对间接征收进行及时、充分和有效的补偿
核心争议点	海关和税收制度的改变是否构成对申请人投资的征收
仲裁庭主要结论	《美利坚合众国与摩尔多瓦共和国关于鼓励和互相保护投资的协定》对征收的定义是广泛的,但即便如此,申请人亦未充分履行举证责任以证明征收行为存在,仲裁庭裁定摩尔多瓦正常修改税收法律和被申请人适用法律的行为均不构成征收
裁决结果	支持东道国(一致裁定)
后续进展	无

Case Summary

Name of Case	Link-Trading Joint Stock Company v. Department for Customs Control of the Republic of Moldova
Web Page	https://www.italaw.com/cases/628
Case Number	None
Parties	Claimant: Link-Trading Joint Stack Company
	Respondent: Department for Customs Control of the Republic of Moldova
Industry	Retailing
Administering Institution & Seat of Arbitration	Not applicable (ad hoc arbitration); Chisinau, Moldova
Basis for Arbitration	Treaty between the United States of America and the Republic of Moldova concerning the Encouragement and Reciprocal Protection of Investment
Rules Used in Arbitral Proceedings	UNCITRAL Arbitration Rules (1976)
Arbitrator(s)	Presiding Arbitrator (SCC's appointee): Jeffrey M. Hertzfeld
	Arbitrator (Claimant's appointee): Ion Buruiana
	Arbitrator (SCC's appointee): Ivan S. Zykin
Date	Date of Commencement of Proceeding: 27 November 1999
	Date of Issue of Final Award: 18 April 2002
Relief Request	The Claimant seeks prompt, adequate and effective compensation for the indirect expropriation of its investment
Key Issue	Whether the change of customs and tax regimes constitutes an expropriation of the Claimant's investment
Tribunal's Conclusions on Key Issue	The definition of expropriate under the Treaty between the United States of America and the Republic of Moldova concerning the Encouragement and Reciprocal Protection of Investment is broad, but even so, the Claimant did not fully fulfil its burden of proving the existence of expropriation. The Tribunal therefore held that neither the normal modification of the tax law of by Moldovan government nor its application by the Respondent constitute an expropriation
Award	In favour of State (Unanimous Verdict)
Follow-up Progress	None

一、案件事实

(一)投资事实

联贸股份公司(以下简称申请人)是 1996 年 7 月根据摩尔多瓦法律建立的美摩合资企业,其母公司是在美国设立的阿莱贸易有限公司。1996 年 11 月 15 日,申请人登记成为摩尔多瓦自由经济区(以下简称经济区)的居民企业,1997 年年初正式开始运营。其业务主要是将消费品进口到经济区,然后再转卖给其零售客户——主要是摩尔多瓦公民,供他们个人使用。

当时,根据《基希讷乌出口商业自由企业区法》(以下简称《第 625 号法律》),申请人将其货物进口至经济区是完全免除进口税和增值税的。而由于财政部《第 05/1-07/507 号法规》第 1 条第 1 款第 8 项规定,个人可以从经济区免税购买的数量和限制每年由《国家预算法》设立,因此,申请人的零售客户从经济区向摩尔多瓦境内进口这类货物仅部分免除税捐。根据《国家预算法》(1996 年),当年部分免除只适用于首笔本币等值于 600 美元的所购商品。

(二)被诉行为

此后,《国家预算法》(1997 年)将适用于申请人的零售客户免税金额由 600 美元降低至 400 美元,《国家预算法》(1998 年)再将其降至 250 美元,而 1998 年 7 月 16 日发布的《国家预算法(1998 年)修正案》(以下简称《1998 修正案》)则完全取消个人从经济区进口的 250 美元免税额。1998 年 8 月 8 日,摩尔多瓦海关(以下简称为被申请人)致函经济区行政机构,要求包括申请人在内的经济区居民企业作为国家税收代理人,把客户需要缴纳的进口税和增值税加到产品的价格中,然后再将相应税款汇给国家。申请人认为,海关和客户税收待遇的变化违反了政府给予申请人的 10 年税收稳定保证,实质性地剥夺了其业务,该措施无异于征收其投资而不给予补偿,违反了《美利坚合众国与摩尔多瓦共和国关于鼓励和互相保护投资的协定》(以下简称《美国—摩尔多瓦 BIT》)第 2 条、第 3 条、第 10 条的规定。而被申请人则认为这是在正常且恰当地行使国家管制权。

(三)程序时间轴

· 1999 年 11 月 5 日,申请人向被申请人正式提出索赔。

·1999 年 11 月 27 日,申请人根据《美国—摩尔多瓦 BIT》向被申请人送达仲裁通知,要求被申请人对间接征收进行赔偿。

·2000 年 8 月 30 日,被申请人提交答辩状,提出管辖权异议。

·2001 年 2 月 16 日,在当事各方均同意无须进行口头审理的前提下,仲裁庭就管辖权作出裁决。

·2001 年 7 月 12 日,申请人更改仲裁申请,提交新的索赔估价。

·2001 年 9 月 28 日,摩尔多瓦副总理代表被申请人请求仲裁庭在当事双方谈判完成前暂停仲裁程序。

·2001 年 10 月 22 日,申请人请求仲裁庭恢复仲裁。

·2002 年 4 月 18 日,仲裁庭最终在摩尔多瓦基希纳乌作出仲裁裁决。

(四)仲裁请求

1. 申请人最初的仲裁请求

申请人最初的仲裁请求如下:

(1)请求裁定申请人在经营活动存续期间享有销售商品免征关税和财产税的权利;

(2)裁定从申请人购买商品进口到摩尔多瓦境内的个人享有免征 600 美元关税和财产税的权利;

(3)裁定被申请人侵犯以上权利;

(4)将被申请人侵犯公司和其他个人权利的行为认定为征收;

(5)责令被申请人赔偿申请人受到的损害和遭受的 3,458,813.25 美元利润损失。

2. 申请人修改后的仲裁请求

申请人修改后的仲裁请求如下:

(1)请求仲裁庭确认被申请人给予阿莱贸易有限公司的投资待遇构成《美国—摩尔多瓦 BIT》第 3 条规定的应当给予补偿的征收;

(2)确认被申请人给予申请人的待遇违反《美国—摩尔多瓦 BIT》第 2 条第 3 款包含的国际法待遇标准;

(3)若被申请人确实违反《美国—摩尔多瓦 BIT》,确定适当的补偿金额。

3. 被申请人的答辩意见

在答辩状中,被申请人反对仲裁庭的管辖权,对争议的事实提出异议,否认其应承担责任,并请求仲裁庭裁判和宣布:

(1)申请人没有提出任何可归因于摩尔多瓦征收行为的初步证据,仲裁庭对其索赔不具有管辖权;

(2)在《美国—摩尔多瓦 BIT》第 3 条意义范围内,没有发生征收行为,或征收行为不能归咎于摩尔多瓦;

(3)没有发生违反《美国—摩尔多瓦 BIT》第 2 条第 3 款规定的国际法待遇标准的行为,或违反国际法待遇标准不可归咎于摩尔多瓦;

(4)驳回申请人的仲裁请求;

(5)申请人应支付摩尔多瓦参与仲裁所花费的费用和仲裁庭的费用。

(五)仲裁庭结论

仲裁庭裁定:

(1)被申请人没有侵犯申请人在《美国—摩尔多瓦 BIT》第 3 条和第 10 条项下的权利,也没有违反第 2 条规定的国际待遇标准。

(2)仲裁庭对申请人没有管辖权,不对其权利和义务作出任何裁定。

(3)驳回申请人的仲裁请求,拒绝包括利润损失在内的损害赔偿请求。

(4)责令申请人向被申请人支付其合理的仲裁费用 22,500 美元。

(5)责令申请人承担仲裁庭费用,被申请人对此承担连带责任,仲裁费用具体如下:首席仲裁员 53,374 美元、仲裁员 Ion V. Buruiana 32,353 美元和仲裁员 Ivan S. Zykin 34,273 美元的费用。

二、主要法律争议

(一)仲裁庭对本案是否具有管辖权

1. 被申请人的主张

被申请人提出八条管辖权异议,认为:(1)申请人和被申请人没有达成仲裁协议;(2)应当邀请摩尔多瓦政府和财政部加入仲裁;(3)根据《美国—摩尔多瓦 BIT》第 1 条第 2 款,摩尔多瓦有权拒绝任何公司通过 BIT 获得的利益;(4)根据《第 625 号法律》第 7 条,在法律发生不利变化的情况下,申请人仅能向基希讷乌议会求援;(5)根据《美国—摩尔多瓦 BIT》条款,申请人有权寻求摩尔多瓦或美国的司法或行政当局对其索赔进行审查,而不是国际法庭;(6)申请人没有经过《美国—摩尔多瓦 BIT》第 6 条第 3 款要求的 6 个月等待期就提起仲裁;(7)申请人的仲裁通知有瑕疵,它没有提及作为争议基础的合同,或没有对《UNCITRAL 仲裁规则》要求的仲裁员人数进行提议;(8)根据《美国—摩尔多瓦 BIT》,申请人的索赔不构成征收。

被申请人还补充提出,申请人在 2000 年 3 月 1 日已不复存在,影响申请人依据条约提起仲裁的资格。

2. 仲裁庭的裁定

仲裁庭依次对被申请人的主张进行分析:

(1)申请人提起仲裁的依据是《美国—摩尔多瓦 BIT》的同意仲裁条款,根据第 6 条第 8 款,在摩尔多瓦合法成立但受美资控股的美摩合资企业是本案适格的申请人;摩尔多瓦在该条款规定的条件成立的基础上同意仲裁,虽然申请人起诉的是海关部门,但实际被诉的其实是摩尔多瓦政府,而被申请人并未对其处于被申请人这一地位提出异议,因此是本案适格的被申请人。

(2)仲裁庭无权要求第三人参加仲裁,但既然被申请人如此请求,申请人也不反对,仲裁庭同意摩尔多瓦政府和财政部作为被申请人一方追加的派生机构参加仲裁。

(3)由于没有证据表明本案存在第 1 条第 2 款规定的利益拒绝的情况,仲裁庭认为没有理由拒绝申请人在《美国—摩尔多瓦 BIT》下获得的利益。

(4)《美国—摩尔多瓦 BIT》没有规定在提起仲裁前必须用尽当地救济。

(5)《美国—摩尔多瓦 BIT》第 6 条第 2 款赋予投资者选择向一国司法或行政当局寻求争议解决的权利,而非义务,这并未剥夺其选择仲裁的权利。

(6)《美国—摩尔多瓦 BIT》第 6 条第 3 款要求仲裁提起的 6 个月等待期是“自争议发生之日起”算,而申请人向被申请人正式提出索赔表明争议已达顶峰,并非刚开始,双方争议的产生至少可以追溯到 1998 年 8 月,被申请人告知经济区行政机构取消关税豁免的新法即将实施,而后者在 9 月至 11 月不断向申请人施压。仲裁庭认为等待期的目的是鼓励在仲裁开始前解决争端,因此对其作限制性解释。

(7)仲裁通知并无瑕疵。第一,根据《UNCITRAL 仲裁规则》第 3 条第 3 款 d 项,仲裁通知应“指明引起争议的或与争议有关的任何合同或其他法律文书,无此类合同或文书的,简单说明相关关系”,在本案中,《美国—摩尔多瓦 BIT》足以构成争端产生的基础，仲裁通知恰当且充分。第二，申请人推荐一名仲裁员人选而被申请人未置可否，根据《UNCITRAL 仲裁规则》第 5 条，如果双方未就独任仲裁庭达成一致，仲裁庭应由三人组成；而后被申请人又未按期指定仲裁员，经斯德哥尔摩商会仲裁院任命两名仲裁员后，仲裁庭组成合规。

（8）仲裁庭认为，被申请人采取的措施是否构成征收同时涉及管辖问题和实体问题，既然被申请人将其作为初步问题提出，那么仲裁庭便要将管辖权要素从实质性要素中剥离出来单独分析。据此，仲裁庭只需判断本案是否满足《美国—摩尔多瓦 BIT》项下征收诉由的构成要件，而无须确定申请人是否满足事实举证责任。仲裁庭注意到，《美国—摩尔多瓦 BIT》允许在投资争议中提出征收索赔，且申请人作为受美国控制的摩尔多瓦公司，可被视为美国公司。此外，仲裁庭将《美国—摩尔多瓦 BIT》第 10 条第 2 款 a 项中的"征税"扩大解释为包括关税和国家税收权力范围内以其他形式增加财政收入的事项，认为如果征税事项会导致对投资的征收，那么该征税事项可以仲裁。《美国—摩尔多瓦 BIT》不禁止征收行为，只是要求在进行征收时遵守第 3 条的相关规定（该条第 1 款规定了什么是征收以及征收赔偿的标准）。仲裁庭认为关键的问题在于什么构成间接征收，但《美国—摩尔多瓦 BIT》没有提供相关指引，于是仲裁庭转向国际法和惯例，认为如果申请人的主张（享受 10 年税收和关税稳定，且该权利受到侵犯）证明属实，确实存在将此界定为间接征收的国际先例。但是，在立法发生重大变化的情况下，即使政府没有明确保证税收稳定，东道国改变立法的行为也可能构成间接征收，只是有时候很难区分非没收性赋税（non-confiscatory regulation）和间接征收的界限。总之，并非每一项立法的变更都构成间接征收，构成征收应由申请人承担举证责任，据此，仲裁庭认为申请人已就间接征收提出了表面的主张，具有可仲裁性。

（9）申请人不复存在一事与本案无关，投资争议在此之前已经产生。

基于以上论证，仲裁庭一致认为对本案具有对人（根据第 6 条第 8 款）和对物（根据第 3 条和第 10 条第 2 款）管辖权。

（二）其他程序争议

针对申请人修改后新提出的仲裁请求，仲裁庭逐一作出裁定：第一，阿莱贸易有限公司不是本案当事人，仲裁庭无管辖权，同时，申请人提出新诉求不等于放弃对征收的索赔。第二，尽管仲裁庭对本案的管辖权明确限于《美国—摩尔多瓦 BIT》第 3 条和第

10条的范围,但第3条征收条款参考了第2条第3款的待遇标准,仲裁庭有权在征收索赔分析中评估被申请人是否违反这些标准。第三,申请人没有充分证明重新计算索赔金额的正当性。

针对双方均提及的合同和请求时效问题,仲裁庭认为:第一,申请人未就违反合同提出索赔,仲裁庭也无权就当事人是否遵守合同作出裁定。第二,本案系根据条约而非合同提起的仲裁,而《美国—摩尔多瓦BIT》没有规定可适用的时效期间,因此不存在时效已过问题。

(三)实体争议:改变税收法律是否构成征收

1. 申请人的主张

申请人宣称,当年在经济区投资时,摩尔多瓦法律保证其在10年内不受海关和税务条例不利变化的影响,而后《1998修正案》对摩尔多瓦公民出国旅游归来时进口的货物实行新的定量免税制度,但却不适用于其公民在经济区的零售采购。申请人主张该法不公平、不公正、专制且歧视,剥夺了其业务,该法的性质及其实施无异于征收,违反《美国—摩尔多瓦BIT》第2条第3款和第3条。

2. 仲裁庭的裁定

仲裁庭认为,并非所有财政措施都构成征收,只有滥用财政措施,即不公平、不公正地对待投资,要么采取在性质上或执行方式上专制或歧视性的措施,要么措施违反国家对投资所承担的义务,才有可能构成征收。仲裁庭承认国家享有税收主权,认为申请人应就国家滥用税收权力(行为)和产生等同于征收的后果(结果)承担举证责任。在仲裁庭看来,大部分国家的进口政策都是一年一变,具有普适性,并非针对个人。况且在本案中,摩尔多瓦多年来都一直在减少进口零售商品的免税额,没有证据表明申请人比经济区或摩尔多瓦其他地区的零售商受到更差的待遇,甚至比起后者,申请人还额外享受经济区内居民的所得税特别减免待遇,处于更优地位。因此,尽管摩尔多瓦政府新的税收政策于申请人不利,但不具有滥用、专制或歧视的性质,没有将申请人置于比其他任何类别或国籍的零售商更糟的竞争环境。

(四)减少或取消税收豁免是否违反授予申请人的权利或条约创设的义务

1. 申请人的主张

申请人援引三部法律以主张其对于10年期税收稳定承诺具有合理信赖:其一,根据《第625号法律》第5条、第6条、第7条,申请人认为经济区允许商品零售,而"最终消费”就是指零售,因此买方应被视为享有与其所购商品的销售相关的税收豁免权利。其二,申请人严重依赖《第05/1-07/507号法规》第1条第1款第8项前半段所规定的非创业活动主体的个人可以从经济区免税带走商品,以此证明《第625号法律》中的10年期税收稳定条款延伸适用于其客户的部分豁免。其三,《外商投资法》第43条第1款规定,自新法生效起10年内,外商投资企业有权继续按照公司成立时有效的法律行事,即新法的过渡期为10年。

专家意见亦指出,减少或取消税收豁免违反《第625号法律》第7条和《外商投资法》第43条第1款规定的为期10年的税收稳定义务。

2. 仲裁庭的裁定

仲裁庭承认,尽管税收措施本身并不带有专制性或歧视性,但当应用这些税收措施违反国家对投资者事先作出的承诺时,该措施也可能构成征收。在本案中,如果适用《1998修正案》,会违反《美国—摩尔多瓦BIT》第2条第3款规定的待遇义务,那么根据第3条进行的征收则不被协定允许。就此,仲裁庭分别对申请人所依据的三个稳定条款进行分析:

《第625号法律》第7条:稳定条款仅适用于该法第5条(海关制度)和第6条(税收体制)已经预见的税收豁免。申请人没有主张其商品属于第5条第2款b项至e项规定的从经济区免税出口的情形,而是主张属于a项规定的为了“最终消费”目的将商品免税进口到经济区。而即使认为“最终消费”包括零售销售,a项也未明确表示此种情况下的商品出口同样享受关税豁免。况且,a项规定的是完全豁免而非部分豁免,如果申请人的客户确实是该条项下的受益人,那么能享受到的就不仅是600美元的豁免。此外,第5条第4款明确规定,将进口的商品零部件加工后出口,零部件的成本亦应完税,举轻以明重,进口后直接出口销售似乎更应缴付税费。何况第3条仅授权在经济区开展零售业务,其余激励机制亦是用于吸引外商在经济区投资。第6条第7款a项下享受关税豁免的商品与第5条第2款b项至e项规定的一致,而申请人没有主张其商品属于此类。

《第05/1-07/507号法规》第1条第1款第8项:该条明确提及其立法依据是《国家预算法》而非《第625号法律》,且关税和增值税的豁免数额和限制系由前者每年设定。

《外商投资法》第43条第1款:由于第43条第2款明确规定了适用第43条第1

款的例外,即不延伸适用于海关和税收问题,因此该稳定条款不适用于本案。

基于以上论证,仲裁庭认为摩尔多瓦无须对申请人承担任何维持海关和税收制度不变的特定义务。

(五)本案被诉行为与申请人所受损失有无直接因果关系

申请人宣称,正是由于其客户享有的免税待遇被取消,商品价格平均上涨44%,才导致其失去市场竞争力,生意失败。被申请人则认为申请人生意下滑是因为1998年8月本币贬值100%,而其生意涉及销售以美元计价的进口商品。

仲裁庭认为,《美国—摩尔多瓦BIT》将"征收"的概念扩展至包括"蚕食"或"间接"征收,申请人负有证明本案被诉行为与其业务被剥夺之间存在因果关系的举证责任。相关证据显示:1998年9月—1999年9月,申请人的销量持续增长,只是增长率逐渐降低;本币兑换美元的汇率在1998年1—8月大致稳定,从9月到次年1月才急剧下跌。据此,仲裁庭认为没有充分的证据能够证明税收措施是申请人遭受损失的根本原因,而非货币贬值。仲裁庭考虑到,尽管新税收措施可能会对申请人造成损害,但这不足以构成征收,否则此概念将是无限制的,申请人应当证明更为直接和必然的因果关系。

至此,由于征收不成立,仲裁庭自然不必再考虑补偿金额的问题。

三、简要评析

本案是摩尔多瓦作为被申请人的第一起双边投资条约下的国际投资仲裁案件,以胜诉告终,是早期间接征收索赔案件中仲裁庭努力争取国家规制权的例证。[1] 本案仲裁庭就管辖权问题和案件事实问题先后作出两份裁决,在程序和实体方面均有值得关注的地方。

(一)程序方面

其一,本案的仲裁庭组成除一名仲裁员由申请人在仲裁通知中明确指定外,另一名仲裁员和首席仲裁员均由斯德哥尔摩商会仲裁院(SCC)指定。SCC成立于1917

---

[1] Vladislav Djanic, *Looking Back: In its First Known BIT Case, Moldova Defeated an Indirect Expropriation Claim, as the UNCITRAL Tribunal Hearing the Dispute Weighted in on the State's Right to Regulate*, available at https://www.iareporter.com/articles/loking-back-in-its-first-known-bit-case-moldova-defeated-an-indirect-expropriation-claim-as-the-uncitral-Tribunal-hearing-the-dispute-weighed-in-on-the-states-right-to-regulate/, visited on 19 May 2020.

年，是斯德哥尔摩商会的常设仲裁机构，目前是全球第二大投资争议解决机构。在当事人未指定仲裁员时，仲裁机构作出指定的方式有两种，即根据SCC规则和临时仲裁规则（包括《UNCITRAL仲裁规则》）进行指定，本案属于后者，而之所以SCC在此情况下介入是因为常设仲裁法院（PCA）要求SCC履行指定职责。SCC在代表违约国指定国家一方的仲裁员时较ICSID行政委员会主席享有更为广泛的自由权，其仲裁规则第17条第7款提供了一些引导准则。由于相关信息难以获取，目前，已知的SCC作为指定机构的案件仅有14起。

其二，本案仲裁庭在双方当事人均同意的情况下，没有组织开庭进行口头审理，而是采取书面审理方式径行作出管辖裁决。尽管代表申请人和阿莱贸易有限公司的法律顾问在后续的实体审理阶段又请求仲裁庭进行口头审理，但仲裁庭认为，此前申请人已经明确拒绝就案情进行口头审理，并且此时进行口头审理也无助于案件审理。最终，该案成为一个罕见的仅以书面意见书为依据的投资条约案例。口头审理能够给予仲裁双方更充分的机会进行事实陈述和意见表达，对案件的审理有积极的帮助，因此，仲裁双方都不宜放弃口头审理这一正面对抗的机会。

（二）实体方面

征收的本质其实是侵权，而在一般的侵权案件中，主张侵权的一方应对侵权行为和损害结果以及行为和结果之间存在因果关系承担证明责任。在本案中，申请人主张被申请人对其投资实施间接征收，须证明摩尔多瓦税法的变化构成征收、申请人的业务遭受损失以及二者存在直接因果关系。申请人未能将以上事实证明到能够说服仲裁庭的地步，因此最终承担举证不能的后果，即败诉。可见，为了更好地维护自身权益，提高胜诉可能，申请人在仲裁程序中应当积极地对所主张的事实进行全面举证。

（编写者：武汉大学国际法研究所2019级博士研究生　刘嫡琬）

劳德
诉
捷克共和国

仲裁案

案情概要

案名	劳德诉捷克共和国仲裁案
案件裁判来源	https://www.italaw.com/cases/610
案号	IIC 205(2001)(OUP reference)
当事人	申请人:Ronald S. Lauder
	被申请人:捷克共和国
行业	电信、广播电视和卫星传输服务
仲裁机构和仲裁地	无(临时仲裁),英国伦敦
仲裁依据	《捷克共和国与美利坚合众国关于鼓励和相互保护投资协定》(1991年)
适用的仲裁规则	《联合国国际贸易法仲裁规则》(1976年)
仲裁庭组成	首席仲裁员:Wolfgang Kühn
	仲裁员(申请人指定):Lloyd N. Cutler
	仲裁员(被申请人指定):Bohuslav Klein
日期	仲裁程序开始日期:1999年3月16日
	最终裁决发布日期:2001年9月3日
仲裁请求	申请人请求捷克共和国赔偿其损失
核心争议点	相同情形下在不同投资仲裁庭和国内法院提起仲裁或诉讼程序,并且在不同法庭寻求同一救济是否违反未决诉讼原则或构成程序滥用
仲裁庭主要结论	仲裁庭认为两个仲裁程序中的诉因并不相同,因为各仲裁诉请都是根据不同的投资条约所提出的。此外,鉴于其他法院和仲裁涉及的当事方与诉讼理由各不相同,被诉方所援用的未决诉讼原则就毫无用处可言,且不构成程序滥用
裁决结果	既不支持投资者也不支持东道国(认定东道国有责任,但不承担损害赔偿)
后续进展	无后续进展

Case Summary

Name of Case	Ronald S. Lauder v. Czech Republic	
Web Page	https://www.italaw.com/cases/610	
Case Number	IIC 205(2001)(OUP reference)	
Parties	Claimant: Parties: Ronald S. Lauder	
	Respondent: Czech Republic	
Industry	Telecommunications, Radio and Television and Satellite Transmission Services	
Administering Institution & Seat of Arbitration	Not applicable (ad hoc arbitration), London	
Basis for Arbitration	Treaty between the United States of America and the Czech and Slovak Federal Republic concerning the Reciprocal Encouragement and Protection of Investment(1991)	
Rules Used in Arbitral Proceedings	UNCITRAL Arbitration Rules(1976)	
Arbitrator(s)	Presiding Arbitrator: Wolfgang Kühn	
	Arbitrator(Claimant's appointee): Lloyd N. Cutler	
	Arbitrator(Respondent's appointee): Bohuslav Klein	
Date	Date of Commencement of Proceeding: 16 March 1999	
	Date of Issue of Final Award: 3 September 2001	
Relief Request	The Claimant seeks for the remedy for the injury that it suffered	
Key Issue	Whether the submission of a dispute that arose out of the same circumstances before different Arbitral Tribunals and state courts, and the seeking of the same remedies in different fora deprive a Tribunal of jurisdiction pursuant to the provisions of the applicable treaty or principles of *lis alibi pendens* or abuse of process	
Tribunal's Conclusions on Key Issue	The Tribunal considered that the Respondent's recourse to the principle of *lis alibi pendens* to be of no use, since all the other court and arbitration proceedings involve different parties and different causes of action. And the Tribunal did not see any abuse of process by the Claimant's pursuit of his claim in the present proceedings and by CME's pursuit of its claim in the parallel arbitration proceedings	
Award	Neither Investor nor the State(liability found but no damages awarded)	
Follow-up Progress	None	

一、案件事实

(一)投资事实

1992年8月27日,捷克公司CET 21向捷克传媒委员会递交许可证申请。CET 21此前与美国公民劳德(以下简称申请人)设立的德国公司CEDC开展投资洽谈,CEDC打算以购买CET 21股份的形式参与合作,所以在许可证申请过程中,CET 21表明CEDC是CET 21申请许可证的合作伙伴。

捷克传媒委员会对外国投资者直接投资国家广播许可持有者表示担忧,因此反对CEDC直接持有CET 21公司的股份。1993年5月4日,CET 21、CEDC与捷克储蓄银行(以下简称CSB)签署《合作与投资协议备忘录》(MoA,以下简称《备忘录》),成立一家捷克公司CNTS对电视台进行管理。传媒委员会最终向CET 21颁发了许可证,但要求CET 21和CEDC之间任何法律关系的改变都必须提交捷克传媒委员会批准。Zelezny是CET 21公司与新成立的CNTS公司的最高负责人。CNTS公司新开播的TV Nova电视台颇受欢迎,收益率也非常高。1996—1997年,在捷克传媒委员会的要求下,相关公司对它们的关系重新安排以满足新《传媒法》的要求,最终协议规定CET 21是广播许可的持有者和电视广播的经营者,CNTS获得独享地使用、维护与广播许可相关的技术并以此为该公司获利的权利。1997年CEDC的继承者CME公司(也由申请人实际控制)获得了CNTS公司99%的股权。

(二)被诉行为

1996年,捷克共和国《传媒法》修改生效。该法进行了两方面修改:第一,捷克传媒委员会在决定批准一项广播许可申请时,不得在许可中纳入条件项;第二,新法对“广播者”一词作了更为狭窄的定义,规定其必须是广播许可的被授予对象。法律被修订后,CET 21公司被要求去掉其广播许可证中的第17项内容,该项内容为允许广播许可持有者与广播运营商在管理结构上分离。1996年捷克共和国传媒委员会针对CNTS公司的未获授权经营广播活动的行为提起了行政诉讼。

1999年,Zelezny以CET 21的名义致函捷克传媒委员会,要求其就界定CET 21与CNTS之间的关系发表一份声明。1999年3月15日,捷克传媒委员会向CET 21致函,其中特别指出广播运营商与服务机构之间的非排他性。1999年8月5日,CET

21 公司因 CNTS 公司未向其提交其为第二天广播所准备的日志,而解除了其与 CNTS 公司的合同关系。

1999 年 8 月 19 日,申请人根据《捷克共和国与美利坚合众国关于鼓励和相互保护投资协定》(1991)(以下简称《捷克—美国 BIT》)第 6 条提起投资仲裁,要求捷克共和国赔偿损失。投资者主张,捷克共和国政府已违反了《捷克—美国 BIT》第 2 条和第 3 条的规定。除本投资仲裁外,在 CNTS、CME 和申请人一方与 CET 21 和 Zelezny 作为另一方之间的争端,尚有其他法院诉讼程序和仲裁程序:CME 基于《捷克共和国与荷兰的双边投资协定》对捷克共和国提起了联合国国际贸易法委员会(UNCITRAL)的平行仲裁、CME 向 Zelezny 提起了国际商会(ICC)仲裁程序,以及在捷克共和国国内法院,主要由 CNTS 与 CET 21 作为相对方,产生了许多纠纷。

(三)程序时间轴

· 1999 年 8 月 19 日,本案仲裁申请人向捷克共和国(以下简称被申请人)发出通知,依据《捷克—美国 BIT》第 6 条、《UNCITRAL 仲裁规则》第 5 条提起仲裁,仲裁庭随即组成。

· 2000 年 1 月 13 日,被申请人提交反对陈述,反对仲裁庭对申请人仲裁请求的管辖权。

· 2000 年 3 月 17 日,在伦敦举行了听证会。

· 2000 年 6 月 30 日,仲裁申请人提交诉状。

· 2000 年 10 月 16 日,被申请人提交答辩状。

· 2000 年 12 月 8 日,仲裁申请人提交答辩回复状(Reply Memorial)。

· 2001 年 1 月 31 日,被申请人提交了再答辩状(Sur-Reply)。

· 2001 年 3 月 5—13 日,仲裁庭在伦敦举行了听证会。3 月 30 日,仲裁申请人提交了总结陈述,被申请人提交了最后声明。

· 2001 年 9 月 3 日,仲裁庭在英国伦敦作出最终仲裁裁决。

(四)仲裁请求

1. 申请人的仲裁请求

(1)请求裁定被申请人违反了《捷克—美国 BIT》下列规定:

①对投资提供公平公正待遇的义务(第 2 条第 2 款 a 项);

②对投资提供充分保护和安全保障(第 2 条第 2 款 a 项);

③至少符合国际法原则对待投资的义务(第2条第2款a项);

④禁止以任意性和歧视性的措施损害投资的义务(第2条第2款b项);

⑤禁止对投资直接或间接征收(第3条)。

(2)请求被申请人支付损害赔偿。

(3)请求裁定被申请人支付申请人与仲裁有关的所有费用和支出。

2. 被申请人的反对意见

(1)反对仲裁庭对申请人仲裁请求的管辖权,认为不存在《捷克—美国BIT》下的“投资争端”,以及申请人的仲裁通知是违法的,以此为由主张撤销申请人提起的仲裁;

(2)请求撤销申请人仲裁请求,因为这属于程序滥用,缺乏可受理性(lack of admissibility);

(3)请求撤销申请人的仲裁请求,因为被申请人未违反《捷克—美国BIT》上述规定;

(4)请求撤销申请人的仲裁请求,因为申请人所称损失并非违反《捷克—美国BIT》的直接和可预见的结果,申请人无权得到赔偿;

(5)请求申请人承担与仲裁程序相关的费用并且承担被申请人其他合理支出费用。

(五)仲裁庭结论

仲裁庭裁定:

(1)裁定仲裁庭对本案具有管辖权;

(2)裁定被申请人违反了禁止采取任意和歧视性措施的义务,因为1993年冬季,其改变了为仲裁申请人和广大公众所知的原有立场即允许仲裁申请人在广播许可证持有人CET 21进行股权投资,而要求申请人只能通过设立合资企业的方式参与投资;

(3)裁定驳回申请人其他关于被申请人违反《捷克—美国BIT》的主张,并且裁定驳回申请人所有的损害赔偿请求;

(4)对于仲裁庭501,370.20美元的费用和开支,裁定当事方各承担一半;

(5)对于伦敦听证会的直接费用,裁定由当事方各承担一半;

(6)裁定当事各方应负担自己的诉讼代表和支持费用,包括各当事人的证人的旅途费和其他开支;

(7)裁定驳回其他所有诉请。

二、主要法律争议

(一)仲裁庭对本案是否具有管辖权

1. 关于同一争端被提交国内法院和其他仲裁庭的问题

(1)被申请人的主张

被申请人主张当同一争端在提交给被申请人国内法院和其他仲裁庭之后,《捷克—美国 BIT》第 6 条第 3 款 a 项排除了申请人再提起仲裁时仲裁庭的管辖权。

(2)申请人的主张

申请人主张当前仲裁程序系处理被申请人违反《捷克—美国 BIT》义务的唯一程序,第 6 条第 3 款 a 项规定的未决诉讼原则有限抗辩的要件并未满足。[1]

(3)仲裁庭的裁定

仲裁庭认为《捷克—美国 BIT》第 6 条第 3 款 a 项中的"争端"与该条第 1 款中的"投资争端"含义相同,申请人主张系第 6 条项下的"争端"。该条旨在避免相同申请人对相同被申请人针对同一投资争端,在不同仲裁庭或不同国内法院提起投资仲裁或诉讼。基于《捷克—美国 BIT》发生的申请人和被申请人之间的投资争端,在提起本投资仲裁之前或之后并未在其他法院或仲裁庭发起争端解决程序。被申请人所称之其他仲裁或法院诉讼程序均涉及不同当事人,处理不同的投资争端。具体而言,被申请人国内法院诉讼当事人一方是 CNTS 或其他 CME 公司,另一方是 CET 21 或 Zelezny,均不涉及本仲裁当事方;CME 公司和 Zelezny 在 ICC 的仲裁系针对 1997 年 8 月 11 日的股权转让协议;而 CME 和被申请人在 UNCITRAL 的平行仲裁(以下简称斯德哥尔摩仲裁[2])系基于捷克共和国与荷兰的双边投资协定。因此,仲裁庭认为第 6 条第 3 款 a 项不能排除其行使管辖权。

2. 关于在不同法庭寻求同一救济的问题

(1)被申请人的主张

仲裁被申请人主张,申请人不能通过不同的争端解决程序寻求同一救济。其认为申请人在国内法院或仲裁庭寻求合同救济后就不应同时寻求投资协定下的救济,在国

[1] 《捷克—美国 BIT》第 6 条第 3 款 a 项规定:"只要满足以下条件,一旦有关国民或公司同意,争端的任何一方均可提起此项诉讼:(ⅰ)该国民或公司尚未提交任何先前商定的争端解决程序;以及(ⅱ)有关国民或公司尚未将争端提交当事一方所在法院、行政法庭或主管机构。"

[2] 参见本书案例 39。

内法院作出最终裁决前申请人也不能提起仲裁。此外,申请人提起投资仲裁会剥夺被申请人在国内法院答辩的机会,多种程序会造成裁决结果的不一致,这也是未决诉讼原则想要避免的问题。被申请人还主张多重程序会导致程序滥用,在不同仲裁庭之间明显存在发生裁决结果冲突的风险,以至于仲裁庭和法院无法保障实现正义和树立权威。然而,仲裁申请人主张本案不适用未决诉讼原则,因为其他法院或仲裁庭涉及的是不同当事人和不同的诉由。但若 CNTS 在被申请人国内法院能获得赔偿,则在本案获得的损害赔偿金额可能会减少。

(2)仲裁庭的裁定

仲裁庭认为被申请人所主张的未决诉讼原则不具相关性,因为其他法院或仲裁程序涉及不同当事人和不同诉由。因此,就本仲裁庭关于被申请人有无违反《捷克—美国 BIT》及是否应赔偿申请人的损失将作出的裁决,其他法院或仲裁庭无法作出相似或不一致裁决。唯一的风险是如仲裁申请人所述,即多个法院或仲裁庭可能会同时判令损害赔偿,在这种情况下,后续裁决的法院或仲裁庭可以考虑到该情形以决定最终金额。

仲裁庭认为基于捷克共和国与荷兰的双边投资协定,CME 公司对被申请人所提起的仲裁,仲裁庭可能作出不一致的裁定,且两仲裁程序中申请人不同,申请人提起的当前仲裁程序早于 CME 所提起的仲裁程序,而且是被申请人自己不同意两程序合并审理。

最后,仲裁庭认为申请人及其控制的公司所提起多个争端解决程序并不构成程序滥用。即使程序滥用原则可适用,本仲裁庭也是唯一基于《捷克—美国 BIT》审理申请人诉请的,多个平行程序的存在并不会影响仲裁庭的效率和权威,也不会削弱当事方的权利。相反,本仲裁是唯一能够保护投资协定下双方权利的方式。因此,仲裁庭主张在不同法庭寻求同一救济不会排除其管辖权。

3. 关于程序滥用的问题

(1)被申请人的主张

仲裁被申请人主张申请人滥用程序,因为其在投资协定下提起本仲裁,同时又通过 CME 提起平行仲裁,并仲裁申请人并未初步证明被申请人违反了《捷克—美国 BIT》。

(2)仲裁庭的裁定

仲裁庭并不认为上述情形构成滥用程序。正如前文所述,两个案件中仲裁申请人和诉由不同。值得注意的是,被申请人拒绝同一仲裁庭审理两个投资争端,如果两个争端能合并审理,会节约当事人的成本和时间,也会避免冲突的裁决结果。此外,申请人未初步证明被申请人违反投资协定的行为并不构成程序滥用,因为《捷克—美国BIT》没有规定此项义务,何况申请人已超过“初步证明”标准。因此,仲裁庭认为仲裁申请人并未滥用程序,不能因此不能排除其管辖权。

4. 关于6个月的等待期问题

(1)被申请人的主张

被申请人认为,申请人未遵循《捷克—美国 BIT》第6条第3款a项,在投资争端发生后6个月后才能提起投资仲裁。依据该条款的规定,当通知缔约国存在争端时,争端即产生。在本案中,被申请人是在1999年8月2日通过CNTS和CME公司给传媒委员会的信函得知申请人的诉请,仅17日后即发出仲裁通知存在程序瑕疵,因此仲裁庭缺乏管辖权。

(2)申请人的主张

仲裁申请人主张被申请人在2000年1月31日提交答辩陈述至2001年3月30日提交总结陈述均未提出该异议,因此已放弃该抗辩权。

(3)仲裁庭的裁定

仲裁庭认为《捷克—美国 BIT》第6条第3款a项规定的6个月等待期的要求非管辖权规定,该规则的目的系提供当事方在提起投资仲裁前善意协商的机会。虽然发出给捷克传媒委员会的信函与提起投资仲裁通知之间仅间隔17日,但无迹象表明被申请人在此期间会与申请人或其控制的公司进行协商,相反对于CNTS公司1999年8月13日发出的邀请捷克传媒委员会相约于1999年8月17日共同努力找到解决办法的信函毫无反应,且被申请人对于申请人1999年8月19日与仲裁通知共同发出的,“欢迎捷克共和国善意参与,共同解决该局面”的同意信也毫无反应。仲裁庭认为要求被申请人得到告知后6个月内不能提起仲裁程序是没有必要且过于形式化的,不利于保护双方的合法权利。因此,仲裁庭认为《捷克—美国 BIT》第6条第3款a项规定的6个月等待期不能排除其管辖权。

(二)被申请人的行为是否属于非法征收

1. 申请人的主张

申请人主张捷克传媒委员会1996—1999年的各种作为与不作为的行为属于非法征收,具体包括:(1)1996年提起的行政和刑事程序;(2)1998年及其后,媒体委员会表示不接受CET 21和CNTS之间的独家业务关系,再加上媒体委员会继续施加压力,要求重组上述关系;(3)捷克传媒委员会 1999 年 3 月 15 日给 CET 21 的信函;(4)在 CET 21 结束与 CNTS 的所有交易后,捷克传媒委员会对 CET 21 不作为。申请人认为,《捷克—美国 BIT》保护外国投资者不受直接和间接征收,即不仅有形财产不能被征收,而且不能被采取“等同于征收的措施”(measures tantamount to expropriation)。征收包括国家对私人财产使用和收益的干预。即使财产的合法所有权没有受到影响,当投资者有理由信赖其享有的权利得到法律批准时,行政行为更不应剥夺此项权利。国家剥夺投资者财产的意图不是征收的必要因素,行政监管行为也不例外。

2. 被申请人的主张

被申请人主张,尽管《捷克—美国 BIT》包括直接和间接形式的征收,但对财产权的干涉是指必须彻底剥夺这些权利,仅对财产经济价值造成不利影响不足以构成征收。投资协定的缔约国对于在国家可接受管制权力范围内善意监管所造成的经济损害不承担责任。被申请人声称,1996 年就涉嫌违法行为对 CNTS 依法提起行政诉讼并不构成征收;没有证据表明捷克传媒委员会威胁吊销许可证;申请人未能证明系被申请人导致 CET 21 终止与 CNTS 的合同关系,合同相对方 CNTS 的行为不能构成国家征收。

3. 仲裁庭的裁定

仲裁庭认为,由于被申请人没有直接或间接地干预申请人的财产权或其利益,被申请人在上述任何时间期限内均未采取征收措施。申请人未提出充分的证据证明被申请人采取的措施会产生转移其财产所有权或剥夺、干扰其财产使用权的效果。在 CET 21 终止与 CNTS 的合同关系前,仲裁申请人的财产权实际上得到了完全维护,仅在合同关系终止时,其财产权即 CNTS 许可利益的使用受到了影响。在此之前,即使两家公司之间的法律关系性质发生了变化,CNTS 仍然能够充分享受 CET 21 被授予许可证所带来的经济利益。鉴于仲裁申请人没有主张或证明 CET 21 在 1999 年 8 月 5 日决定退出 1997 年协议源于东道国行为,因此本案不存在《捷克—美国 BIT》禁止的征收行为。此外,即使假设传媒委员会在 1996—1999 年的行为导致剥夺了申请人财产权利的效果,也不构成或等同于征收,因为这并不有利于被申请人或其他主体,也并非出于公共目的所采取的措施。该行为仅惠及 CET 21,这一由私人拥有的独立主体。最后,在 CME 和 CNTS1999 年 8 月 2 日给被申请人致信前,在 Zelezny 辞去 CNTS 的职务后,以及在 CNTS 和 CET 21 关系紧张之时,申请人均未对捷克传媒委员会的行为提起仲裁,主张其构成征收或等同于征收。申请人在争讼措施发生时没有援引《捷克—美国BIT》或主张被申请人违反其义务,这从某种程度上表明当时申请人的财产权没有遭到侵犯。

(三)被申请人的行为是否符合国际法原则

1. 申请人的主张

申请人声称,传媒委员会撤回其对CNTS活动的事先批准违反了国际法义务。申请人主张,国际法一般原则包括"约定必须遵守"的另一种形式,即对已获权利的保护、善意对待外国投资、禁止反悔原则和有关保护财产等公认标准。

2. 被申请人的主张

被申请人认为,申请人没有根据国际法的一般原则确定任何区别于其他义务处理的义务。

3. 仲裁庭的裁定

《捷克—美国BIT》第2条第2款a项规定,"任何情况下不得给予投资低于符合国际法原则的待遇"。仲裁庭认为,仲裁申请人没有确定具体的国际法义务,使外国投资者得到比其所依赖的其他四项协定义务更多的保护。相反,从被申请人"对国际法义务的违反源于对协定下其他义务的违反"这一主张,可以看出其也认识到,若其行为不构成投资协定下义务的违反,即不构成对国际法原则的违反。因此对于该争议焦点的判断,仲裁庭将参考对其他义务的裁决情况。

(四)是否违反禁止采取任意和歧视性措施的义务

1. 1992—1993年

(1)申请人的主张

当捷克传媒委员会在1993年反对CEDC直接投资CET 21时,被申请人采取了任意和歧视性措施。禁止任意和歧视措施必须从具体情况推断。一项措施被认定为任意和歧视性的,不必以违反国内法为依据,任意的行为实际上包括不具备善意目的的政府监管行为。

(2)被申请人的主张

仲裁被申请人主张,《捷克—美国BIT》第2条第2款b项要求申请人证明被申请人的行为是任意的和歧视性的。第一,国内法认定的违法行为可能但不一定是任意的,何况申请人甚至没有证明被申请人的行为违法。第二,要构成歧视性措施,首先必须造成实际伤害,其次必须具有伤害对方的意图。要求外国投资者通过在当地注册的公司在东道国进行投资并不具有任何歧视性,因为这只是关于如何组织外国投资的一项规定。第三,捷克传媒委员会根据 CET 21 申请的具体条款颁发了许可证,依据该具体条款,CEDC 将成为 CET 21 的小股东。

(3)仲裁庭的裁定

仲裁庭认为被申请人在接受了申请人控制的 CEDC 公司直接投资 CET 21 后,转变其态度,最终不允许该项股权投资,而要求只能设立合资企业,违反了《捷克—美国 BIT》第 2 条第 2 款 b 项规定的禁止采取任意和歧视性措施的义务。但对《捷克—美国 BIT》协定义务的违反不足以成为导致实际损害的相关原因,因为实际造成被申请人损失的是私主体的行为。

2. 1994—1997 年和 1998—1999 年

(1)申请人的主张

申请人主张,被申请人在下列情形中采取了任意和歧视性措施:①1994 年捷克共和国议会取代了捷克传媒委员会;②1996 年捷克传媒委员会针对 CNTS 未经授权的电视广播行为提起行政诉讼;③当捷克传媒委员会在其 1996 年和 1998 年报告指出其调查的目标是 CNTS,而不涉及其他对象;④通过结束 CET 21 和 CNTS 原始的合同关系以利于排他性的合同安排;⑤传媒委员会成员 Stepanek 对于 CNTS 正在导致捷克共和国资金流向国外的陈述;⑥当 Josefik 在 1999 年 3 月 2 日考虑 Zelezny 的请求后,承认其未从考虑过外国投资者的利益。

(2)被中请人的主张

被申请人主张捷克传媒委员会对申请人的投资并无歧视。提起行政诉讼是因为有客观理由怀疑其违反法律,尤其是对处于类似情况的其他人也提起了行政诉讼。

(3)仲裁庭的裁定

仲裁庭认为,①1994 年捷克共和国议会取代了捷克传媒委员会不构成任意和歧视性措施。没有证据表明 1994 年捷克传媒委员会被取代与申请人参与 TV Nova 有任何直接关系,也没有证据表明这一变更以某种方式构成了对申请人及其对 CNTS 投资的任意和歧视性措施。此外,只要不构成对受投资协定保护的外国投资者的任意和歧视性措施,任何国家都有权自主组织其机构。1994 年捷克传媒委员会被取代这一事项本身也并未对申请人在捷克共和国的投资造成任何损害。②首先,捷克传媒委员会在 1996 年和 1998 年报告中称其调查目标是 CNTS 不构成《捷克—美国 BIT》项下的“措施”,该声明本身不能构成任意和歧视性措施。这样的陈述对申请人的投资没有产生任何直接影响,并且申请人也没有主张该陈述产生了此种影响。其次,捷克传媒委员会成员 Stepanek 对于 CNTS 正在导致捷克共和国资金流向国外的陈述也不构成任意和歧视性的措施。Stepanek 的陈述不构成《捷克—美国 BIT》中的“措施”,捷克传媒委员会成员的陈述只能被认定为该成员的个人观点,而不能被认定为传媒委员会的陈述,也不能归属于被申请人。最后,申请人所称 Josefik 承认其未从考虑过外国投资者的利益也不构成任意和歧视性的措施。所谓 Josefik 的承认行为是个人陈述,其本身不构成《捷克—美国 BIT》中的“措施”,也不能归属于被申请人。③1996 年对 CNTS 提起行政诉讼、要求外商投资公司和许可证持有者改变其合同关系以符合修改后的《传媒法》,以及 1999 年 3 月 15 日捷克传媒委员会的信函也均未违反禁止任意和歧视性义务。

(五)是否违反公平公正待遇

1. 申请人的主张

由于捷克传媒委员会撤销了事前的重要批准(涉及传媒委员会 1996 年旨在删除《备忘录》中赋予 CNTS 使用、受益和维护许可的专有权条款),违反了对外国投资的公平公正对待义务。此外,申请人称传媒委员会采取其他对 CNTS 敌对的行为,损害了 CNTS 的权利。申请人主张,提供公平公正待遇以善意原则为基础,受投资协定约束的国家必须追求实现稳定投资的既定目标。该义务的最低要求是,国家不得从事前后不一致的行为,例如,撤销对投资者合理依赖的事先批准。该义务独立于国内法,即使国家遵守国内法的规定,也可能违反公平公正待遇义务。此外,同一领域国内投资者是否得到与外国投资者相同的待遇也不具相关性,因为国内法和国际条约提供保护的程度可能不同。

2. 被申请人的主张

被申请人认为,提供公平公正待遇这一义务没有明确定义,要根据个案的事实来决定。但无论如何,该义务与国家行为有关,而与投资结果无关。因此,投资者亏损的事实并不能证明国家违反了公平公正待遇。捷克传媒委员会未偏袒国民而歧视申请人,没有撤销事先的明确许可,也没有恶意误用法律。1997—1999 年,传媒委员会对 CET 21 和 CNTS 之间的商业纠纷中未偏袒任何一方。尤其是捷克传媒委员会 1999

年3月15日的信,措辞不同于Zelezny的请求,这也表明了捷克传媒委员会政策的合法性和非歧视性。

3. 仲裁庭的裁定

仲裁庭认为,捷克传媒委员会未违反公平公正待遇义务,仲裁庭未发现捷克传媒委员会存在不一致的行为。1996年其对未经授权的广播行为提起行政诉讼,与以前的行为并无不一致。传媒委员会当时有客观理由认为,CNTS违反了《传媒法》,因为CNTS是TV Nova的广播者,而非许可证持有者CET 21。实施《传媒法》是捷克传媒委员会的职责所在。捷克传媒委员会事前备忘录的批准不代表允许CET 21和CNTS违反《传媒法》,就CET 21和CNTS之间法律关系的改变即修改备忘录及相关协议而言,捷克传媒委员会并无不一致的行为。最后,1999年3月15日捷克传媒委员会的信并未改变两公司的合同关系,并且也不是仲裁申请人遭受损失的直接原因,其直接原因是Zelezny终止了合同关系。

(六)是否违反提供充分保护与安全的义务

1. 申请人的主张

仲裁申请人主张在下列情形中,被申请人未对其投资提供充分保护与安全的义务:(1)强行修改《传媒法》;(2)在1996年对CNTS提起行政诉讼;(3)后续对CNTS重组施加压力;(4)1999年3月15日发布的信;(5)拒绝CNTS对CET 21终止与其全部交易的所有请求;(6)在明知自己的行为将阻挠ICC仲裁小组的临时命令以及藐视议会要求的情况下,仍授权对CET 21增加股本。申请人主张,不论国内法有何要求,也不论对投资的威胁是否来自国家本身的行为,国家都应该采取一切必要手段来保护外国投资,这是提供充分保护与安全义务的要求。国家有谨慎义务,必须采取一切必要措施,确保外国投资充分得到保护和安全保障。

2. 被申请人的主张

被申请人主张,充分保护和安全保障非绝对义务。一国仅有义务在具体情况下提供合理的保护。此外,这项义务只限于国家行为,而不扩展至个人或法人行为。对于监管变化,也不存在合理预期。

3. 仲裁庭的裁定

仲裁庭认为申请人声称的事实均不构成对充分保护与安全保障义务的违反。就1995年《传媒法》的修改而言,没有证据表明该修订是由捷克传媒委员会实施的。并且,该法的修改并不构成仲裁申请人在被申请人境内投资的危险。此外,仲裁庭认为阻止 CET 21 与 CNTS 全部交易终止或实施 ICC 仲裁小组的临时命令并非捷克传媒委员会的职责。除此之外,捷克传媒委员会的一切作为与不作为并非申请人投资遭受损害的直接或间接原因。《捷克—美国 BIT》并未给被申请人创设注意义务以介入两家公司之间的法律关系。根据《捷克—美国 BIT》,被申请人的唯一义务是保证其司法系统对申请人及其控制的法人开放,并根据国内法和国际法对其索赔进行适当审查和裁判。并没有证据,甚至没有一项指控能够证明被申请人违反了这项义务。

三、简要评析

本案与 CME 捷克有限公司诉捷克共和国案[1]对于如何避免平行程序这一问题有着重要意义。为解决针对同一争端提起平行仲裁所引发的程序滥用问题,未决诉讼原则不失为一种可行解决方法。然而,该原则在应对伦敦仲裁[2]与斯德哥尔摩仲裁[3]处于同一公司组织链不同层级申请人所提起的仲裁时也不太奏效。本案仲裁庭运用了既判力原则的传统三重身份检验标准,认为伦敦仲裁与斯德哥尔摩仲裁诉因、当事方与诉讼标的均不相同,被诉方所援用的未决诉讼原则请求毫无用处,不存在其他法院或仲裁庭会作出与本仲裁裁决不一致的裁判的可能性,故驳回了被申请人提出的程序滥用异议。由于仲裁庭坚持形式上的三重身份检验标准,导致基于相同当事人和诉因,完全满足适用既判力原则的两个案件得出相反的裁决结果。由于 CME 仲裁庭基于完全相同的事实得出了不同的结论,引发了人们关于投资仲裁裁决不一致,可能重复赔偿的反思。为避免平行诉讼所带来的风险,各种可能的解决方案层出不穷,包括建立一个上诉机构,在平行仲裁庭中任命相同的仲裁员,为涉及不同的双边投资协定提供合并程序,限制双边投资协定中直接投资者的范围,或合并投资公司及其股东所提起的多个程序等。总之,需要进一步调整和利用国际投资仲裁法律框架,以有效规制程序滥用行为。

(编写者:武汉大学国际法研究所 2018 级硕士研究生　朱竹露)

---

[1] CME Czech Republic B. V. v. The Czech Republic. 参见本书案例 39。
[2] 劳德诉捷克共和国仲裁案。
[3] CME 捷克有限公司诉捷克共和国仲裁案。

菲利普·格鲁斯林
诉
马来西亚

仲裁案

案情概要

案名	菲利普·格鲁斯林诉马来西亚仲裁案
案件裁判来源	http://www.italaw.com/cases/515
案号	ICSID Case No. ARB/99/3
当事人	申请人:菲利普·格鲁斯林(比利时布鲁塞尔)
	被申请人:马来西亚
行业	资本市场服务
仲裁机构和仲裁地	国际投资争端解决中心,美国华盛顿特区
仲裁依据	《比利时—卢森堡经济联盟与马来西亚关于鼓励与互相保护投资协定》(1979年)
适用的仲裁规则	《国际投资争端解决中心仲裁规则》
仲裁庭组成	首席仲裁员:Thomas Buergenthal
	仲裁员(申请人指定):Kamal Hossain
	仲裁员(被申请人指定):Gabrielle Kaufmann-Kohler
日期	仲裁程序开始日期:1999年3月16日
	最终裁决发布日期:2000年11月27日
仲裁请求	申请人请求被申请人偿付由于其违反比利时—卢森堡经济联盟下政府间协定条款所造成的损失
核心争议点	(1)地域性问题:是否只有处于马来西亚境内的投资才有权得到保护 (2)"被批准项目"问题:申请人的证券投资是否属于《比利时—卢森堡经济联盟与马来西亚关于鼓励与互相保护投资协定》中的"投资"
仲裁庭主要结论	(1)根据条约,申请人作为来自比利时的投资者,受到条约保护的投资活动限于马来西亚境内 (2)申请人在马来西亚的经济活动系证券投资,条约不适用于这一投资类型
裁决结果	支持东道国(一致裁定)
后续进展	2001年1月26日,ICSID组织撤销仲裁裁决程序,但由于当事人未先行支付相关程序费用,根据ICSID行政与经济法规第14条第3款第4项规定,2002年4月2日,仲裁裁决撤销程序中止

Case Summary

Name of Case	Philippe Gruslin v. Malaysia
Web Page	http://www. italaw. com/cases/515
Case Number	ICSID Case No. ARB/99/3
Parties	Claimant:Philippe Gruslin(Belgian)
	Respondent:Malaysia
Industry	Capital Market Services
Administering Institution & Seat of Arbitration	ICSID, Washington, D. C. , USA
Basis for Arbitration	Agreement between the Belgo - Luxemburg Economic Union and the Government of Malaysia on Encouragement and Reciprocal Protection of Investments
Rules Used in Arbitral Proceedings	ICSID Arbitration Rules
Arbitrator(s)	Presiding Arbitrator:Thomas Buergenthal
	Arbitrator(Claimant's appointee):Kamal Hossain
	Arbitrator(Respondent's appointee):Gabrielle Kaufmann-Kohler
Date	Date of Commencement of Proceeding:16 March 1999
	Date of Issue of Final Award:27 November 2000
Relief Request	The Claimant claims from the Respondent the amount of losses arising from Malaysia's violation of the terms of an Intergovernmental Agreement concluded with the Belgo-Luxembourg Economic Union
Key Issues	(1) Territory issue: Does the investment must be "within the territory" to qualify the protection (2) The nature of the Claimant's involvement
Tribunal's Conclusions on Key Issues	(1) The IGA was limited in its application to investments by the Claimant, as a national of Belgium, made by him in the territory of Malaysia. Any relevant consent by the Respondent for the purposes of Article 25(1) of the Convention is confined to investments made in its territory (2) The kind of involvement involved in the case at hand was portfolio investment, to which the IGA does not apply
Award	In favour of State(Unanimous Verdict)
Follow-up Progress	26 January 2001, ICSID annulment proceedings: Proceeding discontinued for lack of payment of advances pursuant to Administrative and Financial Regulation 14(3)(d)(Order for the discontinuance of the proceeding issued by the ad hoc Committee on 2 April 2002)

一、案件事实

(一)投资的事实

该仲裁案件的申请人为来自比利时的菲利普·格鲁斯林,其于 1996 年 1 月通过花旗证券集团所管理的名为新兴亚洲市场股票投资组合(以下简称 EAMEC 投资组合),向吉隆坡证券交易所投资 230 万美元(以下简称 KLSE 投资)。该投资组合受花旗证券集团管理,以花旗证券集团的名义进行。EAMEC 投资组合于卢森堡注册为共同基金的“集体投资组合”,受卢森堡法律管辖。

(二)被诉的行为

1998 年 9 月初,马来西亚(以下简称被申请人)政府实施外汇管制。格鲁斯林(以下简称申请人)在 EAMEC 投资组合中所占的份额全部投资于吉隆坡证券交易所,他声称正是由于该外汇管制政策,导致其投资遭受损失。申请人认为上述经济活动构成《比利时—卢森堡经济联盟与马来西亚关于鼓励与互相保护投资协定》(以下简称《比—卢—马投资协定》)定义下的一项投资,被申请人的外汇管制政策造成其投资利益受到损害,构成了对投资协定的违反,据此要求被申请人赔偿其所遭受的损失。

(三)程序时间轴

· 1999 年 3 月,投资者格鲁斯林根据《比—卢—马投资协定》向国际投资争端解决中心提起仲裁,要求被申请人赔偿因其外汇管制政策给申请人带来的损失。

· 1999 年 6 月 2 日,经申请人与被申请人双方一致同意,仲裁庭由一名独任仲裁员组成。

· 1999 年 6 月 17 日,申请人提交材料。

· 1999 年 7 月 12 日,被申请人向 ICSID 表达其对仲裁程序存有意见,但不构成《ICSID 公约》第 43 条第 2 款所规定的管辖权异议。

· 1999 年 8 月 9 日,仲裁庭第一阶段仲裁程序于华盛顿进行。同日,被申请人向仲裁庭提出的管辖权异议被采纳,仲裁程序暂停。

· 2000 年 8 月 22—24 日,仲裁庭举行了为期三天的有关处理管辖权异议的听证会,仲裁庭初步裁定对该案拥有管辖权。

· 2000 年 11 月 27 日,仲裁庭作出最终裁决。

·2001 年 1 月 26 日,申请人申请撤销仲裁裁决。

·2002 年 4 月 2 日,由于当事人未先行支付相关程序费用,根据《ICSID 公约》第 14 条第 3 款第 4 项规定,撤销程序终止。

(四)仲裁请求

1. 申请人的仲裁请求

(1)请求仲裁庭根据申请人的主张裁定对本案具有管辖权。

(2)请求裁定被申请人的外汇政策对其投资造成了损害,从而违反《比—卢—马投资协定》规定的义务。

(3)请求责令支付损害赔偿,以其投资价值的损失数额为准。

(4)请求责令马来西亚就所裁定的任何损失向申请人支付利息。

(5)请求责令马来西亚支付与诉讼有关的所有费用和支出,包括仲裁庭成员的费用和支出,仲裁机构的行政费用,仲裁庭和申请人指定的任何专家的费用和支出,申请人的法律代表的费用和支出,申请人的内部费用,以及尊重其保留认为必要或适当的修改和/或补充其索赔的权利,包括本救济要求的权利。

2. 被申请人的仲裁请求

被申请人的初步反对意见为:

(1)请求仲裁庭裁定对本案无管辖权,理由如下:①在本争议中并不存在位于马来西亚领土范围内的投资;②申请人并非 KLSE 投资组合的所有人,其所拥有的权利仅仅是基于管理合同产生的。因此,投资争端不符合《比—卢—马投资协定》第 10 条第 2 款的规定,也无法满足《ICSID 公约》第 25 条第 1 款的规定,仲裁庭对此无管辖权。

(2)请求仲裁庭裁定申请人的投资性质不属于向"被批准项目"的投资,不符合双边投资中定义的受保护投资的范围。

(3)请求仲裁庭驳回申请人的索赔请求,并责令申请人支付全部仲裁费用。

(五)仲裁庭结论

仲裁庭裁定:

(1)在对管辖权问题的初步判断上,仲裁庭认为被申请人于第一阶段程序中提出的异议仅仅是针对仲裁程序的批评,并不构成《ICSID 仲裁规则》第 27 条所规定的对管辖权的反对;

(2)在仲裁程序进行过程中,由于被申请人进一步提出“被批准项目”问题,仲裁庭认可了被申请人的观点,并作出最终裁决,裁定本案不在ICSID仲裁范围之内,驳回了申请人的索赔请求;

(3)关于诉讼费用,仲裁庭裁定当事各方应负担自己的诉讼代表费用和其指定仲裁员的费用,其余费用应分摊。

二、主要法律争议

(一)仲裁庭对本案是否具有管辖权

1. 申请人的主张

申请人主张仲裁庭对本案具有属物管辖权,认为其通过EAMEC投资组合向吉隆坡证券所的投资,符合合格的间接投资。《比—卢—马投资协定》第1条第3款所定义的“投资”指缔约国一方投资者依照缔约国另一方的法律和法规在后者领土内投资的各种财产,并进行了明确列举,其中第3项包括“股份及其他类型的资产权益”,申请人认为KLSE投资符合投资协定所定义的一项投资。

申请人向ICSID提交仲裁请求的直接依据是《比—卢—马投资协定》第10条第2款的规定:“如果通过发出充分详细书面通知后3个月内,仍不能解决任何此类争端,则应当应缔约任何一方国民的要求将争端提交国际投资争端解决中心进行调解或仲裁……”申请人认为,从这一条款可以推断出,被申请人已“事先同意”接受ICSID管辖。

2. 被申请人的主张

被申请人主张仲裁庭对本案不具有管辖权,初步提出的理由为,其与申请人之间的争议不符合《ICSID公约》第25条第1款的规定,也不符合《比—卢—马投资协定》第10条第1款及定义的“投资争议”,因此不能适用《比—卢—马投资协定》第10条第2款,得出被申请人在本案中事先同意接受ICSID管辖的结论。

3. 仲裁庭的裁定

由于在第一阶段的仲裁程序中,被申请人对于管辖权问题,仅粗略提出异议而未提供充分论证,仲裁庭认为并不构成《ICSID仲裁规则》第41条所指的管辖权异议。仲裁庭驳回了被申请人的异议,初步裁定仲裁庭对该案拥有管辖权,并对案件进行全面审查。然而,在后续仲裁程序中,被申请人针对管辖权进一步提出了新的抗辩观点,并得到仲裁庭的认可,导致该裁决最终仅仅针对管辖权问题作出裁定。

(二)"领土内投资"问题

由于初期阶段提出的有关管辖权的抗辩意见未被采纳,被申请人进一步提出了申请人"在马来西亚领土内无投资"的观点,据此,马来西亚请求仲裁庭裁定对本案无管辖权,若仲裁庭维持管辖权裁定,则马来西亚请求仲裁庭驳回申请人的索赔。在解决这一问题前,首先应当探讨相关投资法律文件是否包含着"领土内投资"要求。

1. 被申请人的主张

《比—卢—马投资协定》第 3 条第 1 款规定:"缔约方有义务对位于其境内的其他缔约方国民或企业的投资……"据此,被申请人认为有资格获得保护的投资必须位于被要求提供保护一方的领土内。被申请人进一步指出,虽然《比—卢—马投资协定》争议解决条款第 10 条第 2 款并未明确"地域要求",但应当将该条款置于整个投资协定的整体语境中进行解释,"领土内投资"要求应当是暗含其中的。

被申请人指出,申请人作为 EAMEC 共同基金的购买者,所拥有的权利只是基于合同产生的针对花旗公司的相对权,其所拥有的权利仅仅限于对基金进行管理,申请人并非 KLSE 投资的"所有者",在 KLSE 投资组合上也并不存在任何可分割的个人财产权。因此,申请购买卢森堡共同基金的行为并不属于在马来西亚领土内投资的行为,申请人不具有作为投资者获得保护的资格。

2. 申请人的主张

针对被申请人提出的"地域要求"这一观点,申请人从文义角度对相关法律规定进行了解释,认为在《比—卢—马投资协定》中,部分条款以明文规定的方式将"投资"加以"领土内"的限制,相对之下,《比—卢—马投资协定》对"投资"进行界定的条款,以及争议解决条款乃至《ICSID 公约》中管辖权条款、都未明确规定"投资"仅限于马来西亚境内的投资,应当认为"领土要求"并非一项投资获得保护的前提,也不是用以判断 ICSID 是否拥有管辖权的因素。

申请人进一步指出,由于双方同意以卢森堡的法律判断投资所有权的问题,而根据《卢森堡民法典》第 1165 条与第 1166 条,其作为投资组合的单位所有人有权以自己的名义行使权利,索赔金额以他在该投资中所占的份额为准。

3. 仲裁庭的裁定

仲裁庭指出《ICSID 公约》第 25 条并未对"投资"的含义进行界定,这部分内容应根据《比—卢—马投资协定》进行判断。投资协定的序言部分提及应当促进一缔约国国民在另一缔约国领土内的投资，同时，第 3 条明确规定缔约国有义务保护位于其领土内的另一缔约国的投资，除此之外还有第 4 条、第 5 条、第 7 条、第 8 条、第 12 条的条款内容都提出了同样的“领土内要求”。据此，仲裁庭认为本协定中的投资应当理解为一缔约国国民在另一缔约国领土内的投资，争议解决条款同样也受这一约束，第 2 款所规定的“事先同意”对于东道国而言，将仅限于其领土内的投资。

对于本案中是否存在“领土内投资”的问题，双方在长时间争辩无果的情形下，同意先对其他问题进行探讨，仲裁庭依照当事人的选择，将“领土内投资”问题暂时放置，未给予明确回应。

（三）争议焦点：“被批准项目”问题

1. 被申请人的主张

《比—卢—马投资协定》第 1 条第 3 款对于“投资”进行了界定，其中 i 项规定：“……（投资）于马来西亚，根据相关法律和行政惯例，所投资的是由马来西亚有关部门归类为被批准项目。”被申请人认为 i 项的限制性要求约束整个第 3 款，并据此主张，只有投资给马来西亚境内的“被批准项目”，该投资才有资格依据投资协定寻求保护。被申请人鼓励和保护外国投资，主要是针对那些向有助于促进本国制造业与工业能力的项目的投资提供保护，这也更加符合投资协定签订的目的。

被申请人另提供了能够佐证“被批准项目”观点的相关材料，其中包括马来西亚于 1978 年与瑞士签订的双边投资协定，其对“投资”的界定与本案所涉投资协定第 1 条第 3 款相似，并明确将“被批准项目”附加于整个条款。此外，1959 年以来被申请人签订的 24 份投资协定，都将“被批准项目”作为“投资”定义的一个要素。被申请人还指出，联合国贸易和发展会议于 1999 年发布的范围与定义也同样反映，在当下背景，与发展中国家签订的双边投资协定所鼓励的是外国“生产性投资”。

被申请人还提到，在 1992 年比利时驻马来西亚大使馆与被申请人的照会中，曾对“被批准项目”一词的含义进行澄清，其中特别强调吸引外资的政策有着特定的经济目标，因此鼓励、保护外资的激励措施只适用于对“被批准项目”的投资，协定中第 1 条第 3 款 i 项将约束整个条款；而如果所进行的特定项目无须任何部委批准的情况下，则 i 项不适用。

被申请人最后指出，在本案中，申请人购买 EAMEC 投资产品的行为不是对“被批准项目”的投资,而仅仅是任何人都可进行交易的证券投资,并未涵盖于投资协定的调整范畴之内。

2. 申请人的主张

在申请人的答辩中,其首先强调,根据《ICSID 仲裁规则》第 27 条的规定,仲裁庭不能受理被申请人没有及时提交的新管辖权异议,“被批准项目”问题不应当得到深入讨论的机会。根据《比—卢—马投资协定》第 10 条第 2 款和《ICSID 公约》第 25 条第 1 款,被申请人重新提出“被批准项目”问题,违背了“事先同意”管辖。

申请人敏锐地意识到,根据被申请人提供的 1992 年照会的第二句答复“当进行的特定项目无须任何部委批准的情况下,则 i 项不适用”,实质上有着废除“被批准项目”的效果。申请人认为不应将“被批准项目”作为一项投资获得保护的前提。即使被申请人坚持这一主张,申请人的投资也满足这一条件。《KLSE 上市手册》第 7 条明确规定,该投资必须受资本发行委员会(Capital Issue Committee,CIC)的批准,因此,申请人的投资构成对第 i 项规定的满足。

3. 仲裁庭的裁定

仲裁庭认为申请人提出的程序方面异议不能成立。首先,根据《ICSID 仲裁规则》第 41 条第 2 款,只要被申请人无意放弃本次诉讼,仲裁庭有义务在其未在规定期限内提交文书或未及时参加听证会的情形下,提供一定的宽限期。[1] 因此,被申请人未及时提出“被批准项目”并不构成《ICSID 仲裁规则》第 27 条下的“弃权”。其次,因为《ICSID 公约》第 25 条第 1 款下的“同意管辖”取决于该案所涉争议是否满足投资协定第 10 条规定本身,答辩人所提出的反对意见并不构成对上述条款的违反。

仲裁庭结合被申请人提交的自 1960 年至 2000 年的资料,对投资协定第 1 条第 3 款 i 项进行了分析。虽然从条款的表述来看,i 项列举于第 3 款 e 项的下方,但仲裁庭认为不应当仅从文义角度简单理解为 i 项仅适用于 e 项,而应当认为 i 项约束整个第 3 款。尽管仲裁庭认为 1992 年照会中所提及的第二句答复引起了极大的不确定性,但仲裁庭最终认为这不影响“被批准项目”条款的效力问题。

同时,仲裁庭驳回了申请人认为 KLSE 投资满足 i 项规定的观点。因为 i 项所言

---

[1] 《ICSID 仲裁规则》第 41 条第 2 款规定,仲裁庭应立即将此请求通知违约方。除非确信该当事方无意在诉讼中出庭或出庭,否则它应同时给予一段宽限期,并为此目的:(1)如果该当事方未在规定的期限内提出诉状或任何其他文书,则应为其提出新的期限;或者(2)如果该当事方未能在听证会上出庭或陈述案件,为其确定新的听证日期。

“被批准项目”意指对某一项目的“监管性的批准”，而 CIC 对 KLSE 投资的批准仅仅只是对公司的一般业务活动的批准。因此，本案所涉 KLSE 投资不属于《比—卢—马投资协定》第 1 条第 3 款所定义的“投资”，不能依据协定获得保护。

最终，仲裁庭以对本案无管辖权驳回了申请人的仲裁请求。

三、简要评析

本案中双方当事人就申请人的投资是否符合《比—卢—马投资协定》所定义的受保护投资展开了激烈争论，而这一问题主要涉及对第 1 条第 3 款 i 项中“被批准项目”的解释。仲裁庭采取被申请人的观点，认为仅有当一项投资属于 i 项所规定的“被批准项目”，才有权利在马来西亚获得保护，并据此驳回了申请人的索赔请求。被申请人提供的证据资料对于仲裁庭的裁决具有决定性影响，包括 1992 年被申请人关于“被批准项目”的答复，以及马来西亚与其他国家所签订 BIT 中的类似表达等。相比之下，申请人提供的证据则薄弱得多。

不难看出，私人投资者在信息渠道、举证能力、救济途径等各方面，与东道国相比处于相对弱势地位，仲裁庭在投资争端中平衡各方主体利益并非易事。本案中被申请人提供的 1992 年被申请人答复为本案关键证据，但其中提及“……如果所进行的特定项目无须任何部委批准的情况下，则 i 项不适用”，该部分内容实际上不能完全支持被申请人的观点，被申请人也未提供更进一步的解释。然而，仲裁庭仍然选择采纳被申请人的观点及其提供的证据，其立场在一定程度上更偏向于东道国。

（编写者：武汉大学国际法研究所 2019 级硕士研究生　张晓宇）

东方信贷公司等
诉
爱沙尼亚共和国

仲裁案

案情概要

案名	东方信贷公司等诉爱沙尼亚共和国仲裁案	
案件裁判来源	http://www.italaw.com/cases/484	
案号	ICSID Case No. ARB/99/2	
当事人	申请人: (1)亚历克斯·金宁 (2)东方信贷公司 (3)A. S. Baltoil 公司	
	被申请人:爱沙尼亚共和国	
行业	资本市场服务	
仲裁机构和仲裁地	国际投资争端解决中心,美国华盛顿特区	
仲裁依据	《爱沙尼亚共和国—美利坚合众国双边投资条约》(1994 年)	
适用的仲裁规则	《国际投资争端解决中心仲裁规则》	
仲裁庭组成	首席仲裁员:L. Yves Fortier	
	仲裁员(申请人指定):Meir Heth	
	仲裁员(被申请人指定):Albert Jan Van Den Berg	
日期	仲裁程序开始日期:1999 年 2 月 2 日	
	最终裁决发布日期:2001 年 6 月 25 日	
仲裁请求	申请人要求被申请人赔偿损失 1,639,344 美元,并要求赔偿他们原来在 EIB(爱沙尼亚创新银行)进行的价值 3,000,000 厄立特里亚克朗的投资	
核心争议点	爱沙尼亚央行是否违反了《爱沙尼亚共和国—美利坚合众国双边投资条约》第 2 条第 3 款 a 项	
仲裁庭主要结论	仲裁庭驳回了该索赔。仲裁庭认为,附属于爱沙尼亚共和国的爱沙尼亚央行在将 Koidu 分行出售给 EIB(爱沙尼亚创新银行)以及在过程中对其造成经济损失的行为,没有违反《爱沙尼亚共和国—美利坚合众国双边投资条约》或爱沙尼亚法律	
裁决结果	支持东道国(一致裁定)	
后续进展	无	

Case Summary

Name of Case	Alex Genin, Eastern Credit Limited, Inc. and A. S. Baltoil v. The Republic of Estonia	
Web Page	http://www.italaw.com/cases/484	
Case Number	ICSID Case No. ARB/99/2	
Parties	Claimants: (1) Alex Genin (2) Eastern Credit Limited, Inc. (3) A. S. Baltoil	
	Respondent: The Republic of Estonia	
Industry	Capital Market Services	
Administering Institution & Seat of Arbitration	ICSID; Washington, D. C., USA	
Basis for Arbitration	Estonia-United States of America BIT(1994)	
Rules Used in Arbitral Proceedings	ICSID Arbitration Rules	
Arbitrator(s)	Presiding Arbitrator: L. Yves Fortier	
	Arbitrator(Claimants' appointee): Meir Heth	
	Arbitrator(Respondent's appointee): Albert Jan van den Berg	
Date	Date of Commencement of Proceeding: 2 February 1999	
	Date of Issue of Final Award: 25 June 2001	
Relief Request	The Claimants claim damages in the amount of USD 1,639,344 representing their alleged losses and request damages relating to the loss of their original 3,000,000 EEK investment in EIB	
Key Issue	Whether the Bank of Estonia violates Article 2(3)(a) of the BIT	
Tribunal's Conclusions on Key Issue	The Tribunal rejected the claims. The Tribunal found that the Estonian Central Bank, which is affiliated with the Republic of Estonia, did not violate the BIT or Estonian law in the sale of the Koidu branch to EIB (Estonian Innovation Bank) and the economic damage caused to it in the process	
Award	In favour of State(Unanimous Verdict)	
Follow-up Progress	None	

一、案件事实

(一)投资事实

1994 年 8 月 12 日,在爱沙尼亚中央银行(以下简称爱沙尼亚央行)组织的一场拍卖会上,爱沙尼亚创新银行(Estonian Innovation Bank,EIB)以 300 万爱沙尼亚克朗(Estonian kroons,EEK)的价格收购了已经资不抵债的爱沙尼亚社会银行(以下简称社会银行)的分支——Koidu 分行。次日,EIB 行长 Peep Sillandi 先生与社会银行的代表——爱沙尼亚央行副行长 Vahur Kraft 先生签署了 Koidu 分行销售协议。按照 Kraft 先生的指示,300 万 EEK 由 EIB 支付给爱沙尼亚央行,而非社会银行。EIB 作为依据爱沙尼亚法律注册成立的爱沙尼亚金融机构,在仲裁期间内的主要股东是欧洲资本公司(Eurocapital,指欧洲资本集团有限公司和欧洲资本集团公司,二者事实上是同一家公司)和本案仲裁另外两位申请人——A. S. Baltoil(以下简称 Baltoil 公司)和 Eastern Credit Limited,Inc.(以下简称东方信贷公司)。仲裁申请人之一亚历克斯·金宁先生(以下简称金宁先生)是美国国民,也是 EIB 的董事长,东方信贷公司的所有者、总经理和唯一股东,欧洲资本公司(马恩岛公司,拥有 EIB70%以上股份)已发行的不记名股票的受益所有人。第二位仲裁申请人东方信贷公司,是一家依据美国得克萨斯州法律注册成立的公司,由金宁先生个人所有。第三位仲裁申请人是 Baltoil 公司,是由东方信贷公司全资拥有的爱沙尼亚公司,因此实质上由金宁先生拥有。案情梗概如图 1 所示:

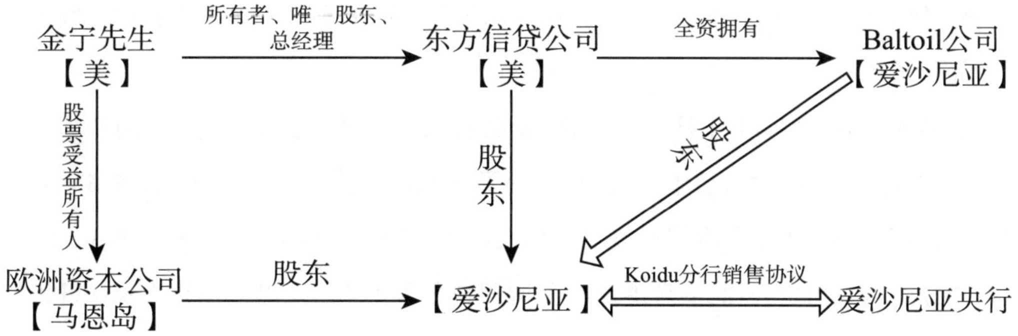

图 1　案情梗概

(二)被诉行为

1994 年 9 月 16 日,EIB 书面通知爱沙尼亚央行,称 Koidu 分行的实际资产少于被拍卖前提供给EIB的资产负债表上所列资产数额,从而给EIB造成了大约725万EEK的损失。EIB认为爱沙尼亚央行作为对社会银行负有责任的受托人,应赔偿EIB的相关损失,且爱沙尼亚央行副行长Kraft先生从1991年至1993年担任社会银行信贷部的副经理,对Koidu分行资产负债表中的虚假陈述应当知情,应承担责任。1994年12月2日,爱沙尼亚央行拒绝对Koidu资产负债表的不一致以及EIB的相关损失承担任何责任。

1995年1月9日,EIB向爱沙尼亚塔林市法院(以下简称市法院)起诉社会银行,但在1995年4月28日,双方达成庭外和解协议,约定EIB向社会银行转让约2100万EEK的Koidu分行资产,同时接受一笔约3年内分期、共1700万EEK左右的款项,这笔款项由社会银行总共约4700万EEK的贷款担保。1995年5月3日,市法院根据当事人庭外和解协议,确定EIB的损失为20,977,117 EEK,其中包括Koidu分行资产负债表中虚假资产约2,893,991 EEK,以及不良票据约18,083,126 EEK。但由于社会银行在签署庭外和解协议后不久就宣布破产,因此其只支付了约100万EEK,仍存在19,491,947 EEK的欠款。

EIB要求爱沙尼亚央行赔偿损失。1996年3月4日,爱沙尼亚央行监察部的Sutt先生写信建议EIB在5年内摊销其与Koidu分行有关的损失,申请人主张双方已经就此达成有约束力的协议,而被申请人认为双方从未就此达成任何协议。1996年4月12日,EIB与爱沙尼亚央行达成一项临时协议,约定EIB须将其针对社会央行的索赔请求权转让给爱沙尼亚央行,后者则将其拥有的其他银行的各种债权转让给EIB。但在1996年8月5日,爱沙尼亚央行向EIB发送了一份协议草案,该草案修改了初步协议的部分条款。

申请人认为,1996年4月12日的初步协议已经生效并具有约束力,而新协议中所作的修改降低了临时协议中承诺的"一揽子"计划的价值。为此,EIB拒绝签署第二份协议,并于1996年8月将其价值19,491,947 EEK的与Koidu分行损失相关的未偿索赔转让给东方信贷公司,后者继续在美国得克萨斯州起诉(以下简称Texas诉讼),要求爱沙尼亚央行赔偿其损失。

1996年10月,爱沙尼亚央行要求EIB立即赔偿前述损失,并要求将其与Koidu分行有关的损失记作费用,导致EIB出现资本不足的情况。1997年年初,爱沙尼亚央行在对EIB进行年度审计中要求EIB提供部分股东信息,其中包括Baltoil公司和东方信贷公司两个申请人的相关信息。1997 年 3 月 18 日,爱沙尼亚央行发布 19-2-406 号规定(以下简称 1997 年 3 月规定),要求 EIB、东方信贷公司、Baltoil 公司和 Eurocapital Ltd. 申请合格持股许可,从而使这些公司有权依据爱沙尼亚法律持有超过特定比例的 EIB 股本。EIB 虽然主张其已经依据 1997 年 3 月规定提交了持股申请材料,仍在 1997 年 3 月 24 日就 1997 年 3 月规定的效力向塔林行政法院(以下简称行政法院)提起诉讼。1997 年 5 月 21 日,爱沙尼亚央行要求 EIB 提供关于其股东及其股东们的分公司等更详细的信息(以下简称 1997 年 5 月规定)。1997 年 9 月 9 日,在与 1997 年 3 月规定有关的行政诉讼程序待决阶段,爱沙尼亚央行委员会表决通过了吊销 EIB 经营许可证的即时生效决定。两日后,EIB 就许可证吊销事宜向行政法院起诉,质疑爱沙尼亚央行是否有权吊销许可证且这种吊销是否妥当。当关于许可证吊销的行政诉讼程序悬而未决时,EIB 的一位小股东(与本案当事人无关)以 EIB 的许可证已经于 1997 年 9 月 9 日被吊销为由,在 1998 年 11 月 18 日向行政法院申请对 EIB 进行清算,且法院支持了清算申请。1999 年 1 月 12 日,EIB 关于要求暂停清算以等待许可证吊销诉讼裁决的申请被驳回,且驳回决定被上诉法庭维持。1999 年 10 月 6 日,EIB 质疑许可证吊销的诉讼请求被驳回,法庭给出的理由之一是 EIB 已经处于清算阶段。

(三)程序时间轴

·1999 年 2 月 2 日,本案三位仲裁申请人根据《爱沙尼亚—美国 BIT》(1994 年 4 月 19 日订立,1997 年 2 月 16 日生效)向 ICSID 提出仲裁申请,认为被申请人对申请人在 EIB 投资所为的行为,构成了对《爱沙尼亚—美国 BIT》多项条款的违反。

·1999 年 9 月 21 日,仲裁庭正式组成。

·1999 年 10 月 12 日,仲裁庭首次会议在瑞士苏黎世举行,会议确定本案审理包括书面和口头阶段。被申请人律师正式向仲裁庭提出管辖权异议。经过律师陈述和仲裁庭成员讨论,首席仲裁员通知双方当事人设立一个书面和口头程序以审理被申请人管辖权异议这个先决问题。

·1999 年 11 月 12 日,被申请人提交管辖权异议。

·1999 年 12 月 13 日,申请人针对被申请人的管辖权异议提交辩诉状。

·2000 年 1 月 8 日,针对管辖权异议的庭审在伦敦举行。经审议,首席仲裁员口头宣布就被申请人的管辖权异议作出决定的时机,因此该管辖权异议将与本案具体案情共同审理。

· 2000 年 3 月 24 日,申请人向仲裁庭提交书面审理阶段的起诉状和相关材料。

· 2000 年 6 月 19 日,被申请人提交答辩状和相关材料。

· 2000 年 7 月 18 日,申请人针对答辩状提交书面意见和相关材料。

· 2000 年 8 月 18 日,被申请人提交第二份答辩意见和相关材料。

· 2000 年 10 月 2 日,关于案情的庭审在华盛顿特区进行。

· 2000 年 10 月 6 日,关于案情的庭审结束。

· 2000 年 12 月 19 日,申请人和被申请人在庭审后提交书面材料。

· 2001 年 6 月 25 日,仲裁庭在美国华盛顿特区作出仲裁裁决。

(四)仲裁请求

1. 仲裁申请人的仲裁请求

(1)爱沙尼亚央行拒绝赔偿 EIB 因其收购的 Koidu 分行资产失实而使 EIB 蒙受的损失;且其违反并撤销了解决 Koidu 分行纠纷的临时协议,这些行为违反了《爱沙尼亚—美国 BIT》第 2 条第 3 款 a 项规定的公平公正投资待遇要求,未能给 EIB(以及申请人)的投资提供充分保护,且待遇低于最低国际标准。爱沙尼亚央行要求 EIB 将 Koidu 分行的购买款 300 万 EEK 直接支付给爱沙尼亚央行而非社会银行的行为,构成非公共目的的、歧视性的、没有及时充分有效赔偿的征收,违反了《爱沙尼亚—美国 BIT》第 3 条第 1 款。

(2)爱沙尼亚央行有关违反并擅自修改临时协议的条款等行为,违反《爱沙尼亚—美国 BIT》第 2 条第 3 款 a 项和 c 项关于投资公平公正待遇及履行投资合同义务的规定。

(3)爱沙尼亚央行违反注销协议,使 EIB 股本低于最低资本要求,并以此为借口吊销 EIB 许可证的行为,违反《爱沙尼亚—美国 BIT》第 2 条第 3 款 a 项、b 项、c 项,以及《爱沙尼亚—美国 BIT》第 3 条第 1 款、第 9 条第 2 款。

(4)爱沙尼亚央行 1997 年 3 月 18 日训令的签发违反了《爱沙尼亚—美国 BIT》第 2 条第 3 款 a 项、b 项和第 9 条第 2 款,以及第 2 条第 11 款有关干涉权利、执照、许可证的发放的规定。

(5)爱沙尼亚央行通过使用“未公开、秘密且无法律依据的条例”(1997 年 5 月准则)收集其本无权获取的信息,违反《爱沙尼亚—美国 BIT》第 2 条第 8 款有关要求及时公布所有影响投资的法律、法规、行政惯例等的规定。

(6)爱沙尼亚央行未经正当程序和任何形式的事先通知,以借口式的理由,吊销EIB的许可证的行为,违反《爱沙尼亚—美国BIT》第2条第3款a项和b项、第2条第11款、第3条第1款、第4条第1款以及第9条第2款自由转让投资的规定。

(7)爱沙尼亚法院驳回在有关吊销许可证的诉讼结果出来之前暂停对EIB清算的申请,然后以清算待决为由驳回吊销许可证的诉讼,构成歪曲司法,违反了《爱沙尼亚—美国BIT》第2条第3款a项和b项、第2条第7款、第3条第1款、第4条第1款有关向投资者提供有效国内手段以主张投资索赔的规定。

(8)爱沙尼亚共和国对一个或多个申请人提出刑事指控威胁,以及其他形式的骚扰,违反《爱沙尼亚—美国BIT》第2条第3款a项和b项。

(9)申请人要求赔偿1,639,344美元,以弥补与购买社会银行Koidu分行有关的虚假陈述造成的损失(根据东方信贷公司在1992年12月购买EIB对社会银行的索赔而支付的金额)加上截至付款日10%的利息。此外,申请人在EIB的原始300万EEK投资损失也应得到赔偿,并根据假设EIB许可证未被吊销的当前公平市场价值来计算,EIB目前的潜在价值为5000万美元到7000万美元。

2. 仲裁被申请人的反对意见

被申请人以反诉的形式,要求仲裁庭命令申请人归还由金宁先生和达什科夫斯基先生从EIB转出、目前由欧洲资本公司持有的290万美元,以完成EIB的清算,并要求申请人因前述行为向被申请人赔偿340万美元以上的损失,外加本案仲裁费用。

(五)仲裁庭结论

仲裁庭裁定:

(1)驳回被申请人的管辖权异议;

(2)被申请人的代表机构爱沙尼亚央行,在向EIB出售社会银行Koidu分行方面,或在EIB就其购买该分行的损失提出的索赔方面,没有违反《爱沙尼亚—美国BIT》或爱沙尼亚法律;

(3)被申请人的代表机构爱沙尼亚央行吊销EIB许可证的行为,并未违反《爱沙尼亚—美国BIT》或爱沙尼亚法律;

(4)被申请人没有“骚扰”金宁先生或达什科夫斯基先生而违反《爱沙尼亚—美国BIT》或爱沙尼亚法律;

(5)申请人的所有请求均被驳回;

(6)被申请人的反诉被驳回;

(7)关于费用,当事各方应自行承担与诉讼有关的所有费用和开支,仲裁费用应由申请人和被申请人按相等份额各自承担。

二、主要法律争议

(一)仲裁庭对本案是否具有管辖权

1. 被申请人的主张

被申请人认为,申请人无权依据《爱沙尼亚—美国 BIT》将本案争议提交仲裁,有三点理由。

其一,申请人的索赔不属于《爱沙尼亚—美国 BIT》项下的“投资”。

其二,这些索赔业已交由爱沙尼亚和美国法院审裁,而《爱沙尼亚—美国 BIT》与《ICSID 公约》均包含选择法院(choice of forum)的规定,申请人通过选择将争端诉至爱沙尼亚法院的行为,代表其已经用尽将同一争端诉诸其他救济的权利。依据《爱沙尼亚—美国 BIT》第 6 条第 8 款,EIB 可以被视为美国法人,其诉诸爱沙尼亚司法和行政程序的行为成功排斥了其“家长”(申请人)提交国际仲裁的权利。Andreas F. Lowenfeld 教授在其声明中亦提出,申请人、欧洲资本集团(Eurocapital Group)及 EIB 相互联合,且共同被金宁先生或其合伙人达什科夫斯基先生控制,因此这些实体已经构成了一个“团体”,“团体”里的任一成员诉诸当地行政或司法救济的行为,都可被归属为“团体”及其所有成员的行为。反之,若允许其中一成员诉诸国内法院,另一成员诉诸行政程序,其他成员或某控制股东则依据 ICSID 和《爱沙尼亚—美国 BIT》提交国际仲裁,这就违背了“选择救济”的原则和避免不一致裁决的宗旨。

其三,申请人关于购买 Koidu 分行、1996 年 4 月临时协议及 EIB 资本减少的主张事实发生于 1997 年 2 月 16 日之前,即《爱沙尼亚—美国 BIT》生效之前,因此这些索赔不能依据《爱沙尼亚—美国 BIT》享有仲裁管辖权。

此外,被申请人认为 Baltoil 公司并非东方信贷公司所有,因此根据《爱沙尼亚—美国 BIT》第 6 条第 8 款,Baltoil 公司并非本仲裁的适格申请人。

2. 申请人的主张

仲裁庭具有本案管辖权。就被申请人提出的《爱沙尼亚—美国 BIT》未生效抗辩,申请人主张其所有索赔均源于《爱沙尼亚—美国 BIT》生效之后，爱沙尼亚央行所采取的违反《爱沙尼亚—美国 BIT》规定的措施，且《爱沙尼亚—美国 BIT》适用于在其生效时已经存在的投资。

3. 仲裁庭的裁定

仲裁庭认为其对本案的核心问题——爱沙尼亚央行吊销 EIB 许可证事宜享有管辖权，而对 EIB 购买 Koidu 分行及其损失事项不享有管辖权。具体而言，本案的核心待决事项是爱沙尼亚央行对 EIB 的关切及监管措施是否合法，因此管辖权能否成立取决于申请人是否对 EIB 享有所有权权益（而非 EIB 对 Koidu 分行的所有权权益）以及这种权益是否构成《爱沙尼亚—美国 BIT》项下的“投资”。

针对申请人是否有将本案争端提交 ICSID 仲裁的权利，仲裁庭一一审查了《ICSID 公约》和《爱沙尼亚—美国 BIT》所规定的 ICSID 管辖权成立的四大要件[1]。第一，就“直接因投资引起的法律争端”要件，仲裁庭认为本案申请人在 EIB 的所有权权益，是由申请人“直接或间接拥有或控制的公司股份”，完全符合《ICSID 公约》和《爱沙尼亚—美国 BIT》第 1 条 a 项第 2 目所规定的“投资”。本案核心争议——EIB 的经营许可证被吊销也属于《爱沙尼亚—美国 BIT》第 6 条第 1 款列举的“投资争端”中“涉及可能违反本条约授予或设定的关于投资的任何权利的争端”。[2] 第二，就“争端被申请人必须为缔约国或其机构，申请人须为另一缔约国的国民”要件，爱沙尼亚央行属于《爱沙尼亚—美国 BIT》第 2 条第 2 款 b 项所定义的“国家机构”，[3]因此爱沙尼亚构成有关爱沙尼亚央行被诉行为的适格被申请人。本案三位申请人亦满足“另一缔约国的国民”要件。金宁先生是美国公民，东方信贷公司是金宁先生全资拥有的一家美国公司，而 Baltoil 公司又是一家由东方信贷公司全资拥有的爱沙尼亚公司，因此有权根据《ICSID 公约》第 25 条第 2 款 a 项和《爱沙尼亚—美国 BIT》第 6 条第 8 款被视为美国国民。第三，就“双方同意”要件，《爱沙尼亚—美国 BIT》第 6 条第 3 款规定了爱沙尼亚对提交争端至 ICSID 仲裁所需的“同意”，申请人亦通过提交仲裁

---

[1] 四大要件包括：一项直接由投资引起的法律争端；发生于缔约国（或缔约国机构）与另一缔约国国民之间；同意提交 ICSID 仲裁；且 BIT 规定的被申请人的同意存在附加条件，即申请人未将争端提交爱沙尼亚法院或行政程序解决，或未按照任何可适用的、事先商定的争端解决程序解决。

[2] 《爱沙尼亚—美国 BIT》第 6 条第 1 款的定义为“由下列事项引起或与之有关的争端：（a）投资协议（b）投资授权书或（c）可能违反本条约授予或设定的关于投资的任何权利”。

[3] 《爱沙尼亚—美国 BIT》第 2 条第 2 款 b 项中规定，每一缔约方应确保其维持或建立的任何国家企业的行为不违背该缔约方在本条约下的义务，无论该企业在何处实施任何缔约方授予的监管、行政或其他管理权力，例如征收、授予许可证等。

申请等方式表达了对仲裁的同意。第四,就申请人是否已经将争端提交爱沙尼亚法院或行政程序解决,或已经按照任何可适用的、事先商定的争端解决程序解决的问题,一方面取决于爱沙尼亚和美国法院的裁决事项在多大程度上等同于本案仲裁的待决事项,另一方面取决于将 EIB 和三位申请人视作一个"团体"并将 EIB 采取的法律措施定性为"选择法院"且归属为整个"团体"行为的做法是否妥当。仲裁庭认为,其一,EIB 在爱沙尼亚法院发起的有关购买 Koidu 分行和被吊销许可证等诉讼,与申请人提交给本案仲裁庭的投资争端之诉因/标的并不相同,前者固然对申请人利益有所影响,但并未使三位申请人成为这些国内程序的当事人。其二,针对 EIB 与 Koidu 分行相关的损失和被吊销许可证等损害,有且仅有爱沙尼亚国内法院拥有管辖权,且这些国内诉讼行为代表着 EIB 所有股东、储户、债务人及雇员的利益,而不单是为了申请人的利益。这根本区别于本案所涉"投资争端"——仅涉及三位申请人因被申请人违反《爱沙尼亚—美国 BIT》规定而遭受的损失。东方信贷公司在美国的 Texas 诉讼同理,亦不构成"选择法院",而排除申请人提交国际仲裁的权利。此外,针对被申请人关于《爱沙尼亚—美国 BIT》不适用于其生效前产生的争端之管辖权异议,仲裁庭认为《爱沙尼亚—美国 BIT》第 12 条已经规定,《爱沙尼亚—美国 BIT》适用于 1997 年 2 月 16 日条约生效之前和生效时的所有投资。综上所述,被申请人的管辖权异议并不成立。

(二)爱沙尼亚央行在 Koidu 分行事项上是否违反公平公正投资待遇

1. 申请人的主张

申请人主张爱沙尼亚央行以下三项行为违反了《爱沙尼亚—美国 BIT》第 2 条第 3 款 a 项关于公平公正投资待遇的规定。其一,拒绝向 EIB 赔偿因其组织拍卖的 Koidu 分行资产失实而给 EIB 造成的损失;其二,违反其为解决 Koidu 分行争议而与 EIB 签订的临时协议;其三,单方面推翻注销协议,使 EIB 不得不将其就 Koidu 分行损失相关索赔转让给东方信贷公司,以维持资本水平。

2. 被申请人的主张

被申请人认为,首先,爱沙尼亚央行及 Kraft 先生与 Koidu 资产负债表资产失实事件无关。有关 Koidu 分行资产的所有文件均由社会银行人员编制分发,而非爱沙尼亚央行人员。Kraft 先生既不了解分行具体资产,亦未就该资产作出任何陈述,其在社会银行的任职经历并不能代表其与 Koidu 分行拍卖业务有关联。其次,爱沙尼亚央行于 1994 年 8 月 11 日向爱沙尼亚所有金融机构发出拍卖 Koidu 分行的通知,并为所有潜在投标人作出了现场审查 Koidu 分行资产的安排，也即爱沙尼亚央行提供了购买方检查资产的机会。而以 Peep Sillandi 行长为代表的 EIB 人员也在交易完成前对 Koidu 分行及其资产进行了他们满意的尽职调查。综上所述，爱沙尼亚央行及 Kraft 先生对 Koidu 分行资产失实及 EIB 的损失没有赔偿责任。

3. 仲裁庭的裁定

首先，针对申请人关于爱沙尼亚央行应向 EIB 赔偿 Koidu 分行相关损失的主张，仲裁庭认为该主张缺乏法律依据。一方面，申请人未能证明 Kraft 先生曾参与虚报 Koidu 分行资产。Kraft 先生先前在社会银行总部任职的事实并不能证明他在拍卖 Koidu 分行时了解分行信贷组合状况的论点。另一方面，负责收购 Koidu 分行谈判的 EIB 人员也不够专业和细心。鉴于银行的信贷组合不可能在几小时内当场检查完毕，且 EIB 作为购买方应当对社会银行濒临破产的情形知情，并应采取额外预防措施，例如坚持要求对方提供与资产质量有关的担保。综上所述，EIB 应对其行为和疏忽产生的后果自行负责。

其次，至于爱沙尼亚央行是否违反临时协议，申请人声称 1996 年 4 月协议虽然标题为“临时协议”，本意仍是终局性的。仲裁庭则认为尽管爱沙尼亚央行 1996 年 8 月向 EIB 提供的新协议草案变更了临时协议的条款，EIB 也不应在未经进一步协商谈判的情况下就直接拒绝爱沙尼亚央行提供的新协议。总言之，临时协议并未生效，爱沙尼亚银行因此并未违反一项有约束力的协议。

最后，在推翻注销协议的问题上，仲裁庭认为，申请人并未能成功证明爱沙尼亚央行一开始为何会允许将 Koidu 分行的不良资产逐步注销，以及这一决定被推翻的原因。但无论爱沙尼亚央行明显改变主意的原因是什么，都不能视为爱沙尼亚央行违反协议。允许逐步摊销及其撤回允许的决定都是监管措施，根据公认的会计惯例，爱沙尼亚央行立即注销损失的要求在本案中并非不合理。

（三）爱沙尼亚央行吊销 EIB 许可证的合法性

1. 申请人的主张

爱沙尼亚央行一再要求申请人就其在 EIB 的股份申请持股许可，以及毫无法律依据地要求 EIB 提供资料等行为，明显侵犯了申请人依据《爱沙尼亚—美国 BIT》所享有的投资权利，违反了《爱沙尼亚—美国 BIT》第 2 条第 3 款 a 项（公平公正投资待遇）、第 2 条第 3 款 b 项（禁止以专断或歧视性措施损害投资）等规定。

2. 被申请人的主张

被申请人认为,爱沙尼亚央行要求 EIB 及申请人申请持股许可并提供相关信息,是根据《信贷机构法案》等银行法的授权的正当监管行为。然而 EIB 及申请人拒不配合,甚至提供虚假或误导性信息,且经爱沙尼亚央行调查发现,EIB 的总资本低于最低资本要求,进行了若干可疑交易,这些事实均能证明 EIB 的许可证被吊销是有充分理由支持的。

3. 仲裁庭的裁定

仲裁庭首先就法律适用作出决定,根据《ICSID 公约》第 42 条第 1 款,仲裁庭应依据双方当事人达成的协议来审理争端,若当事人未达成此种协议,则适用缔约国一方的法律(包括其冲突法)和相关国际法。本案由于没有当事人特别协议,因此适用爱沙尼亚法律审理争端。

爱沙尼亚央行要求申请人提供相关信息,是《爱沙尼亚银行法案》第 17 条第 5 款授权下的正当监管行为,具有充分法律依据。其中爱沙尼亚央行要求 EIB 提供股东相关信息,以评估 EIB 是否向关联方提供贷款或与其交易,符合《信贷机构法案》第 59 条第 6 款的规定。而 EIB 无正当理由拒不配合这项要求,不愿意提供甚至提供模糊、不完整信息的行为,使仲裁庭有理由推定 EIB 与关联方存在交易。此外,爱沙尼亚央行在 1997 年 5 月 21 日要求 Eurocapital 公司、Baltoil 公司及东方信贷公司向其提供有关持股许可的进一步信息,该行为亦属于正当监管行为,但唯一缺陷在于这项要求的发出,超过了《信贷机构法案》第 29 条第 4 款所规定的“30 天”期限,按照第 29 条第 4 款规定,央行应在收到申请的 30 天内作出是否同意的决定,而爱沙尼亚央行要求进一步提供信息的行为已经超时,存在不合规之处,但这并未给申请人造成损害。

爱沙尼亚央行吊销 EIB 许可证,不属于违反《爱沙尼亚—美国 BIT》第 2 条第 3 款 a 项规定的“公平公正投资待遇”的行为。《爱沙尼亚—美国 BIT》中的公平公正待遇指一项独立于国内法的最低国际标准,违反该标准的行为包括玩忽职守、远低于国际标准或主观恶意等。本案中爱沙尼亚央行拥有充分依据作出吊销决定,因此不违反公平公正投资待遇标准。

爱沙尼亚央行吊销 EIB 许可证,也不违反《爱沙尼亚—美国 BIT》第 2 条第 3 款 b 项关于禁止歧视性或专断性地损害投资。仲裁庭认为,国际法一般要求一国不得“歧视性”对待外国人及其财产。但传统国际法并不要求一国平等对待所有外国人及其财产，或要求国家同等对待外国人与国民，因此细微的区别对待并不违反国际法要求。何况本案并没有证据能证明爱沙尼亚央行歧视性地、专门地针对EIB，或对EIB的待遇低于爱沙尼亚其他国内银行。此外，申请人亦未能证明爱沙尼亚央行吊销EIB许可证是为了损害或歧视对待EIB或任何申请人。同样地，没有证明表明爱沙尼亚央行的吊销行为属于“专断待遇”，该行为属于爱沙尼亚央行在爱沙尼亚政治经济转型升级背景下出于公共目的，加强银行业审查、履行监管职责的正当行为。

总言之，仲裁庭认为爱沙尼亚央行吊销许可证的行为，一方面，并未超出其监管权范围，符合爱沙尼亚相关法律，因此不属于《爱沙尼亚—美国BIT》项下的“歧视外国投资者”或“拒绝司法”行为。另一方面，从爱沙尼亚央行吊销EIB许可证的整个决议程序来看，EIB未收到任何有关许可证被吊销的警告或通知，也没有被邀请出席爱沙尼亚央行理事会召开的决议会议或作出任何陈述，吊销EIB许可证决议即时生效，亦剥夺了EIB在该决议被公开前诉诸法院的机会。这些程序瑕疵违背了一般银行监管惯例，有待改进，但并未上升至违反《爱沙尼亚—美国BIT》项下的公平公正待遇或非歧视、非专断待遇的程度。

三、简要评析

本案主要涉及公平公正待遇的解释和判断问题。作为人类理性和法律价值的反映，双边投资条约的所有法律活动都离不开公平公正待遇的指引和约束。与国民待遇和最惠国待遇等相对待遇标准不同，公平公正待遇被认为是国际投资条约中规定的绝对待遇标准。如果一国的行为明显不正当地损害了外国投资者的投资利益，其行为对公平公正法律理念的偏离达到令人震惊的程度，那么可以认定该国行为违反了公平公正待遇条款。仲裁庭将公平公正待遇解释为与国际最低待遇标准等同的标准，认为条约中规定的公平公正待遇通常应理解为要求东道国提供独立于其国内法的国际最低标准待遇。有无违反这一标准表现在东道国政府或机构是否采取故意渎职、远低于国际标准的不充分行动或故意失信等行为或措施。基于公平公正待遇条款在投资法领域中的重要地位，仲裁庭如何在平衡投资者保护和东道国主权的基础上对“公平公正待遇”标准进行解释，依旧是当今投资仲裁实践中十分重要的课题。

（编写者：武汉大学国际法研究所2019级硕士研究生　胡安琪）

马文·罗伊·费尔德曼·卡尔帕
诉
墨西哥合众国

仲裁案

案情概要

案名	马文·罗伊·费尔德曼·卡尔帕诉墨西哥合众国案
案件裁判来源	http://www.italaw.com/cases/435
案号	ICSID Case No. ARB(AF)/99/1
当事人	申请人:马文·罗伊·费尔德曼·卡尔帕
	被申请人:墨西哥合众国
行业	批发业
仲裁机构和仲裁地	国际投资争端解决中心,加拿大安大略省渥太华
仲裁依据	《北美自由贸易协定》
适用的仲裁规则	《国际投资争端解决中心附加便利仲裁规则》
仲裁庭组成	首席仲裁员:Kerameus,K. D.
	仲裁员(申请人指定):Gantz,D. A.
	仲裁员(被申请人指定):Covarrubias Bravo,J.
日期	仲裁程序开始日期:1999 年 4 月 30 日
	最终裁决发布日期:2002 年 12 月 16 日
仲裁请求	申请人请求仲裁庭宣布被申请人以征收的方式违反了其在 NAFTA 下对申请人的义务,并请求裁决被申请人支付赔偿和利息
核心争议点	被申请人的行为是否构成征收行为
仲裁庭主要结论	仲裁庭认为被申请人有关申请人投资的行为构成 NAFTA 第 1110 条项下的征收行为
裁决结果	支持投资者
后续进展	2003 年 12 月 3 日,被申请人向安大略省高级法院提出撤销仲裁裁决的申请,法院驳回了申请 2005 年 1 月 11 日,被申请人向安大略省上诉法院申请撤销仲裁裁决的申请,上诉被驳回

Case Summary

Name of Case	Marvin Roy Feldman Karpa v. The United Mexican States
Web Page	http://www.italaw.com/cases/435
Case Number	ICSID Case No. ARB(AF)/99/1
Parties	Claimant: Mr. Marvin Roy Feldman Karpa
	Respondent: The United Mexican States
Industry	Wholesale
Administering Institution & Seat of Arbitration	ICSID; Ottawa, Province of Ontario, Canada
Basis for Arbitration	NAFTA
Rules Used in Arbitral Proceedings	ICSID Additional Facility Arbitration Rules
Arbitrator(s)	Presiding Arbitrator: Kerameus, K. D.
	Arbitrator (Claimant's appointee): Gantz, D. A.
	Arbitrator (Respondent's appointee): Covarrubias Bravo, J.
Date	Date of Commencement of Proceeding: 30 April 1999
	Date of Issue of Final Award: 16 December 2002
Relief Request	The Claimants request a declaration that Mexico has breached its obligation through expropriation and an order directing Mexico to pay damages, with interests
Key Issue	Whether Mexico's action constitutes an expropriation
Tribunal's Conclusions on Key Issue	The Tribunal held that the actions of Mexico with regard to the Claimant's investment did not constitute an expropriation under Article 1110 of NAFTA
Award	In favour of Investor
Follow-up Progress	On 3 December 2003, the Respondent filed an application to set aside the arbitral award with the Ontario Superior Court of Justice, which dismissed the application. On 11 January 2005, the Respondent, the Government of Mexico, applied to the Ontario Court of Appeal to set aside the arbitral award, and the appeal was dismissed

一、案件事实

(一)投资事实

CEMSA是一家墨西哥出口公司,出口烟草产品。该公司是一家根据墨西哥法律设立的公司,归马文·罗伊·费尔德曼·卡尔帕先生(以下简称申请人)所有。申请人作为CEMSA的唯一投资人代表公司提起仲裁。

(二)被诉行为

申请人认为墨西哥政府(以下简称被申请人)因其财政和公共信贷部的行为违反了NAFTA第11章的规定。具体而言,申请人主张,被申请人拒绝退还针对CEMSA出口的香烟征收的消费税(以下简称IEPS税),以及拒绝承认CEMSA有关香烟出口退税的权利的行为,违反了NAFTA第1102条(国民待遇)、第1105条(最低待遇标准)、第1110条(征收和补偿)。

1990年至1997年,某些情况下,被申请人出口香烟的税率为零,而多数情况下可以退还香烟售价中包含的税款。1991年被申请人修改IEPS法,规定香烟转销商不能享有零税率也不能获得退税,只有生产商可以。1992年被申请人又修改法律,允许所有香烟出口商获得退税,但是必须满足发票要求(必须在发票上单独明确注明IEPS税),但是像CEMSA这样的转销商无法满足发票要求。1992年和1996年6月至1997年9月,CEMSA都获得了被申请人的退税。然而,1997年12月,被申请人在没有提前警告的情况下终止了对CEMSA的退税。同月,被申请人修改了IEPS法,禁止向香烟转销商(CEMSA也属于香烟转销商)退税,并规定欲获得退税资格的企业需要在指定部门完成注册登记。1998年,被申请人再次修订IEPS法,CEMSA被拒绝注册为香烟和酒精饮料的授权出口商。被申请人在对CEMSA进行审计之后,要求其返还1996年至1997年获得的退税。

(三)程序时间轴

·1999年4月30日,申请人根据NAFTA第1120条提出仲裁申请,并向ICSID秘书长申请获得附加便利。申请人认为被申请人的行为等同于国有化或者征收,构成了拒绝司法,违反了国际法和NFATA第1110条和第1105条第1款。申请人请求仲裁庭宣告被申请人的行为构成征收,且没有及时提供充分有效的赔偿,没有提供公平公正待遇和充分保护与安全,违反了相应义务;要求墨西哥政府赔偿 5000 万美元以弥补申请人遭受的损失。

· 1999 年 5 月 27 日,ICSID 代理秘书长通过了附加便利的申请,并在当日签发了仲裁通知登记证明。

· 2000 年 1 月 18 日,根据《ICSID 附加便利规则》第 14 条,ICSID 通知当事各方,所有仲裁员已经接受任命,仲裁庭正式组成,仲裁程序从当天开始。

· 2000 年 2 月 15 日,申请人申请临时措施以保护其权利。

· 2000 年 3 月 10 日,仲裁庭在华盛顿第一次开庭,决定仲裁地为加拿大渥太华。

· 2000 年 5 月 3 日,仲裁庭准许临时措施的申请,并确定了各程序的时间节点。

· 2000 年 7 月 18 日,仲裁庭发布第 3 号程序指令要求当事方交换书面诉状,同时要求申请人提交有关管辖权的诉状,被申请人提交辩诉状。同日,申请人请求仲裁庭修正第 3 号程序指令,将管辖权争议从法律根据中移除。

· 2000 年 8 月 3 日,仲裁庭结合申请人和被申请人双方意见,发布第 4 号程序指令,重申第 3 号程序指令要求,确认了初步管辖权争议辩诉状的时间表。

· 2000 年 8 月 21 日,申请人提交了管辖权争议的诉状。

· 2000 年 8 月 24 日,仲裁庭邀请加拿大和美国于当年 10 月 6 日之前提交有关先决问题的意见。

· 2000 年 9 月 8 日和 11 日,被申请人分别提交了英文版和西班牙语版的先决问题辩诉状。

· 2000 年 12 月 6 日,仲裁庭就先决问题发布初步决定。

· 2001 年 3 月 30 日和 5 月 24 日,申请人和被申请人分别提交有关法律依据的诉状、辩诉状。

· 2001 年 6 月 28 日,加拿大根据 NAFTA 第 1128 条提交有关法律依据争议的意见,美国没有提交相关意见。

· 2001 年 7 月 9—13 日,仲裁庭就法律依据问题举办听证会,双方当事人和证人均到场。

· 2002 年 5 月 17 日,仲裁庭要求当事方和 NAFTA 成员方提交有关平行诉讼和救济措施的意见。

· 2002 年 8 月 5 日,Alejandro A. Escobar 先生因私人法律业务离开 ICSID,由

Gabriela Alvarez Avila 女士代替其作为仲裁庭秘书。

·2002 年 12 月 16 日,仲裁庭最终在加拿大渥太华作出仲裁裁决。

·2003 年 12 月 3 日,被申请人向安大略省高级法院提出撤销仲裁裁决的申请,法院驳回了申请。

·2005 年 1 月 11 日,被申请人向安大略省上诉法院申请撤销仲裁裁决的申请,上诉被驳回。

(四)仲裁请求

仲裁申请人的仲裁请求:

其一,宣告被申请人违反 NAFTA 中的义务,包括征收申请人的投资但没有及时给予充分有效的补偿,没有提供公平公正待遇和充分保护与安全、没有提供国民待遇。[1]

其二,责令被申请人就 CEMSA 因墨西哥政府行为遭受的损失支付损害赔偿,总额为 5000 万美元,约为 4.75 亿墨西哥比索,同时支付相应利息。

其三,责令被申请人履行任何其他正当合法的法律或衡平救济措施。

(五)仲裁庭结论

(1)裁定被申请人没有侵犯申请人权利或者违反 NAFTA 第 1110 条项下义务。

(2)裁定被申请人违反 NAFTA 第 1102 条项下义务,侵害申请人相关利益。

(3)裁定被申请人立刻向申请人支付 9,464,627.50 墨西哥比索,附加总额为 7,496,428.47 墨西哥比索的利润。

(4)驳回申请人其他有关补偿的诉请。

(5)关于费用,仲裁庭指出,当事各方各自负担诉讼代表费用和其指定仲裁员的费用,其余费用应分摊。

二、主要法律争议

(一)管辖权争议

1. 起诉权

(1)申请人的主张。申请人作为美国公民,尽管有墨西哥永久居留权,也有根据 NAFTA 第 11 章提起仲裁的起诉权。

---

[1] 有关国民待遇的仲裁请求是由申请人后来单独补充的。

(2)被申请人的主张。被申请人认为,申请人因为其在墨西哥的永久居留权丧失了 NAFTA 第 11 章下的起诉权。

(3)仲裁庭的裁定。仲裁庭认为,根据一般国际法,公民权(国籍)而非居住权才是国家与个人之间最重要的连接点。针对双重国籍问题,正常授予的国籍原则上是优先于永久居留权的。通过上下文解释和目的解释,仲裁庭不认为根据 NAFTA 第 201 条中的"国民"定义可以认定永久居留权等同于国籍。NAFTA 的相关规定只是将投资保护的对象扩大到了在缔约方拥有永久居留权的公民。因此,仲裁庭裁定,拥有墨西哥的永久居留权不妨碍申请人作为美国公民能够享有 NAFTA 下的起诉权。

2. 诉讼时效

(1)申请人的主张

申请人主张,3 年的诉讼时效应当从申请人发出有仲裁意向的通知开始计算。申请人和被申请人于 1995 年 6 月 1 日达成了有关 CEMSA 出口香烟以及获得退税的权利的协议,该行为导致诉讼时效中止。诉讼时效中止期间为 1995 年 6 月 1 日—1998 年 2 月 16 日。

此外,由于禁反言的原则,被申请人不得在本案中援引诉讼时效相关的抗辩。1997 年 11 月之前,财政和公共信贷部都没有要求申请人提供特定的发票。财政和公共信贷部向申请人承诺,可以在不提供单独发票的情况下退税给 CEMSA。基于财政和公共信贷部承诺,申请人购买了大量含有 85%IEPS 税款的香烟。因此,被申请人①不能拒绝 CEMSA 在 1997 年 10 月至 11 月申请退税;②不能要求 CEMSA 返还在 1996 年至 1997 年得到的退税。此外,申请人坚称,关于法律如何适用的陈述属于事实陈述,二者在国际法下没有区别,都能够适用禁反言原则。

(2)被申请人的主张

被申请人主张,3 年的诉讼时效应当从申请人发出提交仲裁申请开始计算。被申请人辩称,自己没有和申请人达成免除发票要求的协议。即便该协议的确存在,在墨西哥法律中也是无关紧要的。

申请人有关禁反言的主张也没有法律和事实支撑。NAFTA 三个成员方(墨西哥、加拿大、美国)均规定,纳税人均不得援引禁止反言原则阻碍税法的实施。且禁反言原则只与事实陈述有关,和对法律含义的陈述无关。换言之,税务机关对法律的错误解读不能阻止他们征税。而本案中,申请人援引禁止反言的对象是对 IEPS 法含义的陈述。

此外,申请人援引的案例甚至没有明确适用禁止反言原则,与本案案情不符。最后,NAFTA 成员方国内法对于禁止反言的排除适用十分重要,因为这可用于证明:①申请人的陈述没有依据;②没有可以直接适用于财政和公共信贷部的禁反言的国际规则;以及③禁止反言不属于国际习惯法。

(3)仲裁庭的裁定

NAFTA 第 1117 条第 2 款规定了 3 年的诉讼时效,仲裁庭解释称 NAFTA 第 1117 条第 1 款 b 项用"提起仲裁"这一措辞作为"仲裁程序的明确启动标志",仲裁庭认为只有仲裁通知到达 ICSID 秘书长处,而不是有仲裁意向的通知到达 ICSID 秘书长处才能作为中断诉讼时效的标志。最终仲裁庭在初步决议中认定诉讼时效的中断起算之日是 1999 年 4 月 30 日。

有关时效的中止。仲裁庭认为 NAFTA 第 1117 条第 2 款未规定诉讼时效的中止。根据一般法律原则,中止时效一般是在时效期间的最后阶段才可以被考虑,且中止事项限于不可抗力或者是债务人恶意阻止债权人起诉的行为。被申请人通过口头保证"阻挠"仲裁申请,但是不代表阻止申请人提起仲裁请求。因此,仲裁庭驳回申请人的该论点。

仲裁庭强调 NAFTA 第 1116 条第 2 款和第 1117 条第 2 款已经明确规定了严格的诉讼时效抗辩,只有在特定的例外情形下,非正式的、没有经过授权的国家行为才可能引发诉讼时效的中断,或者禁止被申请人提起诉讼时效抗辩。这些例外情形是指,当事国的有权机构长期、一致、连续且有效地承认申请人索赔的存在和索赔数量的有效性。但是本案中,虽然财政和公共信贷部中高层官员多次确认申请人和 CEMSA 能够获得 IEPS 退税的资格的行为,但是这些行为并不符合上述例外情形。所以仲裁庭对被申请人不得援引诉讼时效抗辩的主张不予支持。

因此,仲裁庭裁决,被申请人的承诺和保证不构成禁止反言的基础。但是,仲裁庭认为被申请人的此类行为的确是申请人扩大投资的原因,所以会在征收和补偿、国民待遇部分予以考察。

3. 增加仲裁请求

(1)申请人的主张

申请人主张,申请人可以在提交仲裁通知之后增加仲裁请求或者修改其仲裁请求,法律依据是《ICSID 附加便利规则》第 48 条。

(2)被申请人的主张

被申请人主张,如果申请人要增加仲裁请求,应当先满足 NAFTA 第 11 章 B 节,即第 1119 条,第 1120 条和第 1121 条的要求。这些条款优先于《ICSID 附加便利规则》第 48 条适用。

(3)仲裁庭的裁定

NAFTA 第 11 章 B 节的规定不应当优先于《ICSID 附加便利规则》第 48 条适用,且前者没有改变后者的内容。本案中申请人已经提交了有关违反 NAFTA 的第 1102 条的仲裁请求。且仲裁庭认为申请人增加仲裁请求的行为符合《ICSID 附加便利规则》第 48 条的要求,仲裁庭同意接受申请人增加的有关违反 NAFTA 的第 1102 条的仲裁请求。

4. NAFTA 生效前的诉请关联性

(1)申请人的主张

被申请人在 NAFTA 生效之前的措施与申请人在本案中的仲裁请求有关,这些措施持续到了 NAFTA 生效之后,仲裁庭可能会根据这些措施裁决申请人遭受的全部损失(包括 NAFTA 生效前的)。

(2)被申请人的主张

被申请人认为,无论是 NAFTA 生效后的“新”措施还是从生效前持续到生效后的措施,都可能造成对 NAFTA 义务的违反,但是并不代表投资者可以要求任何由于 NAFTA 生效前的措施造成的损失赔偿。

(3)仲裁庭的裁定

仲裁庭裁定,只有被申请人在 NAFTA 生效之后的措施,且是涉嫌违反 NAFTA 的措施,才与案件中的仲裁请求有关。因此仲裁庭拒绝任何 NAFTA 生效前的诉请。

5. 用尽当地救济

(1)申请人的主张

申请人称,NAFTA 第 11 章,尤其是第 2 节旨在给予 NAFTA 成员国的投资者以公正的国际争端解决。如果申请人想要在 NAFTA 项下获得赔偿,就必须放弃在墨西哥本地法院索要赔偿的权利。被申请人改变了在法院专属管辖权问题上的传统立场,以换取 NAFTA 中的权利。因此,仲裁庭可以审查被申请人国内法和墨西哥税务机关的行为,以决定是否符合国际法的最低标准,具体审查内容包括正当法律程序、公平公正待遇、充分保护与安全,这些内容已经被纳入 NAFTA 的具体条文中。因此,由于不同的审查标准,国际仲裁庭根据国际法得出的结论和国内法院根据国内法得出的结论可能会存在差异。

此外,申请人坚称,投资者和投资(公司)都已经放弃了在墨西哥法院索要赔偿的权利。虽然在墨西哥的诉讼程序处于未决状态,但是不会对仲裁庭的仲裁造成限制,原因如下:①根据墨西哥的程序要求,为了避免财产被没收,申请人被要求向财政和公共信贷部的行为提出异议;②仲裁庭组成之后,申请人已经提交了请求终止所有国内诉讼的文件。总而言之,申请人既没有根据墨西哥法律得到任何有效的法律救济,也没有被要求每年都提起保护程序以适应 IEPS 法律的变化。

(2)被申请人的主张

被申请人认为所有争议问题都已经提交到墨西哥法院,仍然处于上诉状态。在国内诉讼终止前,仲裁庭都不能评估墨西哥政府的责任。

(3)仲裁庭的裁定

仲裁庭认为,有关用尽当地救济争议的决议最终取决于 NAFTA 相关条文的措辞和结构。各条约会对用尽当地救济原则加以限制,NAFTA 也不例外。NAFTA 第 1121 条未照搬常用规则,而是设想了一种第 1117 条所指的违约行为的相关诉讼程序在国内正在进行中或者处于未决状态的情形。在投资者明确表示放弃国内诉讼的情况下,NAFTA 第 1121 条第 2 款 b 项更倾向于国际仲裁而不是国内诉讼,但是只限定于特定的情形。

仲裁庭认为,申请人已经通过提交仲裁申请放弃了国内诉讼的权利。且处于未决状态的国内诉讼只是宣告性的法律救济,并不涉及 IEPS 法是否符合 NAFTA 或者国际法。所以,仲裁庭得出结论,即仲裁庭可以受理仲裁申请,并且有管辖权审理争端。

(二)墨西哥的行为是否构成侵权

1. 申请人的主张

申请人主张,墨西哥当局,尤其是财政和公共信贷部拒绝授予 CEMSA 香烟出口的退税行为构成对投资的间接征收,等同于 NAFTA 第 1110 条下的征收行为。申请人指出,1993 年墨西哥最高法院的保护判决要求为 CEMSA 提供出口产品消费零税率,同时允许 CMESA 获得向其供应商支付的价格中包含的税款的退税。如果在承认

IEPS法第2条(允许生产商而不是分销商获得出口香烟零关税)是违宪的同时,却继续放任财政和公共信贷部拒绝给那些没有缴纳IEPS税、也无法提供单独注明IEPS税的发票(IEPS法第4条第3款指定的发票)的企业提供退税,那么最高法院的判决将毫无意义。

申请人认为,尽管被申请人与申请人达成了口头协议,承认了1993年墨西哥最高法院判决的效力,但是在行动上却没有遵循该判决。被申请人要求CEMSA返还退税,甚至以长期不予退税的方式将CEMSA逐出香烟出口行业,符合间接征收的定义,违反NAFTA第1110条。

2. 被申请人的主张

被申请人从以下几方面予以反驳:

一是财政和公共信贷部有关单独注明IEPS税的发票的要求完全符合1993年最高法院的决定。[1] 被申请人认为有关单独注明IEPS税的发票的问题并没有提交给最高法院,最高法院也没有作出过裁决。被申请人从未有过放弃IEPS法第4条规定的意图。虽然退税过程是自动的,但是财政和公共信贷部仍然保留审查接受者是否有权获得退税、退税数量是否正确的权利。

二是被申请人否认有申请人所说的口头协议的存在。财政和公共信贷部的官员没有废除过IEPS法的任何要求。

三是1998年墨西哥巡回法院判决,IEPS法要求单独注明IEPS税的发票的条文违反了纳税公平原则。尽管该案只针对1997年11月至12月的退税,但是被申请人认为足以证明其没有拒绝司法,或者其他违反国际法的行为,因此也无法构成违反第1110条的基础。

3. 仲裁庭的裁定

仲裁庭认为,本案的关键问题在于被申请人的行为是否构成NAFTA第1110条中的征收。

首先,仲裁庭意识到NAFTA第1110条缺乏对“征收”的明确定义,因此在具体案件中很难适用。在本案中,仲裁庭认为首要任务是要区分被申请人的行为究竟是构成征收或者国有化,还是政府合法管理行为。无论是前NAFTA时代还是后

[1] 有关单独注明IEPS税的发票的要求是,只有像申请人这样的分销商和制造商可以获得出口产品零IEPS税率,但是同时要获得零税率还需要满足IEPS法的其他要求,包括单独注明IEPS税的发票这一要求在内。

NAFTA 时代，区分征收和政府合法管理行为都是十分困难的。仲裁庭参考了《美国对外关系法重述》1987 年第 1 卷的第 712 节相关部分[1]的评论，即虽然有些税收措施可能构成间接征收，但非歧视性的、善意的一般税收并不会导致被申请人的责任。

其次，仲裁庭开始具体考察被申请人的拒绝退税的行为是否构成 NAFTA 第 1110 条中的征收。仲裁庭的结论是被申请人的行为不构成第 1110 条中的征收，没有违反第 1110 条。具体有四个理由：(1)根据阿兹尼安案[2]，外国投资者面临的商业问题并不都是 NAFTA 第 1110 条中的征收行为。仲裁庭认为大多数国家的税收机关在实践中的行为都有不一致或者不可预测的情况，IEPS 法就属于一项一般的税收措施。而且税法往往会被当作财政政策的一部分，一定会有一部分纳税人受益，而另一部分处于不利地位。财政和公共信贷部的一些行为的确不合理，但是并没有到违反国际法义务的程度。(2)NAFTA 并没有规定允许香烟的"灰色市场出口"(未经授权的转销商出口)。(3)仲裁庭认为，CEMSA 之类的转销商一直没有获得墨西哥法律书面授予的出口香烟的"权利"，因为 CEMSA 一直不能满足发票要求。[3] 仲裁庭还指出 1993 年墨西哥最高法院作出的判决[4]没有涉及发票要求。此外，仲裁庭还表示，发票要求并不是明显不合理的，因为它有助于核实香烟出口商要求的退税。墨西哥官员曾经承诺不会要求 CEMSA 满足发票要求，此类承诺缺乏透明度，且表述模棱两可。墨西哥官方也并没有确认这一承诺。但是在税法如此复杂的情况下，仲裁庭就对缺乏透明度能否上升为对 NAFTA 或者国际法有关透明度的规定的违反这一主张持怀疑态度。(4)仲裁庭指出申请人仍然处于对 CEMSA 的控制地位，CEMSA 仍在继续出口酒精饮料、摄影设备、隐形眼镜、奶粉等其他墨西哥产品。

最后，仲裁庭还考察了 NAFTA 下征收合法性的公共目的、非歧视和正当程序标准/公平公正待遇/拒绝司法，并引用先例中有关 NAFTA 中征收的结论和标准以证实自己的观点。引用的案例包括梅特克莱德公司诉墨西哥合众国案(以下简称梅特克

[1] 相关部分的内容为："一国应当基于国际法对以下行为造成的损害承担责任：(1)征收其他国家国民的财产，且(a)并非出于公共目的；(b)是歧视性的；(c)没有附随补偿条款。"

[2] 参见本书案例 11。

[3] 换言之，就是在发票上单独特别地标明 IEPS 税的要求，但是申请人一直没能满足。

[4] 决定内容是出口香烟产品的转销商和生产商都有资格获得退税。

莱德案)[1],阿兹尼安案,迈尔斯公司诉加拿大案[2],波普案[3]。(1)仲裁庭认为被申请人的政策有正当的公共目的,即阻止灰色市场出口和控制不合法的再出口。(2)针对非歧视原则,仲裁庭引用 *S. D. Myers* 的结论,即在驳回征收请求的同时,也可能裁决被申请人违反 NAFTA 第 1102 条。(3)针对正当程序要求/公平公正待遇/拒绝司法,仲裁庭指出,申请人有关拒绝司法的主张与财政和公共信贷部未能履行 1993 年最高法院的保护(Amparo)判决有关。本案中,有关拒绝正当程序和拒绝司法的控告因为一些因素被弱化。正如在阿兹尼安案里,申请人未能有效证明该案中墨西哥各级法院存在拒绝司法的情况,控诉的却是财政和公共信贷部的行为。阿兹尼安案中仲裁庭指出,"除非法院自身行为在国际法层面上不被承认,否则政府机构不应当为履行本国法院所承认的行为被责难。"阿兹尼安案还指出在证明司法拒绝时,必须有明确证据表明法院判决本身构成了对 NAFTA 的违反,或者相关法院未受理诉讼,或者是有明确地恶意地误用法律的情况。被申请人及法院采取的程序均是对原告公开的,因此不存在拒绝正当程序或者拒绝司法且达到违反国际法的程度。此外,针对申请人有关公平公正待遇的主张,仲裁庭认为,仲裁庭在本案中没有管辖权来直接决定被申请人行为是否违反了公平公正待遇规定(NAFTA 第 1105 条)。NAFTA 第 1105 条不适用于税务争端案例中,但可能和第 1110 条第 1 款 c 项的交叉引用有关。仲裁庭不需要裁定这种交叉引用是否会使得有关第 1105 条的全面考察在税务问题中是合适的。即便能认定被申请人行为构成了对第 1105 条的违反,也不能就此决定存在第 1110 条项下的非法征收。

(三)国民待遇

本案中只有两个相关的投资者,其中一个来自外国(申请人),另一个是本地公司(Poblano-Guemes 集团),二者都是从事购买墨西哥香烟然后出口到国外的业务。这两个企业都只能从批发商处购买香烟。由于批发商不是 IEPS 的纳税人,所以不知道产品中的 IEPS 税的具体金额。二者都不能提供 IEPS 法要求的发票。

1. 申请人的主张

申请人有关国民待遇的主张的本质是被申请人在 1998 年至 2000 年对 CEMSA

[1] 参见本书案例 7。
[2] 参见本书案例 16。
[3] 参见本书案例 21。

的歧视行为。在此期间,财政和公共信贷部至少许可三家和 CEMSA 情况类似的香烟转销商出口香烟、获得退税,这几家承销商都是从零售商处进货且无法提供注明 IEPS 税的发票。申请人对 1996 年至 1997 年受到的歧视性待遇表示抗议,在此期间申请人被拒绝获得退税,甚至被要求返还先前的退税,而其他转销商都获得了退税。申请人坚称,和与 CEMSA 情况类似的 Poblano 集团(本地企业)相比,CEMSA 受到了区别对待。此外,申请人还表示 NAFTA 第 1102 条适用于法律上和事实上的歧视。IEPS 法表面上不存在歧视,但是事实上,在类似情况下,给予申请人的待遇却低于本地企业。

2. 被申请人的主张

首先,CEMSA 和 Poblano 集团不存在可比性,因为二者是相互关联的,同属一个公司集团。而第 1102 条要求对比外国投资者和与其没有关联的本地投资者。其次,IEPS 法不存在法律上的歧视。也不存在事实上的歧视。财政和公共信贷部的政策是拒绝向所有无法满足发票要求的香烟转销商、出口商进行 IEPS 退税,与国籍无关。如果财政和公共信贷部同意给不能满足发票要求的 CEMSA 退税,就属于越权行为。最后,即便 CEMSA 和 Poblano 集团没有关联,也不存在对外国投资者和本国投资者的差别待遇。二者不处于“相似情形”。因为 CEMSA 在被审计的过程中 Poblano 没有接受审计。此外,被申请人还指出构成对第 1102 条的违反,必须证明歧视是由国籍差异造成的。

3. 仲裁庭的裁定

仲裁庭指出以下问题:(1)本地投资者是否和外国投资者处于“相似情形”;(2)是否有针对外国投资者的法律上或者事实上的歧视;(3)要在多大程度上证明区别待遇是由外国投资者的国籍导致的;(4)外国投资者必须享有针对本地投资者的最优惠待遇还是仅指其中一部分。

首先,仲裁庭就“相似情形”作出了狭义解释。由于申请人只针对事实歧视提出了申诉,所以仲裁庭只考察了 IEPS 法的执行。针对是否存在“相似情形”的问题,仲裁庭首先指出本案中面对相似情形的是从事香烟转售和出口的外资和本地公司。其他公司不在考虑范围之内。所以,仲裁庭确定所要考察的对象是外资控制的 CEMSA 和本地 Poblano 集团公司。

其次,仲裁庭认为存在歧视。多数意见指出 CEMSA 被拒绝退税期间,Poblano 集团却收到了退税。尽管被申请人也对 Poblano 集团进行了税务审计,但是多数意见认为 CEMSA 在审计过程中首当其冲就是被歧视的体现。此外,CEMSA 还被被申请人拒绝注册为出口贸易公司,且受理注册申请时间超过 7 个月。相反,Poblano 集团却在 14 天之内获得了出口贸易公司的授权。随后,通过参考 WTO 法有关规定,仲裁庭多数意见认为将证明责任转移给被告是合理的。仲裁庭引用 WTO 上诉机构的报告来支持自己的观点,即在申请人已经提供了初步证据之后,证明责任就可以转移给被申请人。仲裁庭强调初步证据已然存在,因为争端双方已经达成了简单的两个共识:(1)任何香烟转销商都不能合法取得 IEPS 退税(因为只有生产商可以获得合格的发票);(2)申请人没有获得退税而 Poblano 集团却得到了退税。此外,仲裁庭还补充到被申请人无法提供它没有歧视申请人的证据。

最后,仲裁庭认为此种歧视与国籍有关。仲裁庭认为,虽然国民待遇的设置是为了防止基于国籍的歧视,但是 NAFTA 第 1102 条没有明确规定必须证明歧视和国籍之间的关联。因此,在没有相反证据的情况下,基于事实和法律原因,仲裁庭已经提前假定歧视性待遇就是申请人国籍造成的。而在本案中,又的确存在证明歧视和国籍之间的关联的证据。仲裁庭也援引波普案的结论支持自己的观点。在本案仲裁庭看来,波普案倾向于推定在相似情形下对于外国投资者的歧视性待遇构成 NAFTA 第 1102 条的违反。

基于以上不利推论,多数意见认为被申请人违反了 NAFTA 第 1102 条。

三、简要评析

本案仲裁庭对管辖权和其他问题的裁决不具有开创性,但在分析 NAFTA 第 11 章中的问题时是较为细致的。仲裁庭在分析征收问题时列出了四点理由。在第三点中,墨西哥税法从未赋予像 CEMSA 这样的香烟转销商获得退税的权利。与此相关的一个问题是,如果法律本身没有赋予 CEMSA 这样的权利,那么墨西哥官员之前作出的口头承诺是否会导致 CEMSA 产生合理的期望。申请人表示此前曾与被申请人达成口头协议,约定可以在不满足发票要求的情况下获得退税。仲裁庭认为,没有有力证据证明协议的存在。所以申请人作出投资决定时依靠的并不是官方的承诺和保证。此外,仲裁庭还解释了透明度的问题。仲裁庭认为虽然墨西哥当局的行为在一定程度上缺乏透明度,但是仅仅缺乏透明度并不构成对 NAFTA 第 11 章的违反。因此,再结合其他理由,最终仲裁庭得出被申请人行为不构成征收的结论。仲裁庭在解释征收问题时提供了一个较为新颖的论点,即 CEMSA 仍然在从事其他业务。这个论点暗示仲裁庭排除了部分征收的可能性。这一论点可以留给投资者一定的启发,即以单独的法人实体从事独立业务将较为有利。

仲裁庭将国民待遇问题的分析分为两大部分,即"相似情形"和歧视。而对歧视的认定则多数是基于申请人提供的初步证据,由于被申请人没有提供相反证据(被申请人援引本国的隐私法,拒绝提供与申请人的竞争者的税收记录),所以仲裁庭得出存在歧视的结论。有仲裁员对证明责任的转移问题提出异议,认为证明责任不应该转移给被申请人。但是,由于仲裁庭无法强迫当事方提供证据,所以,一般认为,如果当事一方没有合理的理由拒绝公开相关证据,则推断该证据对该当事方不利。仲裁庭甚至可以在一方已经提供初步证据的情况下,在其没有充分证据的时候利用不利推论作出裁决,以支持该当事人,所以可以认为本案中仲裁庭的不利推论是合理的。

(编写者:武汉大学国际法研究所 2019 级硕士研究生　周雯露)

杨志欧私人贸易有限公司
诉
缅甸联邦共和国

仲裁案

案情概要

案名	杨志欧私人贸易有限公司诉缅甸联邦共和国仲裁案	
案件裁判来源	http://www.italaw.com/cases/1173	
案号	ASEAN I. D. Case No. ARB/01/1	
当事人	申请人:杨志欧私人贸易有限公司(依据新加坡法律成立)	
	被申请人:缅甸联邦共和国	
行业	酒、饮料和精制茶制造业;批发业	
仲裁机构和仲裁地	国际投资争端解决中心,文莱达鲁萨兰国斯里巴加湾市	
仲裁依据	《文莱达鲁萨兰国政府、印度尼西亚共和国、马来西亚、菲律宾共和国、新加坡共和国和泰国王国关于促进和保护投资的协定》(以下简称《1987年东盟投资协定》)	
适用的仲裁规则	《国际投资争端解决中心附加便利仲裁规则》	
仲裁庭组成	首席仲裁员:Sompong Sucharitkul	
	仲裁员(国际法院主席指定):James Crawford	
	仲裁员(国际法院主席指定):Francis Delon	
日期	仲裁程序开始日期:2000年6月29日	
	最终裁决发布日期:2003年3月31日	
仲裁请求	申请人请求仲裁庭确认缅甸的违法征收行为违反了《1987年东盟投资协定》第3条(一般义务)、第4条(待遇)和第6条(征收和补偿)的规定	
核心争议点	仲裁庭能否根据《1987年东盟投资协定》或《1998年东盟投资区框架协定》对本案享有管辖权	
仲裁庭主要结论	根据《1987年东盟投资协定》,仲裁庭具有属人管辖权,但缺乏属物管辖权。《1998年东盟投资区框架协定》不适用于申请人的投资,仲裁庭没有管辖权	
裁决结果	支持东道国(一致裁定)	
后续进展	无	

Case Summary

Name of Case	Yaung Chi Oo Trading Pte Ltd. v. The Union of Myanmar
Web Page	http://www.italaw.com/cases/1173
Case Number	ASEAN I. D. Case No. ARB/01/1
Parties	Claimant: Yaung Chi Oo Trading Pte Ltd.
	Respondent: The Union of Myanmar
Industry	Wine, Beverage and Refined Tea Manufacturing, Wholesale
Administering Institution & Seat of Arbitration	ICSID; Bandar Seri Begawan, Brunei Darussalam
Basis for Arbitration	the Agreement among the Government of Brunei Darussalam, the Republic of Indonesia, Malaysia, the Republic of the Philippines, the Republic of Singapore, and the Kingdom of Thailand for the Promotion and Protection of Investments (hereinafter referred to as "the 1987 ASEAN Agreement")
Rules Used in Arbitral Proceedings	ICSID Additional Facility Arbitration Rules
Arbitrator(s)	Presiding Arbitrator: Sompong Sucharitkul
	Arbitrator (The appointment from the President of the ICJ): James Crawford
	Arbitrator (The appointment from the President of the ICJ): Francis Delon
Date	Date of Commencement of Proceeding: 29 June 2000
	Date of Issue of Final Award: 31 March 2003
Relief Request	The Claimant asks the Tribunal for confirmation that Myanmar's illegal expropriation violates Articles 3, 4, and 6 of the 1987 ASEAN Agreement
Key Issue	Whether jurisdiction can be established either under the 1987 ASEAN Agreement or under the 1998 Framework Agreement on the ASEAN Investment Area (hereinafter referred to as "the 1998 Framework Agreement") [1]
Tribunal's conclusions on Key Issue	Under the 1987 ASEAN Agreement, this Tribunal had jurisdiction over *ratione personae*, but not over *ratione materiae*. The 1998 Framework Agreement was not applicable to the Claimant's investment, this Tribunal therefore had no jurisdiction
Award	In favour of State (Unanimous Verdict)
Follow-up Progress	None

[1] *Yaung Chi Oo Trading Pte Ltd. v. Government of the Union of Myanmar*, ASEAN I. D. Case No. ARB/01/1, Award, para. 35.

一、案件事实

(一)投资事实

1993年11月29日,缅甸食品实业公司(缅甸工业部的一个机构,属于国有企业)和缅甸国家工业组织共同与杨志欧私人贸易有限公司(以下简称申请人)签订合资协议,根据《缅甸外国投资法》建立合资企业(以下简称MYCO)制造并销售啤酒和软饮。缅甸食品实业公司以设备和土地使用权出资,拥有55%股权;申请人以现金(3年内缴足)、技术和材料等出资,享有剩余45%股权。合资协议为期为5年(1998年11月28日到期),续签需经缅甸外国投资委员会审批。合资企业从事啤酒经营活动必须按照缅甸外国投资法律和程序的要求取得相关许可,许可证的签发是合资协议生效和合资企业成立的先决条件。1994年10月1日,MYCO获得许可和批准,开始运营并获得可观收益。

1997年,缅甸加入东盟,《1987年东盟投资协定》对缅甸生效。随后,缅甸成为《1998年东盟投资区框架协定》的缔约国,该协定于1999年6月21日对所有东盟成员国生效。

(二)被诉行为

1997年12月17日,缅甸联邦政府(以下简称被申请人)派遣武装人员接管MYCO在曼德勒的啤酒厂。1998年1月12日,被申请人将酒厂的控制权归还MYCO,但临时扣押导致酒厂生产停滞,遭受利润损失。1998年11月11日,被申请人再次强行接管酒厂的控制和管理,并冻结了申请人和Win Win Nu(申请人、MYCO的总经理和主要股东)的银行账户。1998年11月28日,MYCO5年合同到期,缅甸外国投资委员会没有批准续签。1999年2月11日,缅甸外国投资委员会向MYCO指派检查员和管理者。1999年9月29日,仰光地方法院开始对MYCO进行清算。1999年12月24日,法院下达清算令,申请人上诉到最高法院,最终败诉。由于谈判未果,2000年6月29日,申请人根据《1987年东盟投资协定》第10条提起仲裁,主张被申请人的违法征收行为违反了《1987年东盟投资协定》第3条(一般义务)、第4条(待遇)和第6条(征收和补偿)的规定。

(三)程序时间轴

· 2000 年 6 月 29 日,申请人向缅甸食品实业公司寄送仲裁通知。

· 2000 年 8 月 31 日,申请人向被申请人寄送仲裁通知。

· 2001 年 2 月 28 日,由于当事人未能在 3 个月内组成仲裁庭,根据《1987 年东盟投资协定》第 10 条第 4 款,申请人请求国际法院主席指定仲裁庭。

· 2001 年 5 月 16 日,国际法院主席任命三名仲裁员。

· 2003 年 3 月 31 日,仲裁庭最终在文莱斯里巴加湾市作出仲裁裁决。

(四)仲裁请求

1. 申请人的仲裁请求

申请人请求确认被申请人的违法征收行为违反了《1987 年东盟投资协定》第 3 条(一般义务)、第 4 条(待遇)和第 6 条(征收和补偿)的规定。

2. 被申请人的仲裁请求

被申请人请求仲裁庭认定对申请人的请求无管辖权。

(五)仲裁庭结论

仲裁庭裁定对申请人的请求无管辖权。

二、主要法律争议:仲裁庭是否具有管辖权

(一)提起仲裁的依据:《1987 年东盟投资协定》第 10 条

1. 当事人的仲裁合意

被申请人主张其与申请人没有就将争议提交仲裁达成一致同意。首先,合资协议是申请人与缅甸食品实业公司所签订,且缅甸食品实业公司具有独立的诉讼主体地位;其次,合资协议本身包含争议解决仲裁条款。

仲裁庭认为当事人之间存在仲裁的合意。申请人根据《1987 年东盟投资协定》而非合资协议提起仲裁,被申请人作为该协定的成员国[1]接受了仲裁条款,且在仲裁程序开始时仍对被申请人有效。投资争端的产生与投资者和东道国或其机构间订立合

[1] 缅甸于 1997 年 7 月 23 日加入东盟,成为包括《1987 年东盟投资协定》在内的东盟一系列既有条约的缔约国。

资协议与否无关。[1]

2. 用尽当地救济

被申请人主张申请人没有按照合资协议的约定根据《1994 年缅甸仲裁法》在仰光进行仲裁。仲裁庭认为,首先,《1987 年东盟投资协定》并未将申请人必须用尽当地救济作为启动仲裁程序的前置条件;其次,合资协议中规定的当地救济或与是否违反《1987 年东盟投资协定》第 4 条(待遇)有关,但这涉及索赔的实质问题,与管辖权问题无关。

仲裁庭认为当事人之间缺乏合同相对性和申请人没有用尽当地救济都不能排除其对本案的管辖权。

(二)能否根据《1987 年东盟投资协定》行使管辖权

1. 属人管辖权:第 1 条第 2 款——公司国籍要求之有效管理

(1)申请人的主张。申请人主张应由公司所在国确定有效的管理标准,鉴于新加坡法采用公司成立地标准来确定公司国籍,因此申请人根据新加坡法律注册成立的公司应被视为符合《1987 年东盟投资协定》有效管理要求的公司。此外,申请人列举相关事实以证明其在投资前和投资后都持续受到新加坡的有效管理:其一,Win Win Nu 去缅甸经营酒厂后仍通过受其控制的本地董事对申请人进行管理;其二,董事会仍然每年召开;其三,会计账簿每年在新加坡审计一次;其四,公司向缅甸运送设备和物资。

(2)被申请人的主张。被申请人承认申请人在投资时的确受到新加坡法律的有效管理,但否认该有效管理自始至终存在于投资的整个期间。被申请人强调,按照文义解释,第 1 条第 2 款明确规定公司国籍的确定采取注册成立和有效管理双重检验标准,并且这两个条件在整个投资期间都必须同时得到满足。[2] 被申请人认为,当 Win Win Nu 到缅甸后,申请人就成为不再受新加坡有效管理的空壳公司、邮箱公司,所述事实也只是新加坡法律对公司的最低要求,在当地并无任何有效管理和经济活动。[3]

(3)仲裁庭的主张。仲裁庭认可双重检验标准,认为设置有效管理要件的目的在

---

[1] 《1987 年东盟投资协定》第 10 条解决"缔约任何一方和任何其他缔约一方的国民或公司之间直接由于某项投资而产生的任何法律争端"。

[2] 《1987 年东盟投资协定》第 1 条第 2 款对"公司"进行了界定,规定了作为缔约一方的"公司"的两个要件:(1)在缔约国领土内组成或设立;(2)受到该国有效管理。

[3] *Yaung Chi Oo Trading Pte Ltd. v. Government of the Union of Myanmar*, ASEAN I. D. Case No. ARB/01/1, Award, paras. 46, 48, 51.

于防止投资者挑选条约,因而有效管理需要贯穿投资始终。仲裁庭认为,小型企业不免发生管理上的重大变化,且本案 Win Win Nu 所有的家族企业发生的这种管理变化是合资协议要求所致,并非挑选条约。申请人持续满足新加坡法律对有效管理的要求,而有效管理一旦建立就不会轻易失去,因为其后果是投资者丧失条约保护。因此,仲裁庭认为申请人自始至终都满足新加坡国内法对有效管理的要求,符合《1987 年东盟投资协定》意义上的有效管理,是受条约保护的合格投资者,仲裁庭具有属人管辖权。

2. 属物管辖权:第 1 条第 3 款——投资的认定

(1)申请人的主张。申请人基于如下理由主张其在缅甸进行了投资:其一,MYCO 董事会缅甸代表和缅甸食品实业公司均未否认申请人投资的事实,且后者认可申请人 3 年投资计划的完成;其二,申请人没有完全缴纳出资不影响按照《1987 年东盟投资协定》实际进行投资的事实认定,资金的最终来源或其按照新加坡法律所做的会计处理都无关紧要。

(2)被申请人的主张。被申请人认为,申请人完全没有按照第 2 条(适用性或范围)对缅甸进行过任何投资。一方面,被申请人质疑申请人的资金来源,认为部分是 MYCO 的返程投资或来自缅甸的借款,部分是非东盟成员国作出的投资;另一方面,申请人在新加坡的会计账簿没有任何其对 MYCO 的出资记录,而是记为销售额。

(3)仲裁庭的主张。仲裁庭认为申请人对缅甸进行了实质性投资,符合《1987 年东盟投资协定》第 1 条第 3 款所广泛定义的"投资"。[1] 就管辖权问题而言,只需考虑是否有新加坡公司向缅甸进行了投资。尽管当事人对出资的范围和形式仍有争议,但其均认可一段时间内申请人出资的存在,且实际上申请人也的确将设备和供应品从新加坡运到了缅甸,并由 MYCO 进行了支付,这些足以确立属物管辖。

3. 属物管辖权:第 2 条第 3 款——《1987 年东盟投资协定》生效前已经存在的投资的书面批准和登记

该条规定:本协定也适用于在协定生效前的投资,假如类似投资经东道国正式书面批准和登记,并在本协定生效后符合其宗旨。当事人对此作不同理解:

---

[1] 《1987 年东盟投资协定》第 1 条第 3 款规定,"投资"系指各种形式的财产,尤其应包括:(1)动产、不动产及其他产权,如抵押权、留置权和质权;(2)公司的股票、债券或其财产的权益;(3)金钱的请求权或根据合同具有经济价值的任何行为的请求权;(4)知识产权和商誉;(5)根据法律或合同给予的商业特许权,包括勘探、培植、提炼或开发自然资源的特许权。

(1)申请人的主张。申请人认为,《1987 年东盟投资协定》第 2 条要求东道国对外国投资进行书面批准和登记,且自从外国投资委员会批准了其投资,这一条件就已经得到了满足,条约未规定为此目的要经过特别的登记程序,缔约国也无相关惯例表明需额外要求。在东盟国家中,新加坡是唯一设置了特别行政程序的国家,但这仅因为它对外资准入没有任何审批或登记要求。因此,第 2 条适用的批准程序就是缅甸相关法律批准外资的程序,申请人的投资在缅甸获批应视为履行了第 2 条所要求的书面批准和登记。申请人承认,就算其在《1987 年东盟投资协定》生效前已经存在的投资(以下简称既存投资)符合第 2 条第 3 款的规定,被申请人在合资协议存续期间也已经作出了"持续的批准"。由于被申请人既没有设置特别批准程序,也没有公布任何具体要求的情况下,其行为应视为等同于第 2 条第 3 款所要求的书面批准,申请人的既存投资是受《1987 年东盟投资协定》保护的投资。

(2)被申请人的主张。被申请人则主张,按照文义解释,第 2 条第 3 款要求进行符合条约目的的书面批准,且强调既存投资也需要再次获得这样的批准,但并未要求东道国就批准设立特别程序。申请人本可利用该条款规定寻求条约保护,但其没有积极行使条约所赋予的权利,未向外国投资委员会申请。此外,被申请人认为《1987 年东盟投资协定》的缔约国可以只根据国内法批准外国投资而拒绝批准条约保护,两种情况的检验标准不完全相同。即使外国投资委员会的行为可以视为第 2 条第 3 款要求的批准和登记,也必须以书面形式明确表达,而本案没有相关证据可以佐证。因此,申请人的既存投资不受《1987 年东盟投资协定》保护。

(3)仲裁庭的主张。首先,仲裁庭肯定了第 2 条对书面批准和登记作出了明确要求,并认为东道国可以不设立额外的批准程序。其次,仲裁庭认可《1987 年东盟投资协定》的缔约国可为该协定在获得国内法批准的外国投资名单之外,单独设立受保护投资登记册,即基于国内法和条约法的两种批准程序可以并存,但东道国应向潜在投资者明示两种程序的存在并说明如何申请条约保护,至少应将其特别程序告知东盟秘书处。由于被申请人没有相应行为,仲裁庭认为申请人有权获得条约保护。最后,由于申请人的投资是《1987 年东盟投资协定》对缅甸生效以前就存在的投资,而第 2 条第 3 款表明既存投资不会自动受到条约保护,仲裁庭认为,在该条没有阐明批准程序且东盟也无相关惯例的情况下,缅甸代表作出同意批准的观点,表明申请人的既存投资只能借助东道国明确的、效力上能够等同于批准的后续行为加以判断。而缅甸主管当局没有作出诸如续签合资协议或正式批准等后续批准行为,仲裁庭亦不接受申请人对于被申请人通过 MYCO 董事会的缅甸代表作出同意批准的观点,因此,申请人的既存投资并未获得第 2 条第 3 款所要求的批准,不在条约保护的范围,仲裁庭没有属物管辖权。基于以上论证,仲裁庭认为根据《1987 年东盟投资协定》,虽然本案仲裁庭的属人管辖权成立,但由于缺乏属物管辖权,最终,仲裁庭对本案不具有管辖权。

(三)能否根据《1998 年东盟投资区框架协定》行使管辖权

(1)申请人的主张。申请人就其有权根据《1998 年东盟投资区框架协定》获得保护提出四点主张:第一,《1998 年东盟投资区框架协定》扩大了对第 1 条所界定的“东盟投资者”提出的索赔的实质性保护和仲裁管辖权,一方面,“东盟投资者”的概念不要求申请人国籍国的特别批准和有效管理,申请人满足该标准;另一方面,《1998 年东盟投资区框架协定》扩大了《1987 年东盟投资协定》的适用范围,包括后者第 10 条仲裁条款,即《1998 年东盟投资区框架协定》将仲裁范围扩大到所有第 1 条规定的“东盟投资者”作出的第 2 条[1]项下的所有“东盟投资”。第二,根据《1998 年东盟投资区框架协定》的目标、目的和制定者所宣称的意图,协定适用于现有的和未来的投资,即协定具有溯及既往的效力,适用于申请人的既存投资。第三,第 12 条所称“更好和更强”的条约保护[2]已经体现于第 1 条和第 2 条——比《1987 年东盟投资协定》的规定更宽泛,应当适用这一对申请人更有利的规定。第四,根据第 8 条最惠国待遇条款,申请人可以援引 1998 年《菲律宾共和国政府和缅甸联邦政府之间关于促进和相互保护投资协定》(以下简称《菲律宾—缅甸 BIT》)中的仲裁条款提起仲裁。

(2)被申请人的主张。被申请人否定申请人的主张,认为:第一,《1998 年东盟投资区框架协定》是“纲领性的”,其规定的内容应按计划实施,缅甸 1998 年的“敏感清单”包含经营酒厂的行为,因此申请人的投资在当年不能被视为“东盟投资”而立即享受国民待遇;[3]第二,根据《维也纳条约法公约》第 28 条“条约不溯及既往”以及一般国际法的规则,《1998 年东盟投资区框架协定》没有溯及力;第三,《1998 年东盟投资

[1] 《1998 年东盟投资区框架协定》第 2 条规定,该协定覆盖所有直接投资,除了(1)有价证券投资(间接投资);和(2)与其他东盟协定所涵盖的投资有关的事项。

[2] 《1998 年东盟投资区框架协定》第 12 条第 1 款规定,如果本协定比此前的协定和议定书提供给投资者“更好和更强”的保护,则以本协议的规定为准。

[3] 《1998 年东盟投资区框架协定》第 7 条第 1 款 b 项规定,成员国应立即给予东盟投资者及其投资国民待遇。第 7 条第 2 款至第 4 款是国民待遇的例外,规定成员国应提交《暂时排除清单》和《敏感清单》作为协定的附件,前者每两年、后者每一年审查一次,逐步放宽国民待遇的适用范围。

区框架协定》没有明文规定援引仲裁的权利扩大到所有东盟投资者,且第 12 条也不具有延伸《1987 年东盟投资协定》仲裁条款实施范围的效力。

(3)仲裁庭的主张。首先,仲裁庭对东盟投资保护体系进行梳理,并将《1998 年东盟投资区框架协定》置于该背景下进行分析。仲裁庭厘清了《1998 年东盟投资区框架协定》的关键问题:根据《1987 年东盟投资协定》,东盟建立了自己的投资保护体系,且形成通过随后的议定书逐步改进或修订现有协定或框架协定的传统,即使后续协定针对同一问题有不同规定,也应推定东盟成员国并非试图通过达成新的协定修改或延伸旧的合资协议,至少当后一项协定能够独立于前一项协定运行时应当作此理解。仲裁庭认为,与 1996 年《修订文莱、印度尼西亚、马来西亚、菲律宾、新加坡和泰国之间关于促进和保护投资的协定的议定书》明确表示要对《1987 年东盟投资协定》进行修改不同,《1998 年东盟投资区框架协定》是独立的协定,虽与《1987 年东盟投资协定》有一定关联,但并不代表其要修改或延伸任何之前的协定。

其次,仲裁庭对两个初步问题,即被申请人的前两点主张予以回应,第一,《1998 年东盟投资区框架协定》既设定了应当逐步推进的阶段性目标,又规定了成员国必须即时履行的义务,并非被申请人所主张的协定是纯粹纲领性质的。第二,《1998 年东盟投资区框架协定》适用于其对东道国生效时在该国合法存在的东盟投资。《1998 年东盟投资区框架协定》是否具有溯及力不在于协定是否改变了投资者的既定权利或对协定生效前已经完成的行为强加了新的义务,而是协定能否适用于在 1999 年 6 月 21 日已然存在并将继续存在的投资。对此,仲裁庭从三个角度对《1998 年东盟投资区框架协定》的适用范围进行确认:(1)对协定的序言和相关条款进行分析;(2)对协定的目标和目的进行解读;(3)关注东盟成员国作出的权威陈述。

最后,仲裁庭认为,仅凭《1998 年东盟投资区框架协定》适用于既存投资和申请人可被视为“东盟投资者”这两点还不足以确立其管辖权,定义本身并不具有法律效力,必须将其放到有关的实质性规定中,在本案中即申请人依据的第 12 条第 1 款和第 8 条,进行理解。在仲裁庭看来,没有理由认为第 12 条第 1 款对《1987 年东盟投资协定》进行了修改、扩大了适用范围,相反,可以将其理解为是一份独立协定中的普通但书。《1987 年东盟投资协定》注重用前述双重检验标准认定“投资”,而《1998 年东盟投资区框架协定》侧重于用股本来源和当地成分要求界定“东盟投资”,两个概念相互独立,且后者全无代替前者或与之合并之意。总之,当一项投资同时为这两个平行协定所覆盖,投资者有权双重受益,且若权利有重叠,可享受二者中更为有利的待遇。就本案而言,第 12 条第 1 款没有赋予申请人任何新权利。因此,申请人通过第 8 条援引《菲律宾—缅甸 BIT》提起仲裁也没有任何根据。

基于以上论证,仲裁庭认为没有必要考虑《1998 年东盟投资区框架协定》如何适用于在其生效前发生的投资行为。因此,仲裁庭根据《1998 年东盟投资区框架协定》也不具有管辖权。

三、简要评析

本案是《1987 年东盟投资协定》生效十余载以来东盟的第一起国际投资仲裁案件,对东盟成员国和欲以转投资或再投资方式在东盟各成员国间进行投资的第三国而言,主要有以下三方面借鉴意义:

第一,厘清投资者提起仲裁的基础——合同或条约。如果投资者和东道国或其职能部门签有投资合同,且投资者母国和东道国间亦存在双边或多边投资条约,那么当投资争议同时涉及违反合同和条约时,只要合同没有明确排除仲裁庭基于条约的管辖,投资者就可以选择依据两个文本之一提起仲裁。东道国不得以投资合同约定排他性管辖为由规避条约带来的国际责任。本案投资者选择依据《1987 年东盟投资协定》而非合资协议提起仲裁,在以往的案件中,如 *Tradex Hellas S. A. v. Republic of Albania* 案[1]、萨利尼公司与艾拓斯托雷公司诉摩洛哥王国仲裁案[2]和阿孔基亚公司与维旺迪公司诉阿根廷共和国案(以下简称维旺迪案)[3]等,投资者一般也倾向于做此选择。

第二,重视《1987 年东盟投资协定》第 2 条第 3 款对既存投资获得保护的特殊规定。该条明确规定,在协定对东道国生效前已经存在的投资须经该国书面批准和登记方可适用,排除了既存投资自动获得条约保护的可能,这与常见的投资保护条约不同,值得引起重视。在本案中,仲裁庭在判断是否具有属物管辖权时关注的重点不在于申请人的初始投资是否符合第 1 条第 3 款对投资的广泛界定,而是该既存投资为获得后续生效的条约的保护是否履行了书面批准和登记的义务。申请人没有主动作为,因此其投资不是该协定项下合格的投资。

---

[1] ICSID Case No. ARB/94/2.

[2] 参见本书案例 35。

[3] 参见本书案例 6。

第三,在东盟投资保护体系中理解《1987 年东盟投资协定》和《1998 年东盟投资区框架协定》的关系。[1] 东盟对于修改一项协定相关内容的传统做法是通过议定书明确表达其意图,其余任何做法均不代表对协定的修改和变更,尤其是,缔结新协定并不自动代替旧协定。因此,在本案中,仲裁庭无须对申请人的既存投资是否属于《1998 年东盟投资区框架协定》所涵盖的"东盟投资"作进一步分析,仅凭两个协定独立运作这一点,申请人自然就不能通过《1998 年东盟投资区框架协定》去延伸适用《1987 年东盟投资协定》中的仲裁条款。

(编写者:武汉大学国际法研究所 2019 级博士研究生 刘嫡琬)

[1] 两个协定如今均已终止。See ASEAN, List of Legal Instrument, available at http://agreement. asean. org/, visited on 9 May 2020.

废物管理公司
诉
墨西哥合众国

仲裁案(Ⅱ)

案情概要

案名	废物管理公司诉墨西哥合众国仲裁案(Ⅱ)
案件裁判来源	http://www.italaw.com/cases/1158
案号	ICSID Case No. ARB(AF)/00/3
当事人	申请人:废物管理公司(美利坚合众国)
	被申请人:墨西哥合众国
行业	生态保护和环境治理业
仲裁机构和仲裁地	国际投资争端解决中心,美国华盛顿特区
仲裁依据	《北美自由贸易协定》
适用的仲裁规则	《国际投资争端解决中心仲裁附加便利规则》
仲裁庭组成	首席仲裁员:James Crawford
	仲裁员(申请人指定):Benjamin R. Civiletti
	仲裁员(被申请人指定):Eduardo Magallón Gómez
日期	仲裁程序开始日期:2000年9月27日
	最终裁决发布日期:2004年4月30日
仲裁请求	申请人因被申请人违反格雷罗州和阿卡普尔科市政府为申请人提供的为期15年的公共废物管理服务特许权而提起赔偿申请
核心争议点	NAFTA第1105条第1款的范围和解释
仲裁庭主要结论	如果某归因于国家的行为是任意的、严重不公平的、不公正的或特殊的,是歧视性的,使申请人遭受部分或种族偏见,或涉及缺乏正当程序,导致违反司法适当性的结果,例如在司法程序中明显缺乏自然公正,或在行政程序中完全缺乏透明度,那么该行为将违反第1105条第1项,而此案不符合这些情形
裁决结果	支持东道国(一致裁定)
后续进展	无

Case Summary

Name of Case	Waste Management, Inc. v. United Mexican States
Web Page	http://www.italaw.com/cases/1158
Case Number	ARB(AF)/00/3
Parties	Claimant: Waste Management Inc. (United States of America)
	Respondent: United Mexican States
Industry	Ecological Protection and Environmental Governance
Administering Institution & Seat of Arbitration	ICSID; Washington, D. C., USA
Basis for Arbitration	NAFTA
Disputed Clauses	Article 1105, Article 1110
Rules Used in Arbitral Proceedings	ICSID Additional Facility Arbitration Rules
Arbitrator(s)	Presiding Arbitrator: James Crawford
	Arbitrator(Claimant's appointee): Benjamin R. Civiletti
	Arbitrator(Respondent's appointee): Eduardo Magallón Gómez
Date	Date of Commencement of Proceeding: 27 Septembe 2000
	Date of Issue of Final Award: 30 April 2004
Relief Request	The Claimant requests for compensation because of the alleged breach of a 15-year concession granted by the State of Guerrero and the municipality of Acapulco to the Claimant for public waste management services
Key Issues	The scope and interpretation of NAFTA Article 1105(1)
Tribunal's conclusions on Key Issues	If the conduct attributable to the State is arbitrary, grossly unfair, unjust or idiosyncratic, is discriminatory and exposes the Claimant to sectional or racial prejudice, or involves a lack of due process leading to an outcome which offends judicial propriety—as might be the case with a manifest failure of natural justice in judicial proceedings or a complete lack of transparency and candour in an administrative process, then it will violate Article 1105(1). And this case did not meet these conditions
Award	In favour of State(Unanimous Verdict)
Follow-up Progress	None

一、案件事实

(一)投资事实

废物管理公司(以下简称申请人)是一家美国公司,其于1994年在墨西哥设立了全资子公司Acaverde。后Acaverde与墨西哥格雷罗州的阿卡普尔科市签订了废物处理特许经营协议。根据协议,Acaverde承诺在阿卡普尔科的指定区域独家提供某些市政废物处理和街道清洁服务,有关区域包含大约9000个住宅和商业地址,覆盖了该市的主要游客和海滨地区(旅游业是阿卡普尔科最重要的服务行业)。同时,阿卡普尔科市承诺,其不会向任何其他公司或个人授予"与特许权人在特许权协议下的权利相抵触的任何权利或特许权",其也会颁布相应法规禁止特许权人以外的任何个人或实体对特许区内的任何废物进行手动清扫、收集、运输、使用、回收或处置。双方一致认为,相关法规的颁布将成为Acaverde运营的先决条件,Acaverde可以将任何"该市未能充分执行这些法规的行为"默认为违约。1995年8月15日,Acaverde开始按照协议约定提供服务,但受到当地居民的抵制,在Acaverde的服务和收费开始引起公众骚乱之后,阿卡普尔科市长于1995年10月要求Acaverde"作出调整,以适应墨西哥标准"。在Acaverde提供服务期间,阿卡普尔科市未按照协议约定履行支付价款的义务,Acaverde面临财政危机,于1997年11月12日起暂停提供根据协议提供的服务。因双方争议,Acaverde先后向墨西哥法院提出诉讼、依据特许协议第17条寻求仲裁,均无果而终,后其以墨西哥为被申请人,以其违反NAFTA第1110条和第1105条为由向ICSID提出仲裁请求。

(二)被诉行为

申请人以与其签订特许协议的阿卡普尔科市未能遵守协议约定支付价款为由,认为东道国墨西哥(以下简称被申请人)存在违反NAFTA第1110条和第1105条的行为,而提出仲裁。

(三)程序时间轴

· 2000年9月27日,ICSID收到申请人的仲裁申请。

· 2001年4月30日,仲裁庭成立。

· 2001年6月8日,仲裁庭第一次会议举行,双方交换有关仲裁地点、处理管辖权争议等程序的意见。2001 年 9 月 26 日,仲裁地点最终确定。

· 2001 年 12 月 14 日,由于一位仲裁员的辞职,仲裁庭重组。

· 2002 年 2 月 2 日,仲裁庭听取双方关于管辖权争议的口头辩论。

· 2003 年 4 月 7 日—10 日,举行案件实体部分听证会。

· 2004 年 4 月 30 日,仲裁庭发布最终裁决。

(四)仲裁请求

要求被申请人赔偿其协议损失 36,000,000 美元,赔偿因撤销协议而带来的遣散费用 630,000 美元,以及其他法律费用。

(五)仲裁庭结论

仲裁庭裁定:

(1)根据 NAFTA 第 11 章的规定,该申请是可受理的;

(2)被申请人的行为不违反 NAFTA 第 1105 条和第 1110 条;

(3)废物管理公司的请求被全部驳回。

二、主要法律争议

(一)有关"投资者"国籍

被申请人对申请人 NAFTA 下投资者身份进行质疑,因为其直接股东是一家在开曼群岛登记注册的公司,开曼群岛并不是 NAFTA 缔约方。

成立之初, Acaverde 由开曼群岛 Sun Investment Co. 公司通过另一家名为 Acaverde Holdings Ltd. 的开曼群岛公司控股所有。Acaverde Holdings Ltd. 在阿卡普尔科市最初批准特许经营权时,被美国公司 Sanifill Inc 收购。该公司在 1996 年 8 月与 USA Waste Services Inc. 合并,合并后的公司后来更名为废物管理公司,即本案申请人。

但是仲裁庭认为,NAFTA 第 11 章的标准是客观的,仲裁庭是否拥有管辖权仅需考虑第 11 章的要求能否得到满足。如果投资者因东道国违反第 1105 条和第 1110 条的行为遭受损失或损害,东道国不能以其不了解投资者身份或国籍为自己辩护。回到 NAFTA 本身,NAFTA 第 11 章详细阐述并规定了根据其规定进行仲裁的条件。[1]

[1] NAFTA 第 11 章下设三节,分别是"投资"、"一方与另一方投资者之间争端的解决"和"定义",另有附加条款对部分条款进行进一步解释,共 39 条,涉及投资范围、投资的待遇标准、争端解决机制(磋商、仲裁)等。

NAFTA 涉及可能的“保护”挑选,即在某一方的企业的实质控制权或所有权由非缔约方的投资者控制且该企业“在其管辖下的缔约方领土内没有实质性商业活动”的情况。换句话说,NAFTA 处理的情况是,如果投资者基本上只是外国利益的中介,它允许在这种情况下撤销 NAFTA 的保护(须事先通知和协商)。如果在相应时间内受益所有人属于 NAFTA 投资者,则没有迹象表明投资是通过非 NAFTA 缔约方的公司或企业持有的。这体现在 NAFTA 条文中,NAFTA 第 201 条规定:企业是指根据适用法律组建或组织的任何实体,无论是否以营利为目的,无论是私人拥有的还是政府拥有的,包括任何公司、信托、合伙、个人独资、合资或其他协会;一方的企业是指根据一方的法律组建或组织的企业。NAFTA 第 1139 条规定,投资是指:(a)企业……(e)有权分享企业收入或利润;缔约方投资者的投资是指由该缔约方的投资者直接或间接拥有或控制的投资。这些定义在第 11 章被广泛使用。因此,当第 1105 条规定对另一方投资者的投资应给予的待遇时,并未要求该投资本身在获得时或行为投诉时均具有该方的国籍。同样,根据第 1110 条关于征收的规定,受保护的是“在征收国领土内的另一方投资者的投资”。投资的国籍(相对于投资者的国籍)无关紧要。同样,第 1117 条也允许“通过具有第三国国籍的中间公司控制”的情况。

由此,有关申请人国籍的讨论并不影响仲裁庭获得管辖权。

(二)有关 NAFTA 第 1105 条“最低待遇标准”

NAFTA 第 1105 条第 1 款规定,各缔约方应根据国际法,给予另一缔约方投资者投资相应的待遇,包括公平和公正的待遇以及全面保护和保障。FTC 对其进行的有关解释如下:(1)第 1105 条第 1 款将习惯国际法规定的对外国人的最低待遇标准规定为应给予另一方投资者投资的最低待遇标准;(2)公平公正待遇和充分保护和安全的概念不要求在习惯国际法外国人待遇最低标准所要求的待遇之外给予更高待遇;(3)确定违反了 NAFTA 的另一条规定或一项单独的国际协定,并不能当然导致违反第 1105 条第 1 款。该解释在蒙德夫案[1]和 ADF 集团公司诉美利坚合众国仲裁案[2](以下简称 ADF 案)中先后被确认,并延伸:习惯国际法标准并非一成不变,需

---

[1] 蒙德夫案仲裁庭认为,FTC 的解释是对第 1105 条的释明,为第 1105 条的具体适用指明了方向。*Mondev International Limited v. United States of America*, ICSID Case No. ARB(AF)/99/2, Award. 参见本书案例 22。

[2] ADF 案仲裁庭在裁判中引用了 FTC 的解释。ADF Group Inc. v. United States of America, ICSID Case No. ARB(AF)/00/1, Award. 参见本书案例 40。

结合时代发展具体确定相应标准。洛文案仲裁庭进一步指出,考虑是否违反最低待遇标准,主观恶意并不在考虑范围之内,只要有违反行为即可。[1] 综合来看,判断是否符合 NAFTA 第 1105 条第 1 款要求的标准如下:如果某归因于国家的行为是任意的、严重不公平的、不公正的或特殊的,是歧视性的,使申请人遭受部分或种族偏见,或涉及缺乏正当程序,导致违反司法适当性的结果,例如在司法程序中明显缺乏自然公正,或在行政程序中完全缺乏透明度和坦率,那么该行为将违反第 1105 条第 1 款。当然,还需结合个案案情予以判断。

仲裁庭指出,相较于其他案件,本案有个不可忽视的背景:墨西哥金融危机。这场危机始于 1994 年 12 月,当时发生了一个重大事件,货币贬值并持续了几年。在此期间,通货膨胀率达到 38%,联邦收入大大减少,也导致游客人数下降,而政府根据《特许权协议》承担的财政义务大大增加。尽管财政困难并不当然能够构成不履行协议的免责理由,而单纯逾期未履行债务不等同于违反公平公正待遇,只要该国尚未构成全面的且无理由地拒绝履行交易、拒绝债权人诉讼救济,也就未损及投资人对于投资利益的期待。

此外,拒绝司法往往也能构成国际投资案件中东道国违反最低标准待遇的理由。本案当中,申请人曾寻求墨西哥国内救济,但诉讼被驳回,仲裁中止。有关这一过程中是否存在拒绝司法问题,仲裁庭认为,洛文案裁决中指出:一国法院有责任确保诉讼中不存在对外国诉讼人的歧视,并且该外国诉讼人不应成为部分或局部偏见的受害者。但是,就本案而言,无论是判决本身还是法庭面前的其他证据都没有表明这些程序涉及歧视,存在偏见或违反正当程序。而仲裁亦是申请人因财务原因自行决定中止,不存在拒绝司法问题。

因此,仲裁庭认为,本案当中 NAFTA 第 1105 条第 1 款并未被违反。

(三)有关 NAFTA 第 1110 条

第 1105 条并非是申请人申请仲裁的主要理由,其申请更多基于第 1110 条。第 1110 条中与本案相关规定如下:“1. 任何缔约方不得对其境内另一缔约方投资者的投资直接或间接国有化或征用,或对此类投资采取等于国有化或征用的措施(下称征

---

[1] 洛文案仲裁庭认为,无论是国家实践、国际法庭的裁决还是评论员的意见,都不支持这样一种观点,即不诚实或恶意意图是构成违反国际司法的不公正、不公平待遇或拒绝司法的基本要素。*The Loewen Group, Inc. and Raymond L. Loewen v. United States of America*, ICSID Case No. ARB(AF)/98/3, Award. 参见本书案例 17。

用),但是下列情形除外:(a)出于公共目的;(b)在非歧视的基础上;(c)根据法律与第1105条第1款规定的正当程序;并且(d)根据第2款至第6款规定的补偿支付……7. 本条不适用实施与知识产权相关的强制许可,或知识产权的撤销、限制或确立,只要此类许可、撤销、限制或确立符合第十七章(知识产权)。8. 对本条而言,并且为进一步明确,普遍适用的非歧视性措施不应仅仅由于该措施对债务人施加费用而导致债务人拖欠债务,就将其视为等于征用本章所述债务证券或贷款的措施。"

仲裁庭认为,第1110条区分了直接征收与间接征收,对等同于征收的措施也进行了区分,而这对本案意义重大:间接征收仍然是财产的征用,相比之下,在声称相当于征收的措施的情况下,可能没有任何人或实体实际转移、夺取或损失财产,而仅仅是对财产的影响。这为申请人提出的"征收的现代定义必须足够广泛,以涵盖所有不公平地破坏外国投资者有关资产的合同权利的主权行为"的主张提供了一定依据。梅特克莱德案中,仲裁庭认为,NAFTA中的征收不仅包括公开、蓄意和公认的财产获取,例如彻底扣押或以东道国为受益人进行正式或强制性的所有权转让,而且还包括对财产使用的暗中或附带干涉,其结果是剥夺所有人的全部或大部分权利,财产的使用或合理预期的经济利益,即使不一定有利于东道国的明显利益。仲裁庭亦将墨西哥通过容忍和默许市政当局阻止全面建设的垃圾填埋场运营的认定为相当于征收的措施。回归本案,被申请人并没有任何直接或间接的征用。而申请人从阿卡普尔科撤出的原因也不是因为该企业已被扣押,或者因为它的整体活动被封锁,例如,由于扣押了其财产的关键项目,而是因为合同违约、情况变化以及基础业务计划的脆弱性导致其无法获得预期的经济利益。而就申请人给出的理由:(1)阿卡普尔科市未按约支付价款;(2)阿卡普尔科市未能执行特许协议中的排他性规定;(3)垃圾填埋场的建设、运营受挫;(4)阿卡普尔科市在申请人试图解决问题的过程中加以阻挠。仲裁庭认为,第1110条的功能并不在于给企业赔偿或补偿,其要杜绝的是东道国对企业的肆意干预和实质掠夺。就现有证据而言,不能仅因阿卡普尔科市存在未完全履行协议的行为,就直接将其认定为征收。

而有关合同违约是否构成相当于征收的措施,二者间有何关系,界限如何,在投资仲裁中多有讨论,且不乏将合同违约认定为征收的先例。*George W. Cook v. United Mexican States* 案中,墨西哥拒绝支付价款,该案仲裁庭认为,一国完全拒绝接受根据其本国法律应付款的汇票或类似票据,很可能构成实际征收或至少相当于征收的措施。*Singer Sewing Machine Co. v. The Republic of Turkey* 案中,美国土耳其申请委员会更是将土耳其政府不支付其同意购买的缝纫机的费用视为对商品购买价格的没收或合同中财产权的破坏或没收。不过本案仲裁庭并不认可这种观点,其认为这部分先例中对征收的认定完全消除了违约与违反条约之间的区别。仲裁庭认为,仅仅不履行合同义务不应等同于取得财产,也不应(除非伴随其他因素)等同于征收。正如第 1110 条第 1 款中使用"措施"一词所设想的那样,任何私人方都可能无法履行其合同,而国有化和征用本质上是政府行为。的确,考虑到"措施"的包容性定义,相当于征收的措施可能并非专门的或完全是政府的。尽管如此,投资者面对合同相对方政府违约(违约行为不是以行使政府特权的形式,如法令)时的正常反应是向适当的法院起诉以进行补救。只有在法律或实践上都禁止这种救济途径的情况下,政府方的违约行为才可能构成对权利的明确剥夺(诉讼中有效剥夺对方的选择权),从而落入第 1110 条适用范围。就本案而言,申请人没有丧失其合同权利,它可以通过合同选定的法院自由追求这些权利。NAFTA 第 1110 条也没有为合同违约提供法律支持的内涵。本案的问题不是最终拒绝付款(加上有效阻挠和拒绝法律补救措施从而构成相当于征收的措施);而仅仅是合同层面的疏忽或失败。

综上所述,仲裁庭裁定,消除外国投资者的正常商业风险或要求墨西哥承担补偿商业计划失败的责任,并非第 1110 条所列"禁止征收"的功能所在,而本案仅涉及政府违约,申请人的合同权利未受到不合理阻挠而丧失,因此被申请人不存在征收或相当于征收的措施,申请人诉称的被申请人违反 NAFTA 第 1110 条不成立。

三、简要评析

本案中有关"最低待遇标准"以及"征收问题"的讨论在国际投资仲裁领域影响深远。最低待遇标准方面,或可直称公平公正待遇,因其概念之宽泛,在国际投资仲裁中颇具争议,几乎在所有的投资仲裁中都会涉及对这一标准的讨论。学界通说观点是,公平公正待遇是国际最低待遇标准的一部分或者等同于国际最低待遇标准,而本案正是确立这一观点中较为关键的一环,本案仲裁庭观点亦为 MNSS 案等引用、遵循。此外,公平公正待遇在东道国合同违约与东道国违反条约义务之间的联系上也起着至关重要的作用。关于这一问题尚无定论,部分仲裁庭支持公平公正待遇直接将东道国不履行契约的违约行为上升到违反条约义务的行为,另有部分仲裁庭反对这一说法,而本案仲裁庭属于后者。截然相反的观念亦显示出实务中对于公平公正待遇的确切内涵仍有异议。另外关于征收标准问题,投资者合理期待在判断征收标准中具有重要意义,尤其在判断间接征收时。不过,这里需要区分投资者期待和正常的投资风险,对于属于正常风险所引起的投资损害,不应认为构成间接征收。这里的风险包括政治风险、商业风险等投资者在投资时需自然承担的风险。本案仲裁庭认为 NAFTA 中征收规定的功能并不是为了"补偿经营失败的商业投资"正是这一观点的体现。

(编写者:武汉大学国际法研究所 2019 级研究生　张富娜)

美国联合包裹服务公司

诉

加拿大

仲裁案

案情概要

案名	美国联合包裹服务公司诉加拿大仲裁案
案件裁判来源	https://www.italaw.com/cases/1138
案号	ICSID Case No. UNCT/02/1
当事人	申请人:美国联合包裹服务公司
	被申请人:加拿大
行业	邮政业
仲裁机构和仲裁地	国际投资争端解决中心,美国华盛顿特区
仲裁依据	《北美自由贸易协定》
适用的仲裁规则	《联合国国际贸易法委员会仲裁规则》(1976)
仲裁庭组成	首席仲裁员:Kenneth Keith
	仲裁员(申请人指定):L. Yves Fortier
	仲裁员(被申请人指定):Ronald A. Cass
日期	仲裁程序开始日期:2000 年 4 月 19 日
	最终裁决发布日期:2007 年 5 月 24 日
仲裁请求	申请人请求仲裁庭裁定被申请人措施违反 NAFTA 中的某些义务
核心争议点	加拿大是否违反了国民待遇义务
仲裁庭主要结论	仲裁庭认为对加拿大邮政公司的评价应综合 NAFTA 第 11 章和第 15 章的特殊规定,加拿大邮政公司的行为不属于国家行为。由于邮政服务和快递服务的不同,UPS Canada 和加拿大邮政公司也不构成“相似情形”
裁决结果	支持东道国(2∶1 多数票作出决定,Dean Ronald A Cass 持反对意见)
后续进展	无

Case Summary

Name of Case	United Parcel Service of America Inc. v. Government of Canada	
Web Page	https://www. italaw. com/cases/1138	
Case Number	ICSID Case No. UNCT/02/1	
Parties	Claimant:United Parcel Service of America Inc.	
	Respondent:Canada	
Industry	Postal Service	
Administering Institution & Seat of Arbitration	ICSID;Washington D. C. ,USA	
Basis for Arbitration	NAFTA	
Rules Used in Arbitral Proceedings	UNCITRAL Arbitration Rules(1976)	
Arbitrator(s)	Presiding Arbitrator:Kenneth Keith	
	Arbitrator(Claimant's appointee):L. Yves Fortier	
	Arbitrator(Respondent's appointee):Ronald A. Cass	
Date	Date of Commencement of Proceeding:19 April 2000	
	Date of Issue of Final Award:24 May 2007	
Relief Request	The Claimant seeks the Arbitral Tribunal to determine that the Respondent's actions violated some of its obligations under NAFTA	
Key Issue	Whether Canada violate its national treatment	
Tribunal's Conclusions on Key Issue	Articles 1102-1105 are not to be read alone and actions of Canada Post are not in general actions of Canada. The Courier/L VS Program and the Customs international mail processing system are different,Canada Post and UPS are not "in like circumstances"	
Award	In favour of State(2-1 majority,Ronald A Cass:dissenting opinion)	
Follow-up Progress	None	

一、案件事实

（一）投资事实

美国联合包裹服务公司（以下简称申请人）根据特拉华州法律注册成立，拥有四个美国全资子公司。申请人于 1975 年在加拿大依据安大略省的法律设立了 UPS Canada 公司，以及申请人在加拿大的子公司 Fritz Starber Inc。UPS Canada 公司提供加拿大范围内的信差服务，小型包裹递送服务和分类服务以及安全的电子通信服务，并通过申请人及其附属公司在世界范围内提供这些服务。

（二）被诉行为

加拿大邮政公司（Canada Post Corporation）是依据《加拿大邮政公司法》于 1981 年成立的一家官方公司。根据该法案，加拿大邮政公司作为"加拿大权威的代理""加拿大政府的机构"，有收集、发送和递送头等邮件到加拿大境内收件人的唯一专有特权。经加拿大政府（以下简称被申请人）批准，加拿大邮政公司可以制定规则，其中包括规定信件的认定并确定邮政费率等。加拿大邮政公司还在加拿大的非垄断邮政服务市场提供速递服务、特快专递服务和定期包裹服务。在这个市场上，它成为 UPS Canada 公司的竞争对手。此外，它拥有大约 96% 的 Purolator Courier Ltd.（Purolator）公司份额，这是加拿大最大的快递公司。申请人认为，被申请人通过其委托机构，即加拿大邮政公司在非垄断领域从事了不公平、歧视性的和反竞争的行为。

（三）程序时间轴

· 2000 年 4 月 19 日，申请人声称被申请人违反了 NAFTA 规定的义务，提出仲裁申请书。该申请书于 2001 年 11 月 30 日被修正的申请书所取代。

· 2002 年 11 月 22 日，仲裁庭裁决的主题是被申请人质疑仲裁庭对经修正的仲裁申请的管辖权，驳回了申请人的仲裁请求。

· 2002 年 12 月 20 日，申请人提交了一份经修订的声明作为对该裁决的回应。

· 2003 年 2 月 7 日，被申请人提交了一份辩诉声明，要求仲裁庭驳回全部仲裁请求。

· 2005 年期间，当事方就案情提交了诉状、辩诉状、答辩和答辩状，并附有证人的证词、文件和授权书，并进行了广泛的中间审理。

· 2005 年 12 月 12 日至 17 日，案件的庭审在华盛顿特区举行，在国际法院秘书处的协助下,由国际仲裁中心任命了仲裁庭来进行仲裁。

·2007 年 5 月 24 日,仲裁庭作出裁决。

(四)仲裁请求

1. 申请人的仲裁请求

申请人请求:

(1)请求裁定被申请人对申请人适用了不公平的海关待遇。

(2)裁定加拿大邮政公司使用加拿大基础设施的特权对申请人是不公平的。

(3)裁定被申请人允许加拿大邮政公司滥用其垄断基础设施对申请人是不公平的。

(4)裁定被申请人实行出版物援助计划(Publications Assistance Program,PAP)对申请人是不公平的。该计划规定希望获得其提供补贴的出版商必须使用加拿大邮政公司。

(5)裁定加拿大邮政公司利用特权与 Fritz Starber 公司签订合同而获得的竞争利益对申请人不公平。

2. 被申请人的答辩意见

被申请人提出如下抗辩:

(1)被申请人对上述诉求提出了管辖权异议,提出该仲裁庭对本案没有管辖权。

(2)驳回申请人的全部请求。

(五)仲裁庭结论

整体上驳回申请人的请求,并由双方分摊仲裁费用。

二、主要法律争议

(一)被申请人的管辖权异议

1. 被申请人的主张

被申请人提出一系列管辖权上的异议,主要包括:第一,申请人的起诉未按 NAFTA 第 1116 条第 2 款[1]的要求及时提出。首先,其时间超出第 1116 条规定的诉讼时效期间 3 年;其次,申请人未能确定其因被申请人违反 NAFTA 的行为而遭受了具体损害。第二,被申请人主张申请人的索赔应根据 NAFTA 第 1117 条而不是根据

[1] NAFTA 第 1116 条第 2 款规定:“一投资者不得提出索赔请示,如果自投资者首次获悉或应当首次获悉据称的违反义务以及投资者遭受损失或损害之日起,时间已经超过三年。”

第1116条提出。因为申请人提出的索赔是根据NAFTA第1116条(对投资者的伤害)而不是NAFTA第1117条(对投资者投资的伤害)提出,由投诉行为引起的任何损害主要影响到UPS Canada,而不是申请人。

2. 申请人的主张

申请人声称"本次争端中提出的所有行为要么至今仍在持续,要么是在提出索赔之日的3年前——1997年4月19日以后才实施的"。对于在1997年4月之后继续存在的任何行为,NAFTA第1116条第2款不会影响仲裁庭对申请人索赔的管辖权。

3. 仲裁庭的裁定

对于诉讼时效问题,仲裁庭分为两个类别进行论证,一类是关于被申请人在1997年4月19日之前的有关行为,而申请人是并不知情的。另一类论点涉及被申请人正在进行的行为的影响。持续进行的行为每天都构成违反NAFTA的新行为,因此,出于时间限制的目的,3年期限每天都重新开始。对于应根据第1116条还是第1117条提出仲裁,仲裁庭认为本案不应区分是按照第1116条的投资者遭受损失还是第1117条投资者的投资遭受损失起诉,此处的起诉应根据第1116条适当提出,至少在此争议中,根据第1116条或第1117条提出索赔的区别几乎没有任何争议,对双方的主张或权利的实质没有任何重要影响。因为申请人是UPS Canada的唯一所有者,UPS Canada的损失一定会造成申请人的损失,如果UPS Canada有多个所有者和所有权分散的份额,那么UPS Canada的损失流向申请人的问题(被申请人在此处提出的问题)可能会大不相同。因此,申请人有权就其损失提出诉请。

此外,仲裁庭就被申请人提出申请人未明确其具体损害也进行了论证。首先,被申请人错误地将损害和因果关系分开,这些不是损害索赔的单独方面。相反,它们是不可分割的,因为损害必须来自某种原因。其次,被申请人对索赔人必须根据第1116条提起仲裁的认定也有错误。作为投资者,由于被申请人违反了NAFTA第11章的义务,申请人的全资子公司UPS Canada遭受了损失,申请人必然也遭遇损失。

综上,仲裁庭驳回了被申请人的主张,确认了对本案的管辖权。

(二)加拿大邮政公司的被诉行为是否属于被申请人(NAFTA缔约方)的行为

1. 申请人的主张

申请人认为,加拿大邮政公司的行为违反了被申请人在NAFTA下所规定的义务:国民待遇(第1102条)和公平公正待遇(第1105条)。加拿大邮政公司将用于垄断市场的邮递基础设施私自滥用于非垄断市场,以其获得加拿大政府的各种优惠用于其非垄断产品,而 UPS Canada 则没有获得同等的待遇,因此对于加拿大邮政公司的行为,被申请人负有不可否认的国家责任。

申请人援引 ILC 的《国家对国际不法行为的责任条款草案》的第 4 条和第 5 条支持其观点。第 4 条规定,国家机关的行为"一、任何国家机关的行为均应视为该国的行为。1. 任何国家机关的行为,不论其行使立法,行政,司法或其他职能,不论其在国家组织中所处的地位,以及其性质如何,以及其作为中央政府机关或国家领土单位的性质,均应视为根据国际法的行为。2. 机关包括根据国家内部法律具有该地位的任何个人或实体"。以及国际劳工大会(International Labor Conference)对第 4 条的评注:"……(5)国家统一原则要求,出于国际责任的目的,应将其所有机关的作为或不作为视为国家的作为或不作为。(6)因此,第 4 条中提到国家机关的意图是最一般的意义。它不仅限于中央政府机关,高层官员或对国家对外关系负责的人,其扩展到各种类型或分类的政府机构,行使各种职能,并在等级制度中的任何级别……"《国家对国际不法行为的责任条款草案》第 5 条规定:"行使政府权力的人员或实体。根据第 4 条,不是国家机关但根据该国法律授权行使政府权力的个人或实体的行为,应视为国际法下的国家行为,但前提是该人或实体在特定情况下以该身份行事。"根据国际法,将"准国家"实体的行为归于国家的理由在于,国家内部法律赋予有关实体以行使政府权力的某些组成部分的权利。如果出于国际责任的目的将其视为国家行为,则实体的行为必须相应地涉及政府活动,而不涉及该实体可能从事的其他私人或商业活动。因此,申请人表示,根据第 4 条和第 5 条,无论加拿大邮政公司是否属于国家机关,如其被授予了行使制定规则的权力,如设定邮政费率,也应将其行为看作加拿大的国家行为。

此外,申请人提交了 1981 年《加拿大邮政公司法》支持其主张。根据该法,加拿大邮政公司成立。申请人指出法案中规定加拿大邮政公司是"加拿大政府的机构",以证明加拿大邮政公司是"政府的一部分"或"其决策机制的一部分"。

最后,申请人还强调了 WTO 在加拿大期刊案的某些观点。在该案中,美国声称加拿大邮政公司向国内期刊收取的邮资费比向进口期刊收取的邮资低的做法违反了 GATT 第 3 条第 4 款规定,在影响其销售、运输的法规或要求等方面,一个成员国的产品进入另一成员国时,待遇不得低于其国内相同产品的待遇。被申请人辩称,由于加拿大邮政公司是官方公司,具有不同于加拿大政府的法律人格,因此它收取的“加拿大商业”或“国际费率”不属于政府的控制范围。申请人反对被申请人的论点,并给出两个理由:第一,通常加拿大邮政公司在政府指示下运作,如果政府认为加拿大邮政公司的定价不合理可以命令加拿大邮政公司根据法案赋予的权力更改价格;第二,这一分析不受加拿大邮政公司是独立于被申请人的法人事实所影响。

综上,申请人主张加拿大邮政公司的行为应归于被申请人的行为。

2. 被申请人的主张

被申请人不质疑国际劳工大会所陈述的习惯国际法的主张,也并不反对申请人对加拿大邮政公司在加拿大法律中地位的描述。不过,其认为这些主张与当前问题无关,并被 NAFTA 的特定条款所取代。并且被申请人认为 WTO 的观点在此处也不适用。

首先,申请人所依据的习惯国际法具有“残留特征”,引用 ILC 在其《国家对国际不法行为的责任条款草案》的评注(第四部分),“特别规则。这些条款不适用于国际不法行为的存在条件或一国的国际责任的内容或执行受国际法特别规则约束的情况”。被申请人认为本案中,这些“特别规则”(NAFTA)将取代第 4 条的内容。

其次,被申请人认为 NAFTA 第 1102 条至第 1105 条不能单独解读,它们应与第 15 章,即申请人认为被申请人违反的两项具体规定,第 1502 条(垄断与国有企业)和第 1503 条(国有企业),还有第 1116 条、第 1117 条共同参考。第 11 章涉及“当事方”,而第 15 章则是特殊规定了垄断和国有企业。在加拿大期刊案中,GATT 也没有如 NAFTA 这样对政府机构和其他形式的国企进行区分规定。所以不能将第 11 章东道国的义务笼统概括为垄断企业的义务,因此,申请人根据第 1102 条和第 1105 条对加拿大邮政公司提起的控诉不成立。

3. 仲裁庭的裁定

首先,关于《国家对国际不法行为的责任条款草案》的适用性问题,仲裁庭认可加拿大邮政公司的行动不属于被申请人的一般行动,不属于第 1102~1105 条或第 1502 条第 3 款和第 1503 条第 2 款所指的被申请人“一方”。NAFTA 第 15 章就垄断行为和国有企业行为的归属、义务的内容和执行方法规定了专门法制度。因此,《国家对国际不法行为的责任条款草案》第 4 条所反映的习惯国际法规则不适用于这种情况。其次,加拿大邮政公司的确有行使政府授权的行为。但是,相比之下,加拿大邮政公司在建立、扩展、管理、开展和运营其整体业务的过程中所作出的决定,涉及其自身将其基础设施用于非垄断服务以及由其使用的决定都是商业决策,没有第1502条第3款a项和第1503条第2款所要求的政府特征。

因此,申请人针对被申请人违反第1102条和第1105条的起诉不予认可。

(三)被申请人是否违反NAFTA第1102条,给予申请人不公平的海关待遇

针对这一指控,申请人必须确定三个不同的要素,以证明东道国的行为违反了第1102条承担的义务。(1)外国投资者必须证明在投资的设立、收购、扩展、管理、进行、经营、出售或其他处置方面,缔约方(被申请人)给予了它(申请人或UPS CANADA)待遇;(2)外国投资者或投资必须与当地投资者或投资环境相同;(3)北美自由贸易区一方对外国投资者或投资的待遇应不如对本地投资者或投资的优惠。这是完全由申请人承担的举证责任。仲裁庭须确认被申请人是否在加拿大邮政公司与申请人处于"相似情形"下给予不同的海关待遇。

1. 申请人的主张

UPS Canada和加拿大邮政公司处于"相似情形",因为它们在相同的市场和相同的市场份额中竞争。加拿大邮政公司的非垄断产品通常可以用申请人的快递产品替代。

2. 仲裁庭的观点

这次仲裁涉及三种不同的海关措施。包括快递低价值海运计划(the Courier/LVS Program)、海关的国际邮件处理系统,以及一项邮件进口协议。海关国际邮件处理系统是一种海关措施,适用于以邮件形式进口到加拿大的货物。国际邮件处理系统的基本情形已经存在一百多年。邮件进口特点是通过快递方式进口货物,由于其特点不同,因此需要不同的海关待遇。而海关对国际邮件的处理与申请人的加拿大子公司和其他速递公司(包括Purolator)所获的处理"情况不同",体现在:(1)快递员提供详细的提前装运信息,从而使海关进行风险评估和其他检查;(2)快递低价值海运计划的自行估价与邮寄的官方定价不同;(3)通过安全的运输路线和贸易链控制,提高快递海运的安全性;(4)快递人员需要加快清关速度,以满足时效性和时限性交货标准;(5)快递员与其客户之间存在合同关系;(6)快递员和仓储等快递员所扮演的不同角色。仲裁庭同时引用了多位专家的观点佐证邮政服务与快递服务的不同。

此外,由于其独特的性质,仲裁庭还参考了单独适用于邮政业务的世界海关组织

的《京都公约》。修订后的《京都公约》中也有专门的邮政运输附件。《京都公约》附件 F4 的导言指出："海关必须参与国际邮政运输，因为与通过其他方式进出口的货物一样，海关必须确保收取适当的关税和税款，执行进出口禁令和限制，并总体上确保遵守他们负责执行的法律和法规。"但是，由于邮政运输的特殊性质，海关对邮寄物品的手续与对通过其他方式运载的货物所适用的手续有所不同。尽管单个邮件的大小受到限制，但它们的数量巨大，并且为了避免造成不可接受的延误，必须采取特殊的行政措施来处理它们。之所以能够实现这些目标，是因为在几乎所有国家中，邮政服务都是由公共行政部门或当局提供的，而涉及邮政运输的两个公共机构，即邮政和海关，彼此之间密切合作。

综上所述，仲裁庭认为快递与邮政服务本质上是不同的，可以推断由于通过邮寄和快递进口货物的海关待遇本身不同，因此 UPS Canada 和加拿大邮政公司并非在"类似情形"之下，驳回申请人针对被申请人违反 NAFTA 第 1102 条的指控。

(四)PAP 是否可以认定为文化产业例外

在认定被申请人是否违反 NAFTA 第 1102 条时，本案还涉及判定 PAP 是否属于所谓的"文化产业例外"。PAP 属于加拿大实施的出版物援助计划，主要通过对各种合格的加拿大出版物提供补贴，促进民族出版业的发展。而加拿大邮政公司为 PAP 项目的出版商提供邮寄帮助。NAFTA 第 2106 条和附件 2106 明确将加拿大和美国之间对与文化产业有关的措施排除在国民待遇以外。附件 2106 全文如下："文化产业。尽管本协议有任何其他规定，如加拿大和美国之间，针对文化产业采取或维持的任何措施，但第 302 条(消除市场准入关税)明确规定的措施以及采取的等效商业效应的措施作为回应，应仅根据《加拿大—美国自由贸易协定》的规定受本协定管辖。加拿大与任何其他缔约方之间在此类措施方面的权利和义务应与加拿大与美国之间适用的权利和义务相同。"

1. 申请人的主张

申请人声称文化产业例外仅适用于文化产业本身，不适用于其交付机制，并且该计划的目标与加拿大邮政公司的参与之间没有联系。申请人承认文化产业例外适用于"对出版者的协助"，并指出："关于对出版者的援助，显然适用豁免条款。"但是，申请人辩称，例外情况的范围不包括 PAP 要求通过加拿大邮政公司发行出版商产品的要求，在该方案的背景下，加拿大邮政公司的发行只是一种与任何真正的"对出版者的援助”无关的交付机制。这种机制是PAP的一个独立的、本质上可分割的方面,与此机制相关的任何协助必须与程序可能提供的其他有效的“对发布者的协助”区别开来。

2. 仲裁庭的裁定

仲裁庭认为,将PAP的具体“措施”划分为几个部分来论证每个部分是否是文化产业,在第2106条和附件中没有任何依据。NAFTA第2106条的措辞确实是宽泛的,有助于将NAFTA引入公认的广泛例外。在某种程度上,文化产业这一广泛例外可能反映了其他NAFTA缔约方对加拿大传统立场的让步,但仍实现了商业和政治上的平衡。该计划的制定者考虑了其他公司替代加拿大邮政公司分发PAP出版物的情况,但最终放弃,是因为加拿大邮政公司发行符合条件的加拿大出版物是联邦政府对出版商的整体援助计划的组成部分。

此外,鉴于该计划提供的补贴可确保所有加拿大人都能获得出版物,从而有助于维持加拿大期刊出版业并加强加拿大的文化特性,因此这实际上是加拿大文化政策的组成部分。该计划的两个主要目的是通过提供易获得的加拿大文化产品使加拿大人彼此联系,以维持和发展加拿大出版业。事实证明,通过加拿大邮政公司交付是实现这些政策目标的最有效方法。仲裁庭认为,加拿大邮政公司根据PAP交付合格出版物是一种有助于加拿大出版业的措施,因此其确实属于文化产业例外的范围。仲裁庭同时认为整个PAP是一个“措施”,该措施是“针对文化产业”采取的。因此,申请人根据NAFTA第2106条和附件2106援引的NAFTA投资保护和投资人与国家之间的争端解决程序不在范围内。

综上,仲裁庭驳回了申请人关于被申请人通过PAP计划违反了NAFTA第1102条的主张。

三、简要评析

本案涉及判断国民待遇原则中的“相似情形”问题。外国投资者享受的国民待遇的程度取决于国内相似经营者的待遇,而“相似情形”的认定并没有统一、明确的标准,本案中,仲裁庭认为除了存在直接的竞争关系,还应考虑东道国经济活动的目的,即被申请人对于申请人和加拿大邮政公司区别对待是因为要完成国家出版物援助计划,只有通过加拿大邮政公司交付是实现这些政策目标的最有效方法,因此申请人和加拿大邮政公司不属于“相似情形”。本案的裁决为国民待遇原则中的“相似情形”判断提供了新思路,对于国家投资仲裁庭是否给予外国投资者国民待遇的解读路径的发展也具有较大意义。本案是依据 NAFTA 解决投资争端的仲裁案件中第一个关于公共服务的案件,体现了公共利益与投资利益的冲突。NAFTA 第 15 章就垄断行为和国有企业行为规定了专门制度。加拿大邮政公司作为国企的确有行使政府授权的行为,但加拿大邮政公司在建立、扩展、管理、开展和运营其整体业务的过程中所作出的决定,涉及其自身将其基础设施用于其非垄断服务以及由其使用的决定都是商业决策,没有政府特征。因此,不能将其商业行为归于加拿大政府的行为。国际投资很大一部分涉及公共领域,然而公共利益保护关系到绝大多数人的利益,关系到国家和社会的稳定和安宁,是不能够轻易减损的,具有公共利益属性的企业往往是国有企业。本案仲裁庭解释了加拿大邮政公司特权形成的历史原因,以及其完成政策目的的必要性,最终支持了东道国的主张,体现了对于东道国公共利益的保护。

(编写者:武汉大学国际法研究所 2018 级硕士研究生　戚梦妍)

泰克麦德环保技术公司
诉
墨西哥合众国

仲裁案

案情概要

案名	泰克麦德环保技术公司诉墨西哥合众国仲裁案
案件裁判来源	http://www.italaw.com/cases/1087
案号	ICSID Case No. ARB(AF)/00/2
当事人	申请人:泰克麦德环保技术公司(依西班牙法律成立)
	被申请人:墨西哥合众国
行业	生态保护和环境治理业
仲裁机构和仲裁地	国际投资争端解决中心,美国华盛顿特区
仲裁依据	《西班牙—墨西哥双边投资协定》(1995年)
适用的仲裁规则	《国际投资争端解决中心附加便利规则》
仲裁庭组成	首席仲裁员:Horacio A. Grigera Naón
	仲裁员(申请人指定):José Carlos Fernández Rozas
	仲裁员(被申请人指定):Carlos Bernal Verea
日期	仲裁程序开始日期:2001年6月26日
	裁决发布日期:2003年5月29日
仲裁请求	申请人请求被申请人赔偿其因其违反《西班牙—墨西哥BIT》而遭受的损失
核心争议点	被申请人的行为是否构成征收
仲裁庭主要结论	被申请人的行为构成间接征收
裁决结果	支持投资者
后续进展	无

Case Summary

Name of Case	Técnicas Medioambientales Tecmed, S. A. v. The United Mexican States
Web Page	http://www.italaw.com/cases/1087
Case Number	ICSID Case No. ARB(AF)/00/2
Parties	Claimant: Técnicas Medioambientales Tecmed, S. A.
	Respondent: The United Mexican States
Industry	Ecological Protection and Environmental Governance
Administering Institution & Seat of Arbitration	ICSID; Washington, D. C., USA
Basis for Arbitration	Spain-Mexico Bilateral Investment Treaty(1995)(Spain-Mexico BIT)
Rules Used in Arbitral Proceedings	ICSID Additional Facility Arbitration Rules
Arbitrator(s)	Presiding Arbitrator: Horacio A. Grigera Naon
	Arbitrator(Claimant's appointee): José Carlos Fernándz Rozas
	Arbitrator(Respondent's appointee): Carlos Bernal Verea
Date	Date of Commencement of Proceeding: 26 June 2001
	Date of Issue of Final Award: 29 May 2003
Relief Request	The Claimants seek for compensation for the damage suffered by Mexico for breach of the Spain-Mexico BIT
Key Issue	Whether the Respondent's conduct constitutes expropriation
Tribunal's conclusions on Key Issue	The Tribunal concluded that the INE's decision not to renew the license was a *de facto* indirect expropriation
Award	In favour ofInvestor
Follow-up Progress	None

一、案件事实

(一)投资事实

申请人泰克麦德环保技术公司是一家在西班牙注册成立的公司,且拥有两家墨西哥公司 TECMED,TECNICAS MEDIOAMBIENTALES DE MEXICO,S. A. de C. V.(以下简称 Tecmed)以及 CYTRAR,S. A. DE C. V.(以下简称 Cytrar)99%以上的股权。

1996 年 2 月,Tecmed 在一场举办于墨西哥的公开拍卖会上收购了一处现有的危险废物填埋场(以下简称填埋场)及相关资产,价值约 3400 万墨西哥比索。同年,墨西哥国家生态研究所(以下简称 INE)向 Tecmed 核发了经营该填埋场所需的一年期许可证。[1]

(二)被诉行为

INE 向 Tecmed 核发的许可证每年需申请续期,但此前该填埋场的许可证为无限期许可。Tecmed 经营填埋场 1 年后,INE 批准了 Tecmed 续期许可证的请求,将许可证期限更新为至 1998 年 11 月。[2] 然而,当 Tecmed 于 1998 年 11 月第二次申请续期时,该机构以填埋场贮存废物量已超过许可证授权的限制、无权作为转运中心、接收了液体和生物传染废物以及 Tecmed 已同意但未完成将垃圾填埋场迁移至远离 Hermosillo 市中心的地点等[3]为由拒绝了这一请求,并命令 Tecmed 关闭该设施。[4] Tecmed 认为由于该项墨西哥政府(以下简称被申请人)的决定,该投资已完全丧失持续经营的经济价值,构成了征收。因此,Tecmed 于 2000 年 7 月 28 日根据《西班牙—墨西哥 BIT》向 ICSID 提交了仲裁申请。

(三)程序时间轴

· 2000 年 6 月 26 日,申请人向 ICSID 提出针对被申请人的仲裁请求。

· 2000 年 10 月 2 日,申请人指定 JoséCarlos Fernández Rosas 教授为仲裁员。

· 2000 年 11 月 7 日,被申请人指定 Guillermo Aguilar Alvarez 先生为仲裁员,并

[1] *Técnicas Medioambientales Tecmed, S. A. v. The United Mexican States*, ICSID Case No. ARB(AF)/00/2, Award, paras. 35, 78-91.

[2] Supra note [1], para. 38.

[3] Supra note [1], para. 99.

[4] Supra note [1], para. 39.

提名 Albert Jan van den Berg 先生为仲裁庭首席仲裁员。

· 2000 年 11 月 29 日,申请人对 van den Berg 先生的提名提出异议,并提议双方请求其指定的仲裁员共同任命首席仲裁员,被申请人表示接受。

· 2001 年 1 月 30 日,ICSID 秘书处通知 Fernández Rosas 先生和 Aguilar Alvarez 先生已任命 Horacio A. Grigera Naón 博士为仲裁庭首席仲裁员。申请人与被申请人均确认同意该任命。

· 2001 年 3 月 13 日,ICSID 秘书处通知当事各方,自该日起,仲裁庭成立,仲裁程序开始。

· 2001 年 9 月 4 日,申请人提交了诉状。

· 2001 年 11 月 16 日,Aguilar Alvarez 先生申请辞职,ICSID 秘书处通知各方程序中止,直至仲裁庭重新组成。

· 2001 年 12 月 17 日,ICSID 秘书处通知各方 Carlos Bernal Verea 先生已接受被申请人的任命担任仲裁员,并自该日起仲裁庭已重组,仲裁程序恢复。

· 2002 年 2 月 11 日,被申请人提交了答辩状。

· 2002 年 5 月 20 日至 24 日,关于实体问题的听证会在华盛顿特区 ICSID 所在地举行。

· 2003 年 4 月 9 日,仲裁庭宣布程序结束。

· 2003 年 5 月 29 日,仲裁庭发布裁决。

(四)仲裁请求

1. 申请人的仲裁请求

申请人主张被申请人:

(1)违反了《西班牙—墨西哥 BIT》关于促进投资准入的第 2 条第 1 款;

(2)违反了《西班牙—墨西哥 BIT》关于投资保护的第 3 条;

(3)违反了《西班牙—墨西哥 BIT》关于公平和公正待遇的第 4 条第 1 款;

(4)违反了《西班牙—墨西哥 BIT》关于最优惠待遇的第 4 条第 2 款;

(5)违反了《西班牙—墨西哥 BIT》关于国民待遇的第 4 条第 5 款;

(6)违反了《西班牙—墨西哥 BIT》关于国有化和征收的第 5 条。[1]

---

[1] *Técnicas Medioambientales Tecmed, S. A. v. The United Mexican States*, ICSID Case No. ARB(AF)/00/2, Award, para. 93.

申请人请求墨西哥对其措施导致的损失进行赔偿,包括:

(1)与填埋场有关的不动产;(2)失去的利润和商业机会;(3)无法履行与生产工业废物的其他实体签订的合同导致此类合同的终止以及可能的索赔;(4)因申请人在墨西哥的形象受到不利影响而对申请人及其在墨西哥的子公司造成的损害。[1]

2. 被申请人的反对意见

被申请人请求驳回申请人的全部仲裁请求。

(五)仲裁庭结论

仲裁庭裁定:

(1)被申请人违反了《西班牙—墨西哥 BIT》第 4 条第 1 款和第 5 条第 1 款规定的义务。

(2)自 1998 年 11 月 25 日起,被申请人将向申请人支付 5,533,017.12 美元,加上该金额的复利,年息率为 6%,直至被申请人支付完毕。

(3)在被申请人根据本裁决书向申请人足额支付所有应付款项后,申请人应立即采取一切必要措施,将构成填埋场的资产转让给被申请人或被申请人指定的代理人。

(4)当事人应各自承担与该程序有关的所有费用。仲裁庭和 ICSID 产生的费用将由申请人和被申请人均分。

(5)双方在本仲裁中提出的其他仲裁请求被视为被驳回。[2]

二、主要法律争议

(一)被申请人的行为是否构成征收

1. 申请人的主张

申请人称当 INE 未核准其于 1998 年 11 月 25 日提交的续期填埋场许可证的申请,并作出决议时,INE 事实上征收了申请人的投资,该征收导致了申请人的损失。申请人认为征收原因与一些组织和实体先前的行动有关,并指出这些行动可归因于被申请人。[3] 申请人主张《西班牙—墨西哥 BIT》保护外国投资者及其投资免受直接和间接征收,由于该决议剥夺了 Cytrar 运营填埋场权利,终止了一项须经专门许可方可运

[1] *Técnicas Medioambientales Tecmed, S. A. v. The United Mexican States*, ICSID Case No. ARB(AF)/00/2, Award, para. 45.

[2] Supra note [1], para. 201.

[3] Supra note [1], para. 95.

营的危险垃圾填埋业务,因此,Cytrar 认为其被剥夺了该投资的利益和经济用途。申请人强调,如果没有该许可,则该填埋场不具备任何的市场价值。[1]

申请人认为作出该决议的理由是任意、武断的。被申请人曾于 1999 年 12 月 16 日因墨西哥联邦环境保护办公室(以下简称 PROFEPA)调查申请人填埋场 2 号单元贮存量超标而对 Cytrar 处以罚款,该罚款属于轻微处罚,远低于法律规定的最高罚款。且 PROFEPA 发布的处罚决定书中载明 Cytrar 的行为并未"对公共健康产生重大影响或造成生态失衡"。此外,PROFEPA 明确表示:"……所涉公司的侵权行为不足以立即取消、暂停或撤销开展危险品或废物管理活动的许可证,也不足以影响公共健康或造成生态失衡。"因而申请人认为被申请人拒绝续期许可的决议与申请人实际造成的损害严重性并不相当,[2]被申请人应对该征收行为予以赔偿。

2. 被申请人的主张

被申请人称,INE 对于授予和拒绝许可拥有一定自由裁量权,除特殊情况外,此类问题完全受国内法而非国际法管辖。此外,被申请人主张该决议涉及环境保护、公共卫生等高度管制事项,是根据国家规制权实施的一项管制性措施。因此被申请人认为该决议不构成国际法意义上的征收。

具体而言,被申请人作出该决议的理由如下:

(1)填埋场仅获准接收农用化学品或杀虫剂或受此类元素污染的容器和材料产生的废物;(2)PROFEPA 在 1998 年 11 月 11 日的官方文件中载明:申请人填埋场 2 号单元贮存量已超出许可标准;(3)填埋场临时储存了危险废物,该危险废物的目的地为填埋场以外的地方,即填埋场作为"转运中心"未获得相应授权;(4)填埋场接收了液体和生物感染性废物,违反了许可证规定的范围以及未经授权不得在填埋场储存液体和生物感染性废物的义务。

另外,被申请人还提到了一些情况,对决议的基础产生了重大影响:(1)垃圾填埋场的位置条件不符合墨西哥法律法规;(2)1998 年,Cytrar 在经营垃圾填埋场时实施了一些违规行为,主要与废物运输有关,此类违规行为引发了社会公众对该填埋场施加了强烈压力;(3)墨西哥政府,主要是 Hermosillo 市,对该填埋场的经营表示怀疑;(4)如果填埋场继续运营,来自公众的压力可能会增加;(5)自 1997 年以来,Cytrar 意

---

[1] *Técnicas Medioambientales Tecmed, S. A. v. The United Mexican States*, ICSID Case No. ARB(AF)/00/2, Award, para. 96.

[2] Supra note [1], para. 100.

识到当地公众对于其位置的不满,填埋场的经营恐难继续,因此同意自费搬迁。[1]

综上,被申请人认为该决议不构成国际法意义上的征收。

3. 仲裁庭的裁定

仲裁庭指出,要确定一项措施是否构成征收,必须首先审查该措施的效力,一项措施只有在"永久且不可逆转地"减少或破坏"投资者使用、享有或处分资产或权利的经济价值"时才具有征收性质。[2] 如果该措施具有这些效果,仲裁庭则必须根据所牵涉的公共利益以及对受保护的投资的影响,评估该措施是否具有相当性。仲裁庭进一步说明,在权衡这些利益时,仲裁庭一方面必须"适当尊重"东道国对重要问题的规制权以及保障这些利益(如环境保护、公共卫生、公民健康)的措施;另一方面,也必须考虑到投资者的合理期待。[3]

将这些原则应用于其审理的案件,仲裁庭发现,尽管许可证明确规定为1年,但Tecmed为投资支付的对价表明,Tecmed合理期待它已获得对垃圾填埋场的长期运营资格。[4] 仲裁庭进一步认为,INE关于不续签许可证和关闭垃圾填埋场的决定在墨西哥国内法律下虽然是合法的,但该措施永久消灭了该投资的价值。援引比例原则分析,仲裁庭认为,案件事实和墨西哥有关机构提供的证据表明,Tecmed违反许可条款和环境法规的行为通常是轻微的,即使根据墨西哥相关机构的说法,也没有"损害生态平衡或保护环境"。[5] 因此,不存在重大的健康或环境问题导致拒绝续期许可证或要求关闭垃圾填埋场的情形。仲裁庭还考虑了公众对垃圾填埋场的反对是否导致了"真正的社会危机"或"公共紧急情况",从而证明不续期许可证的合理性。仲裁庭确认公众反对的主要是垃圾填埋场的位置而不是Tecmed的不当行为,因此仲裁庭认为墨西哥的"社会政治"利益同样不足以支持INE的决定。[6]

为了更详尽地陈述该比例原则分析法,仲裁庭还引用了欧洲人权法院的观点:"剥夺一个人财产的措施不仅必须在事实和原则上追求'公共利益'的合法目标,而且在所采用的手段和所寻求的目标之间也必须存在合理的比例关系……如果有关人员

[1] *Técnicas Medioambientales Tecmed, S. A. v. The United Mexican States*, ICSID Case No. ARB(AF)/00/2, Award, para. 105.

[2] Supra note [1], para. 116.

[3] Supra note [1], para. 122.

[4] Supra note [1], para. 149.

[5] Supra note [1], para. 124.

[6] Supra note [1], paras. 139, 147.

不得不承担‘个人和过度的负担’……则无法找到必要的平衡……法院认为,一项措施必须既适合实现其目标,又不能使手段和目标严重失衡……非国民更容易受到东道国国内立法的影响:与国民不同,非国民一般不会参与选举,东道国也不会就其拟通过的法律、决议等向非国民征求意见。第二,虽然取得财产必须始终符合公共利益,但国民和非国民可能会有不同的考虑,而且很可能有正当理由要求国民为公共利益承担比非国民更多的义务。”[1]

综上,仲裁庭得出结论:尽管 INE 关于拒绝续期许可证以及关闭垃圾填埋场的决议在其国内法下是合法的,但该措施永久剥夺了 Tecmed 的投资价值,并且无充分证据证明该投资损害了公共利益。因此,仲裁庭认为墨西哥违反了《西班牙—墨西哥 BIT》,构成了对 Tecmed 投资的间接征收。

(二)被申请人是否违反给予公平公正待遇的义务

1. 申请人的主张

根据《西班牙—墨西哥 BIT》第 4 条第 1 款的规定,各缔约方将保证在其领土内根据国际法对另一缔约方投资者的投资给予公平和公正的待遇。申请人在进行投资时,其合理期待是,适用于此类投资的墨西哥法律以及被授权管理此类事务的机构行使各项职能的目的在于环境保护、公民健康和生态平衡。在申请人已经发觉公众对填埋场的位置不满而产生压力时,其愿意承担与迁址相关的费用,条件是墨西哥向其提供一个新的场地以及相关许可,在此之前,申请人可以继续经营其填埋场的业务。[2] 在公布拒绝续期许可的决议之前,INE 没有以明确的方式向 Cytrar 或 Tecmed 报告关于这些违规行为对许可证续期产生的影响。因此,INE 剥夺了 Cytrar 表达其对此类问题观点的权利,INE 拒绝续期,而没有给 Cytrar 留出合理的时间将 Cytrar 重新安置到另一地点,这一行为整体上违背了公平公正待遇条款。

2. 被申请人的主张

根据前文所述,被申请人承认除决议中载明的理由外,来自社会的压力也是其拒绝申请人续期许可的因素之一,但被申请人坚持该决议是合法的。

[1] European Court of Human Rights, In the case of James and Others, judgment of February 21, 1986, 50, p. 19-20, http://hudoc.echr.coe.int.

[2] *Técnicas Medioambientales Tecmed, S. A. v. The United Mexican States*, ICSID Case No. ARB(AF)/00/2, Award, para. 158.

3. 仲裁庭的裁定

仲裁庭将公平公正待遇条款解读为，要求缔约国（包括其国内各级政府）对外国投资者及其投资采取一致、透明和明确的行动。[1] 仲裁庭认定墨西哥违反了这些义务，如 INE 在出决议前并未对 Tecmed 进行适当引导、告知其可能导致不续期许可的原因、Tecmed 目前运营中存在的问题等，未履行上述义务导致的后果就是投资人缺乏清晰、明确、透明的行动指南，无法在运营过程中消除潜在的问题。同时，被申请人整体上不透明、不明确的行为也剥夺了申请人在决议作出前与被申请人进行沟通磋商并及时改正以避免许可不被续期，进而导致财产被征收的机会。

仲裁庭认为被申请人应当“以明确的方式告知……关于 Tecmed 违反许可证续期行为的影响”，且应当“明确表示”其拒绝续期的理由。但是被申请人并未符合上述要求，因此被申请人事实上破坏了申请人在东道国进行公平投资并受到公平监管的合理期望。令仲裁庭担忧的不仅仅是该机构未能肯定地披露其作出决议的缘由，还包括仲裁庭认为该机构利用了主要由社会和政治问题驱动的环境和健康问题作为作出拒绝续期决议的借口。仲裁庭认为，Tecmed 的公平预期是“……适用于其投资的墨西哥法律……将用于确保遵守环境保护、公民健康和生态平衡目标”，而非用于关闭因政治原因而令人讨厌的填埋场。[2]

综上，仲裁庭认定，即使 INE 的行为似乎符合国内法，但这并不影响其同时违反了《西班牙—墨西哥 BIT》规定的国际法义务。

（三）被申请人是否违反给予充分保护和安全的义务

1. 申请人的主张

申请人声称，被申请人鼓励公众反对垃圾填埋场及其经营者 Tecmed、反对由 Cytrar 运输垃圾、废物。申请人认为，墨西哥的警察、司法机关未采取应有的迅速、有效、彻底的行动来避免或制止相关的不利社会示威。这种不作为使填埋场相关工作人员的人身安全或行动自由受到了不安定影响。

因此申请人认为，被申请人的不作为违反了充分保护和安全条款，即《西班牙—墨西哥 BIT》第 3 条第 1 款，该条规定，缔约一方应根据国际法对缔约另一方投资者的

[1] *Técnicas Medioambientales Tecmed, S. A. v. The United Mexican States*, ICSID Case No. ARB(AF)/00/2, Award, paras. 154-156.

[2] Supra note [1], para. 157.

投资给予充分保护和保障,不得通过法律上的无理行为或歧视性措施阻碍其管理、维护、开发、使用、享受、扩展、出售或处置此类投资。[1]

2. 被申请人的主张

被申请人援引了相关判例并主张,充分保护与安全条款的适用并非绝对、严格的,申请人目前的证据无法证明来自当地公众的抗议系由被申请人鼓励、引导所致,因此因果关系不成立,被申请人未违反充分保护与安全条款。

3. 仲裁庭的裁定

仲裁庭同意被申请人的主张,申请人并未提供证据证明墨西哥政府(无论何级政府)鼓励、支持了当地公众或团体针对填埋场开展抗议活动,也无法证明墨西哥各级政府直接参与了相关活动。因此根据国际法,不能将这些公众或团体的活动或行为归于被申请人。因此仲裁庭驳回了 Tecmed 依据《西班牙—墨西哥 BIT》“充分保护和安全”条款提出索赔的仲裁请求。

(四)赔偿估值方法

1. 申请人的主张

Tecmed 根据贴现金流法(DCF)计算了垃圾填埋场运营的市场价值,以此作为被申请人应当支付的赔偿金额。申请人主张案涉填埋场作为一项需要长期持续经营的业务,其创造商业利润的能力已完全丧失。这就意味申请人无法收回为填埋场购置资产、对其进行改造以及准备所产生的成本。

因此损失应当包括:(1)与填埋场有关的不动产;(2)失去的利润和商业机会;(3)无法履行与生产工业废物的实体签订的合同导致此类合同的终止以及可能的索赔;(4)因申请人在墨西哥的名誉受到不利影响而对申请人及其在墨西哥的子公司造成的损害。

根据申请人指定的专家出具的报告,以征收行为发生之日,即 1998 年 11 月 25 日为计算起点,被申请人应支付的损害赔偿金共计 5200 万美元及其利息。申请人还要求赔偿对其名誉造成的损害,以及仲裁费用由被申请人承担。[2]

---

[1] *Técnicas Medioambientales Tecmed, S. A. v. The United Mexican States*, ICSID Case No. ARB(AF)/00/2, Award, para. 175.

[2] Supra note [1], para. 184.

2. 被申请人的主张

被申请人反对 Tecmed 的 DCF 分析法,因为填埋场作为一项持续经营业务运营的时间非常短(两年多),缺乏足够的历史数据进行估算。墨西哥认为,在这种情况下 DCF 分析法得出的结果是非常不可靠的。此外,被申请人不同意 Tecmed 在 DCF 计算中的一些假设,包括成本估算和贴现率。墨西哥也提供了一种估值计算方法,其计算的损失总额为 180 万美元到 210 万美元,其主张根据 Tecmed 在投资过程中的实际支出计算损失。[1]

3. 仲裁庭的裁定

仲裁庭质疑了 Tecmed 的 DCF 分析的可靠性,Tecmed 为填埋场相关资产支出的 400 万美元与 Tecmed 请求的 5200 万美元赔偿金额之间存在巨大差异。这种差异似乎表明投资者的损失计算估值被夸大了。因此仲裁庭认为 DCF 不是一种合适的估价方法,因为两年多的商业运营时间过短,无法从中得出可靠的预测结果。[2]

仲裁庭引用了《西班牙—墨西哥 BIT》第 5 条第 2 款,补偿应等于征收发生、决定、宣布或向公众公布之前被征收投资的公平市场价值……估价标准应根据接受投资的缔约国领土内适用的现行法律确定。而根据《墨西哥联邦征收法》第 10 条,征收的赔偿数额应与被征收财产的商业价值相适应,若为不动产,则赔偿额不应低于其税收价值。由于被申请人的行为已对申请人的投资造成了破坏性影响,因此,被申请人作出的赔偿应为本次仲裁过程中已被证明的违反协定行为所造成损失的总额。

继而在驳回 DCF 分析法后,仲裁庭裁定,自征收行为发生之日起,即 1998 年 11 月 25 日,投资损失的市场价值包括:

(1)Tecmed 于 1996 年支付的填埋场相关资产的价格(4,028,788 美元);

(2)Tecmed 在 1996-1998 年期间为改善该填埋场而进行的投资(439,000 美元);

(3)Tecmed 在随后两年的运营中申请人损失的利润(1,085,229.12 美元)。[3]

此外,仲裁庭驳回了申请人要求赔偿对其声誉造成的损害的请求,因为没有证据表明 Tecmed 的声誉受到了墨西哥不法行为的影响。换言之,被申请人的行为与申请人的名誉损害之间不存在因果关系。[4]

综上,仲裁庭裁定被申请人向申请人赔偿 5,533,017.12 美元。

---

[1] *Técnicas Medioambientales Tecmed, S. A. v. The United Mexican States*, ICSID Case No. ARB(AF)/00/2, Award, para. 185.

[2] Supra note [1], para. 186.

[3] Supra note [1], paras. 191-195.

[4] Supra note [1], para. 198.

三、简要评析

本案的核心争议点在于东道国墨西哥停止向 Tecmed 核准续期经营垃圾填埋场的专门许可是否能够被认定为征收。本案的仲裁庭采取了一项非常具有借鉴意义的评价方法——比例原则分析法,即我国国内法常用的比例原则。将这一方法具体运用到判断东道国的行为是否构成征收时则表现为:仲裁庭须评价申请人的违规行为是否足够严重,以至于威胁到了东道国的公共利益,如环境保护、公民健康、生态平衡等。此外,仲裁庭也必须考虑东道国拒绝续期许可的行为会对申请人的投资造成多大规模的损失,以及这种损失是否可逆。本案中,申请人的违规行为显著轻微,被申请人在多项正式或非正式材料中均承认申请人的违规行为显然没有达到破坏环境、生态平衡以及严重影响公民健康的程度,但是被申请人拒绝续期许可的行为却对申请人的投资造成了巨大的、不可逆的损失,缺失了经营该填埋场的许可就意味着该投资的市场价值灭失,显然有悖申请人的投资预期。据此,仲裁庭认为申请人的违规行为、申请人对公共利益的影响以及被申请人的行政行为及其引发的后果之间的比例显著失衡,因此,仲裁庭裁定被申请人构成了间接征收,应当赔偿损失。

另外一项具有借鉴意义的裁判观点是,公平公正待遇被解释为缔约国(包括其国内各级政府)对外国投资者及其投资应当采取一致、明确和透明的行动。其中一致性要求东道国对于不同投资者均应采取一致标准以及东道国各个职能机构在对投资者作出具体行政行为时应当保持一致性,避免各个部门间因种种原因作出相互矛盾的行政行为,导致投资者所持的公平公正预期产生动摇;明确性则要求东道国须向投资者释明投资过程中应当遵守的义务,包括但不限于指导投资者符合本国法律,纠正其在经营过程中出现的问题,当投资者的经营行为确实违反了东道国法律而应受处罚时,处罚的理由也应当明确、具体;透明性则要求东道国在行使东道国规制权时,其意图应当透明,不得采取隐瞒真实意图、捏造虚假理由的方式处罚投资者。

本案中的裁判观点在后续多个国际投资仲裁案件中被引用,如维旺迪案[1], *MTD Equity Sdn Bhd and MTD Chile SA v. Republic of Chile* 案[2]以及 *Saluka Investments B. V. v. Czech Republic* 案等。

(编写者:西安交通大学法学院 2020 级硕士研究生　张志祥)

---

[1] 参见本书案例 6。

[2] ICSID Case No. ARB/01/7.

萨利尼·科斯特鲁托里股份有限公司
与艾拓斯托雷得股份有限公司
诉
摩洛哥王国

仲裁案

案情概要

案名	萨利尼·科斯特鲁托里股份有限公司与艾拓斯托雷得股份有限公司诉摩洛哥王国仲裁案	
案件裁判来源	https://www.italaw.com/cases/958	
案号	ICSID Case No. ARB/00/4	
当事人	申请人: (1)萨利尼·科斯特鲁托里股份有限公司 (2)艾拓斯托雷得股份有限公司	
	被申请人:摩洛哥王国	
行业	道路运输业	
仲裁机构和仲裁地	国际投资争端解决中心,美国华盛顿特区	
仲裁依据	《意大利—摩洛哥双边投资协定》	
适用的仲裁规则	《国际投资争端解决中心仲裁规则》	
仲裁庭组成	首席仲裁员:Robert Briner	
	仲裁员(申请人指定):Bernardo M. Cremades	
	仲裁员(被申请人指定):Ibrahim Fadlallah	
日期	仲裁程序开始日期:2000年5月1日	
	最终裁决发布日期:2001年7月23日	
仲裁请求	申请人请求摩洛哥赔偿遭受损害所导致的损失共计132,639,617,409.00意大利里拉	
核心争议点	(1)申请人的仲裁请求提交是否过早 (2)是否存在有效的投资行为	
仲裁庭主要结论	仲裁庭宣布对意大利公司提出的主张具有管辖权,但特别指出仲裁庭对仅违反意大利公司与ADM之间订立的合同,但不违反《双边条约》的行为不具有管辖权	
裁决结果	双方和解	
后续进展	无	

Case Summary

Name of Case	Salini Costruttori S. p. A. and Italstrade S. p. A. v. Kingdom of Morocco
Web Page	http://www. italaw. com/cases/958
Case Number	ICSID Case No. ARB/00/4
Parties	Claimants: (1)Salini Costruttori S. p. A. (2)Italstrade S. p. A.
	Respondent:Kingdom of Morocco
Industry	Railway Transport
Administering Institution & Seat of Arbitration	ICSID;Washington,D. C. ,USA
Basis for Arbitration	Italy-Morocco BIT
Rules Used in Arbitral Proceedings	ICSID Arbitration Rules
Arbitrator(s)	Presiding Arbitrator:Robert Briner
	Arbitrator(Claimants' appointee):Bernardo M. Cremades
	Arbitrator(Respondent's appointee):Ibrahim Fadlallah
Date	Date of Commencement of Proceeding:1 May 2000
	Date of Issue of Final Award:23 July 2001
Relief Request	The Claimants claim 132,639,617,409. 00 ITL as compensation for damages suffered
Key Issues	(1)The inadmissibility of the request due to its premature nature (2)The existence of an investment
Tribunal's Conclusions on Key Issues	The Tribunal declared that it had jurisdiction over the Italian companies' claims,as they were formulated,but specified that it did not have jurisdiction over mere breaches of the contract concluded between the Italian companies and ADM that did not simultaneously constitute a violation of the Bilateral Treaty
Award	Settled
Follow-up Progress	None

一、案件事实

(一)投资事实

1989年,摩洛哥国家公路有限责任公司(以下简称ADM公司)根据与国家有关部门签订的特许经营协议开展建造、维护和运营高速公路和各种道路工程。1994年,ADM公司依据特许经营协议的规定范围,向国际市场公开发出建设从拉巴特到费斯的高速公路招标邀请。本案的申请人萨利尼·科斯特鲁托里股份有限公司与艾拓斯托雷得股份有限公司为两家意大利公司,参与了本次高速公路建设工程的第二段部分招标,标的工程为建设上述高速公路工程范围内约50公里的一段位于西梅克内斯的公路,最终两公司以280,702,166.84摩洛哥迪拉姆的价格中标。1995年10月17日,两公司签订了招标合同,并为履行合同创设了萨利尼-艾拓斯托雷得贸易集团,该集团不属于法律意义上的主体。

(二)被诉行为

1998年7月31日至10月14日,当事方进行招标工程的接管与转交手续,确定工期需要36个月,比合同中签订的时间(32个月)延长了4个月。1999年3月26日两公司签字并附加了保留事项。1999年4月29日,两公司向ADM公司的总工程师发送了一个备忘录提出了保留事项,即技术维护,极端恶劣天气,项目的不稳定性,财务负担以及不能预测的汇率波动。1999年9月14日,在ADM公司总工程师拒绝两公司请求后,两公司根据行政规则向摩洛哥基础设施部部长提交了与决算账户相关事项的备忘录,但ADM公司与基础设施部部长均无回复。2000年5月1日,两公司向ICSID提起了对摩洛哥王国(以下称被申请人)的仲裁请求,要求摩洛哥方赔偿损失。

(三)程序时间轴

· 2000年5月1日,申请人依据1990年《意大利—摩洛哥双边投资协定》(以下简称《意大利—摩洛哥BIT》)第8条向ICSID提交仲裁申请,要求被申请人赔偿损失。

· 2000年7月17日,被申请人向ICSID提出管辖权异议。

· 2000年10月27日,本案首次听证会在巴黎进行。

· 2000年12月20日,被申请人提交备忘录,再次重申管辖权异议。

· 2001 年 2 月,申请人在申请延长期限后提交答辩状。

· 2001 年 5 月 3 日,管辖权听证会在巴黎举行。

· 2001 年 7 月 23 日,仲裁庭就管辖权问题作出裁定。

· 最终双方达成和解,根据仲裁庭 2004 年 2 月 4 日发布的规则,本案记录终止。

(四)仲裁请求

1. 申请人的仲裁请求

申请人请求 ICSID 仲裁庭受理本案,并请求被申请人支付 132,639,617,409 意大利里拉作为损失赔偿。

2. 被申请人的仲裁请求

被申请人对仲裁庭的管辖权提出以下异议:

(1)本案争议尚未达到通过司法程序解决的程度,提请仲裁的时间过早。

(2)仲裁庭不具有属人管辖权与属物管辖权。

(3)申请人放弃了在摩洛哥拉巴特行政法院诉讼以外的全部管辖权。

(五)仲裁庭结论

仲裁庭对申请人的主张具有管辖权,但对于仅违反当事方之间的合同而不违反双边投资条约义务的行为不具有管辖权。

二、主要法律争议

本案公开的裁决仅有管辖权裁定,因此主要法律争议为管辖权问题。

(一)争议提交仲裁过早致请求无法实现的问题

1. 申请人的主张

申请人称其请求已提交给摩洛哥政府,并提交了三个相关书面证明:

(1)1999 年 9 月 14 日申请人提交给基础设施部部长和 ADM 首席执行官的备忘录,其中载有与决算账户相关的请求事项;

(2)1998 年 4 月 10 日寄送给摩洛哥驻罗马大使的信件;

(3)1998 年 5 月 15 日寄送给摩洛哥总理的信件。

2. 被申请人的主张

根据《意大利—摩洛哥 BIT》第 8 条第 2 款,被申请人的主张为:

(1)申请人的仲裁请求应当至少在提交仲裁前 6 个月以和解请求的形式向被申

请人提出;

(2)申请人提出的仲裁请求中存在违反《意大利—摩洛哥 BIT》第 8 条第 2 款的情形,并且在第 8 条第 2 款中规定的仲裁程序与该条约中的其他条款具有密切联系。

在第一个主张中,被申请人认为申请人的请求事项仅是提交给了 ADM 公司的首席执行官(ADM 公司总工程师)与基础设施部部长,并未送达至摩洛哥政府。在被申请人提出的第二点主张中包含了仲裁庭属事管辖问题。

3. 仲裁庭的裁定

其一,对申请人和解请求是否提交至摩洛哥政府的分析。仲裁庭指出,根据《意大利—摩洛哥 BIT》第 8 条[1],和解请求是必需条件,在投资争议中投资者必须先与被申请人进行和解。申请人与 ADM 公司订立的合同为政府采购合同,根据摩洛哥《一般行政条款》第 50 条、第 51 条与《特别行政条款》第 18 条[2]的规定,政府采购合同适用摩洛哥《一般行政条款》的解决程序;而《特别行政条款》第 23 条中又将部长与首席执行官的职能进行了区分。然而,仲裁庭认为《特别行政条款》的规定并不能将部长与首席执行官的控制权完全隔离,不可能出现部长利用摩洛哥《一般行政条款》赋予的职能了解到申请人的请求,而以其他身份立场又不知情的情形。仲裁庭在查阅了《意大利—摩洛哥 BIT》规定后发现,该条约的第 8 条除了规定 6 个月的期限之外并未规定具体的和解程序,在本案中应当确定申请人是否采取了必要的措施与被申请人进行和解。从上述事实与申请人提交的证据来看,仲裁庭认为这些书面证据符合条约规定中的书面"和解请求",并且已经按照要求送达给相关人员。

其二,对和解请求是否与本次仲裁请求的事项相关的分析。仲裁庭认为,和解请求实质上包括是否存在提出申诉的理由,以及在司法机关以外解决这些问题的意图,不需要完整或详细地阐明。根据申请人提交的书面证据,仲裁庭认定其既构成了书面和解请求,又属于本次仲裁中的请求;这些书面证据在形成时至少应当使被申请人意

---

[1] 《意大利—摩洛哥 BIT》第 8 条规定:"1. 所有争议或分歧,包括缔约一方投资者在另一方领土内的投资而发生的征收、国有化或类似措施应支付的赔偿金额有关的争议,应当尽可能和解。2. 如果争议在从请求之日起算的六个月内无法和解,有关的投资者可以通过书面请求提交争议至:(1)有关缔约方的主管法院;(2)根据《联合国国际贸易法委员会仲裁规则》设立的仲裁庭;(3)向 ICSID 中心申请依据《ICSID 公约》规定的解决国家与其他国家国民之间的投资争端的仲裁程序。3. 只要(争议解决)程序尚未结束,以及根据该案件适用的国际或国内法规则,所述缔约方之一尚未遵守仲裁庭或指定的普通法院判决,并且仍在判决或其他方式确定的执行期限内,缔约双方应避免通过外交途径处理与仲裁或未决法律程序有关的所有问题。"

[2] 摩洛哥《特别行政条款》第 18 条第 1 款规定,如果项目所有人和承包方之间发生争端,应诉诸摩洛哥《一般行政条款》第 50 条和第 51 条规定的程序。

识到争议的存在,而且应当采取解决争议的必要措施。

其三,对和解请求与仲裁请求之间是否间隔 6 个月的分析。从时间上看,本案申请人于 1999 年 9 月 14 日向基础设施部部长与 ADM 总裁提交了备忘录,记载了有关决算账户的赔偿请求,仲裁庭认为其构成和解请求;申请人在 8 个月后的 2000 年 5 月 4 日提交了仲裁请求,满足了间隔 6 个月的规定。

根据上述分析,仲裁庭认定被申请人基于《意大利—摩洛哥 BIT》第 8 条第 2 款提出的“争议提交仲裁过早”主张不成立。

(二)《意大利—摩洛哥 BIT》第 8 条放弃其他管辖的问题

被申请人主张,根据摩洛哥《特别行政条款》第 18 条,摩洛哥《一般行政条款》第 50 条、第 51 条中规定的程序规定,该争议由摩洛哥拉巴特法院管辖。而申请人认为,通过双边投资条约规定的 ICSID 仲裁庭管辖权优先于法院的管辖权,因此法院管辖并非意味着对仲裁庭管辖权的放弃。

根据《ICSID 公约》第 25 条的规定,仲裁庭的管辖权源于争议各当事方的同意,该同意必须采用书面形式。[1] 因仲裁请求必须先行登记,当事方表示同意的时间必须在提出调解或仲裁请求之前。《ICSID 公约》中所指的“同意”应当有三种渊源:一是东道国与投资者之间签订的合同中包含的条款内容;二是东道国的国内法,通常是某一部门法或是投资法;三是国际法,属于双边或多边协定中的一个条款。在亚洲农产品有限公司诉斯里兰卡民主社会主义共和国一案[2]中,通过一项法院选择的条款对表达“同意”的必要性与充分性得到了论证。在本案中,仲裁庭分析了《意大利—摩洛哥 BIT》第 8 条第 2 款第 3 项的规定,认为该规定包含了缔约国对投资者将争议提交 ICSID 仲裁的单方同意,申请人将本案争议提交至 ICSID 仲裁则构成仲裁庭对本案的管辖权认可。仲裁庭认为,摩洛哥行政法院的管辖权无法由当事人进行选择,摩洛哥《一般行政条款》第 52 条并不能视为扩大了案件管辖权,且与当事人意思自治的原则不相符,因此对 ICSID 管辖权的同意应当优先于摩洛哥《一般行政条款》第 52 条的规定,摩洛哥方对放弃其他管辖的主张不能成立。

---

[1] 《ICSID 公约》第 25 条第 1 款规定,中心的管辖适用于缔约国(或缔约国向中心指定的该国的任何组成部分或机构)和另一缔约国国民之间直接因投资而产生并经双方书面同意提交给中心的任何法律争端。当双方表示同意后,任何一方不得单方面撤销其同意。

[2] 参见本书案例 1。

(三)属人管辖权问题

被申请人主张仲裁庭缺乏属人管辖权,因涉及本案争议的ADM公司为私有主体,即便国家享有ADM公司股份,也不会对ADM公司性质产生影响。而本案中政府采购合同原本就属于公共领域的建设工程合同,对ADM公司的性质没有影响。申请人认为,ADM公司虽然名义上为有限责任公司,但仍属于国有主体,ADM公司创建时的资产与董事会的组成,以及合同的签订活动都和国家、基础设施部密切相关,且ADM公司在财务上受到摩洛哥国家资助,公路建设工程也由国家承担。因此,有充分理由证明ADM公司为国有主体。

仲裁庭认为,由于申请人是针对东道国违反双边投资条约而提出的仲裁,确定ADM公司是否属于国有主体对本案管辖权的确定来讲并不是必要的。但仲裁庭也指出,ADM公司的性质会影响到后续实体问题处理,因此仲裁庭也对这个问题进行了分析。

一般来讲,任何由国家、国家机构控制或主要控制的商业公司,无论其是否具有法人资格,均被视为国有公司。在埃米利奥·阿古斯丁·马菲兹尼诉西班牙王国仲裁案中,确定国家在公司内的参与程度有两个标准,一是结构标准,即股东构成;二是功能标准,与公司的活动目标有关。仲裁庭根据上述标准分析了ADM公司的性质。首先,摩洛哥政府及其部门至少持有ADM公司89%的股份,ADM公司的董事会人员构成主要为政府各部门的部长,其中摩洛哥基础设施部部长兼任ADM公司的总裁(首席执行官),ADM公司的董事还包括公路和道路交通部部长等人。根据ADM公司章程及备忘录显示,董事享有的股权最终都转化为对公司的实际控制权,因此从结构上看,ADM公司属于国有实体。从功能标准来看,ADM公司的主要目标是完成国家控制下的任务,包括建设,管理和运营属于公共设施的资产;而摩洛哥一般行政条款的规定也显示本案争议中的合同为政府采购合同。因此仲裁庭认为,申请人提供了充分证据,证明了ADM公司属于国有主体。

(四)属物管辖权问题

被申请人认为仲裁庭的管辖权受两个因素决定,一是存在属于《ICSID公约》与双边投资条约范围内的投资,二是存在违反双边投资条约的主张。根据《意大利—摩洛哥BIT》第1条[1]的规定,应当由摩洛哥法律定义投资的概念,而摩洛哥国内法规定此类交易为服务合同,而非投资合同。申请人认为基于《ICSID公约》与《意大利—摩洛哥BIT》第1条的规定,本案争议属于一项投资。投资的定义应当根据条约确定,东道国的国内法仅与投资实现的方式有关。

1.“投资”概念的确定

仲裁庭不支持仅依据东道国法律来定义投资。仲裁庭认为,《意大利—摩洛哥BIT》第1条提及的“依据当地法律法规确定的投资类别”是指投资的有效性,而非对投资的定义,这一规定排除了对非法投资的保护。然而,本案中申请人在招投标与合同签订的整个过程中都遵守了摩洛哥法律,目前没有证据表明申请人存在任何违反摩洛哥法律规定的情形。而关于第1条第7款要求,第3款、第4款、第5款中涉及的权利必须经由当地政府批准。仲裁庭审查证据后发现,无论ADM公司是否属于国有主体,其与申请人签订的合同经过了摩洛哥基础设施部的许可批准,不存在违法情形;而在工程开工之前,申请人的投标书已经交由ADM公司总裁并进行了评估,最终ADM公司的总裁签署了施工合同。因此,仲裁庭认定本案争议的交易行为属于双边条约中的投资,可适用《意大利—摩洛哥BIT》第8条进行仲裁。

仲裁庭发现,在截至案件发生时,对投资这一概念有明确定义的仲裁裁决案例较少,因此仲裁庭根据出资与合同履行进行了分析。申请人提交的证据显示,两个公司利用自己的专业知识,为完成工程提供了必要的设备和合格的人员,在建筑工地上设置了生产工具,获得贷款用于购货与支付报酬,并作出了定额担保。申请人按照摩洛哥法律,在合同中确定履行期为32个月,但后来延长至36个月也仍然在规定的2—5年施工期限内。在当事方的合同中载有履行风险与保留的内容,因工程期限较长,负责工程建设的申请人也承担了较大风险。关于摩洛哥方对该合同的经济贡献的质疑,仲裁庭认为,在大多数国家中基础设施的建设属于国家或其他机构应执行的任务,毫无疑问公路建设是符合公共利益的。

---

[1] 《意大利—摩洛哥BIT》第1条规定,“投资”一词是指本协定生效后,由自然人或法人,包括缔约一方政府在另一缔约方领土上依照当地法律规定投资的所有类别的资产,包括但不限于:(1)与投资有关的动产和不动产,以及任何其他相关的财产权,例如抵押权,优先权,质权,用益物权;(2)国家或公共实体的股份,证券和债券或其他权益;(3)资本化债务,包括再投资收入,以及具有经济价值的任何合同利益的权利;(4)版权,商标,专利,技术方法以及其他知识产权和工业产权,专有技术,商业秘密,商业品牌和商誉;(5)法律、合同规定的经济性质的权利,以及依照现行法律法规授予的许可或特许权,包括探矿,开采和开发自然资源的权利;(6)用于维持和(或)增加投资的资本和额外出资;(7)以上第3~5款所述必须是经主管当局批准的合同的对象。

基于以上理由,仲裁庭认为ADM公司与申请人之间的合同构成《ICSID公约》第25条、《意大利—摩洛哥BIT》第1条和第8条规定的投资行为。

2. 违反投资条约的主张

根据《意大利—摩洛哥BIT》第8条的规定,征收与国有化措施争议属于仲裁庭的管辖范围,但单纯违反本案当事方之间签订合同的行为不属于仲裁庭的管辖范围。仲裁庭阐明其只能根据东道国违反双边投资条约的具体行为进行仲裁。

三、简要评析

本案的管辖权审理阶段主要涉及当事人的争议提交,管辖权选择,属人管辖权以及属物管辖权的问题。首先,双方在争议提交上的主要矛盾问题为申请人是否按照投资条约规定的期限提交仲裁,以及仲裁请求的内容与条约规定的和解请求是否一致。仲裁庭经过对ADM公司人员的分析后发现,政府官员的兼职身份表明其对于申请人的请求是知晓的,申请人提交的证据也表明其请求内容一致,并且遵守了6个月的期限要求。其次,在管辖权的选择问题上,仲裁庭对《意大利—摩洛哥BIT》第8条第2款进行了解释,根据合同当事人意思自治原则,认为当事人有优先选择ICSID仲裁庭进行仲裁的权利。再次,关于属人管辖权,仲裁庭认为ADM公司的性质对于管辖权审理影响不大,但会影响后续的实体审理,因此仍援引先前裁决案例分析了ADM公司的性质。最后,关于属物管辖权中的概念界定,仲裁庭通过《ICSID公约》与投资条约的双重角度进行论证。在公约与投资条约中并没有对投资进行具体定义,并且当时对于投资界定的仲裁裁决也较少,仲裁庭采取了条约解释与案件证据结合的方式,分析了申请人与东道国双方在整个交易活动中的行为与具体作用,最终认定其属于投资行为,仲裁庭对案件具有管辖权。在管辖权审理之后,作为申请人一方的两家意大利公司与摩洛哥王国在实体问题上最终达成了和解。

(编写者:武汉大学国际法研究所2019级硕士研究生　田滕杞)

R. F. C. C. 财团
诉
摩洛哥王国

仲裁案

案情概要

案名	R. F. C. C. 财团诉摩洛哥王国仲裁案	
案件裁判来源	https://www. italaw. com/cases/325	
案号	ICSID CASE NO. ARB/00/6	
当事人	申请人:RFCC 财团(依据意大利法律成立)	
	被申请人:摩洛哥王国	
行业	铁路运输业	
仲裁机构和仲裁地	国际投资争端解决中心,法国巴黎	
仲裁依据	《意大利—摩洛哥双边投资协定》(1990 年)	
适用的仲裁规则	《国际投资争端解决中心仲裁规则》	
仲裁庭组成	首席仲裁员:Robert Briner	
	仲裁员(申请人指定):Bernardo M. Cremades	
	仲裁员(被申请人指定):Ibrahim Fadlallah	
日期	仲裁程序开始日期:2000 年 6 月 6 日	
	最终裁决发布日期:2003 年 12 月 22 日	
仲裁请求	申请人请求被申请人赔偿其损失	
核心争议点	违约行为是否等同于违反条约行为	
仲裁庭主要结论	违反 BIT 的指控是法庭管辖权的必要条件,不能将违反合同行为与违反条约行为同化;合同违约行为是否可构成违反 BIT,这是一个实质性问题,而非管辖权问题	
裁决结果	支持东道国(一致裁定)	
后续进展	2004 年 4 月 30 日,仲裁申请人向 ICSID 提出撤销仲裁裁决的申请,ICSID 由此为审查撤销申请而成立了特设委员会。 2006 年 1 月 18 日,特设委员会对撤销申请作出决定	

Case Summary

Name of Case	Consortium R. F. C. C. v. Kingdom of Morocco	
Web Page	https://www. italaw. com/cases/325	
Case Number	ICSID Case No. ARB/00/6	
Parties	Claimant:Consortium R. F. C. C. (Italian)	
	Respondent:Kingdom of Morocco(Moroccan)	
Industry	Railway Transport	
Administering Institution & Seat of Arbitration	ICSID;Paris,France	
Basis for Arbitration	Italy-Morocco BIT(1990)	
Rules Used in Arbitral Proceedings	ICSID Arbitration Rules	
Arbitrator(s)	Presiding Arbitrator:Robert Briner	
	Arbitrator(Claimant's appointee):Bernardo M. Cremades	
	Arbitrator(Respondent's appointee):Ibrahim Fadlallah	
Date	Date of Commencement of Proceeding:6 June 2000	
	Date of Issue of Final Award:22 December 2003	
Relief Request	The Claimant seeks compensation for its loss	
Key Issue	Whether a breach of contract is equivalent to a treaty violation	
Tribunal's Conclusions on Key Issue	The accusation of breach of bilateral agreement is a necessary condition for the jurisdiction of the court. It can not be assimilated with the breach of contract. Whether the breach of contract can constitute a breach of BIT is a matter of substance, not a matter of jurisdiction	
Award	In favour of State(Unanimous Verdict)	
Follow-up Progress	April 30, 2004, the arbitration applicant applied to ICSID to cancel the arbitration award, and an ad hoc committee was established to decide on the revocation of the application. January 18,2006, the ad hoc committee decided to withdraw the application	

一、案件事实

(一)投资事实

1989 年 8 月 3 日,摩洛哥国家高速公路公司(以下简称 ADM 公司)注册成立,总部设在拉巴特地区的海里亚德(Hay Ryad),注册号为 29175,受国家委托负责拉巴特—费斯高速公路部分的建造、运营和维修。1994 年 8 月,ADM 公司发起了一项国际招标,以建造拉巴特—费斯高速公路。1994 年 10 月 28 日,4 家意大利公司由一名共同代理人代表竞标分配两批合同:第 3A 批 RS 316-Meknes Est,第 3B 批 Meknes Est-Fes。第 3B 批以 169,639,591.20 迪拉姆(以下简称 DH)和 9,820,861.765 欧洲货币单位(ECU)的价格授予意大利公司,第 3A 批授予摩洛哥公司。在法律自治制度下,4 家意大利公司在摩洛哥开设了一个分公司,称为 RFCC 财团(本案申请人),1995 年 9 月申请人在卡萨布兰卡初审法院注册为“其他工程公司或建筑公司”,于 1996 年 1 月将其活动扩大到“进口商”,于 1996 年 2 月 19 日办理变更登记。

(二)被诉行为

1997 年夏季,由于执行合同方面的各种困难,申请人与摩洛哥设备部秘书长谈判签署了一项谅解备忘录。该协议在 1997 年 9 月 5 日签署的第 1 号修正案中正式确定,将工程的完成日期推迟到 1997 年 12 月 31 日。第 3B 批 Meknes Est-Fes 中的 FES 绕行路线上的交换器定于 1998 年 2 月 28 日完工。1998 年 4 月进行了部分临时验收后,摩洛哥总理宣布公路通车。1998 年 7 月 31 日,双方签署了一份临时验收报告。1999 年 3 月 12 日,ADM 公司将一般性最后声明草案送交申请人,但申请人拒绝签署。1999 年 4 月 5 日,申请人通过其顾问向 ADM 公司总工程师发送了一份备忘录,解释了拒绝签署证书的原因及对其所称拖欠各种证券的所有索赔。由于 ADM 公司总工程师对这些索赔意见有异议,申请人于 1999 年 7 月 7 日致函摩洛哥设备部部长,请其根据《一般行政条款》第 51 条的规定转递 4 月 5 日发出的备忘录和意见,但一直未收到设备部部长或 ADM 公司的答复。1999 年 9 月 28 日,ADM 公司称申请人向摩洛哥商业银行提出的第一份履约保证金为最后履约保证金,金额为 8,201,187,87DH。2000 年 6 月 6 日,申请人根据《意大利—摩洛哥 BIT》提起仲裁,要求摩洛哥赔偿其遭受的损失。

(三)程序时间轴

·2000年6月6日,本案仲裁申请人根据《意大利—摩洛哥BIT》向ICSID提出仲裁申请,要求摩洛哥王国赔偿其遭受的损失。

·2000年9月25日,仲裁庭正式组成。

·2000年10月27日,在巴黎举行了介绍性听证会。

·2000年12月22日,摩洛哥在备忘录中对管辖权提出异议;2001年2月17日,申请人对此作出答复。

·2001年3月23日,被申请人提交辩诉状。

·2001年4月23日,申请人第二次提交诉状。

·2001年7月16日,仲裁庭就管辖权作出裁定,有权审理此案。

·2003年3月17—20日,仲裁庭于巴黎举行关于案情实质的听讯,听取双方传唤的证人的证词。

·2003年5月16日和7月9日,双方再次分别就案情实质举行听讯后向法庭提交了诉状、辩诉状。

·2003年8月6日,仲裁庭宣布结束审理。

·2003年12月22日,仲裁庭最终在法国巴黎作出仲裁裁决。

·2004年4月30日,仲裁申请人向ICSID提出撤销仲裁裁决的申请,并由此为决定撤销申请而成立了特设委员会。

·2006年1月18日,特设委员会对撤销申请作出了决定。

(四)仲裁请求

1. 申请人的仲裁请求

(1)请求仲裁庭承认其仲裁申请是有根据的。

(2)请求仲裁庭同意其本金索赔和损害赔偿金,数额为72,186,174.35欧元,其中包括利息。

(3)责令被申请人向该财团支付这笔款项。

(4)责令被申请人承担仲裁程序的所有费用和开支以及申请人为其辩护而支付的律师费用。

2. 被申请人的答辩意见

被申请人在其辩诉状中,要求仲裁庭申明其反对意见、驳回申请人的所有申请:

(1)被申请人不是建筑合同的当事方,该合同仅对 ADM 公司和申请人具有约束力。

(2)被申请人对申请人据称违反双边协定的行为提出疑问,因为申请人负有举证责任,必须证明所称事实的真实性,并证明其违反条约的行为。

(3)任何违约行为同时构成对条约的违反,在法律上是不可接受的。

(4)ADM 公司的行为不会归因于国家,因为不同于私人订约方的合同权利,ADM 公司不会在与申请人的合同关系中实施属于公共权力特权范围内的特定权力。

(5)即使承认任何违反合同的行为在理论上都可能构成违反条约,并且可以将 ADM 公司的行为归咎于国家,也不存在 ADM 公司违反合同的情况。

被申请人也要求仲裁庭作出命令,命令申请人承担本仲裁程序的全部费用,包括仲裁庭成员的费用和开支、秘书处的费用和开支以及申请人的律师费用。

(五)仲裁庭结论

(1)驳回申请人的仲裁申请。

(2)裁定申请人与被申请人平均分摊仲裁费用。

(3)裁定双方各自承担在本诉讼中发生的自己的律师费和代理费。

(4)驳回任何其他或进一步的结论。

二、主要法律争议

(一)仲裁庭管辖权决定的适用

申请人主张,无论被申请人是否违反了双边协定,仲裁庭有权根据属事管辖权,不受任何限制地审理所有提出的索赔。根据《意大利—摩洛哥 BIT》第 8 条的规定,国家有义务就违反双边协定的行为和违反直接对其具有约束力的合同行为尊重管辖权要约。ADM 公司只是被申请人的代理人行事人,申请人的实际对应方是直接参与了合同管理和执行的摩洛哥王国,并非充当代理行事人角色的 ADM 公司。被申请人摩洛哥王国作为合同的直接当事方,无论其是否违反了双边协定,仲裁庭都有权审理所有指称的合同违约行为。

被申请人对申请人的主张表示异议。申请人提出的论点没有依据,被申请人是不是申请人的实际对应方的问题在之前“关于管辖权的决定”的讨论中已经以否定的方式作出了决定。同时假设被申请人是申请人的实际对应方,违反双边协定是法庭管辖权的必要条件,就本案而言,只有在确定存在违反《意大利—摩洛哥 BIT》情况下,才可接受申请人的申请。

仲裁庭主张,其仅以被申请人违反双边协定为由,宣布有权就管辖权问题作出裁决。在其 2001 年 7 月 16 日“关于管辖权的决定”中,仲裁庭宣布“有权审理申请人提出的申请,并明确指出,其无权审理申请人与 ADM 公司单一合同中的任何违约行为,因为这些违约行为不构成合同中违约行为,也不违反《意大利—摩洛哥 BIT》”。《意大利—摩洛哥 BIT》第 8 条规定中的管辖权被认为仅限于违反该协定的行为,这种违约行为可能是国家违反合同行为的结果。而仲裁庭的管辖权仅限于审理根据违反双边协定提出的请求。另外值得注意的是,合同违约行为是否归咎于国家(直接或间接),以及合同违约行为是否构成违反双边协定,这是一个实质性问题,而不是管辖权问题。

(二)违约行为是否等同于违反 BIT

申请人主张,《意大利—摩洛哥 BIT》第 1 条第 1 款 c 项和 e 项规定:“就本协定而言,(1)‘投资’系指在本协定生效后由包括一缔约方政府在内的自然人或法人根据本协定的法律和规章在另一缔约方领土内投资的各类资产。这一部分。“投资”一词包括但不限于:(c)(……)任何具有经济价值的合同应享权利;(e)(……)法律或合同规定的任何经济性质的权利(……)”。合同具有投资性质,该条将投资界定为“享有任何具有经济价值的合同福利的权利”,而被申请人或 ADM 公司均犯有“实质性”合同违约行为,进而必然导致违反《意大利—摩洛哥 BIT》,因此仲裁庭将有权审理申请人提出的所有索赔,包括违反合同的索赔。只要确定一项“重大”违约行为,所有其他合同违约行为,不论其严重程度如何,都属于仲裁庭的管辖范围。

被申请人主张,申请人此论点是不成立的。通过将合同违约行为等同于违反《意大利—摩洛哥 BIT》有关规定,致使该协定第 2~6 条规定的无歧视义务、确保公平和公正待遇的义务、赔偿损害或损失的义务、征收规则等丧失效力,这将违背条约的目的和宗旨。

仲裁庭认为,没有必要将违反合同行为与违反条约行为等同。《意大利—摩洛哥 BIT》第 1 条第 1 款 c 项、e 项和第 2 条第 2 款的规定:“就本协定而言,(1)‘投资’系指在本协定生效后由包括一缔约方政府在内的自然人或法人根据本协定的法律和规章在另一缔约方领土内投资的各类资产。这一部分。‘投资’一词包括但不限于:

(c)(……)任何具有经济价值的合同应享权利;(e)(……)法律或合同规定的任何经济性质的权利(……)。”上述规定与从仲裁实践中得出的一般原则相结合,除《意大利—摩洛哥 BIT》规定的具体义务外,不足以使被申请人承担尊重或强制执行合同的义务。前述规定不允许将任何违约行为(无论是否成立)视为违反协议。因此,只有在申请人的主张基于有效违反《意大利—摩洛哥 BIT》第 2~6 条明确规定的义务(公平和公正的待遇、最惠国条款和国民待遇、赔偿)的情况下,才能满足申请人的要求。仲裁庭无须根据所谓的违反合同理由考虑索赔,也无须援引违反《意大利—摩洛哥 BIT》具体义务的情况。因此此类索赔不在管辖范围之内。

(三)违反《意大利—摩洛哥 BIT》的具体义务

申请人主张被申请人违反《意大利—摩洛哥 BIT》的行为可归纳为以下四点:一是《意大利—摩洛哥 BIT》第 2 条第 2 款规定,“每一缔约方应确保对方投资者的投资得到公正和公平的待遇。每一缔约方应确保对方投资者在其领土内管理、保持、使用或分配投资,以防止采取任何不合理或歧视性的措施”,由于被申请人和 ADM 公司表现出的整体行为,未能履行此条款中规定的公平和公正待遇的义务,因此申请人的所有具体索赔都违反这一规定。二是根据《意大利—摩洛哥 BIT》第 2 条第 2 款和第 3 条的规定,由于未将第 3A 批分配给申请人而违反不歧视义务。三是根据《意大利—摩洛哥 BIT》第 4 条第 1 款的规定,“如果一缔约方投资者的投资因战争、武装冲突、紧急状态或在另一缔约方领土内发生的类似事件而受到损害,他们应得到公正和充分的赔偿,以弥补由于下列原因而遭受的损失:投资损失发生地缔约方的份额”,违反赔偿某些损失的义务(关于拒绝赔偿申请人因异常天气造成的损失)。四是根据《意大利—摩洛哥 BIT》第 5 条的规定,因罚款和合同担保而违反征用规则。

仲裁庭针对申请人的论点有以下结论:其一,对于“公平和公正待遇的义务”解释,仲裁庭认为,该义务在保障投资者基本权利的同时,并不局限于这一义务,而且仅在东道国利用其公共权力特权的范围内适用;其二,对于“最惠国条款和国民待遇”,将在下文中详细审查集团索赔时进行分析;其三,关于“损害赔偿或损失”,仲裁庭认为该条款涉及的“或其他类似事件”指的是战争、武装冲突等,国家有义务将给予的国民待遇保留给外国投资者,前提是应赔偿第 4 条第 1 款所述事件,即政治事件;其四,关于“国有化或征收”,仲裁庭认为,根据合同产生的任何权利均可成为等同于征收措施的对象,国有化和征收是根据政府特权而非合同规定权利而采取。

(四)将《意大利—摩洛哥BIT》的规定适用于申请人的要求

1. 申请人的主张

其一,违反非歧视义务。申请人称其在被威胁要失去第3B批的情况下,被迫放弃第3A号批次的谈判。ADM公司将第3A批次分配给摩洛哥是出于政治原因和歧视性的。其二,违反赔偿损害或损失的义务。异常天气导致在工程施工的关键时期停工,被申请人却拒绝赔偿因工地停工的损失和弥补延误采取的加速措施而增加的费用。其三,违反征收规则。申请人主张,延误罚款和合同担保的适用是不适当和不合理的,相当于间接剥夺投资者的权利。延误不是由于其原因造成的,而是因为异常天气导致工程中断,其有权延长履约期限,ADM公司无权扣留拖延罚款。ADM公司在没有正当理由的情况下拒绝发给最后验收证书,拒绝发还保证金,是不合理的。其四,违反确保公平和公正待遇的义务。申请人主张,ADM公司和设备部部长一直未给予答复违反了司法公正的要求,摩洛哥行政当局对申请人有着明显恶意,其从一开始就蓄意无视申请人的正当要求。另外本案中所有的索赔都是基于被申请人违反此项条款,仲裁庭应在此项基础上审查各项索赔。

2. 被申请人的主张

其一,关于违反非歧视义务。被申请人称第3A批、第3B批的分配是根据《一般行政条款》第29条和CONCERS 30的具体规定进行的。申请人未能提供证据证明是出于政治原因。其二,关于违反赔偿损害或损失的义务。根据《特殊行政条款》第3.3条的规定[1],被申请人对异常天气的特殊性质持怀疑态度,由于申请人没有采取措施限制雨季的不利影响,因而天气恶劣而暂停施工是申请人的行为导致。其三,关于违反征收规则。被申请人认为,申请人无权延长时限,雇主适用迟延罚款的权利在第1号修正案中有明确规定。同时关于合同担保,ADM公司是根据市场规定行事,没有滥用保证金。申请人没有遵守1999年3月12日和5月25日服务订单中规定的义务,导致无法发出最后验收通知,申请人同时扣押了ADM公司的货物。其四,关于违反确保公平和公正待遇的义务。被申请人根据《仲裁示范法》第51条的规定主张,申请人并未要求摩洛哥设备部部长作出答复,没有答复仅等于作出了索赔的否定决定。因此,不存在拒绝司法的情况。

---

[1] 《特殊行政条款》第3.3条规定,由于天气恶劣而中断工作……不应得到承包人的赔偿,也不应被延长。

3. 仲裁庭的裁定

其一，关于违反非歧视义务。仲裁庭认为，没有证据表明 ADM 公司打算在授予第 3A 批的情况下支持申请人。同时由于摩洛哥和意大利报价在客观上是不同的，并且申请人的选择是根据客观标准作出的，在竞争条件下是可以接受的，因此看不出其违反非歧视义务。其二，关于违反赔偿损害或损失的义务。仲裁庭认为，即使是异常天气，也不构成战争、武装冲突或紧急状态，而申请人关于由据称异常恶劣天气造成的额外费用（停工和加速措施）补偿的索赔，即使客观事实成立也不能得到仲裁庭支持。其三，关于违反征收规则。仲裁庭认为，申请人根据此条款提出的要求纯属合同争议。不履行合同会损害对方利益，但不能被解释为一种没收措施。因而对 ADM 公司实行迟延罚款和合同担保不能等同于征收。其四，关于违反确保公平和公正待遇的义务。仲裁庭根据《一般行政条款》第 51 条规定认为，申请人承认其提交的索赔书适用《一般行政条款》，同时部长没有答复是默示承认的表现，相当于否定了索赔的实质，不能被指责为拒绝司法。而申请人并未提供证据证明摩洛哥行政当局在处理其申诉过程中拒绝司法、滥用行为或歧视性措施。

三、简要评析

本案涉及对能否将违约行为等同于违反双边投资条约（BIT）的解释与讨论。在前文仲裁庭“关于管辖权的决定”中曾指出违反双边协定的指控是仲裁庭管辖权的必要条件，如果以违反合同为由提出，仲裁庭只有在认定其所称的违反合同行为同时构成违反 BIT 的情况下才能受理此请求，即违反 BIT 将是接受所提请求实质内容的先决条件。在《意大利—摩洛哥 BIT》中，并没有确立将违反合同视为违反条约的原则，在此条约中便不能将违反合同行为与违反 BIT 等同。同样地，ICSID 仲裁判例中也驳回了这种等同，维旺迪案[1]、美国东方信贷公司等诉爱沙尼亚共和国仲裁案[2]、阿兹尼安案[3]的仲裁庭都明确区分了违反合同和违反 BIT 的行为。对此问题理论界也呈现不同声音，Gaillard 教授在《国际法杂志》中承认违反合同可能同时构成违反条约，但他明确指出“这种同化不是自动的，取决于《卢森堡条约》的规定”，如果条约明文规定违反合同也构成违反条约，则将两者等同。Jennings 和 Watts 在《奥本海姆国

[1] 参见本书案例 6。
[2] 参见本书案例 29。
[3] 参见本书案例 11。

际法》一书中提到“当一国违背其与外国人订立的合同义务或国际义务时,不可否认的是,存在着诸如否认司法、没收或违反条约等附加要素”。由此可见,理论和实践对待本问题的看法仍存在一定差异。对于本案而言,由于《意大利—摩洛哥 BIT》并未明确规定把违反合同视为违反条约的原则,因而仲裁庭拒绝将二者等同化理解。

(编写者:武汉大学国际法研究所 2018 级硕士研究生　付　晓)

米哈利国际公司
诉
斯里兰卡民主社会主义共和国

仲裁案

案情概要

案名	米哈利国际公司诉斯里兰卡民主社会主义共和国仲裁案	
案件裁判来源	https://icsid. worldbank. org/en/Pages/cases/casedetail. aspx? CaseNo = ARB/00/2	
案号	ICSID Case No. ARB/00/2	
当事人	申请人:米哈利国际公司(美国)	
	被申请人:斯里兰卡民主社会主义共和国	
行业	电力、热力生产和供应业	
仲裁机构和仲裁地	国际投资争端解决中心,美国华盛顿特区	
仲裁依据	《美利坚合众国与斯里兰卡民主社会主义共和国关于鼓励和互相保护投资协定》	
适用的仲裁规则	《国际投资争端解决中心仲裁规则》(1976 年)	
仲裁庭组成	首席仲裁员:Sompong Sucharitkul	
	仲裁员(申请人指定):David Suratgar	
	仲裁员(被申请人指定):Andrew Rogers	
日期	仲裁程序开始日期:1999 年 7 月 29 日	
	最终裁决发布日期:2002 年 3 月 15 日	
仲裁请求	申请人请求赔偿在投资项目准备阶段执行某项与政府签订的意向书的资金支出	
核心争议点	属物管辖——在未经东道国同意执行投资项目的情况下,本案中的投资前支出和开发支出是否可以自动被认定为《ICSID 公约》第 25 条第 1 款下的“投资”	
仲裁庭主要结论	仲裁庭认为,被申请人列举的与政府签订的意向书对申请人和被申请人没有法律约束力,因此索赔人未能证明本案的投资前支出和开发支出可被自动认定为《ICSID 公约》第 25 条第 1 款下的“投资”	
裁决结果	支持东道国(一致裁定)	
后续进展	无	

Case Summary

Name of Case	MihalyInternational Corporation v. Democratic Socialist Republic of Sri Lanka
Web Page	https://icsid. worldbank. org/en/Pages/cases/casedetail. aspx? CaseNo = ARB/00/2
Case Number	ICSID Case No. ARB/00/2
Parties	Claimant:Mihaly International Corporation(U. S.)
	Respondent:Democratic Socialist Republic of Sri Lanka
Industry	Electricity,Heat Production and Supply
Administering Institution & Seat of Arbitration	ICSID;Washington D. C. ,USA
Basis for Arbitration	Treaty between the United States of America and the Demoratic Socialist Republic of Sri Lanka concerning the Encourage and Reciprocal Protection of Investment
Rules Used in Arbitral Proceedings	ICSID Arbitration Rules
Arbitrator(s)	Presiding Arbitrator:Sompong Sucharitkul
	Arbitrator(Claimant's appointee):David Suratgar
	Arbitrator(Respondent's appointee):Andrew Rogers
Date	Date of Commencement of Proceeding:29 July 1999
	Date of Issue of Final Award:15 March 2002
Relief Request	The Claimant seeks compensation for the expenditures of money upon the execution of certain letter of intent entered into with the government in preparation for an investment project
Key Issues	Jurisdiction *Ratione Materiae*: Whether the pre-investment and development expenditures in the circumstances of the present case could automatically be admitted as"investment" in the absence of the consent of the host State to the implementation of the project in dispute
Tribunal's Conclusions on Key Issues	The Tribunal held that the letters of intent Respondent provided contained no binding obligation either on Sri Lanka or on the Claimant, thus the Claimant failed to fulfill its burden of proof that the pre-investment and development expenditures in the present case could automatically be admitted as "investment" under Article 25(1) of the ICSID Convention
Award	In favour of State(Unanimous Verdict)
Follow-up Progress	None

一、案件事实

（一）案情简介

米哈利国际公司（以下简称申请人）是一家在美国成立的跨国公司，与加拿大米哈利公司之间是合伙关系。斯里兰卡民主社会主义共和国政府（以下简称被申请人）以招标方式建立一发电设施，运营模式为BOT模式。起初有25个集团表示了竞标意向，经过筛选，被申请人邀请5个集团进行谈判，并于1993年2月15日向最终中标集团（包括加拿大米哈利公司）发出意向书。该集团随后成立一家斯里兰卡项目开发公司，即南亚电力有限公司，但申请人本身并未持有南亚电力有限公司任何股份。意向书附随着一份协议书和一份延期函。这三个文件载有与谈判总框架有关条款，概述了已达成协议的领域以及授予或延长独家经营期。但这三份文件都明确指出，它们对任何一方都不产生任何约束力。经过漫长谈判，申请人投入巨额开支，但最终该项目被被申请人取消。申请人提起国际仲裁，认为被申请人撤销项目行为违反公平公正待遇原则。本案采取分步仲裁形式，申请人的管辖权请求被驳回，故本案仲裁庭未对实体问题作出裁决。

（二）被诉行为

斯里兰卡政府撤销发电设施投资项目行为。

（三）仲裁请求

1. 请求裁定被申请人违反《美利坚合众国与斯里兰卡民主社会主义共和国关于鼓励和互相保护投资协定》（以下简称《美国—斯里兰卡BIT》）公平公正待遇原则、充分保护与保障原则规定的义务；

2. 请求裁定被申请人支付因撤销能源项目而给申请人造成的损失。

（四）程序时间轴

· 1999年7月29日，ICSID收到申请人的仲裁申请。

· 2000年1月11日，ICSID登记申请人的仲裁申请。

· 2000年6月5日，仲裁庭成立。

· 2000年6月19日，仲裁庭举行庭前会议，被申请人提出管辖权异议。

· 2001 年 3 月 28 日,双方就管辖权问题完成诉状交换。

· 2001 年 4 月 30 日,听证会在华盛顿举行。

· 2001 年 5 月 21 日,双方递交会后补充文书。

(五)仲裁庭结论

仲裁庭裁定:

(1)仲裁庭对本案既无属人管辖权也无属物管辖权,因此仲裁庭对本案不享有管辖权;

(2)仲裁费用由双方平均负担;

(3)双方各自负担自身的支出。

二、主要法律争议

(一)属人管辖

被申请人主张本案的实际申请人加拿大米哈利公司是加拿大公司,但加拿大不是《ICSID 公约》缔约国,因此仲裁庭对本案不享有管辖权。ICSID 无法对一个由美国公司代表加拿大公司提起的案件实施管辖。换言之,被申请人认为《ICSID 公约》第 25 条第 2 款[1]的国籍要求未满足。

1. 申请人的主张

申请人不同意此观点,基于以下两点理由:

(1)合伙关系理论(partnership):申请人主张,根据申请人成立地即美国加利福尼亚州法律,申请人与其加拿大公司之间构成合伙关系。米哈利国际公司根据加拿大安大略省的法律设立了加拿大米哈利公司,申请人有权以自己名义或者代表加拿大公司提起诉讼。

(2)转让理论(assignment):申请人主张其是加拿大米哈利公司的所有权益、诉权的合法受让人,基于转让文件,申请人被授权行使加拿大米哈利公司的所有权利、利益的赔偿请求权。申请人认为,这种转让是有效的,因为它被加利福尼亚州以及安大略州法律所承认。二者之间的合伙关系与合法的转让文件为仲裁庭的管辖权提供了充

[1] 《ICSID 公约》第 25 条第 2 款第 1 项规定,在争端双方同意将争端交付调解或仲裁之日,具有作为争端一方的国家以外的某一缔约国国籍的任何法人,以及在上述日期具有作为争端一方缔约国国籍的任何法人,而该法人因受外国控制,双方同意为了本公约的目的,应看作另一缔约国国民。

分的法律依据。

2. 被申请人的主张

被申请人不认同关于申请人与加拿大米哈利公司合伙关系的主张,理由为:

(1)合伙关系理论缺乏证据。

(2)转让理论基于申请人与其合伙人二者内部协议,并未事先与斯里兰卡协商,更没有取得被申请人的同意。被申请人认为无论是基于合伙关系还是隐秘的转让协议,米哈利国际公司并不因此获得申请人资格。

3. 仲裁庭的裁定

仲裁庭认为,满足国籍要求是提起仲裁以及案件得以登记的前提条件。米哈利国际公司拥有美国国籍,根据《ICSID 公约》第 36 条,案件可以登记,仲裁程序启动。

双方之间均认同,申请人与加拿大米哈利公司之间的合伙关系并未导致它们变成一个具备双重或者共同国籍的独立法人。国际合伙关系,无论是在何地以何种方式形成的,既不会增加也不会减少申请人提起仲裁、主张在斯里兰卡能源项目权利的权利能力,只要其提起的诉讼同时满足了 ICSID 管辖的其他要求。毫无疑问,本案的申请人只能是米哈利国际公司而非由申请人与加拿大米哈利公司组成的合伙。

根据《维也纳条约法公约》第 34~36 条,非缔约国不受条约约束,条约不能使第三国受损或获益。加拿大不是《ICSID 公约》的缔约国,因此加拿大米哈利公司不能援引《ICSID 公约》。这一原则也得到了双方的承认。加拿大米哈利公司本身不具有申请人资格,通过转让协议也无法取得申请人资格,允许通过转让协议使加拿大米哈利公司获得申请人资格会损害《ICSID 公约》的目标与宗旨,也会贬损"条约不涉第三方"原则的神圣性。ICSID 下的诉权,不是如证券交易市场的股票或其他类型的可转让票据,如本票或信用证一般的随时可转让的诉讼选择权。股东的权利或可转让票据持有人的权利有不同类型的保护,但这些保护不是本案涉及的问题。本案的裁决并不妨碍加拿大米哈利公司向另一主管法院提出索赔的权利。

仲裁庭也表示,上述主张被长久以来的 ICSID 仲裁案例所证实,在 *Klöckner v. Cameroon* 案中,三家 Klöckner 公司以共同申请人的名义提起仲裁。此外,在美国制造与贸易公司诉扎伊尔共和国案[1]中,仲裁庭认为美国公司不得行使超过其股份所代表的权利。但这并不排除《ICSID 公约》缔约国明确同意将其与某一国际财团缔结的

[1] 参见本书案例 2。

投资合同纳入公约的保护范围。

(二)属物管辖

申请人认为,《ICSID 公约》第 25 条第 1 款[1]确定了管辖权存在的两方面条件,其中“在一缔约国与另一缔约国的国民之间”体现了属人管辖,这在上一部分已经得到了论述。可以看作属物管辖的基础。申请人若想在管辖权问题上胜诉,必须同时证明满足属人管辖与属物管辖条件。

“任何直接起源于投资的法律争端”可以分解为如下四个要件:(1)存在争端;(2)争端的法律性;(3)存在投资;(4)争端直接起源于投资。

其中最重要同时也最具有争议的点为是否存在“投资”,如果不存在“投资”,就没有讨论“争议”“投资的法律性”或者其他必要。双方都认为《ICSID 公约》并未给投资下定义。“投资”的定义需要后续实践去发掘。

当事方没有举出任何主权国家接受投资前支出作为“投资”实践,申请人引用了 PerLjung 的话“开发阶段的支出通常占总支出 20%~40%”来引出对研发阶段总支出能否被认为构成东道国支出的思考。申请人主张开发阶段的活动对于 BOT 模式项目的成功商业运作和工厂的实际建设同样重要,将投资人的开发支出计入投资成本是被东道国政府、贷款人和其他股权投资所接受的标准做法。被申请人没有否认出于会计目的将赞助人的发展支出列入投资成本的可能性,条件是东道国政府最终同意或同意接受有关投资。

申请人认为在没有“投资”确切定义的情况下,适当的做法是对该词作广义解释,以鼓励资本更自由地流入发展中国家。否则,资本投资向发展中国家的自由流动就会减弱。但被申请人认为,如果根据广义解释,仲裁庭在没有得到发展中国家明确同意的情况下,将本案投资前支出视为“投资”,发展中国家将难以遵守《ICSID 公约》。申请人援引三份文件——意向书、协议书和延期函作为证据,证明斯里兰卡方面同意或授权或意识到索赔人在拟议项目里的投资,下面对这三个文件进行逐一分析:

1. 意向书

申请人认为在本案的特定情况下,意向书的日期,即 1993 年 2 月 15 日,是该拟议

---

[1] 《ICSID 公约》第 25 条第 1 款规定,中心的管辖适用于缔约国(或缔约国向中心指定的该国的任何组成部分或机构)和另一缔约国国民之间直接因投资而产生并经双方书面同意提交给中心的任何法律争端。当双方表示同意后,任何一方不得单方面撤销其同意。

项目转化为“投资”的日期。当事人之间的意向书交换决定了申请人的支出的款项是否构成《ICSID 公约》意义上的“投资”。在与意向书同时发布的 BOT 模式项目指南中,被申请人描述了该文件的功能。BOT 模式项目指南第 8.2 段指出,意向书授予“与项目有关的一定程度的独家经营期,该期间足以使发起人能够最终完成项目提议”。意向书确定了独家经营期,说明了为保持合规性而必须对原始提案进行任何更改的情形,并定义了以达成项目定稿和谈判所需的技术投入。

意向书还指出,“项目和合同细节须经内阁批准”。最重要的是,该文件还规定,“本意向书只是意向声明,不构成对任何一方具有约束力的义务。但政府也应尽其最大努力,采取或促使他人采取一切行动,作出或安排作出相关法律及规章所规定的一切必要或适当措施,以尽快切实可行地完成本协议所述交易”。

在发出意向书之后,双方进行了进一步的谈判,事实上,双方已经达成了购电协议草案。尽管如此,6 个月的独家经营期即将结束。

2. 协议书

1993 年 9 月 22 日,双方签订了正式的协议书,协议书的一部分内容是:“为了进一步履行我方 1993 年 2 月 15 日给你方的意向书,该意向书是根据你方 1992 年 12 月 31 日的提议和你方代表与基础设施发展与投资秘书处代表和锡兰电力局不断进行的商讨而发出的,我方对完成意向书中所述要求的进展度感到满意,特此签发本协议书,双方已就下列事项达成谅解。”该文件总结道:“本协议书的前提条件是,和锡兰电力局同意与南亚电力有限公司(南亚电力公司,一家在斯里兰卡组建的公司,负责谈判和管理电力供应的分配)签订协议以及所有其他相关协议,以敦促你方与各贷款人完成融资安排,获得贷款人承诺/意向表示,并将其提交给我方,以便在 1994 年 2 月 15 日或前后进行财务结算。”该信函再次明确承认,任何一方都没有合同义务。

3. 延期函

鉴于 1993 年 9 月 22 日协议书中规定的 1993 年 2 月 15 日财务结算尚未结束,依申请人恢复独家经营期请求,双方于 1994 年 7 月 20 日签订了延期函。延期函确认“授予你方谈判的独家经营期将依本协议规定的条件予以延长”。延期函对索赔人规定了许多义务,其中之一是如果申请人未能在到期日之前实现任何延期函中规定的阶段性履行义务,即未完成里程碑条款规定的义务,延期函自动失效。此外,还规定延长延期函中规定的独家经营期,并再次声明:“本延期函不构成对任何一方具有约束力的义务。但是,政府应尽最大努力采取或促使采取一切行动,并根据斯里兰卡的相关法律法规,采取或促使采取一切必要或适当行动,以尽快完成本协议规定的交易。”

最终,双方没有就发电站的建设、所有与移交达成协议。

本案中,仲裁庭被要求考虑的仅是以订立合同为目的却最终失败时,企业执行意向书造成的金钱支出是否构成《ICSID 公约》的“投资”,而非其他情况下金钱的支出是否可能构成“投资”。申请人与被申请人之间关系的至关重要的特征是:

首先,被申请人非常仔细地考虑了申请人所依赖的文件,这些文件指出,没有任何文件在授予申请人专有权的情况下产生对电站的建设、所有和运营的合同义务。其次,独家经营期的授予并不能代表合同的成立。南亚电力有限公司的运作取决于与被申请人最终签订的合同,因此,创建南亚电力有限公司的支出在得到被申请人承认之前不会被视为“投资”。

仲裁庭注意到了有必要使《ICSID 公约》适应投资者与东道国之间合作形式的变化。但是,这些变化必须结合当事人在具体案件中各自承担的具体义务来考虑。仲裁庭重申,在其他情况下,类似的支出也许可以被称为“投资”。

同样,如果在独家经营期或在没有排他性的情况下该事项的谈判取得成果,那么谈判期间花费的资金可能作为项目成本的一部分进行资本化,从而成为投资的一部分。通过将谈判阶段产生的费用资本化,在某种意义上,双方可以将这些成本追溯到投资的保护伞下。

现代商业活动的一个毋庸置疑的特点是,在准备最终合同的过程中,可能需要花费巨额资金。然而,一项支出是否构成投资的问题很难由支出数额大小来决定。归根结底,总是由当事方决定将其谈判的某个时间点来作为《ICSID 公约》规定下“投资”的起点。具体而言,双方本可以商定,将成立南亚电力有限公司作为被认可投资的起点,要求被申请人对申请人未能在延期函中提及的到期日前完成其他安排以实现里程碑承担责任。但案件的事实指向相反的结论。申请人在所依据的各种文件中明确表示,直到合同生效,它才愿意承认已经建立了合同关系并进行了投资。在漫长的谈判期间,即使没有合同关系,也可能产生相关合同义务,例如善意谈判的义务,但仲裁庭不必就此发表意见。如果这些义务被违反,无过错一方有权获得损害赔偿或其他救济。然而,这些救济途径的产生并不是因为已经进行了投资,而是可能违反了与投资谈判有关的适当行为要求。这类主张不受《ICSID 公约》管辖,因而它们不可仲裁。

4.《美国—斯里兰卡 BIT》

“投资”一词不仅在《ICSID 公约》第 25 条中被视为客观要求,而且在双边投资条约中也被视为争议方合意的一部分。被申请人主张,只有事先同意能够存在的投资争端才是《美国—斯里兰卡 BIT》条款定义所涵盖的争端。被申请人坚持认为,迄今为止,涉及的任何文件(即意向书、协议书和延期函)均未构成《美国—斯里兰卡 BIT》第 6 条第 1 款 a 项规定的美国公司与被申请人之间的“投资协议”,或第 6 条第 1 款 b 项规定的“斯里兰卡的外国投资机构授权的投资”,尚未达到《美国—斯里兰卡 BIT》第 6 条第 1 款 a 项和 b 项的标准[1],斯里兰卡也未表示同意。所谓的将诉权转让给申请人并未获得被申请人的同意。

申请人称管辖权同意可以在《美国—斯里兰卡 BIT》第 6 条第 1 款 c 项找到依据,因为存在违反本条约赋予或创设的关于“投资”的权利;本案申请人违反了《美国—斯里兰卡 BIT》第 2 条第 2 款,包括给予“投资”以“公平和公平待遇”以及“充分保护和保障”,以及在任何情况下都不得“低于国际法所要求的待遇”。申请人还声称,学术评论支持在这一基础上作出 ICSID 管辖权成立的裁决。

5. 仲裁庭的裁定

仲裁庭注意到,ICSID 以及下设的仲裁庭的管辖权,是以当事方事前提交的“同意”为基础的。仲裁庭还指出,涉及主权国家同意的国际案件的管辖权问题,在对设立管辖权的国际公约的缔约国提起的任何仲裁开始时都应特别注意。作为初步事项,基于同意的管辖权是否存在的问题必须由当事人自行审查,即当事方不提异议。再者,由于本案被申请人对管辖权提出了初步反对意见,因此必须仔细审查是否存在对管辖权的同意。

将本案登记为 ICSID 第 ARB/00/2 号案这一事实表明,根据仲裁请求书中包含的信息,争端并非显然在 ICSID 的管辖范围之外。这种登记自然不妨碍进一步审查当事人就管辖权问题提出的证据与主张。仲裁庭有权确定其职权范围。

在《ICSID 公约》未对“投资”下定义的情况下,仲裁庭必须审查 ICSID 当前和过去的实践以及各国参与有约束力的多双边条约实践。确定“投资”的含义是一个法律问题。一般专家对跨国公司的理论和实践的见解与构成国际法辅助渊源的各国最有

---

[1] 《美国—斯里兰卡 BIT》第 6 条规定:“就本条而言,投资争端是指涉及(a)缔约国一方与另一方国民或公司之间的投资协议的解释或适用;(b)一方的外国投资当局授予该等国家或公司的任何投资授权的解释或适用;或(c)被指控的违反本条约赋予或创设的与投资有关的任何权利。”

权威的公法学家的学说难以相提并论。仅在满足《国际法院规约》第 59 条[1]的情况下,司法裁决才被视为辅助法律渊源。

关于 1993 年和 1994 年斯里兰卡政府及其代表先后签发的三份文件——意向书、协议书和延期函,仲裁庭认为,这些文件中无一构成对被申请人或对申请人有任何约束力的义务。本案中,这些开支绝不能被视为已经被东道国斯里兰卡接受,是《ICSID 公约》意义上的投资。没有任何证据可以反驳三者的偶然性和非约束性。

仲裁庭认为,关于投资的广义含义或定义的国际法渊源,必须在常规法或习惯法中找到。申请人未能成功提供任何证据证明条约解释或各国实践,更别说发展中国家或斯里兰卡在这方面的解释或做法,去证明投资前支出和开发支出可以未经东道国同意而被自动认作"投资"。应当指出,虽然《美国—斯里兰卡 BIT》载有关于投资定义和准入条件的规定,但它们同时承认缔约方在这方面的特权。

因此,仲裁庭无法接受申请人将为投资项目做准备时的某些单方面支出称作"投资"。申请人援引的双边投资条约条文特别是第 2 条第 2 款,不是对"投资"定义的任何扩展,而是规定对现有的"投资"或对产品或存在的投资,应给予"公平和公平待遇"与"充分保护和保障"。[2] 申请人没有提供证据证明这种投资有权得到上述待遇。但是,在裁定申请人请求没有根据时,仲裁庭并没有说它是轻率的,无理取闹的或恶意的。仲裁庭并未裁定争端的客体(投资前支出)本身不在 ICSID 与仲裁庭的管辖范围之内,因此不排除申请人可利用的任何追索权来提起对商业、金融或其他类型纠纷引起的索赔。仲裁庭的结论不影响任何诉讼权利,在必要时,经当事人同意,可以在国家或国际的其他场所进行诉讼。

三、简要评析

本案的重大意义之一在于对"投资"的讨论,由于《ICSID 公约》并未对"投资"作出定义,各国 BIT 对于"投资"的表述也千差万别,因此对于争议对象是否构成"投资"经常是国际投资仲裁中双方争议的焦点。本案已经成为被后案援引证明在达成最终投资合同前支出不构成"投资"的先例。但需要注意的是,仲裁庭在裁定

---

[1] 《国际法院规约》第 59 条规定,法院之裁判除对于当事国及本案外,无拘束力。

[2] 《美国—斯里兰卡 BIT》第 2 条第 2 款 a 项规定,投资应始终得到公平和公平的待遇,应享有充分的保护和安全,在任何情况下不得低于国际法规定的待遇。

本案“投资前支出”不构成“投资”时并未排除在“投资前支出”满足资本化条件时构成“投资”可能性。此外，本案仲裁庭对相关联主体之间能否通过内部协议与安排如“合伙关系”与“转让协议”等转移诉权作了否定回答，这对于申请人资格的认定也有着较大意义。

（编写者：武汉大学国际法研究所2019级硕士研究生　方镇邦）

乌克兰世代公司
诉
乌克兰

仲裁案

案情概要

案名	乌克兰世代公司诉乌克兰仲裁案
案件裁判来源	http://www. italaw. com/cases/482
案号	ICSID Case No. ARB/00/9
当事人	申请人:乌克兰世代公司(国籍:美国)
	被申请人:乌克兰
行业	房屋建筑业
仲裁机构和仲裁地	国际投资争端解决中心,美国华盛顿特区
仲裁依据	《美利坚合众国与乌克兰关于鼓励与互相保护投资的协定》
适用的仲裁规则	《国际投资争端解决中心仲裁规则》
仲裁庭组成	首席仲裁员:Jan Paulsson
	仲裁员(申请人指定):Eugen Salpius
	仲裁员(被申请人指定):Jürgen Voss
日期	仲裁程序开始日期:2002 年 7 月 21 日
	最终裁决发布日期:2003 年 9 月 16 日
仲裁请求	因为地方当局的阻挠和干预妨碍了申请人建设项目的实现,申请人请求赔偿
核心争议点	(1)仲裁庭是否可以对争端行使管辖权 (2)争议项目是否构成 BIT 项下的“投资”
仲裁庭主要结论	(1)因为《美利坚合众国与乌克兰关于鼓励与互相保护投资的协定》于 1996 年 11 月 16 日生效,仲裁庭的管辖权仅限于 1996 年 11 月 16 日以后的征收行为,同时,由国内法引起的争议不在仲裁庭的管辖范围之内 (2)由于缺乏与申请人在乌克兰的支出有关的证据,争议项目不能被定义为《美利坚合众国与乌克兰关于鼓励与互相保护投资的协定》中的“投资”
裁决结果	支持东道国(一致裁定)
后续进展	无

Case Summary

Name of Case	Generation Ukraine, Inc. v. Ukraine
Web Page	http://www.italaw.com/cases/482
Case Number	ICSID Case No. ARB/00/9
Parties	Claimant: Generation Ukraine, Inc. (Nationality: the U. S.)
	Respondent: Ukraine
Industry	Housing Construction
Administering Institution & Seat of Arbitration	ICSID; Washington D. C., USA
Basis for Arbitration	Treaty between the United States of America and Ukraine concerning the Encouragement and Reciprocal Protection of Investment
Rules Used in Arbitral Proceedings	ICSIDArbitration Rules
Arbitrator(s)	Presiding Arbitrator: Jan Paulsson
	Arbitrator(Claimant's appointee): Eugen Salpius
	Arbitrator(Respondent's appointee): Jürgen Voss
Date	Date of Commencement of Proceeding: 21 July 2000
	Date of Issue of Final Award: 16 September 2003
Relief Request	The Claimant argues for compensation due to the obstruction and interference by local authorities with the realization of the investor's construction project
Key Issues	(1) Whether the Tribunal could take its jurisdiction over the dispute (2) Could the disputed Project be defined as "investment" according to the BIT?
Tribunal's Conclusions on Key Issues	(1) The Tribunal's jurisdiction was limited to the expropriation after 16 November 1996 as the BIT entered into force on 16 November 1996 and dispute arising from domestic law was beyond the Tribunal's jurisdiction (2) For the lack of the evidence in relation to the Claimant's expenditure in Ukraine, the disputed Project could not be defined as an "investment" under the BIT
Award	In favour of State(Unanimous Verdict)
Follow-up Progress	None

一、案件事实

(一)投资事实

本案申请人乌克兰世代公司是一家由美国国民尤金·拉卡(Eugene J. Laka)全资拥有的美国汽车公司。1993年2月,申请人在乌克兰投资建立了Heneratsiya有限公司(以下简称Heneratsiya公司),并经申请批准后获得特定项目资格。申请人认为,乌克兰地方当局在随后的6年中以等同于没收的方式阻碍并干涉了该项目的实现,为《美利坚合众国与乌克兰关于鼓励与互相保护投资的协定》(以下简称《美国—乌克兰BIT》)所禁止,因而提起仲裁。而乌克兰(以下称被申请人)否认其对申请人的行为违反了《美国—乌克兰BIT》,并辩称,申请人并未证明受到损害,并且仲裁庭缺乏对该案的管辖权。

(二)被诉行为

被诉行为主要是被申请人的直接/间接征收行为,主要包括:第一,基辅市行政当局未能按照《雅洛沃伊议定书》的规定在1997年10月31日之前向Heneratsiya提供经更正的土地租赁协议;第二,基辅市议会1998年7月8日的决定意图取消Heneratsiya的租赁权;第三,基辅市行政当局未能为申请人的施工临时区争得相邻土地使用权。[1]

(三)程序时间轴

· 2000年7月21日,ICSID收到申请人的仲裁请求,申请人于2000年7月28日和31日补充仲裁请求。

· 2000年10月20日,ICSID代理秘书长根据《ICSID公约》第36条第3款登记了该请求并依据《ICSID公约》第7条告知双方。

· 2001年2月6日,双方就仲裁庭组成达成一致。

· 2001年2月15日,仲裁庭成立。

· 2001年因申请人就仲裁员资格提出异议,程序暂停。

· 2001年3月23日,被申请人根据《ICSID仲裁规则》第41条第1款对ICSID的管辖权提出异议,并于4月13日提交对该异议的补充。

· 2001年4月23日,因首席仲裁员患病,首席仲裁员经双方重新遴选后确认。

---

[1] *Generation Ukraine, Inc. v. Ukraine*, ICSID Case No. ARB/00/9, Award, para. 8.14.

· 2001 年 7 月 5 日，经过多轮程序，申请人提出的仲裁员资格异议被驳回。先前暂停的程序恢复。

· 2001 年 7 月 12 日，申请人对申请书作出实质性修改。

· 2001 年 9 月 18 日，申请人就被申请人提出的管辖权异议作出回应。

· 2001 年 9 月 21 日，仲裁庭第一次会议举行，双方就仲裁庭组成及其他程序性事项达成一致后，双方交换证据及各类文件。

· 2003 年 2 月 17—21 日，在世界银行巴黎办事处举行了关于管辖权和案情实质的第一阶段听证会。

· 2003 年 3 月 17—20 日在巴黎巴尔的摩酒店举行了第二阶段听证会，专门讨论口头陈述。

· 2003 年 7 月 18 日，仲裁程序结束。

(四)仲裁请求

申请人的赔偿请求，具体分为以下几项：(1)非法间接没收导致的损失和直接征收预期收入 1,611,551,868 美元；(2)投资资金的非法间接和直接没收损失 35,346,207 美元；(3)非法间接和直接征收诉争项目(按照评估后的)市场价值 123,964,142 美元；(4)非法间接征收(非法剥夺)拟用于分期施工目的的相邻财产 4,070,000 美元(但"在计算第 1 项时作为非经常性项目纳入")；(5)赔偿公司的法律辩护费用 2,358,768,473 美元；(6)精神(惩罚性)赔偿，根据乌克兰法律，应予赔偿 5,312,586,651 美元；(7)法院认为适当的其他救济形式。[1]

(五)仲裁庭结论

仲裁庭裁定：

(1)申请人申请被驳回；

(2)申请人向被申请人支付 365,000 美元的费用。

二、主要法律争议

(一)仲裁庭是否有管辖权

1. 被申请人主张

被申请人提出管辖权异议的主要理由如下：[2]

[1] *Generation Ukraine, Inc. v. Ukraine*, ICSID Case No. ARB/00/9, Award, para. 5. 1.

[2] Supra note [1], paras. 6. 5, 6. 6.

（1）申请人尚未证明，就《美国—乌克兰 BIT》第 1 条第 1 款而言，诉争的“Parkview 办公楼项目”符合“投资”的定义。

（2）尽管根据《美国—乌克兰 BIT》第 1 条第 1 款的规定，申请人在其乌克兰子公司 Heneratsiya 中的股权无疑构成一项投资，但申请人并非针对这笔投资提起申诉。

（3）申请人尚未证明，就《美国—乌克兰 BIT》第 6 条第 1 款而言，争端是在其自身与被申请人之间。相反，本案争议发生在申请人与基辅市行政当局（拥有执行权的地方行政机构）之间。

（4）申请人未提供任何在美国进行实质性业务活动的证据，因此，根据《美国—乌克兰 BIT》第 1 条第 2 款，被申请人有权否认该《美国—乌克兰 BIT》对申请人的利益倾斜。

（5）《ICSID 公约》是关于《美国—乌克兰 BIT》的特别法，因此，《ICSID 公约》第 26 条应优先于《美国—乌克兰 BIT》第 4 条第 4 款适用。《ICSID 公约》第 26 条允许缔约国要求用尽地方行政或司法补救措施，作为其同意 ICSID 仲裁的条件，因此被申请人反对在用尽“乌克兰司法补救措施”之前由 ICSID 受理仲裁。

（6）Heneratsiya 公司的登记违反乌克兰法律，申请人与 Laka 先生间建立 Heneratsiya 公司的协议是由 Laka 先生同时以个人身份和作为申请人的代表签署的。被申请人认为，如果 Heneratsiya 公司不是根据乌克兰法律合法建立的，申请人在 Heneratsiya 公司的股权又是其在乌克兰唯一可识别的投资，ICSID 管辖权将不成立，因此，本案当中并不存在“投资争议”。

2. 申请人回应

就被申请人提出的管辖权异议，申请人逐项予以回应，认为：[1]

（1）其拥有的“海外私人投资公司签发保险单”（OPIC）对投资者而言，是美国公民或美国法人对乌克兰进行的有效和真实投资的不可争议的证据。

（2）其仲裁请求中包括有关被申请人不公正地对待申请人和妨碍他们进行投资的指控，被申请人所称“没有有关申请人在 Heneratsiya 公司股权的申诉”不成立。

（3）基辅市行政当局是乌克兰的“政治分区”，因此根据《美国—乌克兰 BIT》第 11 条认为其可代表乌克兰。

（4）其实质性商业活动兼具公共和私人记录，完全在被申请人的知情范围内。

［1］ *Generation Ukraine, Inc. v. Ukraine*, ICSID Case No. ARB/00/9, Award, para. 6. 7.

(5)申请人反对被申请人对《ICSID公约》第26条的解释,其认为《美国—乌克兰BIT》的第4条第4款没有“用尽救济”的任何要求。此外,被申请人在批准《ICSID公约》时并未对“必须以用尽当地救济作为其同意根据该公约进行仲裁的先决条件”进行任何保留。

(6)基于Heneratsiya公司注册的基础文件均经过审查,以及《乌克兰企业法》第6条规定“从其国家注册之日起,就认为该企业已创建并获得法人的权利”,Heneratsiya公司的建立符合乌克兰法律。

3. 仲裁庭结论

结合申请人和被申请人提出的主张,仲裁庭认为,有关管辖权的争议主要由多个子争议构成,此处着重分析以下几项。

(1)申请人是否已按照《美国—乌克兰BIT》第1条第1款和《ICSID公约》第25条的定义在乌克兰进行了投资?

《ICSID公约》中并无对投资的精确定义,仅在第25条明确,ICSID的管辖范围限于因投资而直接引起的争端,有关投资的定义更多在双边投资条约中体现。

本案所涉《美国—乌克兰BIT》第6条第1款规定:所谓投资争端,是指“一缔约方与另一缔约方的国民或公司之间因(a)该缔约方与该国民或公司之间的投资协议;(b)该缔约方的外国投资当局给予该国民或公司的授权;(c)据称违反本条约赋予或创造的针对某一投资的任何权利而产生的或与之有关的争端”。[1]

仲裁庭认为,根据《美国—乌克兰BIT》第6条第1款a项,投资协议必须是由投资者和BIT中某一缔约方签订的,[2]而在本案当中,无论是租赁协议还是建设协议,都是申请人与基辅市行政当局订立的。诚然,基于国际法中的国家责任[3],基辅市行政当局的行为可以归咎于乌克兰这一主权国家,因此申请人有权提出申请,但是这样的国际法规则并不会导致乌克兰中央政府被迫加入地方行政当局订立的合同关系中。

---

[1] 英文原文为:“Article 6.1 For purposes of this Article, an investment dispute is a dispute between a Party and a national or company of the other Party arising out of or relating to (a) an investment agreement between that Party and such national or company; (b) an investment authorization granted by that Party's foreign investment authority to such national or company; or (c) an alleged breach of any right conferred or created by this Treaty with respect to an investment.”。

[2] *Generation Ukraine, Inc. v. Ukraine*, ICSID CASE No. ARB/00/9, Award, para. 8.12.

[3] 《国家对国际不法行为的责任条款草案》第4条规定:“(1)任何国家机关,不论行使立法、行政、司法职能,还是任何其他职能,不论在国家组织中具有何种地位,也不论作为该国中央政府机关或一领土单位机关而具有何种特性,其行为应视为国际法所指的国家行为;(2)机关包括依该国国内法具有此种地位的任何个人或实体。”

况且,本案当中,申请人未就合同问题与基辅市行政当局进行任何交涉。因此,本案并非因《美国—乌克兰 BIT》缔约方与另一缔约方国民或公司之间投资协议而起的争端,不适用《美国—乌克兰 BIT》第 6 条第 1 款 a 项。而关于《美国—乌克兰 BIT》第 6 条第 1 款 b 项,本案并不涉及乌克兰外国投资当局的授权问题,不必详细讨论。如此,本案争议是否属于投资争端就须判断该争议是否因《美国—乌克兰 BIT》赋予的投资权利而起或与之相关。重新审视申请人提出的请求:乌克兰地方当局以直接或间接征收的方式妨碍了其建设项目的实现,因此请求赔偿。而《美国—乌克兰 BIT》第 3 条恰是有关禁止非法征收的规定。毫无疑问,《美国—乌克兰 BIT》第 6 条第 1 款 c 项这一兜底性条款适用于本案,仲裁庭对本案享有属事管辖权(此为初步结论,仍须结合其他要素综合判断)。

但是,仲裁庭也强调,不同于因《美国—乌克兰 BIT》而起的争议,针对因乌克兰国内法而起的争议而言,本案的适格被申请人应为基辅市行政当局而非乌克兰,同时由于《美国—乌克兰 BIT》于 1996 年 11 月 16 日生效,因此仲裁庭仅对 1996 年 11 月 16 日之后的投资争端享有管辖权。[1]

(2)申请人的申诉是针对乌克兰还是基辅市政府?乌克兰是否是适格当事人?

首先需要区分的是争议因乌克兰国内法而起还是因《美国—乌克兰 BIT》而起,即追究的是基辅市行政当局违反协议的责任,还是乌克兰违反《美国—乌克兰 BIT》的责任。此种区分极为关键,Compañía de Aguas del Aconquija S. A. 特设委员会在处理维旺迪一案中指出,如果是基于条约的主张,则适用国际法归属规则,其结果是阿根廷对该省当局的行为负国际责任。相反,阿根廷对图库曼省订立的合同不承担责任,图库曼省根据本国法律具有独立的法人资格,并负责其自身合同的履行。[2] 本案中,申请人援引了《美国—乌克兰 BIT》第 3 条,追究的是乌克兰的国际法责任。根据国际法规则,基辅市行政当局的作为或不作为可归于乌克兰,载于国际法委员会《国家对国际不法行为的责任条款草案》第 4 条:①任何国家机关,无论行使立法、行政、司法职能,还是任何其他职能,也无论在国家组织中具有何种地位,抑或作为该国中央政府机关或一领土单位机关而具有何种特性,其行为均应视为国际法所指的国家行为;②机关

[1] *Generation Ukraine, Inc. v. Ukraine*, ICSID CASE No. ARB/00/9, Award, paras. 8. 12-13.

[2] *Compañiá de Aguas del Aconquija S. A. and Vivendi Universal S. A. v. Argentina Republic*, ICSID Case No. ARB/97/3, Award, para. 96. 参见本书案例 6。

包括依该国国内法具有此种地位的任何个人或实体。这一观点也被常设国际法院证实。[1] 因此,本案中乌克兰是适格被申请人。[2]

(3)申请人或被申请人对ICSID仲裁的同意是否有缺陷?

《美国—乌克兰BIT》第6条第3款规定:"……有关的国民或公司可以选择以书面形式同意以具有约束力的仲裁方式将争端提交解决:(1)国际投资争端解决中心……"第4款规定:"每一方特此同意根据国民或公司的书面同意书中指定的选择,通过具有约束力的仲裁方式解决任何投资争端。此种同意以及国民或公司的书面同意书应当满足以下条件:(1)争端各方出于《ICSID公约》的目的达成书面同意书。"此外,《ICSID公约》已于2000年7月7日对乌克兰生效,且乌克兰没有作出任何保留。由此,申请人在2000年7月21日提出仲裁请求时,只需直接向ICSID提出仲裁申请即可,而无须事先通知或提请乌克兰批准。本案中,当事人对提交ICSID仲裁达成合意,仲裁庭可据此获得管辖权。[3]

(4)申请人在诉诸ICSID前是否需要用尽当地救济?

《ICSID公约》第26条规定,除非另有说明,否则根据本公约进行的仲裁当事方的同意应视为同意接受该仲裁,而排除其他任何救济。缔约国可以要求用尽地方行政或司法救济,作为其同意根据本公约进行仲裁的条件。[4] *Lanco International Inc. v. Argentina* 案中,仲裁庭表示,一国可以要求以用尽国内救济作为同意接受ICSID仲裁的先决条件。包括以下形式:①在向ICSID提交仲裁的双边投资条约中提出要求;②在国内立法中提出要求;③在包含ICSID条款的直接投资协议中提出要求。[5] 用尽当地救济并非提交ICSID仲裁的必要前提,当事方可自由选择,但是是否以用尽当地救济作为提交ICSID仲裁的前提需当事方明示提出,如无相应表示,则应认为无须用尽当地救济。本案中,无论是当事方间的BIT,还是乌克兰的国内立法,抑或其他文

---

[1] 在波兰上西里西亚的某些德国利益案中,国际法院表示,从国际法及其法院的立场来看,地方立法……以与法律决定或行政措施相同的方式表达了国家的意愿并构成了国家的活动。*Certain German Interests in Polish Upper Silesia(Merits)*, P. C. I. J., Series A, No. 7, Judgment, 25 May 1926, p. 19.

[2] *Generation Ukraine, Inc. v. Ukraine*, ICSID CASE No. ARB/00/9, Award, para. 10. 7.

[3] *Generation Ukraine, Inc. v. Ukraine*, ICSID CASE No. ARB/00/9, Award, paras. 12. 1-12. 8.

[4] 英文原文为:"Article 26 Consent of the parties to arbitration under this Convention shall, unless otherwise stated, be deemed consent to such arbitration to the exclusion of any other remedy. A Contracting State may require the exhaustion of local administrative or judicial remedies as a condition of its consent to arbitration under this Convention."。

[5] ICSID Case No. ARB/97/6, para. 39.

件中均无用尽当地救济的要求，因此，申请人无须用尽当地救济即可向 ICSID 提出仲裁。[1]

(5)有关《美国—乌克兰 BIT》第 1 条第 2 款的理解

《美国—乌克兰 BIT》第 1 条第 2 款规定，当某公司由某第三国国民控制，或者该公司在另一方领土内没有实质性的商业活动，或被与之没有正常经济关系的第三国国民控制，则任一方保留拒绝给予该公司本条约利益的权利。[2] 此处需先对条文本身进行分析：条文所列“没有实质性商业活动”与“被第三国国民控制”两个条件需同时满足还是择一满足，当事方即可拒绝给予该公司条约规定的利益。在由申请人提交的“美国国会 1994 年 9 月 7 日向总统提交书”中，对《美国—乌克兰 BIT》作出了一定解释，认为条件之间是“或”而不是“和”的关系，并且无论是哪一条件，都应由引用方承担证明责任。[3] 本案中，要求拒绝给予申请人利益的是被申请人乌克兰政府，理应承担举证责任，但其并不能进行充分举证，因此被申请人以此为理由提出的抗辩不能得到支持。

综合分析以上各类因素，充分考虑申请人申请以及被申请人抗辩，仲裁庭得出对本案具有管辖权的结论，管辖范围是 1996 年 11 月 16 日之后的因违反《美国—乌克兰 BIT》赋予或创造的针对某一投资的任何权利而产生的或与之有关的争端，即申请人所提出的第 1~5 项赔偿请求，而第 6 项基于乌克兰国内法请求的精神损害赔偿不在仲裁庭管辖范围之内。[4]

(二)争议项目是否构成投资

投资的定义规定在《美国—乌克兰 BIT》第 1 条第 1 款：“本 BIT 所称投资是指，在一方领土上由另一方国民或公司直接或间接拥有或控制的各种投资，如股权、债务、服务和投资控制，包括：(1)有形和无形财产，包括权利，如抵押、留置权和保证等；(2)公司或股份或公司的其他利益以及由该资产产生的利益；(3)对与投资有关的具有经济

[1] *Generation Ukraine, Inc. v. Ukraine*, ICSID Case No. ARB/00/9, Award, paras. 13. 5-13. 6.

[2] 英文原文为：“Article 1. 2 Each Party reserves the right to deny to any company the advantages of this Treaty if nationals of any third country control such company and, in the case of a company of the other Party, that company has no substantial business activities in the territory of the other Party or is controlled by nationals of a third country with which the denying Party does not maintain normal economic relations.”。

[3] 该文件中，在两个条件之间采用了“或”这一连接词。

[4] Supra note [1], paras. 17. 1-17. 8.

价值的金钱或行为的请求权;(4)知识产权,包括与文学和艺术作品、发明、工业设计、半导体掩模工作、商业秘密、专门知识和机密、商业信息、商标、服务标志和商号;(5)法律或合同赋予的任何权利,以及依法颁发的任何许可证……”[1]

本案中,申请人诉争的“投资”主要包括以下几项,一一加以分析。

1. 合作意向书

区别于正式协议,合作意向书所设想的义务以单方面承诺的形式表述,这些承诺并不具体,也不精确,不可被视为申请人在被申请人国内进行投资的依据。[2]

2. 登记证明

Heneratsiya 公司是申请人在乌克兰境内设立的公司,由申请人给予最初始的启动资金,登记证明所载内容即为此项资金流动,但是此项资金流动并不对诉争的 Parkview 项目产生任何权益,不能等同于投资。[3]

3.《土地分配决议》

《土地分配决议》中明确:申请人的 Heneratsiya 公司办公楼建设用地将获得批准(位于 Radyansky 区的 Tarasa Shevchenko 大道 32 号),但同时也规定了 5 个额外的条件,因此,土地分配只有当 Heneratsiya 公司达到该条件时才完成,单纯的《土地分配决议》不能确定投资的成立。[4]

4.《土地分配令》

区别于《土地分配决议》,《土地分配令》虽不直接在申请人与基辅市行政当局之间形成合同关系,但赋予了申请人基于该命令获得相应土地租约的权利,并且事实上,《土地分配令》颁布不久后,申请人与基辅市行政当局之间就订立了租赁协议,该命令在诉争项目“Parkview 办公楼项目”中起到了一定作用。因此,根据《美国—乌克兰

[1] 英文原文为:“Article 1. 1(a) For the purposes of this Treaty, (a) ‘investment’ means every kind of investment in the territory of one Party owned or controlled directly or indirectly by nationals or companies of the other Party, such as equity, debt, and service and investment contracts; and includes: (ⅰ) tangible and intangible property, including rights, such as mortgages, liens and pledges; (ⅱ) a company or shares of stock or other interests in a company or interests in the assets thereof; (ⅲ) a claim to money or a claim to performance having economic value, and associated with an investment; (ⅳ) intellectual property which includes, inter alia, rights relating to: literary and artistic works, including sound recordings, inventions in all fields of human endeavor, industrial designs, semiconductor mask works, trade secrets, know-how, and confidential business information, and trademarks, service marks, and trade names; and (v) any right conferred by law or contract, and any licenses and permits pursuant to law.”。

[2] *Generation Ukraine, Inc. v. Ukraine*, ICSID Case No. ARB/00/9, Award, para. 18. 8.

[3] Supra note [1], paras. 18. 10-18. 13.

[4] Supra note [1], para. 18. 16.

BIT》第1条第1款第5项,《土地分配令》可成为申请人在乌克兰境内投资的依据。[1]

5. 租赁协议和建设协议

租赁协议和建设协议是申请人投资的合同基础,符合《美国—乌克兰BIT》第1条第1款第1项、第3项、第5项的投资定义。[2]

另有《雅洛沃伊议定书》、申请人获得的许可证书等亦可成为证明投资存在的依据。

但是,申请人负有按照国际公认的会计惯例说明与Parkview项目有关支出的性质和数额的义务,而其在履行举证责任方面因主要证明文件意外毁坏而存在严重阻碍。[3] 申请人提供的其他证明材料亦存在瑕疵。由此,申请人提供的证据不足以证明其在Parkview项目的实际投资。[4]

(三)被申请人行为是否构成征收

《美国—乌克兰BIT》第3条规定:(1)不得通过等同于被征收或国有化的措施直接或间接征收或国有化投资,除非:以非歧视的方式;支付及时、充分和有效的补偿;并符合正当法律程序和第2条第2款规定的一般待遇原则;(2)任何一方国民或公司声称其全部或部分投资已被征收,有权迅速要求另一方的适当司法或行政当局进行审查,以确定是否发生了这种征收。如果是,这种征收以及任何相关的补偿均符合国际法原则。[5]

本案诉争的征收行为主要为以下几项。

1. 基辅国家行政当局未能如期出示更改后的包含有效场地设计图纸的租赁协议

根据《雅洛沃伊议定书》,基辅市行政当局与基辅市国土资源部门负有在1997年10月31日之前向Heneratsiya公司提供更改后的包含正确场地设计的租赁协议。而

---

[1] *Generation Ukraine, Inc. v. Ukraine*, ICSID Case No. ARB/00/9, Award, para. 18. 22.

[2] Supra note [1], para. 18. 29.

[3] Supra note [1], para. 19. 2.

[4] Supra note [1], para. 19. 26.

[5] 英文原文为:"Article 3 1. Investments shall not be expropriated or nationalized either directly or indirectly through measures tantamount to expropriation or nationalization ('expropriation') except: for a public purpose; in a nondiscriminatory manner; upon payment of prompt, adequate and effective compensation; and in accordance with due process of law and the general principles of treatment provided for in Article Ⅱ(2). 2. A national or company of either Party that asserts that all or part of its investment has been expropriated shall have a right to prompt review by the appropriate judicial or administrative authorities of the other Party to determine whether any such expropriation has occurred and, if so whether any such expropriation, and any associated compensation, conforms to the principles of international law."。

此项义务未能履行将直接导致“Parkview办公楼项目”的失败。因为在乌克兰法律之下,任何土地租赁协议都必须正确和适当地反映土地使用者合法进入的领域范围,而当土地租赁协议不能反映此种要求时,与土地租赁协议有出入的部分将变为非法。[1]

仲裁庭认为,截至1997年10月31日,因资格证书等问题,申请人根据《土地分配令》、租赁协议、建设协议以及施工许可证所产生的权利是有限的,即使发生征收,也仅能针对当时申请人获得的权利征收。[2]

所谓直接征收,需以将投资者所有权转移给国家或第三方为要件,单纯的未出示更改后协议不足以构成直接征收。

间接征收方面,申请人认为本案争议行为涉及间接征收包含的“逐步式征收”,即一段时间内归因于国家的一系列行为最终导致对这种财产的征收。但是,*Tippetts, Abbett, McCarthy, Stratton v. TAMS - AFFA Consulting Engineers of Iran*, et al 和 *Compañia del Desarrollo de Santa Elena, S. A. v. The Republic of Costa Rica* 案均主张,评判国家的一系列行为是否构成征收,主要看一系列行为最终导致的结果是否造成投资者所有权、占有权或其他获得经济或其他利益的权利的丧失。[3] 由前所述截至1997年10月31日,申请人享有的权利是有限的,仅享有在Heneratsiya公司拥有49年租赁权益的土地上建造Parkview办公楼的权利,工程的实体工作也尚未开展,无从谈起商业利益的损失,而基辅市政府1997年10月31日的不作为也无剥夺申请人行使建造权利的明确意图。[4]

2. 基辅市议会1998年7月8日的决定意图取消Heneratsiya的租赁权

议会该决议存在瑕疵:超出议会职权范围。但评价是否构成直接或间接征收应以

---

[1] *Generation Ukraine, Inc. v. Ukraine*, ICSID Case No. ARB/00/9, Award, para. 20.6.

[2] Supra note [1], para. 20.8.

[3] *Tippetts, Abbett, McCarthy, Stratton v. TAMS-AFFA Consulting Engineers of Iran, et al* 中,仲裁庭主张,根据国际法,一国干涉财产的使用或其利益的享有,即使对财产的合法所有权不受影响,也可能发生对财产的剥夺或占有。尽管政府假定对财产的控制并不能自动并立即证明政府已经夺走了财产,因此需要根据国际法进行赔偿,但只要有事件表明所有者被剥夺了基本财产,就可以得出这样的结论。政府的意图不如措施对业主的影响重要,控制或干预措施的形式也不如其影响的实际情况重要。See *Starrett Housing Corporation v. Iran*, IUSCT Case No. 24, Award No. ITL 32-24-1, paras. 225-226. *Compañia Del Desarrollo de Santa Elena S. A. v. The Republic of Costa Rica* 中,仲裁庭认为,众所周知,国家在主张控制财产方面可以采取多种措施,从对财产使用的有限管制到完全和正式剥夺所有者的合法所有权。同样,在这一过程中所涉及的时间可能会有所不同,从立即和全面地采取到逐步令所有者确实丧失了所有权。然而,很明显,一项措施或一系列措施最终仍达到了剥夺所有权的效果,尽管这一过程中的个别步骤在形式上并不等同于剥夺或转让所有权。当国家采取的措施的效果是剥夺所有人对其财产的所有权、占有权或获得利益和经济使用权时,有充分的理由认为财产已被征用。*Compañia del Desarrollo de Santa Elena*、*S. A. v. The Republic of Costa Rica*, ICSID Case No. ARB/96/1, Award, paras. 76-77.

[4] *Generation Ukraine, Inc. v. Ukraine National Republic*, ICSID CASE No. ARB/00/9, Award, para. 20.37.

投资者权利是否受到实质影响为标准。与土地有关的租赁协议的取消只能由乌克兰法院决定,申请人与被申请人之间的租赁协议依然合法有效,因此基辅市议会的决定并未侵犯 Heneratsiya 对其租赁财产的合法权利,该决定也未对 Heneratsiya 享有其租赁财产的所有权造成任何事实干扰。[1]

3. 基辅市行政当局未能为申请人的施工临时区争得相邻土地使用权

申请人认为其根据《雅洛沃伊议定书》,有权使用毗邻区。事实上,《雅洛沃伊议定书》中并无此项授权,也无此意图,申请人的申请缺乏基础法律依据。[2]

由此,申请人提出的三项被申请人的征收行为均不能成立。

三、简要评析

管辖权问题在国际投资争端中处于基础性地位,后续实体问题的解决需建立在仲裁庭有管辖权的基础之上。本案中,仲裁庭就管辖权问题进行了大量论述,结合多种因素,围绕《美国—乌克兰 BIT》和《ICSID 公约》,联系国内法相关规定、裁判先例,利用条款解释方法,从属事、属时的角度,最终确定了仲裁庭的管辖范围外。一般而言,除《ICSID 公约》第 25 条明确 ICSID 的管辖范围限于因投资而直接引起的争端,双边投资协定中还会对管辖问题进行进一步约定,通常表现为对“投资”一词进行更细节化的解释。通过《美国—乌克兰 BIT》与《ICSID 公约》相结合的方式,仲裁庭的管辖范围可以基本确定,具体到案件中则主要涉及条款解释,以及适用案情的问题。本案的另一大争议焦点即是征收问题,其中最大的挑战在于区分合法的政府措施以及需要补偿的管制性征收,因为二者之间的界限一直不够明确。不过,正如本案仲裁庭所说,“每个案件的决定性因素都不同,不但要依据具体事实的严重性,同时还要取决于提供的证据及提出的法律依据。其最终结果是一个判断,是认知的产物,而不是计算机程序输出的结果”,案情的多样性以及征收问题的复杂性决定了依照条款内容、先例,逐案判断才是解决问题的良策。

(编写者:武汉大学国际法研究所 2019 级硕士研究生　张富娜)

---

[1] *Generation Ukraine, Inc. v. Ukraine*, ICSID Case No. ARB/00/9, Award, paras. 21.1-21.4.

[2] Supra note [1], para. 22.1.

CME捷克有限公司
诉
捷克共和国

仲裁案

案情概要

案名	CME 捷克有限公司诉捷克共和国仲裁案
案件裁判来源	https://www.italaw.com/cases/281
案号	无
当事人	申请人:CME 捷克有限公司(依据荷兰法律成立)
	被申请人:捷克共和国
行业	电信、广播电视和卫星传输服务
仲裁机构和仲裁地	无(临时仲裁),瑞典斯德哥尔摩
仲裁依据	《荷兰王国与捷克共和国关于鼓励和互相保护投资的协定》
适用的仲裁规则	《联合国国际贸易法委员会仲裁规则》(1976 年)
仲裁庭组成	首席仲裁员:Wolfgang Kühn
	仲裁员(申请人指定):Stephen M. Schwebel
	仲裁员(被申请人指定):Ian Brownlie
日期	仲裁程序开始日期:2000 年 2 月 22 日
	最终裁决发布日期:2003 年 3 月 14 日
仲裁请求	申请人请求捷克共和国赔偿其投资损失
核心争议点	伦敦仲裁裁决是否具有既判力
仲裁庭主要结论	仲裁庭认为既判力要求针对同一纠纷和标的、相同的当事人和相同的诉讼事由,从而裁定伦敦裁决不具有既判力
裁决结果	支持投资者(在 2001 年 9 月 13 日作出的部分裁决中前仲裁员 Jaroslav Hándl 持异议)
后续进展	被申请人向仲裁所在地瑞典上诉法院提起撤销裁决之诉,法院于 2003 年 3 月 15 日作出判决,驳回请求

Case Summary

Name of Case	CME Czech Republic B. V. v. The Czech Republic	
Web Page	https://www. italaw. com/cases/281	
Case Number	None	
Parties	Claimant: CME Czech Republic BV	
	Respondent: Czech Republic	
Industry	Telecommunications, Radio and Television and Satellite Transmission Services	
Administering Institution & Seat of Arbitration	Not applicable (ad hoc arbitration); Stockholm, Sweden	
Basis for Arbitration	Agreement on Encouragement and Reciprocal Protection of Investments between Kingdom of Netherlands and the Czech and Slovak Federal Republic	
Rules Used in Arbitral Proceedings	UNCITRAL Arbitration Rules(1976)	
Arbitrator(s)	Presiding Arbitrator: Wolfgang Kühn	
	Arbitrator(Claimant's appointee): Stephen M. Schwebel	
	Arbitrator(Respondent's appointee): Ian Brounlie	
Date	Date of Commencement of Proceeding: 22 February 2000	
	Date of Issue of Final Award: 14 March 2003	
Relief Request	The Claimant seeks for the remedy for the injury that it suffered	
Key Issue	Whether the London Tribunal's Award is binding	
Tribunal's conclusions on Key Issue	The Tribunal adopted strict reading of the principle of *res judicata*, which requires the same dispute and subject matter, identical parties, and the same cause of action, thus decided that the principle of *res judicata* does not apply in favour of the London Arbitration	
Award	In favour of Investor (Dissenting opinion of the Arbitrator JUDr Jaroslav Hándl) (Partial Award dated 13 September 2001)	
Follow-up Progress	The Respondent turned to the Court of Appeal in a bid to set aside the arbitral award. 15 May 2003, the arbitral award was upheld in judicial review by the Court of Appeal	

一、案件事实

（一）投资事实

1992 年 8 月 27 日，捷克公司 CET 21 向捷克共和国传媒委员会提交许可证申请，此前 CET 21 公司与美国公民劳德[1]设立的德国公司 CEDC 公司有过投资洽谈，CEDC 公司打算直接入股 CET 21 公司。传媒委员会认为这种外资直接投资方式对电台独立性存在威胁，所以几次听证程序均未通过。1993 年 5 月 4 日，CET 21 公司、CEDC 公司与 CSB 公司签署《合作与投资协议备忘录》，成立捷克公司ČNTS 对电视台进行管理，CET 21 公司以“在无条件的、不可撤销的和排他性的基础上提供许可证使用、收益及维续权利”作为出资条件，取得 12%所有权。传媒委员会最终向 CET 21 公司颁发了许可证。1994 年，新电视台 TV Nova 开始运营。1997 年，劳德先生控制的另一荷兰公司 CME 公司（以下简称申请人）取得ČNTS 公司 99%股权。

（二）被诉行为

1999 年，Zelezny 公司以 CET 21 公司名义致函传媒委员会，要求其就界定 CET 21 公司与ČNTS 公司之间的关系发表一份声明。不久，传媒委员会在回函中明确广播经营者与服务机构的非排他性关系。随后，ČNTS 公司要求传媒委员会解决其与 CET 21 公司之间的商业纠纷，但委员会却致信ČNTS 公司要求其停止与 CET 21 公司的传媒活动。同年 8 月，CET 21 公司以ČNTS 公司没有提供某一天的日志为由，认为其实质性地违反服务合同，故终止合同。申请人主张，捷克最成功的私人广播电台运营商ČNTS 公司被捷克共和国的机构传媒委员会的作为和不作为彻底摧垮。申请人认为传媒委员会的这些作为和不作为导致其母公司签署的并购协议失效。基于该并购协议以及 1999 年合资伙伴所分配给ČNTS 的财产价值，传媒委员会的行为对ČNTS 法律和商业地位的破坏使申请人遭受逾 5 亿美元的损失。[2] 申请人声称传媒委员会在 1996 年强迫其修订备忘录，从而迫使ČNTS 公司放弃广播许可证的专有使用权，以及

[1] 劳德为另一仲裁程序（伦敦仲裁）的申请人，参见本书案例 27。

[2] CME accordingly suffered damage of more than USD 500 million, which was the value allocated by that agreement and by the joint venture partners to ČNTS in 1999 before the disruption of the legal and commercial status of ČNTS as a consequence of the Media Council’s actions and omissions. CME 由此遭受了 1999 年该协议和合资伙伴分配给ČNTS 的价值的逾 5 亿美元损失，由于该传媒委员会的作为和不作为，ČNTS 的法律和商业地位遭受损害。

传媒委员会在1999年串通Zelezny公司破坏ČNTS公司的业务,违反了《荷兰王国与捷克共和国关于鼓励和互相保护投资的协定》(以下简称《荷兰—捷克BIT》)规定。捷克共和国(以下简称被申请人)强烈反对这一论点和所声称的基本事实,认为投资损失(如有)是商业失败和投资者错误判断的结果,更何况,申请人的索赔系基于ČNTS公司与Zelezny公司的商业纠纷,不受《荷兰—捷克BIT》保护。申请人依据《荷兰—捷克BIT》第8条第2~7款提起仲裁,认为被申请人违反了《荷兰—捷克BIT》第3条第1款[1]及第5条[2]的规定。

(三)程序时间轴

· 2000年7月21日,仲裁庭正式组成。

· 2000年9月22日,申请人提出仲裁申请。

· 2000年11月9日,被申请人提交答辩意见书,并提起管辖异议,主张仲裁庭缺乏管辖权,不应受理申请人的仲裁申请。

· 2000年11月17日举行听证会。

· 2000年12月22日,申请人提交答辩状。

· 2001年2月14日,被申请人提交了再答辩状。

· 2001年9月13日,仲裁庭作出Wolfgang Kühn博士和Stephen M. Schwebel法官签署的部分裁决,Jaroslav Hándl博士拒绝签署,并于2001年9月11日提交反对意见。

· 2001年9月17日,申请人请求对本案定量的仲裁程序继续进行,仲裁庭于2001年9月20日书面通知当事人继续进行仲裁程序。

· 2001年9月19日,仲裁员Jaroslav Hándl辞去职务。

· 2001年10月18日,被申请人选任Ian Brownlie为仲裁员。

· 2003年3月14日,仲裁庭在瑞典斯德哥尔摩作出仲裁裁决。

· 2003年4月14日,仲裁申请人由于不满仲裁庭的裁决,向仲裁地法院——瑞

---

[1] 《荷兰—捷克BIT》第3条第1款规定,任一缔约方应确保公平公正地对待另一缔约方投资者的投资,并不得以不合理或歧视性措施损害这些投资者的经营、管理、维护、使用、享受或处置……任一缔约方应给予(另一缔约方投资者的投资)充分的担保和保护,在任何情况下,该担保和保护均不得低于给予其本国投资者的投资或给予任何第三国投资者的投资的担保和保护。

[2] 《荷兰—捷克BIT》第5条规定:……任一缔约方均不得采取任何措施,直接或间接剥夺另一缔约方投资者的投资,除非符合下列条件:(a)这些措施是为了公众利益并在适当的法律程序下采取的;(b)这些措施是非歧视的;(c)这些措施附有支付公正赔偿的规定。

典上诉法院提出撤销仲裁裁决的申请。

·2003 年 5 月 15 日,瑞典上诉法院作出裁决,驳回申请人撤销仲裁裁决的请求。

(四)仲裁请求

1. 申请人的仲裁请求

(1)裁定被申请人违反《荷兰—捷克 BIT》有关规定:①公平公正待遇的义务(第 3 条第 1 款);②不应以不合理或歧视性措施损害对投资的管理、维护、使用、享有和处置(第 3 条第 1 款);③充分保护与安全保障义务(第 3 条第 2 款);④对外国人及其投资的待遇不得低于习惯国际法标准(第 3 条第 5 款);⑤不得通过直接或间接措施征收外国投资的义务(第 5 条)。

(2)责令被申请人支付损害赔偿。

(3)责令被申请人支付申请人与仲裁有关的所有费用和支出,包括申请人的法律代表及协助的费用。

2. 被申请人的仲裁请求

(1)申请人滥用程序,仲裁庭应该驳回申请人的索赔请求;

(2)主张被申请人没有违反申请人所诉称违反之条款,仲裁庭应该驳回申请人的索赔请求;

(3)申请人所称损害非任何违反条约义务的直接、可预料结果,申请人的诉请应被驳回,且申请人无权获得损害赔偿;

(4)责令申请人支付仲裁费用,并补偿被申请人由此产生的合理费用。

(五)仲裁庭结论

仲裁庭裁定:

(1)裁定被申请人支付申请人 269,814,000 美元;

(2)裁定被申请人自 2000 年 2 月 23 日起至支付之日按照 10%的利率支付利息;

(3)各方支付其庭外费用和支出;

(4)仲裁员费用由双方平摊,除此之外没有关于其他支出和费用的裁定;

(5)驳回其他全部诉请。

二、主要法律争议

(一)本仲裁的适用法

1. 申请人的主张

申请人认为,被申请人违反《荷兰—捷克 BIT》有关规定:(a)公平公正待遇的义务(第 3 条第 1 款);(b)不应以不合理或歧视性措施损害对投资的管理、维护、使用、享有和处置(第 3 条第 1 款);(c)充分保护与安全保障义务(第 3 条第 2 款);(d)对外国人及其投资的待遇不得低于习惯国际法标准(第 3 条第 5 款);(e)不得通过直接或间接措施征收外国投资的义务(第 5 条)。

2. 被申请人的主张

关于仲裁的适用法,被申请人主要依据《荷兰—捷克 BIT》第 8 条第 6 款[1],主张仲裁庭应首先适用捷克国内法。被申请人引用了 Schreuer 教授的观点,主张由于部分仲裁的仲裁庭没有正确适用法律,因此部分仲裁裁决必须被撤销。仲裁庭必须首先考虑捷克国内法院的最终判决,其次才能决定是否适用国际法。Schreuer 教授强调该观点不同于用尽当地救济。关于国际法的适用,被申请人主张只有当捷克国内法上出现"真正的空白",或者捷克国内法与国际法不一致而必须被修改的情形下,才能适用国际法。

3. 仲裁庭的裁决

仲裁庭的分析是,根据《荷兰—捷克 BIT》第 8 条第 6 款字面含义,其规定的四种法律渊源的适用没有先后顺序之分。两国商定对条约的解释和适用的共同立场文件确定当这些法律渊源出现不一致的情形,适用国际法。在本仲裁的第一阶段,双方当事人的论据均仅建立在国际法原则基础上。仲裁庭认为,被申请人主张撤销部分裁决只能由瑞典法院来实施。此外,仔细分析 Schreuer 教授的观点可以发现并不能支撑被申请人主张的部分裁决没有正确适用法律的观点,并且 Schreuer 教授得出结论所假设的前提条件与本案事实并不相符。Schreuer 教授所引用的先例大多不涉及法律适用条款,即便涉及,也与《荷兰—捷克 BIT》的法律适用条款非常不同,后者概念非常宽泛,给了仲裁庭极大的裁量空间,并且从第 8 条第 6 款的规定看来,"仲裁庭的裁决必

---

[1] 《荷兰—捷克 BIT》第 8 条第 6 款规定,仲裁法庭应根据法律作出决定,应考虑到包括但不限于:有关缔约方的现行法律;本协定和缔约双方之间的其他有关协定的规定;国际法的一般原则。

须建立在法律基础上”并非国内法优先适用的约定。该规定是一个不言自明的法律原则,要求仲裁庭必须受到法律规则的束缚。在东道国的国内法、条约和国际法一般原则适用上,不存在优先次序,也并未规定仅适用某一法律渊源。《荷兰—捷克 BIT》要求仲裁庭对上述法律渊源予以考虑,而非单独适用某一法律渊源。

(二)伦敦仲裁庭[1]的裁决是否有既判力

1. 申请人的主张

根据双方协商一致,本仲裁程序的第一阶段已解决所有责任问题和应给予的救济,仲裁庭对此已作出部分裁决。本“定量阶段”的唯一待解决事项系如何赔偿投资人在捷克境内投资的“真实价值”。

2. 被申请人的主张

被申请人认为,在定量阶段,法庭必须适用既判力规则。如果部分裁决不同于伦敦最终裁决,则伦敦裁决优先。伦敦裁决不仅在部分裁决发布时是既判力裁决,在定量阶段仍然是既判力裁决,因此,法庭对此不能忽视。

(1)本仲裁应适用既判力原则

在传统理论中,既判力原则以标的物、诉因和当事人的同一性为前提。然而,在双边投资协定中出现平行仲裁和冲突裁决的风险时,国际仲裁的性质将会导致产生与国内法院或仲裁程序中不同的因素(从而造成不同的影响)。[2] 本案应适用既判力原则的理由为:其一,瑞典是仲裁地。瑞典法律参照《瑞典司法程序法典》第十七章第二节,适用既判力原则。其二,捷克法律适用既判力原则的方式与瑞典法律相同。捷克法律和国际法也与既判力有关,取决于既判力是程序问题还是实体法问题。其三,既判力也是国际法的一般原则,已被国际法院和仲裁庭采用。

(2)同一标的和同一诉讼事由

伦敦和斯德哥尔摩的平行仲裁程序具有相同案情,涉及相同主体。劳德先生和申请人在各自的双边投资条约下都援引了相同的诉由,即声称捷克共和国违反了双边投资条约规定的相同义务:公平公正待遇、充分保护和安全保障、禁止任意和歧视性措

---

[1] 本案申请人的股东劳德以自己名义另行提起集仲裁程序,该仲裁案地点位于伦敦,故称伦敦仲裁案。关于该仲裁案参见本书案例 27。

[2] “The nature of international arbitration, however, where parallel arbitrations and the risk of conflicting awards arise out of bilateral investment treaties(‘BIT’s’), produces factors that differ from those found in national court or arbitration proceedings.” See UNCITRAL Arbitration Proceedings *CME Czech Republic B. V.* (*The Netherlands*) *vs. The Czech Republic*, Final Award, para. 199.

施、禁止无补偿的征收。这两项条约文字上的细微差别不会产生任何影响。被申请人引用了南部蓝鳍金枪鱼案,在该案中,法庭表示,提及两项不同的条约并不一定表明存在两项不同的主张。与南部蓝鳍金枪鱼案中两个条约之间的差异相比,《捷克—美国BIT》与《荷兰—捷克 BIT》之间的差异微不足道。申请人所主张的权利在伦敦和斯德哥尔摩仲裁中基本相同。

在伦敦仲裁和斯德哥尔摩仲裁中,劳德先生和申请人均要求恢复同一投资的利益,要求捷克赔偿同一投资遭受的损失。在这两项仲裁中,所提交的书状、证人提交的陈述基本相同,相同律师在两个仲裁庭所上提出的论点也实质上相同,指令所下发到的双方代表相同,并且本仲裁庭也可以得到与伦敦法庭相同的证词。

(3)相同当事方

瑞典诉讼法对当事人的"身份"没有绝对要求。有一个公认的原则,即当事各方必须是相同的;但该规则应根据既判力原则目的加以解释,即当事人在保护自己权利时,不受其他当事人陈述的限制。国际仲裁庭愈加不顾同一企业集团内不同法人的区分以及股东与其公司载体之间的区别,将构成"同一经济现状"的各方看作同一当事人。双边投资条约旨在保护在东道国直接或间接投资的投资者。被申请人认为,本案适用"虚拟身份"或"本质相同"的身份标准。此标准意味着当事方(在财务和法律意义上)紧密关联的情形下,适用既判力。《捷克—美国 BIT》与《荷兰—捷克 BIT》都着眼于强调投资者的国籍,而非其身份。

劳德先生通过申请人提起仲裁,系他本人在捷克共和国投资组织链中的一层,该组织链上所有公司均受到劳德先生的有效控制。劳德先生在伦敦仲裁中通过他本人以及在通过斯德哥尔摩仲裁中通过申请人 CME 公司,寻求归还ČNTS 公司的许可证。在任何一种情况下,可能判给的任何损害赔偿的最终利益都是相同的。《纽约公约》第 3 条通过 1999 年《瑞典仲裁法》第 53 条被纳入了瑞典法律,根据该条款,仲裁地为瑞典的仲裁庭必须承认在伦敦作出的最终裁决,因为该裁决根据 1996 年《英国仲裁法》第 58 条第 1 款于 2001 年 9 月 3 日已成为最终裁决并具有约束力。

被申请人认为不能撤销部分裁决,但在定量阶段若部分裁决与伦敦最终裁决不一致,则不能遵循部分裁决。如果传媒委员会没有违反美国条约剥夺劳德先生的"法律安全",那它就没有违反荷兰条约剥夺申请人的"法律安全"。因此,鉴于伦敦仲裁庭裁定被申请人不对劳德先生或申请人的损害负责,则在本仲裁中,被申请人对申请人或劳德先生的任何损失也不应承担责任。尽管本仲裁庭对责任的认定应建立在部分裁决的基础上,但不存在损害赔偿,因为在伦敦仲裁裁决中,传媒委员会和捷克共和国均不承担任何损害赔偿责任。

被申请人认为荷兰和捷克共和国代表共同立场是,这两个缔约国保留对条约的解释适用权。仲裁庭无权超出缔约国意图来解释和适用条约。如果仲裁庭对条约作出错误的解释或适用,缔约国可以推翻仲裁庭的错误裁决,撤销或变更裁决的权力属于仲裁发生地有管辖权的法院。缔约国之间商定的对条约的解释和适用的共同立场对仲裁庭裁决的作出有决定性和约束力。

3. 仲裁庭的裁定

2001 年 9 月 13 日,仲裁庭作出部分裁决,认定被申请人违反《荷兰—捷克 BIT》的以下规定:(1)公平公正待遇的义务(第 3 条第 1 款);(2)禁止以不合理或歧视性措施损害对投资(第 3 条第 1 款);(3)充分保护与安全保障义务(第 3 条第 2 款);(4)对外国人投资的待遇不得低于习惯国际法标准(第 3 条第 5 款及第 8 条第 6 款);(5)不得通过直接或间接措施征收外国投资的义务(第 5 条)。

仲裁庭认为部分裁决对仲裁庭及当事方有约束性。仲裁庭提请注意部分裁决中明确"该部分裁决是最终且具有约束性的。"此外,仲裁庭回顾了《荷兰—捷克 BIT》第 8 条第 7 款的规定,即仲裁裁决是"最终且有约束性的"。联合国贸法会规则也有类似规定。因此仲裁庭无权也没有理由重新考虑部分裁决。在诉讼程序的第一阶段,被申请人多次明确拒绝协调伦敦仲裁和本仲裁。在 2000 年 11 月 17 日的程序性听证会上,仲裁庭审查关于协调两个仲裁程序的问题。在听证会上,被申请人再次拒绝接受申请人的任何备选提案。仲裁庭认为,如果说伦敦仲裁裁决会对本仲裁产生任何既判力效力,则被申请人拒绝接受任何申请人协调两个程序的建议,属于对该抗辩的放弃。

仲裁庭认为,伦敦仲裁不具有既判力,原因如下:其一,伦敦仲裁中的双方当事人与本仲裁中的当事人不同。劳德先生是 CME 媒体有限公司的控股股东,而在本仲裁中,CME 媒体有限公司的荷兰子公司系仲裁申请人。其二,这两项仲裁基于相似却不相同的投资保护双边条约,都涉及传媒委员会对捷克共和国境内同一投资的干预。然而,仲裁庭无法判断提交给两个法庭裁决的事实是否相同,因为很可能提交给本法庭的事实和情况与向伦敦法庭提交的情况完全不同。由于这两项双边投资条约所设权利在各方面并不完全相同,因此必须提出不同的诉请。正如一个国际仲裁庭所述,

"对不同条约的相同或类似条款适用国际法关于条约解释的规则可能不会产生相同的结果,特别是当考虑到各自的背景、目的、宗旨、缔约方后续惯例和准备工作文件的差异"。

仲裁庭认为荷兰和捷克共和国的共同立场商定文件也支持仲裁庭的观点,即伦敦仲裁庭的裁决结果不能适用于本仲裁。在仲裁庭作出部分裁决后,捷克共和国依据《荷兰—捷克 BIT》第 9 条要求荷兰进行协商,以期解决有关《荷兰—捷克 BIT》的解释和适用问题。捷克共和国政府明确表示其认为部分裁决的若干方面不符合《荷兰—捷克 BIT》规定,并表示将对部分裁决提出疑问。荷兰与捷克共和国代表举行了系列会谈讨论争议问题,并在 2002 年 4 月 4 日至 5 日在海牙举行的最后一次会谈上就三项问题形成了共同立场。共同立场记录在 2002 年 7 月 1 日的商定记录(Agreed Minutes)中,两国政府正式签署并交换了商定记录,被申请人认为该商定记录对《荷兰—捷克 BIT》的含义解释和适用具有约束力。在该商定记录中,荷兰的立场是"不同法律实体的索赔要求,即使由同一经济实体控制,其索赔要求也不一定相同,其法律人格上的差异已被各法庭所承认。例如,子公司可以独立于母公司运营。"因此,仲裁庭认为,即使不考虑被申请人已放弃未决事项和既判力原则,既判力原则也不能适用于伦敦裁决而影响本仲裁。

三、简要评析

本案与劳德案不一致的裁决结果引起了人们广泛批判与反思,不少学者援引此案对当前投资仲裁机制进行猛烈批评,并呼吁建立投资仲裁上诉机制,甚至建立国际投资法庭。仔细考察该案中伦敦仲裁庭与斯德哥尔摩仲裁庭对程序问题的相关意见,可以发现,两仲裁庭对传统三重身份检验标准的适用过于机械,导致既判力原则或未决诉讼原则最终无法得到适用,进而无法避免裁决不一致结果的产生。两个仲裁庭对案件所涉及的既判力问题都发表了意见,它们都采纳了传统三重身份检验标准来分析既判力的适用可能性。就其标准,本案斯德哥尔摩仲裁庭甚至声称,既判力的适用要求前后关联案件涉及相同的争议、相同的当事人、相同的请求以及相同的诉因。该仲裁庭认定劳德案所涉当事人不同于本仲裁案的当事人。然而,两仲裁案所涉及的当事人虽然表面不同,但劳德先生是 CME 媒体有限公司的控股股东,而申请人系 CME 媒体有限公司的子公司,因此,如果对两案所涉及的当事人作实质性分析,那么,既判力适用的条件之一,即当事人具有同一性,显然能够得到满足。另外,本案仲裁庭认为在这两项关联仲裁案中,仲裁申请人所提出的请求是基于不同的投资仲裁协定,这必然意味着他们所提出的请求不同,此种分析显然也是停留在表面。因此,本仲裁庭对既判力原则适用条件过于形式化的分析,导致其作出与伦敦仲裁庭相冲突的裁决。因此,在当前国际投资仲裁的框架下,除程序上进行改革外,对此类实体问题的审慎突破也未尝不是合理的方案。

(编写者:武汉大学国际法研究所 2018 级硕士研究生　朱竹露)

ADF 集团公司
诉
美利坚合众国

仲裁案

案情概要

案名	ADF 集团公司诉美利坚合众国仲裁案
案件裁判来源	https://www.italaw.com/cases/43
案号	ICSID Case No. ARB(AF)/00/1
当事人	申请人:ADF 集团公司(加拿大)
	被申请人:美利坚合众国
行业	道路运输业
仲裁机构和仲裁地	国际投资争端解决中心,美国华盛顿特区
仲裁依据	《北美自由贸易协定》
适用的仲裁规则	《国际投资争端解决中心附加便利规则》(1978 年)
仲裁庭组成	首席仲裁员:Florentino P. Feliciano
	仲裁员(申请人指定):Armand de Mestral
	仲裁员(被申请人指定):Carolyn B. Lamm
日期	仲裁程序开始日期:2000 年 3 月 1 日
	最终裁决发布日期:2003 年 1 月 9 日
仲裁请求	申请人请求裁定被申请人违反 NAFTA 某些义务,并赔偿其损失
核心争议点	仲裁庭管辖权争议——对附加索赔的管辖权和可受理性
仲裁庭主要结论	NAFTA 第 1103 条索赔的实质内容实际上已经在其第 1105 条索赔项下提出,故而仲裁庭有权受理。 “附带或附加”索赔必须满足与原始或主要索赔有密切关系或联系的要求,其他建设项目不符合
裁决结果	支持东道国(一致裁定)
后续进展	无

Case Summary

Name of Case	ADF Group Inc. v. United States of America
Web Page	https://www.italaw.com/cases/43
Case Number	ICSID Case No. ARB(AF)/00/1
Parties	Claimant:ADF Group Inc. (Canadian)
	Respondent:United States of America(U.S.)
Industry	Railway Transport
Administering Institution & Seat of Arbitration	ICSID;Washington,D.C.,USA
Basis for Arbitration	NAFTA
Rules Used in Arbitral Proceedings	ICSID Additional Facility Arbitration Rules
Arbitrator(s)	Presiding Arbitrator:Florentino P. Feliciano
	Arbitrator(Claimant's appointee):Armand De Mestral
	Arbitrator(Respondent's appointee):Carolyn B. Lamm
Date	Date of Commencement of Proceeding:1 March 2000
	Date of Issue of Final Award:9 January 2003
Relief Request	The Claimant requests a ruling that the Respondent violated certain obligations of the NAFTA and seeks compensation for its loss
Key Issues	Jurisdiction dispute of the Arbitral Tribunal: Jurisdiction and admissibility of additional claims
Tribunal's Conclusions on Key Issues	The substantial content of Article 1103 claim had actually been filed under Article 1105, so the arbitration Tribunal had the right to accept it "Incidental or additional" claims must meet the requirements closely related to or associated with the original or major claim, and other construction projects did not meet the above requirements
Award	In favour of State(Unanimous Verdict)
Follow-up Progress	None

一、案件事实

(一)投资事实

1998 年,弗吉尼亚州联邦政府向美国交通部联邦公路管理局申请建设斯普林菲尔德立交高速公路项目(以下简称斯普林菲尔德项目)的联邦资金援助,获得批准。1998 年 9 月,弗吉尼亚联邦运输部发出招标邀请,即关于投标建设和该项目的第二和第三阶段建设(即本案争议所涉及的项目阶段)。Shirley 承包公司(以下简称 Shirley 公司)提交了最低报价,并获得了该项目,签订了项目合同(弗吉尼亚联邦运输部—Shirley 主合同,以下简称主合同)。1999 年 3 月 19 日,Shirley 公司与 ADF 集团公司(以下简称申请人)签署了一份分包合同,由申请人负责供应九个桥梁的所有钢部件。

(二)被诉行为

1999 年 4 月,Shirley 公司告知弗吉尼亚联邦运输部,申请人提议在加拿大对美国原产钢产品进行工艺处理,再运送至施工现场。弗吉尼亚联邦运输部对此表示拒绝,主张该拟议业务不符合主合同中第 102. 05 节和《联邦公路管理条例》(第 23 CFR 635. 410 节)的特别规定。1999 年 6 月,美国交通部联邦公路管理局官员明确表示,基于“不得与公共利益相抵触”的要求,必须在主合同(特殊条款第 102. 05 节)中将“购买美国货要求”[1]条款纳入分包合同,除非弗吉尼亚联邦根据 23 CFR 635. 410(c)的规定寻求并接受了“购买美国货要求”的豁免,否则必须遵从并适用该条款。1999 年 7 月,应申请人的要求,Shirley 公司写信给弗吉尼亚联邦运输部寻求豁免,但遭到拒绝。

2000 年 7 月,申请人根据 NAFTA 有关条款提出仲裁,请求裁定美国(以下简称被申请人)强加的“购买美国货要求”违反 NAFTA 有关条款的法律义务,并赔偿损失。

(三)程序时间轴

· 2000 年 3 月 1 日,本案申请人根据 NAFTA 第 1116 条、第 1117 条、第 1120 条第 1 款 b 项和第 1137 条第 1 款 b 项向被申请人发出仲裁通知。

· 2000 年 7 月 21 日,申请人向 ICSID 提出仲裁申请,要求被申请人赔偿损失。

· 2001 年 1 月 11 日,仲裁庭正式组成。

---

[1] 购买美国货要求:如果要在斯普林菲尔德项目施工中使用钢材料,则这些材料必须 100% 在美国生产和制造。

·2001年2月26日,申请人就仲裁地点的问题提交书面材料,被申请人对此提出反对意见。

·2001年5月3日,仲裁庭发布第1号程序令,采用当事方在其2001年4月4日的联合函中的协议,并指示ICSID秘书处将双方提交的任何材料都通知加拿大政府和墨西哥合众国政府。

·2001年7月11日,仲裁庭发布了关于仲裁地点的第2号程序令,指定华盛顿特区为仲裁地。

·2001年8月,申请人提出出示文件的请求,被申请人对该请求提出异议。随后仲裁庭发布第3号程序令对此问题作出裁定。

·2001年8月1日,仲裁申请人提交了关于职权和赔偿责任的诉状。2001年11月29日,被申请人提交辩诉状。

·2002年4月15日至18日,关于能力和责任的听证会在华盛顿特区举行。会后,申请人、被申请人、加拿大和墨西哥政府分别向仲裁庭提交了听证意见书。

·2003年1月9日,仲裁庭在华盛顿特区作出仲裁裁决。

(四)仲裁请求

1. 申请人的仲裁请求

(1)裁定被申请人违反NAFTA第1102条[1]规定的"国民待遇义务"。

(2)裁定被申请人未能达到NAFTA第1105条[2]规定的"最低待遇标准"。

(3)裁定被申请人违反NAFTA第1103条[3]规定的"最惠国待遇义务"。

(4)裁定被申请人违反NAFTA第1106条[4]规定"不强加或强制执行履行要求

---

[1] NAFTA第1102条规定:"国民待遇 1. 在投资的设立、收购、扩大、管理、经营、运作以及出售或其他处置方面,任何缔约方给予另一缔约方投资者的待遇,应不低于在相似情况下该缔约方给予其本国投资者的待遇。2. 在投资的设立、收购、扩大、管理、经营、运作以及出售或其他处置方面,任何缔约方给予另一缔约方投资者投资的待遇,应不低于在相似情况下该缔约方给予其本国投资者投资的待遇……"

[2] NAFTA第1105条第1款规定,各缔约方应根据国际法,给予另一缔约方投资者投资相应的待遇,包括公平和公正的待遇以及全面保护和保障。

[3] NAFTA第1103条规定:"最惠国待遇 1. 每一缔约方应给予另一缔约方投资者不低于在类似情况下给予任何另一缔约方或非缔约方投资者在投资的设立、收购、扩张、管理、行为、运营和出售或其他处置方面的优惠待遇。2. 每一缔约方应给予另一缔约方投资者的投资不低于在类似情况下给予另一缔约方或非缔约方投资者在投资的设立、收购、扩张、管理、行为、运营和出售或其他处置方面的投资优惠。"

[4] NAFTA第1106条规定:"性能要求 任何一缔约方不得对另一缔约方或非缔约方在其境内的投资者的投资的设立、收购、扩张、管理、行为或经营,施加或强制执行以下任何要求,或强制执行任何承诺或承诺:(a)……(b)达到一定水平或一定比例的国内内容;(c)购买、使用或优先购买在其境内生产的货物或提供的服务,或向在其境内的人购买货物或服务。"

的义务”。

(5)裁定被申请人的“购买美国货要求”不适用于 NAFTA 第 1108 条第 7 款、第 8 款[1]的效力——“一方采购”的规定(第 1102 条、第 1103 条、第 1106 条的例外情况)。

(6)责令被申请人赔偿除斯普林菲尔德项目以外的其他项目损失。

2. 被申请人的主张

被申请人在其辩诉状中,要求仲裁庭支持其反对意见,驳回申请人的所有申请:

(1)申请人根据 NAFTA 第 1102 条和第 1106 条提出的索赔被第 1108 条第 7 款 a 项和第 8 款 b 项关于“一方采购”的例外情况所取消。

(2)根据 NAFTA 第 1131 条第 2 款,美国联邦贸易委员会的解释对本法庭和 NAFTA 第 11 章其他法庭具有约束力。依据《美国联邦贸易委员会解释》,NAFTA 第 1105 条第 1 款规定了习惯国际法对外国人的最低待遇标准,作为给予另一缔约方投资者投资的最低待遇标准。

(3)申请人是在对辩诉状的答复中首次根据 NAFTA 第 1103 条提出具体索赔,而《美国联邦贸易委员会解释》是在其提交诉状不久前发布,因此被申请人第一次有机会对此项索赔进行复审。

(4)申请人提交仲裁请求的意向通知中未提及除斯普林菲尔德项目以外的其他公路建设项目,故应驳回申请人对此的索赔。

被申请人也要求仲裁庭作出命令,命令申请人承担本仲裁程序的费用,包括仲裁庭成员的费用和开支、秘书处的费用和开支以及被申请人因仲裁造成的损失。

(五)仲裁庭结论

仲裁庭裁定:

(1)支持申请人基于 NAFTA 第 1103 条提出的索赔仲裁庭享有管辖权的主张;

(2)驳回申请人就除斯普林菲尔德项目外其他公路建设项目的索赔;

(3)驳回申请人基于 NAFTA 第 1102 条的索赔;

(4)驳回申请人基于 NAFTA 第 1106 条的索赔;

(5)驳回申请人基于 NAFTA 第 1103 条的索赔;

[1] NAFTA 第 1108 条第 7 款规定:“第 1102 条、第 1103 条、第 1107 条不适用于:(a)由一方或国家企业采购;或(b)由一方或国家企业提供的补贴或补助,包括政府支持的贷款、担保和保险。”第 8 款规定:“下列规定……(b)第 1106(1)(b),(c),(f)和(g)条,以及(3)(a)和(b)条的规定不适用于一缔约方或一个国家企业的采购……”

(6)支持被申请人主张《美国联邦贸易委员会解释》对仲裁庭具有约束力;

(7)关于费用,仲裁庭指出,仲裁费用应平均分摊,各方应自行承担与本程序有关的费用。

二、主要法律争议

(一)仲裁庭对申请人就 NAFTA 第 1103 条提出的索赔是否有管辖权

1. 被申请人主张

被申请人主张仲裁庭对申请人根据 NAFTA 第 1103 条提出的索赔不具有管辖权。

其一,申请人在最初提交的仲裁意向通知书和正式的仲裁通知书中均未指控被申请人违反 NAFTA 第 1103 条。

其二,按照 NAFTA 第 1119 条规定,有争议的投资者提交的仲裁请求应具体说明违反了 NAFTA 哪条规定和任何其他的具体规定,第 1122 条第 1 款规定,各当事方同意提交索赔请求,根据本协定规定的程序进行仲裁。因而由于申请人未能遵守 NAFTA 第 1119 条的要求,被申请人同意申请人提交仲裁,但不同意申请人根据 NAFTA 第 1103 条提出的索赔。在这种没有同意的情况下,否认仲裁庭有权审议该项索赔。

2. 仲裁庭的裁定

仲裁庭认为,首先根据 NAFTA 第 1121 条[1]和第 1122 条[2],由第 1122 条第 1

---

[1] NAFTA 第 1121 条规定:"仲裁诉求提交的先决条件 1. 只有在以下条件下,争端所涉投资者才可根据第 1116 条,提交仲裁索赔请求:(a)该投资者同意根据本协定规定的程序进行仲裁;并且(b)该投资者——以及企业,如果就该投资者直接或间接拥有或控制的另一缔约方法人企业的利益蒙受的损失或损害提出索赔请求——放弃根据任何缔约方的法律向任何行政法庭或法院,或者根据其他争端解决程序,就声称的争端所涉缔约方第 1116 条所指违反义务的措施,提起或继续任何诉讼的权利,但是根据争端所涉缔约方的法律,为获得不涉及支付赔偿金的禁令、确认赔偿请求或其他特殊救济,向行政法庭或法院提起的诉讼除外。2. 争端所涉投资者可根据第 1117 条,提交仲裁索赔请求,如果该投资者与该企业均:(a)同意根据本协定规定的程序进行仲裁;并且(b)放弃根据任何缔约方的法律向任何行政法庭或法院,或者根据其他争端解决程序,就声称的争端所涉缔约方第 1117 条所指违反义务的措施,提起或继续任何诉讼的权利,但是根据该争端所涉方的法律,为获得不涉及支付赔偿金的禁令、确认赔偿请求或其他特殊救济,向行政法庭或法院提起的诉讼除外。3. 本条要求的同意与弃权应采取书面形式,应交付争端所涉缔约方,并应包括在递交的仲裁索赔请求中。4. 只有在争端所涉缔约方剥夺了争端所涉投资者对企业的控制的情况下:(a)不再要求出具第一款 b 项或第 2 款 b 项规定的企业弃权书;以及(b)附件 1120.1 不再适用。"

[2] NAFTA 第 1122 条规定:"同意仲裁 1. 各当事方同意提交索赔请求,根据本协定规定的程序进行仲裁。2. 第 1 款所指的同意和争端所涉投资者提交的仲裁索赔请求,应满足下列要求:(a)《ICSID 公约》第二章(解决投资争端国际中心的管辖权)与'附加便利规则'所要求的各当事方书面同意书;(b)《纽约公约》第 2 条所要求的书面协定;以及(c)《美洲公约》第 1 条所要求的协定。"

款构成的北美自由贸易协定缔约方的长期同意,与在特定情况下提出的有争议的投资者的同意相结合,从而产生了《ICSID 公约》和附加条款所要求的仲裁协议规则、纽约公约和美洲公约。因此没有逻辑必要将“北美自由贸易协定中规定的程序”解释为界定争议方或争议投资者同意书的详细界限。

其次,根据《ICSID 附加便利规则》,申请人“希望提起仲裁程序”发出的通知仅要求“载有有关争议问题的资料和所涉金额的说明(如有)”,这一要求的普遍性和灵活性并不意味着如果不能绝对准确和完整地阐明“信息”必然导致仲裁庭管辖权的缩减。

再次,虽然申请人提出 NAFTA 第 1103 条索赔不是在其诉状中提出,而是在其对被申请人辩诉状的答复中提出的。但由于《美国联邦贸易委员会解释》发布的时间点在申请人提交诉状的前一天,该解释中涉及 NAFTA 第 1105 条。申请人在提出基于第 1103 条的索赔时,曾援引被申请人签订的《美国—阿尔巴尼亚 BIT》和《美国—爱沙尼亚 BIT》的某些规定,实际回应了《美国联邦贸易委员会解释》与第 1105 条索赔之间影响和关系,即第 1103 条索赔的实质内容实际上已经在第 1105 条索赔项下提出。

最后,被申请人并未明确表明其因第 1103 条索赔受到任何损害,相反其在辩诉状中陈述了申请人对此部分支持的论点。基于上述原因,仲裁庭有权审查第 1103 条投资者的索赔。

(二)仲裁庭对申请人提出除斯普林菲尔德项目外建设项目的索赔是否有管辖权和可受理性

申请人主张,自斯普林菲尔德项目以来,申请人共参与了三个联邦援助公路项目,分别是弗吉尼亚联邦的另一个桥梁项目和另外两个纽约州的桥梁工程。斯普林菲尔德项目中采用的“购买美国货”要求同样适用于三个“其他项目”,导致无法供应和使用在加拿大制造的美国产钢,给其带来了严重损失,限制了其参与“未来的联邦援助公路建设项目”的能力。

仲裁庭认为,根据 NAFTA 第 1119 条规定,这些“其他项目”应在其提交仲裁的意向通知中列明。但申请人在任何阶段都未能就“其他项目”提交任何形式的证据,用来支持其在诉状中极为笼统的陈述。这些证据既涉及申请人对“其他项目”索赔的事实依据(合同文件、通信内容等),也涉及被申请人责任的基本方面(被申请人是否违反其在“其他项目”方面的 NAFTA 义务,此责任证明的失败不能在此程序的任何后续阶段寻求补救)。除此之外,本案中申请人就"其他项目"提出的索赔不应被视为《ICSID附加便利规则》第48条第1款所指的"附带或附加"索赔。"附带或附加"索赔两者都必须满足与原始或主要索赔有密切关系或联系的要求。本案中的"附带或附加"索赔必须直接由投资者对斯普林菲尔德项目的索赔引起,而"其他项目"明显与斯普林菲尔德项目没有直接关系。基于上述原因,仲裁庭对除斯普林菲尔德项目外建设项目的索赔以不可受理为由予以驳回。

(三)第1102条、第1106条、第1108条:政府采购中的国民待遇义务和不强加或强制执行履行要求的义务

1. 申请人主张

申请人主张美国强加的"购买美国货要求"违反NAFTA第1102条、第1106条、第1108条的规定。其认为,申请人是另一缔约方的"投资者",其名下的企业属于另一缔约方投资者的"企业"和"投资",以及虽未成功但试图将美国原产钢材运至加拿大ADF公司进行制造作业也属于投资者的"投资",对此被申请人及仲裁庭均予认可。

2. 被申请人主张

被申请人主张,关于第1102条,投资者未能证明"购买美国货要求"违反了此项规定。同样地,"购买美国货要求"适用于所有联邦援助项目。同时投资者并未试图证明在联邦援助公路建设项目中与其地位相似的美国建筑和制造公司获得了不同待遇;关于第1106条,被申请人将重点放在了本条款的适用性上,即第1108条的某些规定"一方采购"情况下排除了第1106条的实施。NAFTA第10章"政府采购"适用范围中表示,州和省政府的采购均不承担任何国民待遇和绩效要求义务。

3. 仲裁庭的裁定

仲裁庭认为,关于NAFTA第1102条,申请人并未试图证明相较于地位相似的美国建筑和制造公司,后者在联邦援助公路建设项目中提供和使用结构钢产品方面获得了更加优惠的待遇。对此,仲裁庭驳回申请人基于NAFTA第1102条的索赔。关于《北美自由贸易协定》第1106条,需要将目光转移至第1108条,首先,根据第1108条第7款a项和第8款b项,第1102条、第1103条、第1106条、第1107条的规定不适用于"一方采购",其排除效力对联邦和州政府采购均有效。其次,通过向弗吉尼亚联邦运输部提供联邦援助资金,使后者能够建设斯普林菲尔德立交桥项目,美国运输部的美国交通部联邦公路管理局并不构成该项目的采购实体,也不参与采购。再次,在斯

普林菲尔德项目中，弗吉尼亚州联邦通过弗吉尼亚联邦运输部进行的采购不受NAFTA 第 10 章规定的限制，因为弗吉尼亚州联邦没有列入尚未谈判的美国附表中，弗吉尼亚联邦运输部也没有自愿接受 NAFTA 第 10 章的约束。最后，投资者尚未证明弗吉尼亚联邦被“强迫”执行“购买美国货要求”。因而，仲裁庭驳回申请人基于NAFTA 第 1106 条的索赔。

（四）第 1105 条第 1 款：国际习惯法规定的最低待遇标准

1. 申请人主张

申请人主张“购买美国货要求”不符合 NAFTA 第 1105 条第 1 款的主张。其一，申请人认为，关于“购买美国货”措施“在《北美自由贸易协定》范围内是不公平和不公正的”。其二，美国交通部联邦公路管理局拒绝在斯普林菲尔德项目中遵循和适用既有判例法，无视该判例法给投资者的合理期望。其三，被申请人没有善意地履行NAFTA 第 1105 条第 1 款的义务，违反了习惯国际法规定的诚信履行义务的义务。

2. 被申请人主张

被申请人认为，其一，联邦和次联邦（州或省）实体政府采购中的内容和绩效要求对北美自由贸易协定所有缔约方来说是共同的；其二，投资者所依赖的判例法并不涉及 1982 年《国家税务法》中有关州政府的联邦援助建设项目的“购买美国货”条款，而是与 1933 年联邦政府直接采购法规相关，但是两个法规之间存在实质性文本差异。

3. 仲裁庭的裁定

仲裁庭认为，申请人的第一个论点是没有说服力的，政府采购的国内内容和绩效要求在许多国家的国内法律制度或行政实践中都可以找到，故“购买美国货”要求不能被定性是武断的。

针对申请人第二个论点，仲裁庭不认为在本案的情况下美国交通部联邦公路管理局拒绝遵循先前的司法或行政裁决是不公平或不合理的，投资者也并未解释为何1933 年规约下的判例法应适用于 1982 年规约。

针对申请人的第三个论点，仲裁庭认为申请人没有确切理由论证。从美国交通部联邦公路管理局或弗吉尼亚联邦运输部获得的某些特定待遇构成了对 NAFTA 第1105 条第 1 款所载“习惯国际法最低标准”中关于“公平和公平待遇”以及“充分保护和安全”的否定。

因此，仲裁庭认为，申请人没有充分理由标明，“购买美国货”措施不符合 NAFTA

第 1105 条第 1 款的要求。

(五)第 1103 条:最惠国待遇以及《美国—阿尔巴尼亚 BIT》和《美国—爱沙尼亚 BIT》

1. 申请人主张

申请人主张,通过援引 NAFTA 第 1103 条和以及《美国—阿尔巴尼亚 BIT》和《美国—爱沙尼亚 BIT》,NAFTA 缔约方的投资者有权获得根据 NAFTA 第 1105 条给予其投资者的较好待遇,或根据 NAFTA 第 1103 条美国与非缔约方签订的双边投资条约中更为优惠的待遇。

首先,《美国—阿尔巴尼亚 BIT》和《美国—爱沙尼亚 BIT》明确提出有关"公平和公平待遇"和"充分保护和安全"的某些规定,而本案涉及的"购买美国货要求"明显不符合上述条款。

其次,上述投资协定提出的"单独的"、"不同的"和"自足的"待遇标准比《美国联邦贸易委员会解释》规定的投资者待遇更加优惠。

2. 被申请人主张

被申请人拒绝申请人对《美国—阿尔巴尼亚 BIT》和《美国—爱沙尼亚 BIT》中对"公平和公平待遇"的解读。其认为此两项条约效力与 2001 年 7 月 31 日《美国联邦贸易委员会解释》效力大致相同,没有必要进行严格的解释性分析。而国家实践一贯认为公平和公正待遇是指习惯国际法对外国人的最低待遇标准,并不认为此两项条约给予外国投资者的待遇比 NAFTA 给予的待遇对投资者更加有利。

3. 仲裁庭的裁定

针对申请人提出的《美国—阿尔巴尼亚 BIT》和《美国—爱沙尼亚 BIT》中"公平和公平待遇"和"充分保护和安全"条款确立了广泛的规范性待遇标准,有别于习惯国际法最低待遇标准的具体要求。仲裁庭认为,申请人无法充分证明此类自主标准的存在,即使假设存在此类标准,申请人也没有证明"购买美国货"要求是违反此类标准的。

如前所述,NAFTA 第 1108 条第 7 款 a 项规定,在"一方采购"的情况下,NAFTA 第 1102 条和第 1103 条均不适用,而本案确实涉及"一方采购"。因此仲裁庭认为,驳回申请人关于"购买美国货要求"不符合 NAFTA 第 1103 条要求的主张。

三、简要评析

本案涉及对仲裁庭的管辖权和投资者所提出的某些索赔可受理性的相关解释。仲裁庭的管辖权应依据案件涉及的投资条约进行确定。本案仲裁涉及 NAFTA 有关条款表明:NAFTA 的每一缔约方同意按照本协议规定的程序提交仲裁请求。那么“按照本协议规定的程序”一词是否意味着一方同意以提交仲裁的有效性和属事管辖权为条件严格遵守条约内的每一项程序,答案是肯定的。而在《ICSID 附加便利规则》提及“希望提起仲裁程序”的索赔人发出的通知,只须“包含有关争议问题的信息和所涉金额的说明”即可,当“信息”不准确完善时,并不会必然导致仲裁庭管辖权的减少。

本案的另一关注点,仲裁庭对于“其他项目”索赔的可受理性,其实此问题的关键点在于评定“其他项目”是否属于《ICSID 附加便利规则》第 48 条第 1 款的规定“偶然或附加”索赔。对于“偶然或附加”的认定,虽然在此条规定中没有进行清晰阐述,但在国际司法实践中,《ICSID 公约》第 46 条和《ICSID 附加便利规则》第 40 条第 1 款对“偶然或额外”的索赔作了详细说明。仲裁庭认为其与“偶然或额外”与“偶然或附加”属于相关甚至是近似语,两者所指向的索赔都必须满足与原始索赔具有直接密切联系的条件。反映到仲裁实践中,例如本案,必须证明“其他项目”是“原项目”的衍生与附属,或者二者之间具有直接关系,否则仲裁庭将难以受理“其他项目”的索赔。

(编写者:武汉大学国际法研究所 2018 级硕士研究生　付　晓)

瑞士通用公证行
诉
巴基斯坦伊斯兰共和国

仲裁案

案情概要

案名	瑞士通用公证行诉巴基斯坦伊斯兰共和国仲裁案
案件裁判来源	http://www.italaw.com/cases/1009
案号	ICSID Case No. ARB/01/13
当事人	申请人:瑞士通用公证行(依据瑞士法律成立)
	被申请人:巴基斯坦伊斯兰共和国
行业	商务服务业
仲裁机构和仲裁地	国际投资争端解决中心,美国华盛顿特区
仲裁依据	《巴基斯坦—瑞士双边投资协定》(1995年)
适用的仲裁规则	《国际投资争端解决中心仲裁规则》
仲裁庭组成	首席仲裁员:Florentino P. Feliciano
	仲裁员(申请人指定):André Faurès
	仲裁员(被申请人指定):J. Christopher Thomas
日期	仲裁程序开始日期:2001年10月12日
	管辖权决定发布日期:2003年8月6日
仲裁请求	申请人请求仲裁庭认定:被申请人违反条约义务和合同义务,应向申请人支付未付款项、损害赔偿、费用及利息
核心争议点	(1)在投资合同明确规定专属管辖权条款的情况下,就合同诉求,仲裁庭是否具有管辖权 (2)"保护伞条款"能否将纯合同诉求上升为条约诉求
仲裁庭主要结论	(1)在合同诉求不构成条约诉求的情况下,仲裁庭应尊重投资合同中有效的专属管辖权条款 (2)在缺乏明晰且有说服力的证据表明缔约国有意将合同诉求上升为条约诉求的情况下,"保护伞条款"不能将合同诉求上升至条约诉求
案件结果	当事方达成和解
后续进展	无

Case Summary

Nameof Case	SGS Société Générale de Surveillance S. A. v. Islamic Republic of Pakistan
Web Page	http://www. italaw. com/cases/1009
Case Number	ICSID Case No. ARB/01/13
Parties	Claimant:SGS Société Générale de Surveillance S. A. (incorporated under the laws of Switzerland)
	Respondent:Islamic Republic of Pakistan
Industry	Commercial Services and Supplies
Administering Institution & Seatof Arbitration	ICSID;Washington,D. C. ,USA
Basis for Arbitration	Pakistan-Switzerland BIT(1995)
Rules Used in Arbitrated Proceedings	ICSID Arbitration Rules
Arbitrator(s)	Presiding Arbitrator:Florentino P. Feliciano
	Arbitrator(Claimant's appointee):André Faurès
	Arbitrator(Respondent's appointee):J. Christopher Thomas
Date	Date of Commencement of Proceeding:12 October 2001
	Date of Issue of Decision on Jurisdiction:6 August 2003
Relief Request	The Claimant alleges payments of outstanding invoices, compensations, costs and interest for Respondent's breaches of both the BIT and the investment contract
Key Issues	(1) Whether the Tribunal has jurisdiction to determine the Claimant's contractual claims, when there is a forum selection clause contained in the investment contract (2)Whether the "umbrella clause" can transform purely contract claims into treaty claims
Tribunal's Conclusions on Key Issues	(1)The valid forum selection clause shall be respected by the Tribunal, in the case that the contract claims do not amount to treaty claims (2)Without clear and persuasive evidence that shows the contracting parties' intention to treat the breaches of investment contracts as those of BIT, the umbrella clause fails to elevate a contract claim to a treaty claim
Award	Settled
Follow-up Progress	None

一、案件概要

(一)投资事实

1994年9月29日,巴基斯坦伊斯兰共和国(以下简称被申请人)政府与瑞士通用公证行(以下简称申请人)订立《装船前检验协议》(Pre-Shipment Inspection Agreement),约定由申请人在巴基斯坦境内外对进口至巴基斯坦的货物提供装船前检验服务。装船前检验协议自1995年1月1日起生效。根据装船前检验协议,申请人有义务进行货物鉴别、在货物装船前查验计税价格、就进口货物关税分类及税率等提供建议。被申请人应根据申请人提供服务所开具的发票支付价款。[1]

(二)被诉行为

1996年12月12日,被申请人通知申请人,称装船前检验协议于1997年3月11日终止。对此申请人认为被申请人单方终止装船前检验协议的行为同时违反合同义务和条约义务,是违法且无效的。

1. 申请人在瑞士提起诉讼

经瑞士政府与被申请人多次交涉无果,1998年1月12日,申请人在日内瓦初审法院提起诉讼,就被申请人终止装船前检验协议的行为寻求救济。1999年6月24日,日内瓦初审法院驳回申请人的诉讼请求,认为当事方已在装船前检验协议中约定仲裁条款,法院不享有对该案的管辖权。申请人随后上诉至日内瓦上诉法院和瑞士联邦法院,上诉法院和联邦法院均以国家主权豁免为由维持初审法院裁判。

2. 被申请人在巴基斯坦启动仲裁程序

2000年9月11日,被申请人援引装船前检验协议第11条第1款,在本国启动仲裁程序,主张申请人违反装船前检验协议下的义务,并依据1940年《巴基斯坦仲裁法》向高等民事法院申请指定仲裁员。2001年4月7日,申请人针对被申请人提起的仲裁程序提交初步反对意见并提出反请求。2002年1月4日,在向ICSID提出仲裁申请后,申请人向高等民事法院申请禁令,要求中止装船前检验协议仲裁。该申请被高等民事法院和拉合尔高等法院相继驳回后,同年3月5日,申请人上诉至巴基斯坦

[1] *SGS Société Générale de Surveillance S. A. v. Islamic Republic of Pakistan*, ICSID Case No. ARB/01/13, Decision of the Tribunal on Objections to Jurisdiction, paras. 11-17.

最高法院。与此同时,被申请人也就拉合尔高等法院的判决提起上诉,向巴基斯坦最高法院申请禁令以禁止申请人诉诸 ICSID 仲裁。同年 7 月 3 日,巴基斯坦最高法院作出最终判决,裁决驳回了申请人的上诉请求,准许装船前检验协议仲裁程序继续进行,并禁止申请人诉诸 ICSID 仲裁。

(三)程序时间轴

· 2001 年 10 月 10 日,申请人致信巴基斯坦外交部称,被申请人不按发票支付价款、单方终止装船前检验协议的行为构成对《巴基斯坦—瑞士双边投资协定》(以下简称《巴基斯坦—瑞士 BIT》)和装船前检验协议的违反,申请人将就此寻求条约救济。

· 2001 年 10 月 12 日,申请人根据《巴基斯坦—瑞士 BIT》第 9 条第 2 款向 ICSID 提出仲裁申请。

· 2002 年 10 月 16 日,仲裁庭发布第 2 号程序令,建议中止在巴基斯坦境内进行的装船前检验协议仲裁程序,直至仲裁庭作出管辖权决定。对此,装船前检验协议仲裁的独任仲裁庭同意暂时中止装船前检验协议仲裁程序。

· 2002 年 10 月 22 日,被申请人向仲裁庭提交管辖权异议;同年 12 月 10 日,申请人针对管辖权事项提交答辩状。就此,被申请人和申请人分别在 2003 年 1 月 10 日和 2003 年 2 月 10 日再次提交了书面意见。

· 2003 年 2 月 13 日至 14 日,庭审在巴黎举行。

· 2003 年 8 月 6 日,仲裁庭作出管辖权决定。

· 2004 年,双方和解。

(四)仲裁请求

1. 申请人的仲裁请求

(1)责令被申请人按照发票支付逾期未付款项;

(2)责令被申请人赔偿因其违法行为给申请人带来的利润损失、机会损失、名誉损失;

(3)责令被申请人赔偿申请人服务人员遣散费用;

(4)责令被申请人支付申请人仲裁费用,包括但不限于仲裁员、仲裁机构、代理律师、专家及申请人内部团队在仲裁程序中产生的费用和/或支出;

(5)责令被申请人以合理利率支付相关款项在合理期限内产生的利息。

2. 被申请人的反对意见

(1)驳回申请人的仲裁请求;

(2)责令申请人支付因其仲裁请求产生的所有费用。

(五)仲裁庭结论

在管辖权审理阶段,仲裁庭所得结论如下:

(1)仲裁庭对基于《巴基斯坦—瑞士 BIT》产生的条约诉求享有管辖权;

(2)仲裁庭对基于装船前检验协议产生的合同诉求不享有管辖权;

(3)撤回仲裁庭在第 2 号程序令中对装船前检验协议仲裁庭所作的建议;[1]

(4)驳回被申请人"中止仲裁程序、直至装船前检验协议仲裁程序结束"的请求;

(5)继续审理本案实体内容。

二、主要法律争议

(一)仲裁庭对本案是否具有管辖权

1. 被申请人的主张

依据《ICSID 公约》和有约必守原则,被申请人认为仲裁庭对本案不享有管辖权,仲裁庭应中止审理,否则将给双方带来更高的争议解决成本和裁决不一致的风险。被申请人指出,仲裁庭缺乏管辖权的具体理由包括:

其一,在管辖权的主观要件上,首先,不论申请人如何修饰,本案所涉诉求本质为合同诉求而非条约诉求,从先例如维旺迪案撤销决定和《ICSID 公约》第 26 条[2]上看,仲裁庭在处理合同诉求时应遵循合同中有效的管辖权条款,如果投资合同中的专属管辖权条款排除 ICSID 管辖,则 ICSID 仲裁庭对合同诉求不享有管辖权,否则投资合同中的管辖权条款将形同虚设。本案中,根据装船前检验协议第 11 条,任何基于协议、与协议有关的争议应依据《巴基斯坦仲裁法》在巴基斯坦境内通过仲裁解决。[3]

---

[1] 2002 年 10 月 16 日,仲裁庭发布第 2 号程序令,建议中止在巴基斯坦境内进行的 PSI 协议仲裁程序,直至仲裁庭作出管辖权决定。对此,PSI 协议仲裁的独任仲裁庭同意暂时中止 PSI 仲裁程序。

[2] 《ICSID 公约》第 26 条规定,除非另有规定,双方同意根据本公约交付仲裁,应视为同意排除任何其他救济方法而交付上述仲裁。缔约国可以要求以用尽该国行政或司法救济作为其同意根据本公约交付仲裁的条件。

[3] 《装船前检验协议》第 11 条第 1 款规定:"仲裁 任何基于本协议、与本协议有关的争议、争论或诉求,或协议违反、终止及无效,应尽可能地友好解决。如未能友好解决,应依据现行有效的仲裁法,通过仲裁解决争议。仲裁地为巴基斯坦伊斯兰堡,仲裁语言为英语。"

其次,即便存在条约诉求,装船前检验协议的管辖权条款适用范围涵盖了合同诉求和条约诉求,结合"特别法优先于一般法"原则,装船前检验协议的管辖权条款应优先于BIT的一般规定适用。

其二,在管辖权的客体要件和程序要件上,申请人的投资不在巴基斯坦境内,不属于《巴基斯坦—瑞士BIT》规定的适格投资。而且即便存在适格投资,申请人在通知被申请人两天后即向ICSID提出仲裁申请,与《巴基斯坦—瑞士BIT》第9条规定的"12个月磋商期"这一仲裁前置条件不符。[1]

其三,被申请人已在其境内启动装船前检验协议仲裁程序,且申请人就合同争议先后参与了在瑞士法院的诉讼程序和在巴基斯坦的仲裁程序,仲裁庭管辖本案有违"未决诉讼""一事不再理""当事人弃权""禁反言"等原则。

2. 申请人的主张

申请人主张仲裁庭对条约诉求享有管辖权,条约诉求既包括基于征收条款、公平公正待遇条款等实体规则条款产生的诉求,也包括基于《巴基斯坦—瑞士BIT》第11条保护伞条款[2]产生的诉求。申请人指出,仲裁庭享有管辖权的具体理由包括:

其一,关于案件诉求的性质。首先,案件诉求为申请人而非被申请人提出,仲裁庭应在实体审理阶段、而非管辖权审理阶段认定相关诉求的性质为条约诉求或合同诉求。其次,"镜像条款""保护伞条款"已将合同诉求上升为条约诉求,东道国违反合同的行为即构成对条约义务的违背。最后,尽管合同诉求与条约诉求立足于相同或相似的事实,二者的法律基础、评断标准并不相同。对于诉因不同的案件,"未决诉讼""一事不再理""当事人弃权""禁反言"等原则不能适用。但这并不意味着仲裁庭在考量条约诉求时不必关注投资合同的具体条款及双方履约情况。

其二,关于管辖权的主观要件。首先,《巴基斯坦—瑞士BIT》第9条反映了被申请人的仲裁同意,而申请人的仲裁同意体现于其所提交的仲裁申请,因此,根据《ICSID公约》第26条和《巴基斯坦—瑞士BIT》第9条,仲裁庭享有管辖权。且装船前检验协议的管辖权条款并未排除ICSID仲裁庭的管辖权,最多导致装船前检验协议仲裁庭与ICSID仲裁庭在关于装船前检验协议的条款解释和履行情况认定上享有并

---

[1] 《巴基斯坦—瑞士BIT》第9条规定:"(1)为解决缔约国与另一缔约国投资者间有关投资争议,且不违反本协定第10条,当事方应进行磋商;(2)若磋商在十二个月内未能达成结果,在投资者作出书面同意的情况下,争端应被提交至国际投资争端解决中心仲裁……"

[2] 《巴基斯坦—瑞士BIT》第11条规定,缔约国应在任何时候保证遵守其所作出的与另一缔约国投资者的投资有关的承诺。

行管辖权。而且即使存在并行管辖，由于国际争端解决优先于国内仲裁，ICSID 仲裁庭的管辖权优先于装船前检验协议仲裁庭的管辖权。其次，申请人从四个方面对被申请人主张的"装船前检验协议管辖权条款适用于条约诉求"的观点作出反驳：第一，《巴基斯坦—瑞士 BIT》第 9 条第 2 款仅规定了 ICSID 仲裁，排除了其他机构对条约诉求的管辖权；第二，合同管辖权条款不能扩张适用至条约诉求；第三，被申请人与申请人订立装船前检验协议时，《巴基斯坦—瑞士 BIT》尚未缔结，将条约诉求纳入装船前检验协议管辖权条款的适用范围并非、也不可能符合合同当事方的缔约意图；第四，根据巴基斯坦最高法院判决，装船前检验协议仲裁下的诉求仅限于合同诉求。综上，ICSID 仲裁庭对基于《巴基斯坦—瑞士 BIT》产生的条约诉求享有专属管辖权。

其三，关于管辖权的客体要件。申请人指出，《巴基斯坦—瑞士 BIT》第 1 条第 2 款下的"投资"包括"各种资产"。在申请人向巴基斯坦提供装船前检验服务的过程中，海关利润的价值增长发生在巴基斯坦境内；申请人拥有位于巴基斯坦境内的各类有形资产和无形资产，包括联络办公室、装船前检验协议下的合同权益等。因此，申请人的投资发生在巴基斯坦境内，满足条约对"投资"的要求。

其四，关于管辖权的程序要件。申请人认为《巴基斯坦—瑞士 BIT》第 9 条第 2 款"12 个月磋商期"之规定并非 ICSID 仲裁庭管辖的前置条件，而仅仅是鼓励争议当事方进行磋商或谈判的程序规则。本案中，在磋商显然徒劳无功的情况下，申请人有权在磋商期未满时诉诸 ICSID 仲裁；若仲裁庭以此为由拒绝管辖，反而会给双方带来额外的时间和金钱损耗。

3. 仲裁庭的裁定

仲裁庭认为其对基于《巴基斯坦—瑞士 BIT》产生的条约诉求享有管辖权，而对基于装船前检验协议产生的合同诉求不享有管辖权，具体理由包括：

其一，关于管辖权的主观要件。在管辖权审理阶段，仲裁庭认为其对于申请人所提诉求的审查权是有限的，申请人有权在此阶段对诉求进行"定性"，即确定其为条约诉求或合同诉求。首先，就条约诉求而言，《巴基斯坦—瑞士 BIT》第 9 条第 2 款仅提供了 ICSID 仲裁这一唯一的救济路径，条约缔约方也未明确表明 ICSID 的管辖不具有排他性；结合装船前检验协议的缔约时间和缔约意图，其管辖权条款适用范围不应包括条约诉求，故 ICSID 仲裁庭对基于《巴基斯坦—瑞士 BIT》产生的条约诉求享有管辖权，且装船前检验协议仲裁庭无权管辖条约诉求。其次，就合同诉求而言，《巴基斯坦—瑞士 BIT》第 9 条或其他条款均不能体现 ICSID 仲裁庭对于合同诉求的专属管辖权;在装船前检验协议第 11 条第 1 款这一有效的管辖权条款对合同诉求的管辖权作出规定的情况下,仲裁庭应尊重该合同条款,故 ICSID 仲裁庭对基于装船前检验协议产生的合同诉求不享有管辖权。同时,仲裁庭也指出,如当事方间存在特别约定,即使投资合同对合同诉求规定了专属管辖权条款,当事方仍有可能将合同诉求提交 ICSID 仲裁,此时仲裁庭的管辖权基础为该特别约定,而非条约;本案中当事方并未作出此种约定。

其二,关于管辖权的客体要件。仲裁庭指出,《ICSID 公约》第 25 条[1]并未对"投资"作出具体定义,而是留下空间,使条约缔约国得以根据具体目标和情况来定义适格投资。本案中,《巴基斯坦—瑞士 BIT》对"投资"采取宽泛定义,适格投资包括"各种资产",尤其是"金钱请求权或其他经济利益请求权""公法上的特许权"等。仲裁庭认为,条约非穷尽式的投资定义足以涵盖装船前检验协议,原因有三:第一,装船前检验协议的履行使申请人获得金钱请求权,被申请人应根据装船前检验协议向申请人支付相应款项;第二,被申请人授予了申请人公法上的特许权,使其行使海关的部分职权;第三,申请人依据装船前检验协议所行使的权力是法律和合同所授予的权力。因此,装船前检验协议属于《ICSID 公约》和《巴基斯坦—瑞士 BIT》规定的"投资"。

其三,关于管辖权的程序要件。关于《巴基斯坦—瑞士 BIT》第 9 条第 2 款规定的"12 个月磋商期",仲裁庭认为:从条款文义和目的上看,磋商期是指引性、程序性要求,其不具有强制性或管辖权属性,当事方进行磋商并非仲裁庭管辖的前置条件,拒绝管辖,要求申请人在磋商期届满后重新提交仲裁申请也有悖仲裁程序的有序性和高效性;从案件事实上看,自被申请人单方终止装船前检验协议到申请人诉诸 ICSID 仲裁期间,双方几乎不曾表明通过谈判或磋商解决争议的意图,且被申请人在申请人诉诸 ICSID 仲裁后也未尝试与其就条约诉求展开磋商。综上,仲裁庭认为磋商期的规定对本案管辖权的认定不产生影响。

(二)保护伞条款能否将纯合同诉求上升为条约诉求

如前所述,申请人主张《巴基斯坦—瑞士 BIT》第 11 条保护伞条款是一种"上升条

---

[1] 《ICSID 公约》第 25 条第 1 款规定,中心的管辖适用于缔约国(或缔约国向中心指定的该国的任何组成部分或机构)和另一缔约国国民之间直接因投资而产生并经双方书面同意提交给中心的任何法律争端。当双方表示同意后,任何一方不得单方面撤销其同意。

款”或称“镜像条款”，该条款已将申请人的合同诉求上升为条约诉求，东道国对装船前检验协议的违反即构成对《巴基斯坦—瑞士 BIT》义务的违反。对此，仲裁庭持否定态度，具体理由包括：

其一，仲裁庭根据习惯国际法规则对《巴基斯坦—瑞士 BIT》第 11 条作出解释。该条规定：“缔约国应在任何时候保证遵守其所作出的与另一缔约国投资者的投资有关的承诺。”首先，从条款文义上看，东道国所作“承诺”并不限于通过投资合同作出的承诺，也可能包括通过东道国国内法或其他单方措施作出的承诺，条款本身未明确合同诉求可以“自动”上升为条约诉求。其次，从国际法一般原则上看，违反一国与另一国投资者所订立的合同并不自动构成对国际法的违反。再次，从缔约意图上看，仲裁庭指出，鉴于保护伞条款将合同诉求上升为条约诉求可能造成的法律后果的宽泛性和自动性，东道国或将面临沉重的负担——因此，申请人应承担举证责任，在“明晰且有说服力”（clear and convincing）的证明标准下提出证据以证明瑞士和巴基斯坦在缔结条约时具有将合同诉求上升为条约诉求的共同意图。然而，被申请人对此予以明确否认，申请人不能代表瑞士、也未提出其他证据，仲裁庭认为，仅依据条约文本，其无法认定条约缔约方具有这一共同意图。最后，从条款位置看，在《巴基斯坦—瑞士 BIT》中，第 11 条保护伞条款与其他实体规则条款（第 3 条至第 7 条）分离，列于代位求偿条款（第 8 条）及争端解决条款（第 9 条与第 10 条）之后，可见保护伞条款并未为条约缔约国设定实体义务，遑论替代其他实体规则条款、使合同诉求直接上升为条约诉求。

其二，仲裁庭对投资者凭借保护伞条款将合同诉求上升为条约诉求的法律后果作出综合分析。首先，这等同于将大量的国家合同、记载东道国普适性或特别性承诺的国内法律文书并入条约文本，将任何违反合同或法律文书的行为视为对条约义务的违背；其次，如依据保护伞条款将合同诉求上升为条约诉求，将使投资条约中其他实体规则条款在实质上变得多余，投资者无须证明东道国违反合同的行为同时构成对条约实体义务的违背即可要求东道国承担国际责任；最后，仲裁庭认为，在投资合同明确规定专属管辖权条款的情况下，如允许合同诉求自动上升至条约诉求，投资者相对于东道国将更占优势，其得以任意地挑选合同之诉或条约之诉，而当东道国依据专属管辖权条款提起司法或仲裁程序时，投资者则可援引投资条约阻止该程序的进行，这将导致投资合同的专属管辖权条款形同虚设。仲裁庭强调，保护伞条款应促进不同法律制度下不同文本间的利益平衡。

其三,仲裁庭援引洛文案[1]称,对于保护伞条款,应采用“遇有疑义、从轻解释”的审慎解释方法,即在条约规定含混不清的情况下,应采用使条约义务的承担方负担较轻义务的解释方法。与此同时,仲裁庭并不排除在例外情形下(如东道国拒绝司法)合同诉求可以上升为条约诉求,也不否认东道国可以在条约中同意将合同诉求转化为条约诉求,但本案中,缺乏明晰且有说服力的证据来证明条约缔约方具有这一意图,因此仲裁庭对申请人的主张予以驳回。

三、简要评析

国际投资协定中的保护伞条款通常被表述为:缔约方须遵守其对缔约他方投资者(及其投资)所承担的(任何)义务或承诺。本案是涉及保护伞条款的经典案例之一。不同于申请人诉菲律宾案,本案仲裁庭对保护伞条款作出限缩性解释,认为条约文本和已有证据未能反映条约缔约方在缔约时具有将合同诉求上升为条约诉求的共同意图,因此拒绝纯合同诉求借由保护伞条款自动上升至条约诉求。本案仲裁庭认为,仅当东道国违反合同的行为同时构成对投资条约中其他实体规则的违反,投资者才能提起条约之诉。

从仲裁庭的角度看,对于保护伞条款的解释,既要维护条款的效力,也应关注东道国规制权与投资者权益的平衡:一方面,东道国背信违诺的行为是否同时构成对其他实体规则的违反存在一定裁量空间;另一方面,投资者可能凭借保护伞条款将合同诉求包装为条约诉求,以此突破投资合同中的专属管辖权条款。本案仲裁庭在条款约定不明的情况下作出了有利于东道国的解释。从东道国的角度看,不同仲裁庭对于保护伞条款的解释不尽相同,使这一条款的适用存在较大的风险与不确定性。如欲在投资条约中设置保护伞条款,宜进一步明确其适用范围,防止仲裁庭不当地扩张该条款的适用范围。从投资者的角度看,在投资条约中规定保护伞条款的情况下,应妥善利用该条款,结合其他实体规则条款确定条约诉求,维护自身合法权益。

(编写者:武汉大学国际法研究所2019级硕士研究生　黄可而)

[1] 参见本书案例17。

萨路卡投资公司
诉
捷克共和国

仲裁案

案情概要

案名	萨路卡投资公司诉捷克共和国仲裁案
案件裁判来源	https://www.italaw.com/cases/961
案号	PCA Case No. 2001-04
当事人	申请人:萨路卡投资公司(荷兰)
	被申请人:捷克共和国
行业	资本市场服务
仲裁机构和仲裁地	常设仲裁法院,瑞士日内瓦
仲裁依据	《荷兰与捷克斯洛伐克联邦共和国关于鼓励与互惠保护投资条约》(1991)
适用的仲裁规则	《联合国国际贸易法委员会仲裁规则》(1976年)
仲裁庭组成	首席仲裁员:Arthur Watts
	仲裁员(申请人指定):L. Yves Fortier
	仲裁员(被申请人指定):Peter Behrens
日期	仲裁程序开始日期:2001年7月18日
	最终裁决发布日期:2006年3月17日
仲裁请求	申请人请求裁定被申请人违反《荷兰与捷克斯洛伐克联邦共和国关于鼓励与互惠保护投资条约》第3条与第5条
核心争议点	公平公正待遇之标准
仲裁庭主要结论	通过对本案《荷兰与捷克斯洛伐克联邦共和国关于鼓励与互惠保护投资条约》中公平公正待遇条款进行解读,仲裁庭认定公平公正待遇标准的主导性因素是投资者对其投资的合法合理期待
裁决结果	支持投资者(一致裁定)
后续进展	2006年9月7日,瑞士联邦最高法院对本案作出判决,驳回捷克共和国的诉讼请求。 2006年11月30日,诺姆拉公司与捷克共和国达成调解协议

Case Summary

Name of Case	Saluka Investments B. V. v. Czech Republic	
Web Page	https://www.italaw.com/cases/961	
Case Number	PCA Case No. 2001-04	
Parties	Claimant: Saluka Investments B. V. (Netherlands)	
	Respondent: Czech Republic	
Industry	Capital Market Service	
Administering Institution & Seat of Arbitration	Permanent Court of Arbitration(PCA); Geneva, Switzerland	
Basis for Arbitration	Agreement on Encouragement and Reciprocal Protection of Investments between the Kingdom of The Netherlands and the Czech and Slovak Federal Republic(1991)	
Rules Used in Arbitral Proceedings	UNCITRAL Arbitration Rules	
Arbitrator(s)	Presiding Arbitrator: Arthur Watts	
	Arbitrator(Claimant's appointee): L. Yves Fortier	
	Arbitrator(Respondent's appointee): Peter Behrens	
Date	Date of Commencement of Proceeding: 18 July 2001	
	Date of Issue of Final Award: 17 March 2006	
Relief Request	The Claimant requests a declaration that the Czech Republic has breached Article 3 and 5 of the BIT	
Key Issue	The standard of fair and equitable treatment	
Tribunal's conclusions on Key Issue	Through a systematic interpretation of the "fair and equitable treatment" provision under the BIT, the Tribunal drew the conclusion that the standard of fair and equitable treatment is closely tied to the notion of legitimate expectations of the investors which is the dominant element of that standard	
Award	In favor of Investor(Unanimous Verdict)	
Follow-up Progress	September 07, 2006, the Swiss Federal Tribunal dismissed the claims of the Czech Republic. November 30, 2006, Nomura and the Czech Republic concluded a settlement agreement between them	

一、案件事实

(一)投资事实

萨路卡投资公司(以下简称申请人)于1998年2月3日在荷兰成立,是为持有捷克投资与邮政银行(IPB)股份所专门设立的公司,属于诺姆拉(Nomura)集团的一家子公司。1998年3月8日,诺姆拉集团下属的诺姆拉公司与捷克国有资产基金(NPF)签订股权购买协议,购买捷克投资与邮政银行大约36%的股份,而后将此股份转移到萨路卡公司。通过前述国有股份出售行为,捷克共和国(以下简称被申请人)政府得以将其自共产主义时期形成的集中性银行体系进行重整与私有化。

(二)被诉行为

申请人主张由于被申请人干涉,其捷克投资与邮政银行股权价值被剥夺,并最终导致捷克投资与邮政银行被强制运营管理的情况。此外,被申请人的行为违反了《荷兰与捷克斯洛伐克联邦共和国关于鼓励与互惠保护投资条约》(以下简称《荷兰—捷克BIT》)中的公平公正待遇条款,具体如下:

(1)被申请人对与捷克银行部分的体系性坏账问题进行了区别性对待,即为捷克“四大银行”(不包括捷克投资与邮政银行)提供国家财政支持,从而使捷克投资与邮政银行失去了能够幸存的环境;

(2)被申请人未能对申请人之投资提供具有可预测性的、透明的法律环境;

(3)被申请人在对捷克投资与邮政银行进行强制管理前,拒绝与其股东进行善意协商;

(4)被申请人向捷克投资与邮政银行的业务提供大量财政援助,而这种得到援助的受益人在强制管理之后成为捷克另一银行,即捷克斯洛伐克联合商业银行;

(5)通过将捷克投资与邮政银行业务转移到捷克斯洛伐克联合商业银行,被申请人以捷克投资与邮政银行股东利益为代价使捷克斯洛伐克联合商业银行获得不当利益。

(三)程序时间轴

· 2001年7月18日,申请人依据《荷兰—捷克BIT》第8条对被申请人提起仲裁。

· 2001年11月2日,当事方在伦敦进行仲裁程序会议。

·2002年6月5日,申请人所指定的仲裁员Price先生提交辞呈。2002年6月20日,申请人重新指定L. Yves Fortier先生担任仲裁员。

·2002年8月15日,申请人提交备忘录。

·2003年2月24日,原指定首席仲裁员Elihu Lauterpacht教授提交辞呈。2003年3月25日,双方协商指定Arthur Watts先生担任首席仲裁员。

·2003年3月7日,被申请人提交相应备忘录。

·2004年5月7日,仲裁庭发布其对被申请人关于管辖权反诉的决定。

·2005年4月8—20日,仲裁听证在伦敦国际争端解决中心进行。

·2005年6月30日前,申请人与被申请人提交庭后简述。

·2006年3月17日,仲裁庭对本案作出仲裁裁决。

(四)仲裁请求

1. 申请人的仲裁请求

申请人请求:

(1)请求裁定被申请人由于未能对其投资加以公平公正之待遇违反《荷兰—捷克BIT》第3条[1];

(2)请求裁定被申请人由于对其投资加以非法剥夺并且没有给予与投资价值等同之补偿而违反《荷兰—捷克BIT》第5条[2];

(3)请求责令被申请人对其违反《荷兰—捷克BIT》之行为而对申请人所造成的损失及利息加以赔偿;

(4)责令被申请人全额支付与此仲裁程序有关的一切费用,包括仲裁庭费用以及申请人由此仲裁所产生的费用。

2. 被申请人的仲裁请求

被申请人提出如下抗辩:

(1)在"驳回通知"中,被申请人请求仲裁庭驳回申请人仲裁申请;

(2)请求裁定申请人违反协议并参与了其他违法行为;

---

[1] 《荷兰—捷克BIT》第3条第1款规定,缔约一方应确保对缔约另一方投资者的投资予以公平公正待遇,并且不得以不合理或歧视性措施损害这些投资者对其投资的操作、管理、维护、使用或处置。

[2] 《荷兰—捷克BIT》第5条规定:"缔约一方不得采取任何措施直接或间接剥夺缔约另一方投资者的投资,除非满足以下条件:a. 出于公共利益和正当法律程序而采取的措施;b. 措施无歧视性;c. 此类措施附有公平的赔偿。"

(3)责令申请人赔偿被申请人由于申请人之不法行为所遭受的损失(合32.2亿美元至83.8亿美元)以及此损失之利息;

(4)责令申请人全额支付与此仲裁程序有关的一切费用,包括仲裁庭费用以及被申请人由此仲裁所产生的费用;

(5)请求裁定被申请人没有违反《荷兰—捷克BIT》第3条与第5条。

(五)仲裁庭结论

仲裁庭裁定:

1. 仲裁庭对本案有管辖权。

2. 被申请人被申请人违反了《荷兰—捷克BIT》第3条,但没有违反第5条。

二、主要法律争议

(一)仲裁庭对本案是否具有管辖权

1. 申请人的主张

申请人主张仲裁庭对本案具有管辖权。

2. 被申请人的主张

被申请人主张仲裁庭对本案不具有管辖权,理由如下:(1)诺姆拉公司购买捷克投资与邮政银行股份的目的不是投资运营,其真实意图是为收购捷克投资与邮政银行持有控制性股份的捷克啤酒厂提供便利;(2)在购买捷克投资与邮政银行股份时诺姆拉公司并没有向被申请人说明其真实意图;(3)诺姆拉公司这一非善意行为违反了禁止权利滥用原则,因此不是真正的投资者,无法提起《荷兰—捷克BIT》下的投资仲裁。

3. 仲裁庭的裁定

仲裁庭裁定对本案具有管辖权。仲裁庭从本案有关投资是否构成《荷兰—捷克BIT》下合格"投资"以及申请人是否构成合格"投资者"两个角度加以阐释与论证。仲裁庭认为《荷兰—捷克BIT》第1条对投资的定义并没有将此获取类投资排除在外,而事实上大部分投资都是基于此目的,并且投资者的投资动机不构成《荷兰—捷克BIT》下合格投资的判定因素。诺姆拉公司购买股份以及将此股份转移给申请人的过程不存在任何违法行为,因此仲裁庭认定本案申请人持有捷克投资与邮政银行股份符合《荷兰—捷克BIT》下投资定义,为合格投资。对于申请人是否符合《荷兰—捷克

BIT》下合格投资者要求的问题,仲裁庭认为申请人充分满足条约对投资者的定义,即依照荷兰法成立的法人。针对被申请人对申请人合格投资者身份的质疑,仲裁庭一一作出回应:

第一,被申请人认为诺姆拉公司和申请人之间存在过于紧密的联系,二者在整个过程中是可相互替换的,申请人只是诺姆拉公司为达到其目的而使用的空壳公司。仲裁庭认为,诺姆拉公司和申请人这一行为方式在商业运营中是极为普遍的,由于本案《荷兰—捷克 BIT》中没有对投资者进行更为清晰的界定而当事双方亦无特殊约定,在这种情况下,仲裁庭无权引入对投资者在条约以外的要求,因此被申请人的这一观点不能得到支持。

第二,被申请人主张申请人在获取捷克投资与邮政银行股份的过程中违反了禁止权利滥用原则。对此,仲裁庭认为,投资者,特别是间接投资者在进行股权交易时没有向股权出售者或投资东道国表明其购买最终目的不是缺乏善意。在实践中,无论是股权出售者还是投资东道国都应当知道,间接投资者,特别是大型国际金融集团的分支在对特定公司进行投资时,势必会考虑整个集团的发展战略。因此仲裁庭主张,对投资者施以揭露其特定投资最终目的的义务是不合理也是不现实的,而这种不揭露在任何情况下都不应构成对获取股份或提起仲裁之权利滥用。

第三,被申请人认为申请人不具有与荷兰真正的、持续性的关联,因此没有资格作为《荷兰—捷克 BIT》下的投资者而提起仲裁。仲裁庭认为,与《荷兰—捷克 BIT》缔约国没有真正关联的,仅仅是依照其他国家法律成立的其他公司所控制的空壳公司应当没有权利引用《荷兰—捷克 BIT》。但是否对投资者加以此种要求取决于投资条约缔约方的自由意志,仲裁庭无权对此加以干涉或对《荷兰—捷克 BIT》中投资者定义加以丰富。在本案中,《荷兰—捷克 BIT》缔约方选择仅仅对投资者设置"依照荷兰法设立"限制,仲裁庭只能以此作为对投资者的判断标准,而不能自行添加其他限制因素。

综上,仲裁庭主张,申请人所持有捷克投资与邮政银行股份为《荷兰—捷克 BIT》下合格投资,同时申请人基于此投资也是符合条约要求的合格投资者,因此仲裁庭对本案具有管辖权,有权对申请人依照《荷兰—捷克 BIT》提起的仲裁进行管辖。

(二)被申请人是否违反公平公正待遇条款

1. 申请人的主张

申请人主张被申请人违反公平公正待遇条款。

2. 被申请人的主张

被申请人主张其没有违反公平公正待遇条款。

3. 仲裁庭的裁定

仲裁庭裁定被申请人违反了公平公正待遇条款。

被申请人是否违反了《荷兰—捷克 BIT》第 3 条中所规定的公平公正待遇条款是本案的核心争议所在，对于这一问题，仲裁庭首先对相关条款进行了全面的解释，而后对照本案事实加以适用。

（1）公平公正待遇条款解读

《荷兰—捷克 BIT》第 3 条第 1 款规定，各缔约方应当对另一缔约方投资者之投资给予公平与公正的待遇，并且不得以不合理或歧视性的手段损害这些投资者对其投资的运营、管理、维护、使用或处置。第 2 款进一步规定，“更为确切地说，各缔约方应当基于这些投资以充分的担保与保护，且保护程度在任何情况下都不得低于其给予其本国投资者或第三国投资者”。

仲裁庭认为，第 3 条第 2 款是对第 1 款中所规定的公平公正待遇一般性标准的指示性描述，而非穷尽式描述。为了明确此公平公正待遇条款在本案中的准确含义，应参照《维也纳条约法公约》第 31 条“条约解释通则”对其加以解读，即依照条约用语按其上下文并参照条约目的及宗旨所具有之通常含义，进行善意解释。在近些年的仲裁实践中，很多案件都涉及公平公正待遇标准，对其法律含义形成了较为明确的阐释。

从“通常含义”的角度来看，仲裁庭认为公平公正待遇标准只能极为模糊地进行界定。正如 MTD 案仲裁庭所言，“公平”与“公正”的一般含义为“公正的”“公平的”“不偏颇的”“合法的”。基于这样相似的定义，仲裁庭认为违反公平公正待遇标准需要“以一种极为武断或不公正的方式加以对待，以至于达到从国际层面都无法接受的程度”。

从“上下文”的角度来看，仲裁庭认为“公平公正待遇”的直接上下文与各缔约方给予另一缔约方投资者之投资的待遇标准有关，而更为宽泛的上下文则涉及条约中的其他有关条款。在《荷兰—捷克 BIT》序言中，缔约方明确“就给予缔约双方之投资以公平公正的待遇达成共识”，因此序言将公平公正待遇标准与外国投资以及缔约国双方的经济发展直接联系起来。

从“条约的目的和宗旨”的角度来看，通过对本案《荷兰—捷克 BIT》的名称与序言进行回顾，仲裁庭认为条约对其宗旨的描述非常微妙而具有平衡性，对外国投资的保护并非条约的唯一目的,而是在鼓励外国投资、扩大并加强双方经济合作的条约总体目标的基础上的一个必要因素。因此,这就要求在对条约保护投资之实质性条款进行解释时应当采用更具平衡性的方法,因为夸大对外国投资保护的解释可能会阻止东道国对外国投资的接受并进而破坏缔约方相互促进与增强经济合作的整体目标。基于此,仲裁庭认为,本案《荷兰—捷克 BIT》中所规定的公平公正待遇标准的正当理解为,即使没有对外国投资进行积极的促进作用,至少不会对外国投资者进行投资有着阻碍作用。投资者的投资决定是基于其进行投资时对投资东道国法律以及营商环境的整体评估以及进行投资后得到东道国公平公正待遇的期待。所以,公平公正待遇标准与“合法期待”应当是紧密联系的,并且“合法期待”构成公平公正待遇标准的主导性因素。

回归本案,基于《荷兰—捷克 BIT》第 3 条第 1 款所规定的公平公正待遇标准,被申请人有义务为外国投资者提供有利于实现其合法合理期待的待遇。正如泰克麦德环保技术公司诉墨西哥合众国仲裁案[1]仲裁庭所言,提供公平公正待遇义务意味着为外国投资所提供的待遇不能影响投资者在进行投资时的基本期待。而外国投资者的合理期待必然包括投资东道国能够提供良好的基础标准,如善意、正当程序以及非歧视。需要注意的是,对公平公正待遇标准的理解不能仅仅停留在字面上,否则会给投资东道国施加不适当且不现实的义务。同时,条约对外国投资免受不公平不公正待遇的保护范围不能完全取决于投资者的主观动机和考量。外国投资者期待得到保护的条件是其期待在实际情况下达到了合法与合理的程度。实践中,不可能有投资者会合理期待其进行投资时的情况能够保持不变。为了判断损害投资者期待的行为是否正当与合理,投资东道国基于公共利益而规范其国内事务的合法权利应当被考虑在内。因此,要判断被申请人是否违反《荷兰—捷克 BIT》第 3 条公平公正待遇条款,一方面需要考量申请人的合法合理期待,另一方面需要权衡被申请人的合法监管性权利。

基于以上分析,仲裁庭得出结论:《荷兰—捷克 BIT》第 3 条所规定的公平公正待遇标准是一项具有自治性的条约标准,应当依照条约目的与宗旨进行解释,以防止被申请人进行明显不利于外国投资者的行为。而被申请人在不削弱其采取措施保护公共利益的合法权利前提下,负有对外国投资加以不损害投资者潜在合法合理期待的义务,条约保护之下的外国投资者也有权期待被申请人不以明显不一致、不透明、不合理

[1] 参见本书案例 34。

或具有歧视性的方式行事。

(2)公平公正待遇条款在本案中的适用

在对公平公正待遇标准加以厘清后,仲裁庭结合本案案件事实证据加以适用,具体如下:

第一,被申请人没有充分证明被申请人给予捷克投资与邮政银行差别待遇的行为符合《荷兰—捷克 BIT》下的公平公正待遇义务。事实上,捷克四大银行在坏账问题上情况相似,但被申请人唯独没有向捷克投资与邮政银行提供财政支持,而仅仅在捷克投资与邮政银行被强制管理期间,其业务被捷克斯洛伐克联合商业银行收购后才开始提供财政帮助。申请人有正当理由期待被申请人会对其提供公正、一致的财政支持,这一合理合法期待由于被申请人的差别待遇之行为被损害,并且被申请人未能提供能够使得这一差别待遇合法化的证据。

第二,被申请人损害捷克投资与邮政银行及其股东解决银行危机所进行的真诚努力行为违反了公平公正待遇义务。申请人有权期待被申请人认真对待有可能解决银行问题的建议,并对这些建议进行客观、透明、公平、公正的处理,但被申请人在向捷克投资与邮政银行提供财政资助方面所采取的不同于对待捷克四大银行的态度,使申请人的合法期待落空。被申请人的行为缺乏公正性、一致性与透明性,其拒绝与捷克投资与邮政银行以及申请人进行充分沟通,该行为使捷克投资与邮政银行和申请人无从知晓被申请人的相关立场。

第三,被申请人在捷克投资与邮政银行二次运营前发布捷克投资与邮政银行负面信息的不公平、不合理行为违反了其条约下的公平待遇义务,而这一行为也导致了捷克投资与邮政银行运营失败,同时在很大程度上造成捷克投资与邮政银行不可持续的情况。

综上,仲裁庭得出结论:被申请人对申请人的投资有着不公平、不公正的对待,从而违反了《荷兰—捷克 BIT》下所承担的公平公正待遇义务。

(三)被申请人的行为是否构成征收

1. 申请人的主张:申请人在捷克投资与邮政银行中的股份价值由于被申请人的干涉而被剥夺,并最终导致捷克投资与邮政银行被强制管理,因此被申请人的行为构成对申请人投资的征收。

2. 被申请人的主张:被申请人的行为不构成征收。

3. 仲裁庭的裁定:被申请人的行为不构成征收。

仲裁庭认为,尽管存在由于捷克国家银行自 2000 年 6 月起对捷克投资与邮政银行的强制管理进而使申请人在捷克投资与邮政银行中的投资被剥夺的事实,但基于当时情况,捷克国家银行对捷克投资与邮政银行进行强制管理行为在捷克法下完全是正当的、合理的。在仲裁庭看来,捷克国家银行对捷克投资与邮政银行进行强制管理的决定是被申请人出于保护国家公共利益而采取的合法行为,属于习惯国际法许可范围内的监管行为。因此,尽管捷克国家银行对捷克投资与邮政银行进行强制管理措施在实际上造成了架空申请人在捷克投资与邮政银行中投资的效果,但这一行为是在被申请人监管权限之内的合法行为,所以没有落入《荷兰—捷克 BIT》第 5 条所规定的征收范围之内,不构成对条约义务之违反。

三、简要评析

“公平公正待遇”作为国际投资法中对外国投资的绝对保护标准之一,在当前国际投资实践中的应用极为广泛。最初,东道国在双边及多边投资条约中加入公平公正待遇条款只是为了相互表示善意与友好,但随着国际投资争议的产生,这一看似不起眼的条款可能产生巨大的作用。

公平公正待遇的最大特点是难以定义,而这一特点也导致了其在适用过程中的模糊性与不确定性,产生了极大的解释空间。国际投资法学者与投资仲裁庭在实践中为对公平公正待遇加以定义进行了无数尝试,并总结出公平公正待遇所应包含的因素为尽职、正当程序、透明性、善意、稳定性与可预测性等。此外,不同投资条约对公平公正待遇条款的不同条约用语进一步加大了其在适用过程中的灵活性。整体上看,公平公正待遇条款的措辞从抽象、模糊而演变为具体、明确,这为其适用提供了更大的确定性与稳定性。

本案作为对公平公正待遇条款进行解释与适用的经典案例之一,仲裁庭的解释思路与适用方法具有借鉴之处,即根据《维也纳条约法公约》第 31 条“条约解释通则”首先对本案双边投资条约中公平公正待遇条款进行了全面、系统、逐步深入的解释,其次结合本案事实逐一推理适用,具有极强的逻辑性与说服力。

(编写者:武汉大学国际法研究所 2018 级硕士研究生　桑茂桐)

附录　行业分类案例索引

A　农、林、牧、渔业

案例 1:亚洲农产品有限公司诉斯里兰卡民主社会主义共和国仲裁案(渔业)

案例 21:波普与塔尔博特公司诉加拿大仲裁案(林业)

B　采矿业

案例 19:商业集团公司与圣塞巴斯蒂安金矿公司诉萨尔瓦多共和国仲裁案(有色金属矿采选业)

C　制造业

案例 2:美国制造与贸易公司诉扎伊尔共和国仲裁案(通用设备制造业)

案例 3:萨尔·帕皮尔·韦特里布斯有限责任公司诉波兰共和国仲裁案(Ⅰ)(造纸和纸制品业)

案例 8:埃米利奥·阿古斯丁·马菲兹尼诉西班牙王国仲裁案(化学原料和化学制品制造业)

案例 25:梅赛尼斯公司诉美利坚合众国仲裁案(化学原料和化学制品制造业)

案例 31:杨志欧私人贸易有限公司诉缅甸联邦共和国仲裁案(酒、饮料和精制茶制造业)

D　电力、热力、燃气及水生产和供应业

案例 6:阿孔基亚公司与维旺迪公司诉阿根廷共和国仲裁案(水的生产和供应业)

案例 37:米哈利国际公司诉斯里兰卡民主社会主义共和国仲裁案(电力、热力生产和供应业)

E　建筑业

案例 38:乌克兰世代公司诉乌克兰仲裁案(房屋建筑业)

F 批发和零售业

案例 2:美国制造与贸易公司诉扎伊尔共和国仲裁案(零售业)

案例 9:美国乙基公司诉加拿大仲裁案(批发业)

案例 30:马文·罗伊·费尔德曼·卡尔帕诉墨西哥合众国仲裁案(批发业)

案例 26:联贸股份公司诉摩尔多瓦共和国海关监管部仲裁案(零售业)

案例 24:中东水泥运输和装卸有限公司诉阿拉伯埃及共和国仲裁案(零售业)

案例 31:杨志欧私人贸易有限公司诉缅甸联邦共和国仲裁案(批发业)

G 交通运输、仓储和邮政业

案例 33:美国联合包裹服务公司诉加拿大仲裁案(邮政业)

案例 36:R. F. C. C. 财团诉摩洛哥王国仲裁案(道路运输业)

案例 40:ADF 集团公司诉美利坚合众国仲裁案(道路运输业)

案例 35:萨利尼·科斯特鲁托里股份有限公司与艾拓斯托雷得股份有限公司诉摩洛哥王国仲裁案(道路运输业)

H 住宿和餐饮业

案例 12:文纳酒店有限责任公司诉阿拉伯埃及共和国仲裁案(住宿业)

I 信息传输、软件和信息技术服务业

案例 18:约瑟夫·查尔斯·雷米尔诉乌克兰仲裁案(Ⅰ)(电信、广播电视和卫星传输服务)

案例 27:劳德诉捷克共和国仲裁案(电信、广播电视和卫星传输服务)

案例 39:CME 捷克有限公司诉捷克共和国仲裁案(电信、广播电视和卫星传输服务)

J 房地产业

案例 22:蒙德夫国际有限公司诉美利坚合众国仲裁案(房地产业)

K 租赁和商务服务业

案例 4:弗郎茨·塞德尔迈尔诉俄罗斯联邦仲裁案(商务服务业)

案例 20:斯文巴特股份有限公司诉拉脱维亚共和国仲裁案(商务服务业)

案例 23:帕特里克·米切尔诉刚果民主共和国仲裁案(商务服务业)

案例41:瑞士通用公证行诉巴基斯坦伊斯兰共和国仲裁案(商务服务业)

L　水利、环境和公共设施管理业

案例7:梅特克莱德公司诉墨西哥合众国仲裁案(生态保护和环境治理业)

案例11:罗伯特·阿兹尼安、肯尼斯·戴维田、艾伦·巴卡诉墨西哥合众国仲裁案(生态保护和环境治理业)

案例16:迈尔斯公司诉加拿大仲裁案(生态保护和环境治理业)

案例13:废物管理公司诉墨西哥合众国仲裁案(Ⅰ)(生态保护和环境治理业)

案例34:泰克麦德环保技术公司诉墨西哥合众国仲裁案(生态保护和环境治理业)

案例32:废物管理公司诉墨西哥合众国仲裁案(Ⅱ)(生态保护和环境治理业)

M　金融业

案例5:费戴克斯公司诉委内瑞拉玻利瓦尔共和国仲裁案(货币金融服务)

案例10:捷克斯洛伐克贸易银行诉斯洛伐克共和国仲裁案(货币金融服务)

案例15:尤多罗·阿曼多·奥尔金诉巴拉圭共和国仲裁案(货币金融服务)

案例28:菲利普·格鲁斯林诉马来西亚仲裁案(资本市场服务)

案例29:东方信贷公司等诉爱沙尼亚共和国仲裁案(资本市场服务)

案例42:萨路卡投资公司诉捷克共和国仲裁案(资本市场服务)

N　居民服务、修理和其他服务业

案例17:洛文集团股份有限公司与雷蒙德·洛文诉美利坚合众国仲裁案(居民服务业)

O　文化、体育和娱乐业

案例14:佩·卡萨多与阿连德总统基金会诉智利共和国仲裁案(新闻和出版业)